『구속사로 읽는 이사야』는 이사야서에 관심이 있는 목회자에게 매우 유익한 도움을 주고 평신도의 이사야서 공부에 안전한 길잡이 역할을 해줄 수 있는 책이다. 개인적으로 알아온 저자는 성실하고 예의 바른 목회자인데 그런 성품과 영성이 이 책에서도 잘 드러나는 것 같다. 이 책은 이사야서의 핵심 신학과 해석의 역사도 아울러 다루고 있기에 개혁주의 신앙을 지향하는 목회자와 성도들이 이사야서를 공부할 때 훌륭한 지침서 역할을 해줄 것으로 생각한다.

기동연 | 고려신학대학원 구약학 교수

"어려운 이사야서를 쉽게 풀어주는 책이 있다면 얼마나 좋을까?" 이는 이사야서를 읽는 모든 성도의 바람이다. 이 바람에 호응하는 좋은 책이 세상에 나오게 되어 얼마나 반가운지 모른다. 『구속사로 읽는 이사야: 새 창조를 향한 구속의 드라마』는 신학을 교회 현장에 적용하는 일에 깊은 관심을 둔 한 신학자가 지금까지 바쳐온 열정과 헌신의 산물이다.

저자는 먼저 이사야서를 읽는 독자들이 궁금해하는 이사야서의 서론적 지식을 전체적인 그림과 함께 군더더기 없이 요약해준다. 이 책의 부제인 "새 창조를 향한 구속의 드라마"는 이사야서 전체의 구성과 주제를 포괄하는 동시에 이사야서의 기록 목적이 무엇인지 명확하게 보여준다. 이사야서의 각 본문은 하나님이 이스라엘의 불순종으로 말미암아 타락한 옛 창조의 세계(시온)를 어떻게 공의와 정의가 물같이 흐르는 새 창조의 세계로 만들어가시는지를 알게 해준다. 이때 하나님이 세우시는 왕과 종의 역할, 말씀과 성령의 사역이 새롭게 조명된다.

더 나아가 이사야서의 중요한 본문들을 균형 잡힌 관점으로 주해하고 현대의 상황에 맞게 교훈을 제공하는 이 책의 본론에는 독자에 대한 배려가 가득하다. 독자는 한 장 한 장 책을 읽어나가면서 이사야서의 주요한 내용을 속 시원하게 이해할 수 있을 것이다. 특히 설교자들은 이사야서에서 어떤 부분을, 어떤 주제로 선포할 것인지를 명확하게 알게 되어 이사야서 설교에 자신감을 갖게 될 것이다. 이사야서를 통독하며 묵상할 때, 혹은 이사야서 본문으로 설교를 준비할 때 이 책을 옆에 두고 참고하는 사람은 실제적인 유익을 느끼게 될 것이다.

김성수 | 고려신학대학원 구약학 교수

이른바 "구약의 복음서"로 알려진 이사야서는 널리 애독되면서도 해석하기 까다로운 성경이다. 이사야서는 죄와 심판이 짓누르는 암울한 시작으로 문을 열지만 그 끝은 새 하늘과 새 땅을 꿈꾸는 영광스러운 비전에 이른다. 이사야서의 주요 단락들을 정거장 삼아 친절하게 독자들을 안내하는 이 책은 정경적 읽기를 통해 이사야서 전체의 지도를 통전적으로 그려줄 뿐 아니라 하나님 나라의 점진적 도래를 꿈꾸게 한다. 이사야서 전체를 멋지게 축약한 부제 "새 창조를 향한 구속의 드라마"가 잘 어울리는 이 책은 읽기 쉬울뿐더러 이해하기 좋은 내용이 촘촘하게 박힌 튼실한 작품이다.

류호준 | 백석대학교 신학대학원 은퇴 교수

이사야서는 구약성경에서 가장 난해한 책 중 하나다. 더욱이 이사야서를 제대로 설교하기란 늘 쉽지 않은 일이다. 그런데 이번에 이사야서에 애정을 쏟아 연구해온 최윤갑 교수가 『구속사로 읽는 이사야: 새 창조를 향한 구속의 드라마』를 통해 이사야서의 올바른 이해 및 설교에 대한 부담감을 말끔히 씻어주었다. 이 책은 이사야서를 처음부터 끝까지 구속사의 관점에서 잘 이해할 수 있도록 안내해준다. 또한 이사야서의 중심 주제와 배경을 풍부하게 설명해줌으로써 설교 준비에 실질적인 도움을 준다. 이 책을 통해 이사야서를 쉽게 이해할 뿐 아니라 올바로 설교할 수 있게 되어 더없이 기쁘다. 저자의 바람대로 이사야서가 한국교회를 비추는 "거울"이 되고 나아갈 길을 제시하는 "나침반"이 되길 소망한다. 이사야서를 깊이 이해하고자 하는 성도와 신학생 및 신학자에게, 특별히 이사야서를 올바로 설교하고자 하는 설교자에게 이 책을 기쁜 마음으로 추천한다.

박정곤 | 고현교회 담임 목사

이 책은 이사야서 전체가 "새 창조를 위한 하나님의 구속 계획"이라는 주제로 긴밀하게 연결되어 있다고 주장하면서 이사야서의 핵심 본문 가운데 일부를 주제에 맞게 선별해 건실한 주해를 제공한다. 이사야서 전체를 세세히 다루지 않았고 본문에 관한 신학적 입장이 다소 보수적일지라도 목회자들에게 실제적인 도움을 주고자 한 저자의 노력은 돋보이기에 부족함이 없다. 이사야서의 개관과 핵심 주제를 파악하고자 하는 독자에게 일독을 적극 권한다.

방정열 | 안양대학교 구약학 교수

이사야서를 전공한 저자는 "새 창조를 향한 구속의 드라마"라는 메타 내러티브로 이사야서를 읽는다. 이사야서는 "다섯 번째 복음서"라는 별명에 걸맞게 아름다운 통일성을 갖춘 성경이지만 현대의 신학 사조 속에서는 흠집이 난 상태로 해체당할 수밖에 없다. 저자는 이런 흐름에 역행하여 하나님이 예언자 이사야를 통해 주신 메시지를 "구속사"라는 하나의 그랜드 스토리로 엮어 설득력 있게 제자리에 돌려놓는다. 저자의 인도를 따라가는 독자는 언약의 하나님이 마침내 예수님을 통하여 완성하실 구원의 드라마가 무엇인지 그 진수를 맛보게 될 것이다.

송영목 | 고신대학교 신약학 교수

『구속사로 읽는 이사야』는 이사야서를 "재창조"라는 관점에서 풀어 쏜다. "재창조"란 인류를 위한 하나님의 구원 계획을 포괄적으로 표현한 주제어로서 이 책의 독자들이 하나님의 구속사에 집중하도록 이끈다. 정성 어린 본문 주해에 머물지 않고 청중을 위한 실제적이고 적합한 메시지까지 전해주는 이 책은 주석과 설교의 가교로서 그동안 한국의 설교자에게 닫힌 책이었던 이사야서가 열린 책으로 변하는 데 큰 힘이 될 것이다.

신득일 | 고신대학교 구약학 교수

이사야서는 보통 길고 어렵다고 여겨진다. 그러나 이사야서는 예수님의 탄생과 관련해 신약성경에 가장 많이 인용되는 구약성경으로서 공생애를 시작하시던 예수님이 회당에서 이사야서 말씀을 인용하신 것을 일컬어 "메시아 취임 연설"이라고 부르기도 한다. 구속사적 관점에서 "메시아"에 초점을 두고 이사야서를 명료하고 간결하게 풀어낸 이 책을 통해 독자들은 이사야서가 난해한 내용으로 버무려진 책이 아니라 복음으로 가득 찬 은혜의 책, 예수님을 묘사하는 아름다운 책이라는 사실을 깨닫게 될 것이다. 이사야서 전문 구약학자가 쓴 이 책을 강력히 추천한다.

신원하 | 고려신학대학원 원장

이사야서는 창조-타락-구속-완성으로 축약해서 이해할 수 있는 기독교 세계관 또는 구속사적 틀을 가장 잘 담아내는 구약성경으로서 그 안에는 메시아의 탄생과 사역, 고난과 죽음, 부활과 현존이 생생하게 묘사되어 있다. 하지만 준비 없이 이사야서에 접근하면 어려움을 당하기 일쑤다. 이사야서를 제대로 읽으려면 역사적 배경 및 문학적 장치를 올바르게 분석하고 예언자 이사야의 마음까지 읽어낼 수 있는 영적 안목을 갖추어야 한다. 더 나아가 설교자들은 그것을 우리 시대로 끌어와 적용할 수 있는 해석학적 능력까지 겸비해야 한다.

이 책이 반가운 이유가 바로 여기에 있다. 이 책의 저자는 이사야서를 한 학기 분량의 강의로도 풀어낼 수 있고 10분 안에 요약해서 설명할 수도 있을 만큼 이사야서에 정통한 학자다. 그가 이사야서에 관해 이야기할 때면 너무나 행복해 보인다. 때로는 이사야서를 해설하는 그의 메시지에서 예언자적 정신이 그대로 전달되기도 한다. 그래서 나는 소망스러운 약속의 성취를 간절히 기다리는 사람처럼 이 책의 출간을 손꼽아 기다려왔다. 그리고 마침내 너무나 탁월한 모습으로 소개된 책을 보니 더없이 기쁘다. 이사야서뿐 아니라 성경을 꿰뚫는 정신을 배우고자 하는 모든 독자에게, 그리고 무엇보다 "하나님의 위로"가 절실히 필요한 사람에게 마음 다해 이 책을 추천한다.

우병훈 | 고신대학교 교의학 교수

한국 학자의 이사야서 해설집이 흔치 않은 상황 속에서 최윤갑 교수가 저술한 새로운 이사야서 해설집의 탄생은 마른 땅의 단비와도 같다. 이 책은 치열한 논쟁을 오랫동안 불러일으킨 이사야서의 중심 메시지와 핵심 내용을 간결하게 제시하면서도 필수적인 논의들 역시 소홀히 취급하지 않는다. 특히 저자가 제시한 개별 본문들의 논점과 아울러 전체 본문에 나타나는 구속사적 관점을 통합하는 안목은 이사야서 1-66장 전체를 하나의 통일된 본문으로 해석하는 데 매우 유익한 길잡이가 된다. 무엇보다도 독자들의 삶을 반추하도록 이끄는 저자의 섬세한 본문 분석과 적용은 이 책의 가장 큰 장점이 아닐 수 없다. 이사야가 고대했던 새 창조의 완성을 기다리며 그날을 소망하는 모든 독자에게 이 책의 일독을 강력히 추천하는 바다.

장세훈 | 국제신학대학원대학교 구약학 교수

언젠가 우연히 이사야 40장을 만나서 감동 속에 몇 편의 설교를 전한 경험이 있는 설교자로서 이 책의 출간을 매우 기쁘게 생각한다. 사진작가가 아름다운 경치를 카메라에 담지 않고는 길을 갈 수 없듯이 설교자라면 이사야서를 선포하는 영광을 맛보는 데 주저하지 말아야 한다. 오늘도 강단을 지키며 고군분투하는 설교자들을 생각하며, 이사야서의 중심 주제와 메시지를 쉽게 이해하고 잘 설교할 수 있게 도와주는 이 책을 추천한다

정근두 | 울산교회 담임 목사

구속사로
읽는
이사야

새 창조를 향한 구속의 드라마

구속사로
읽는
이사야

최윤갑 지음

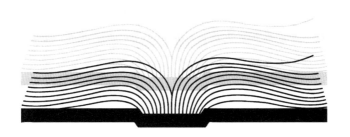

새물결플러스

유학 시절,

기도와 물질로 후원해주시고

이 책을 쓸 수 있도록 격려해주신

신복교회와 김규섭 목사님께

감사의 마음을 담아 이 책을 헌정합니다.

목차

제3부 이사야 56-66장

여는 글

이사야서는 구약성경에서 가장 심오한 메시지를 담고 있는 성경 중 하나다. 구약 정경의 구성을 자세히 살펴보면 모세 오경과 역사서의 메시지가 이사야서에서 새롭게 재해석됨을 알 수 있다.[1] 더 나아가 이사야서는 다른 예언서 및 신약성경의 신학적 토대를 제공한다.[2] 이 책의 목적은 그런 이사야서에 관심이 있는 독자가 이사야서의 중심 주제와 메시지를 쉽게 이해하고 이사야서를 잘 설교할 수 있도록 돕는 것이다.

기원전 722년, 예언자 이사야는 북이스라엘의 멸망을 두 눈으로 지

---

[1] 이사야서가 모세 오경 및 다른 예언서와 갖는 언어적·주제적 연관성에 관하여 다음 자료를 참고하라. Benjamin D. Sommer, *A Prophet Reads Scripture: Allusion in Isaiah 40-66* (California: Stanford University Press, 1998).

[2] 이사야서와 다른 예언서 사이에 형성되는 신학적 연관성과 거기서 두드러지는 이사야서의 역할에 관하여 다음 자료를 참고하라. Christopher R. Seitz, *Prophecy and Hermeneutics: Toward a New Introduction to the Prophets* (Ada: Baker Academic, 2007); 이사야서가 신약성경에서 어떻게 인용되는지 알기 위해서는 다음 자료들을 참고하라. Steve Moyise, Maarten J. J. Menken, *Isaiah in the New Testament: The New Testament and the Scriptures of Israel* (New York: T & T Clark, 2005); 존 F. A. 소여, 『제5복음서』, 김근주 옮김(서울: 크리스천다이제스트, 2003), 13-66.

켜보아야 했다. 그때 그는 언약 백성이 가지고 있던 기존의 신학과 신앙을 새롭게 해석할 필요를 절실히 느꼈다. 북이스라엘이 걸었던 멸망의 길을 남유다 왕국이 따르지 않기를 바란 이사야는 자신의 신학적 재해석을 통해 "신앙"과 "경건"의 참된 모델을 구축함으로써 회복과 영광의 길을 제시하고자 했다. 그래서 그는 이사야서 안에 회복과 새 창조를 위한 "영적 메커니즘"을 심어두었다. 그 메커니즘은 남유다뿐 아니라 그 이후에 등장한 신앙 공동체에 지대한 영향을 끼쳐왔다.

당시 남유다에서는 많은 사람이 하나님을 예배한다고 하면서도 실제로는 하나님을 무시하는 배교의 삶을 살고 있었다. 그들은 하나님의 율법에 순종하지 않는 데 그치지 않고 우상을 숭배하는 데 열정적이었다. 신앙을 기반으로 한 공동체 안에서 악한 자들이 의로운 자들을 괴롭히고 강한 자들이 불의한 방법으로 약자들을 착취하는 일이 벌어졌다. 이사야가 보기에 그런 모습은 남유다 역시 북이스라엘과 마찬가지로 멸망의 길로 치닫고 있다는 증거였다.

또한 앗수르(아시리아)의 침략과 바벨론(바빌로니아)에서의 포로 생활에 시달린 시온의 백성들은 야웨 하나님의 주권, 권능, 지혜 및 언약의 신실함에 대해 극히 회의적으로 변했다. 그런 그들에게 회개하고 돌이키라는 메시지를 전한 이사야는 그들을 강하게 질책했을 뿐 아니라 "진정한 경건"과 "새 창조"가 무엇인지를 밝힘으로써 신앙을 새롭게 하고자 했다. 그는 이스라엘의 후손들에게 영원한 언약을 거듭 되새겨주면서 야웨 하나님이 시온을 영화롭게 하실 것이라고 선포했다. 이처럼 시온의 백성들이 종말론적 회복과 위로를 기대하고 새 창조의 희망을 발견하도록 이끈 이사야는 당시 세계화의 격랑 속에서도 이스라엘의 야웨 신앙이 해체되는 것을 막는 역할을 해냈다. 갈팡질팡했던 이스라엘이 다시금 하나님의 주권적 섭리를 바라보며 강력한 언약 신앙을 견지하도록 이끈 것이다.

예수님과 신약성경의 여러 저자는 신앙 공동체의 영적·신학적 현상들을 해석하면서 이사야서를 중요한 신학적·사상적 틀로 사용했다. 예를 들어 누가복음 4:16-21에서 예수님은 공적 사역을 시작하시면서 야웨 하나님의 영이 임한 종의 선포와 공동체의 회복을 말하는 이사야 61:1-3이 자신을 통해 성취되었다고 해석하셨다. 초기 교회 역시 이사야서에 기초해 교회 공동체의 정체성을 해설하고 교회의 신학적 의미를 이해했다. 대표적으로 누가복음은 오순절 성령의 임재, 교회의 탄생, 이스라엘과 이방 민족의 연합을 이사야서의 새 출애굽 신학과 연관시켰다.[3]

이처럼 이사야서는 신약성경의 신학적·해석학적 원리로서 교회나 신앙 공동체의 사역 및 부흥 운동의 근본적인 지침이 되었다. 구속사 속에 등장한 신앙 공동체들은 이사야서를 통해, 이 땅에 오사 인간의 죄를 사하신 그리스도의 대속적 죽음과 희생의 원리를 발견할 수 있다. 또한 그와 동시에 야웨의 영이 함께하심으로써 공의와 정의를 이 땅에 세워가는 새 공동체, 즉 하나님 나라의 모델 역시 발견할 수 있었다.

이사야서 해석의 역사를 살펴보면 여러 학자가 이사야서의 중심 메시지와 그 가치를 드러내기 위해 애를 써왔다는 사실을 알 수 있다. 덤브렐(William J. Dumbrell)에 따르면 이사야서는 하나님의 성전과 백성을 상징하는 "시온"의 심판 및 미래의 영광을 보여주는 책이다.[4] 이사

---

3   이사야서와 누가복음-사도행전의 신학적 관계에 관한 고찰은 David Pao, *Acts and the Isaianic New Exodus* (Eugene: Wipf and Stock, 2016)를 보라. 그 외에도 이사야서와 마가복음의 신학적 관계에 관해서는 Rikki Watts, *Isaiah's New Exodus in Mark* (Michigan: Baker Academic, 2001)를 참고하라.

4   William J. Dumbrell, "The Purpose of the Book of Isaiah," *Tyndale Bulletin 36* (1985), 111-28.

야 1-39장에서 타락과 부패로 하나님의 심판을 자초했던 시온은 이사야 40-66장에서 하나님의 위로와 구원과 영광을 경험하는 고귀한 신부로 변화한다(사 62:2-5). 반면 오스왈트(John N. Oswalt)는 이사야서가 "종됨"(servanthood), 곧 종의 정체성과 사역을 중심으로 언약 백성의 본질 및 운명과 사명을 보여준다는 점을 강조했다.[5]

한편 옥스퍼드 대학교의 저명한 이사야 학자 윌리엄슨(H. G. M. Williamson)은 그의 책 『주제의 변환: 이사야서의 왕, 메시아, 종』(Variations on A Theme: King, Messiah, and Servant in the Book of Isaiah)에서 이사야서의 주된 메시지는 다름 아니라 공의와 정의에 기초한 "이상적인 사회"(ideal society)의 건설이라고 말했다.[6] 한 사회로서의 신앙 공동체를 이끄는 왕, 메시아, 종이 성령의 능력으로 공의와 정의를 실천하고 세워나갈 때 하나님의 통치가 실현되는 이상적인 사회가 이루어진다는 것이다. 이런 해석들을 통해 우리는 이사야서가 그리스도인과 신앙 공동체의 영적 정체성과 사역, 위로와 구원, 종말론적 회복과 영광에 관한 통찰력 있는 메시지를 전달하고 있다는 사실을 깨닫게 된다.

내가 볼 때 이사야서는 모든 피조물과 신앙 공동체의 "새 창조"를 중심 주제로 한다. 그 주제를 보여주기 위해 이사야서는 역사와 만물의 왕이신 하나님이 성취하실 구속의 역사를 드라마틱하게 풀어낸다. 창세기가 태초의 "창조"를 다룬다면 이사야서는 부패한 이스라엘 공동체의 종말론적인 회복과 위로, 새 창조를 묘사한다. 그 과정에서 어떤 방식으

---

5   John N. Oswalt, *The Book of Isaiah: Chapters 1-39* (Grand Rapids: Eerdmans, 1986), 21.

6   H. G. M. Williamson, *Variations on a Theme: King, Messiah and Servant in the Book of Isaiah* (Cumbria: Paternoster Press, 1998), 20.

로, 누구를 통해 부패한 신앙 공동체가 새롭게 창조되는지 그 방안이 제시된다. 하나님의 영이 충만한 메시아가 왕으로서 공의와 정의로 그들을 다스리고, 종으로서 대속의 죽음과 고난을 감당할 때 그들은 죄 용서와 회복을 경험하게 된다(사 9:1-7; 11:1-5; 53:1-12). 또한 하나님의 영으로 충만함을 받은 지도자와 백성들이 그들의 삶의 각 영역에서 공의와 정의를 실천할 때 그 사회나 공동체는 하나님의 통치가 실현되는 "하나님 나라"가 된다. 이것이야말로 예언자 이사야가 꿈꾸었던 "새 창조"의 모델이다! 또한 하나님이 구속의 역사를 통해 궁극적으로 성취하실 지향점이다. 이에 따라 이사야서의 핵심 메시지를 요약하면 다음과 같다.

이사야서의 핵심 메시지

야웨는 "이스라엘의 거룩하신 하나님"이시다! 그러므로 언약 백성은 삶 속에서 "거룩함"을 유지하며 살아갈 때 하나님을 만날 수 있다. 인생이 경험할 수 있는 최고의 축복은 하나님의 임재다. 언약 공동체의 참된 지도자는 "왕"적 다스림뿐 아니라 "종"의 희생을 지혜롭게 실천하는 자다. 이와 같은 언약 공동체의 참된 지도자 역할은 오직 성령의 감동하심을 받은 사역자만 감당할 수 있다. 성령의 감동하심 아래 선포된 하나님의 말씀(설교)은 언약 공동체를 새롭게 창조하는 하나님의 신적 도구(divine medium)다. 자신을 깨뜨리고 대속의 죽음을 감당하는 중보자—예수 그리스도—의 사역을 통해 공동체는 죄 씻음과 구원을 경험하게 된다. 제자이자 진정한 사역자는 중보자이신 예수 그리스도의 삶과 사역의 모범을 따르는 자다. 궁극적으로 공의와 정의를 실천하는 자들이 이 땅에 하나님 나라를 세우는 진정한 종들이다. 또한 그들은 새 하늘과 새 땅에 들어가서 하나님의 위로와 영광과 새 창조를 경험하게 될 것이다.

이는 신앙의 원리를 잘 담아내고 있는, 신앙 공동체를 일깨우는 소중한 가르침이다. 이사야서를 진지하게 묵상하는 개인이나 신앙 공동체는 그 말씀을 통해 개인과 공동체를 새롭게 하시는 창조의 하나님을 경험할 수 있을 것이다.

구성 면에서 이사야서는 총 66장으로 되어 있다. 어떤 사람은 이 사야서를 구성하는 66장의 본문이 66권으로 구성된 성경 전체를 요약한다고 말하기도 한다. 심판을 중점적으로 다루는 전반부 39장(사 1-39장)은 구약성경의 주요 메시지를, 구원과 위로를 전달하는 후반부 27장(사 40-66장)은 신약성경의 주요 메시지를 전달한다는 것이다. 이때 이사야 53장은 백성의 죄를 용서하기 위해 희생하는 한 종, 혹은 중보자를 보여줌으로써 장차 인류의 죄를 용서하기 위해 대속의 죽음을 감당하신 예수 그리스도를 예견하게 한다. 소여(John F. A. Sawyer)는 이처럼 복음의 핵심을 전달하는 이사야서를 "제5복음서"라고 칭했다.[7]

하지만 이사야서는 분량이 방대하고 그 신학적 사상이 난해하다. 그런 이유로 이사야서는 친근하지 않은 성경 중 하나로 여겨지곤 한다. 설교 본문의 사용에서도 "임마누엘"에 관한 내용(사 7장)이나 "종의 고난"에 관한 내용(사 53장)이 종종 다뤄질 뿐이다. 풍성한 메시지와 신학적·사상적 매력에도 불구하고 특정 본문 외에는 교회에서 자주 만날 수 없는 성경이 바로 이사야서라는 말이다. 안타깝지만 이사야서는 많은 신앙 공동체에 여전히 닫혀 있는 성경이라고 말할 수 있다.

하지만 나는 이사야서가 오늘날 신자들과 신앙 공동체에 의미심장한 메시지를 전해준다고 믿는다. 하나님의 백성들이 새 창조를 바라보며 위로를 경험할 수 있는 신학적·영적 지침과 원리를 이사야서에서 발견

---

7   John F. Sawyer, *The Fifth Gospel: Isaiah in the History of Christianity* (New York: Cambridge University Press, 1996).

할 수 있기 때문이다. 이 책을 통해 나는 이사야서의 주요 본문을 주제별로 주해하고 그것을 설교하기 쉽게 펼쳐 보이고자 한다. 나는 이 책을 읽는 독자들이 진지하게 이사야서를 해석하며 삶 속에 적용하고자 할 때 신앙의 회복 및 충만함의 "모델"을 발견할 뿐 아니라 그것을 실제로 삶에서 누리기를 바란다. 또한 설교자들이 이 책의 도움을 받아 이사야서의 말씀을 능력 있게 선포할 수 있기를, 그리하여 각 신앙 공동체가 새 창조와 위로의 원리를 발견하며 이 세상 가운데 하나님의 구원과 생명을 풍성하게 나누어주는 그분의 나라(His kingdom)가 되기를 소망한다.

예언자 이사야는 죽었지만 그의 예언은 지금도 우리 안에 살아 있다. 나는 이사야서를 연구하는 우리가 이 시대의 예언자가 되어야 한다고 본다. 아울러 이사야서를 진지하게 연구하는 자들이 이에 관한 지식만 쌓을 것이 아니라 이를 통해 주어지는 하나님의 말씀과 계획, 그리고 정념(pathos)에 동참하고자 하는 불같은 열정(passion)을 품고 교회와 사회, 길거리와 장터로 뛰어나가 하나님의 말씀을 외치는 참된 예언자가 되기를 열망한다.[8]

---

8   아브라함 J. 헤셸, 『예언자들』, 이현주 옮김(서울: 삼인, 2017), 15-16. 여기서 "참된 예언자"란 그리스도의 제자이면서 동시에 구약의 모세와 예언자의 전통을 이어받아 오늘 이 시대에도 예언자적 삶과 선포와 사명을 감당하는 사람을 의미한다.

서론

1. 이사야서의 저자

이사야 1:1의 표제에 의하면 이사야서는 이사야에 의해 기록되었다. 우리말 "이사야"로 번역된 히브리어 "예샤야후"(ישעיהו)는 "야웨는 구원이시다", 혹은 "오직 하나님만이 (우리를) 구원하신다"라는 뜻이다. 이사야서의 저자인 이사야는 유다 출신이며 아모스의 아들이다. 왕이나(사 7:3) 제사장(사 8:2) 등 사회의 지도층에 쉽게 접근할 수 있었던 그는 왕족이거나 명문가 출신이었을 것으로 추정된다. 학자들은 그가 아마샤 왕의 조카로서 웃시야 왕의 사촌이었을 가능성이 크다고 본다.

이사야에게는 아내와 두 아들이 있었다. 아들들의 이름은 모두 상징적 의미를 지녔다. 한 아들의 이름은 "스알야숩"으로서 "남은 자들이 돌아올 것이다"라는 뜻이다(사 7:3). 또 다른 아들의 이름은 "마헬살랄하스바스"로서 "그가 잡은 먹이가 빨리 부패한다" 혹은 "파멸이 임박했다"라는 뜻이다(사 8:1-4). 이 이름들은 하나님의 심판과 회복에 관한 메시지를 담은 것으로서 이스라엘의 미래에 대한 "징조"와 "예표"가 되었다(사

8:18).

이사야 6장에 따르면 이사야는 웃시야 왕이 죽던 해(기원전 740년경)에 예언자로 부르심을 받았다. 역대하 26:22－"웃시야의 남은 시종 행적은 아모스의 아들 선지자 이사야가 기록하였더라"－의 말씀처럼 이사야는 왕들의 역사를 기록하는 궁중 역사가로 활동하고 있었다. 하지만 그는 웃시야가 죽은 해에 예언자로 부름을 받고 기원전 740년에서 695년까지 거의 50년간이나 활동하며 유다에 임할 하나님의 심판(사 1-39장), 회복과 구원(사 40-64), 종말론적 새 창조(사 65-66장)를 선포했다.

18세기 계몽사상의 발흥과 함께 출현한 비평학자들은 합리성을 기준으로 이사야서의 저자와 역사적 배경 문제를 가설적으로 재구성하기 시작했다. 그들은 이사야서 본문이 가정하는 것으로 보이는 시대를 구분했다. 그 결과 이사야 1-39장은 기원전 8세기에 예루살렘의 이사야가, 40-55장은 기원전 6세기의 바벨론 유수(幽囚) 기간에 제2이사야가, 56-66장은 바벨론에서 귀환한 유다 공동체의 개혁가인 제3이사야가 기록했다는 주장이 제기되었다. 그 후 지금까지 이사야서의 저자나 저술 방식, 시대 배경에 관한 논쟁이 아직도 끊이지 않는 상황이다. 명확한 증거가 드러나기 전까지 논쟁은 계속될 것이다.

나는 하나님이 예언자 이사야 한 사람에게 유다와 온 세상의 미래에 대한 하나님의 비전과 환상을 보여주셨다고 믿는다(사 1:1). 마치 높은 보좌에 앉아 계신 하나님의 거룩하심과 영광을 신비 가운데 체험했던 것처럼(사 6장), 이사야는 하나님에게서 유다와 열방에 미칠 임박한 심판과 온 세계의 새 창조에 관한 신적 계시를 받았을 것이다. 즉 기원전 8세기에 예언자 이사야는 예루살렘을 배경으로 시온 공동체에 임할 심판의 메시지(사 1-39장), 포로 생활의 고난 가운데 떨어질 그들에게 주어지는 위로의 메시지(사 40-55장), 바벨론 유수 이후 그들에게 허락될 새 창조와 회복의 메시지(사 56-66장)를 모두 예언했다는 말이다.

2. 이사야서의 역사적 배경

이사야서 해석의 역사를 보면 이 예언서가 저술된 시대적 배경에 관한 논쟁은 저자 문제와 더불어 다양한 해석학적 난점을 낳았음을 알게 된다. 이에 관한 자세한 설명은 다음 단락("3. 이사야서 해석의 역사")에서 다루기로 하고, 여기서는 이사야서가 저술된 시대의 일반적인 국내외 정세를 살펴보겠다.

이사야 1-39장의 역사적 배경

이사야 1:1의 표제에 따르면 이사야서는 웃시야, 요담, 아하스, 히스기야로 이어지는 시기를 배경으로 저술되었다. 대략 기원전 783-687년으로 볼 수 있는 이 시기는 이사야 1-39장의 내용을 포괄한다. 이 시기는 국내외적으로 큰 어려움이 있던 혼돈의 시기였다.

먼저, 국제적인 면에서 고대 근동의 패권을 쥔 제국으로 급부상한 앗수르와 주변 나라들의 갈등은 유다의 생존을 위협했다. 메소포타미아의 티그리스강 중류에 본거지를 둔 앗수르는 기원전 900-609년의 시기에 고대 근동 지역에서 가장 두드러진 독보적 세력이었다.[1] 과거 다윗과 솔로몬 시대의 영광과 부강함은 유다에게 옛 시대의 이야기가 된 지 오래였다. 특별히 기원전 745년에 앗수르의 황제로 등극한 디글랏 빌레

---

1   존 오스왈트, 『이사야: NIV 적용 주석』, 장세훈, 김홍련 옮김(서울: 솔로몬, 2015), 28.

셀(Tiglath-Pileser III, 기원전 745-727 재위)은 이스라엘과 남방 지역을 향한 대대적인 침략의 포문을 열었다.

지중해 연안의 반(反)앗수르 연합(아람, 북이스라엘, 블레셋의 도시국가들, 에돔)은 앗수르의 군사적 침략을 저지하려 했다. 하지만 머지않아 그들의 역량이 부족했음이 드러난다. 반앗수르 연합의 선봉에 섰던 아람 왕 르신과 북이스라엘 왕 베가는 남유다의 아하스에게 그들과 함께 앗수르에 대항하자고 요구했다. 하지만 하나님을 의지하기보다 눈에 보이는 앗수르의 군대를 두려워했던 아하스는 그들의 제의를 거절하고 오히려 디글랏 빌레셀에게 거대한 재물과 보화를 보내며 군사적 도움을 요청했다(왕하 16:7-9).

기원전 735년, 아람과 북이스라엘의 연합군은 잠재적인 위험 요소인 유다를 침략하기에 이르렀고 이것은 이사야 7장의 역사적 배경이 된다. 이듬해인 기원전 734년에 디글랏 빌레셀은 반앗수르 연합을 정벌하기 위해 나섰다. 그 결과 아람의 수도인 다메섹은 역사 속에서 사라져 버린다(기원전 732). 북이스라엘 역시 수도인 사마리아만 남고 상부 갈릴리 지역의 요새들(이욘, 아벨벧마아가, 야노아, 가데스, 하솔, 긴네렛)과 주요 지역들(갈릴리, 이스르엘, 샤론, 길르앗)은 초토화된다. 반앗수르 연합군에 가담한 북이스라엘은 혹독한 대가를 치러야 했다. 한편 북이스라엘의 수도 사마리아에서는 호세아가 반앗수르 정책을 폈던 베가를 암살하고, 친앗수르 정책을 표방하지만 그것도 오래 지속되지는 않았다.

기원전 727년, 디글랏 빌레셀이 죽고 그의 아들 살만에셀(Shalmaneser V, 기원전 727-722 재위)이 즉위하자 이스라엘의 마지막 왕 호세아는 애굽(이집트)의 도움을 의지하고 앗수르에게 바쳤던 조공을 중단한다. 하지만 왕위에 즉위한 지 3년째 되던 해, 안정을 되찾은 살만에셀은 기원전 724년에 전광석화와 같이 북이스라엘을 침공했고, 3년

을 버티던 사마리아는 결국 기원전 722년에 역사의 뒤안길로 사라지게
된다.

앗수르 제국의 침략에 의해 그들의 군사적 방파제 역할을 했던 아람
과 북이스라엘이 차례로 무너지게 되자 유다는 역사상 유례없는 국가적
위기를 맞이하게 된다. 포효하는 사자처럼 열강을 무참히 짓밟았던 초강
대국 앗수르와 국경을 마주하게 된 것이다. 이와 같은 풍전등화의 위기
상황에 놓인 유다를 이끌었던 지도자는 우리에게 잘 알려진 히스기야 왕
(기원전 715-686 재위)이다. 그는 아버지 아하스 왕과는 달리 하나님을 의
지하는 경건한 왕으로서 예언자 이사야의 조언에 따라 외교 정책을 펼치
려 노력했다(사 36-39장).

북이스라엘을 정복한 앗수르는 므로닥발라단(Merodach-baladan, 기원
전 721-710 재위)이 이끄는 신흥 바벨론의 반란을 진압하느라 남방 지역
의 정벌을 잠시 늦추게 되었다(왕하 20:12; 사 39:1). 이 짧은 평화의 시기
를 통해 히스기야는 종교 개혁을 단행할 수 있었다. 반면 유다 내부에서
는 오랜 잠에서 깨어난 애굽을 의지해야 한다는 의견이 강하게 일어났
고, 히스기야는 이사야의 엄중한 질책에도 불구하고 애굽에 사절단을 보
내 조약을 맺으며 앗수르로부터의 독립을 꾀했다(사 28-33장).

앗수르의 왕위가 사르곤 2세(Sargon II, 기원전 722-705 재위)에서 산
헤립(Sennacherib, 기원전 705-681 재위)에게 계승되자 히스기야는 노골적
으로 앗수르에 대항하기 시작했다(기원전 705). 앗수르에 바쳤던 조공
을 거부하며 히스기야는 신흥 바벨론 및 애굽과 함께 연합 전선을 형성
했다. 이사야 39장에서 히스기야의 병이 나은 뒤 그를 방문한 바벨론의
사절단은 이런 반앗수르 연합과 깊은 관련이 있다. 하지만 즉위 후 4년
동안 바벨론의 반역을 진압하는 데 성공한 산헤립은 곧이어 예루살렘의
히스기야와 남방 연합군을 정벌하게 된다(기원전 701). 이 침략으로 유다

는 예루살렘과 라기스를 제외한 46개의 요새화된 성읍을 앗수르 군대에 점령당하고 만다.

이에 히스기야는 성전과 왕실 금고를 털어 은 300달란트와 금 30달란트를 산헤립에게 바치며 위기를 잠시 모면한다(왕하 18:13-16). 하지만 산헤립은 얼마 후에 유다를 완전히 정벌하기 위해 대군을 라기스와 예루살렘으로 다시 보냈고 랍사게를 통해 히스기야의 항복을 종용한다(왕하 18:17-19:37; 사 36장). 이때 앗수르에 대한 항복이 곧 유다의 종말과 파멸이라는 사실을 잘 알고 있던 히스기야는 예언자 이사야의 조언을 따라 하나님의 신비로운 보호와 구원을 간구하며 끝까지 대항한다(왕하 19장; 사 37장). 그날 밤 하나님은 기적과 같은 방식으로 앗수르 군사 18만 5,000을 몰살시키셨다. 그리고 앗수르로 되돌아간 산헤립은 자기 아들에게 살해당한다(사 37:36-38).

이처럼 이사야 예언자가 활동할 당시 유다는 초강대국이었던 앗수르(사 36-37장), 오랜 잠에서 깨어난 애굽(사 28-33장), 신흥 강국 바벨론(사 39장), 북쪽의 방어벽이었던 아람(사 7장), 그리고 같은 동족 북이스라엘(사 7장)과 군사적·정치적으로 큰 영향을 주고받으며 존속했다. 사실 히스기야와 요시야의 시대를 제외하면 유다의 운명은 열강의 막강한 군사력과 침략으로 인해 늘 풍전등화와 같이 위태로운 상황이었다.

이런 위기 상황 가운데 유다의 영적·신앙적 지침을 제공했던 사람이 바로 이사야다. 급변하는 국제 정세와 맞물려 유다 백성이 전통적으로 믿어왔던 국가 신학은 큰 타격을 입게 되었다. 이스라엘을 지탱시켜온 국가 신학은 두 가지로서 첫째는 다윗 왕조 신학이고 둘째는 시온 신학이었다. 사무엘하 7:1-17을 보면 하나님은 다윗과 부자(父子) 관계를 맺으신다(삼하 7:14). 그리고 "네 집과 네 나라가 내 앞에서 영원히 보존되고 네 왕위가 영원히 견고하리라" 하는 말씀과 함께 다윗의 왕권과 시온(예루살렘)을 영원히 보호하고 축복하실 것을 약속하셨다(삼하 7:16). 달리 말하면 "이 신학의 핵심은 야웨가 시온을 자신의 거처로 선택했다는 것과 다윗 왕조가 영원히 통치하며 그 원수들에게 승리할 것이라는 야웨의 약속이 불변한다는 것"이다.[2] 즉 다윗과 그의 자손에게 하나님은 영원한 왕권과 지위, 특권과 리더십을 허락하셨고 그것은 이스라엘 백성의 영적·정치적·민족적 정체성이자 자부심이 되었다. 또한 여기서 하나님의 거처인 시온은 그 누구도 침범할 수 없는 세상의 중심이 된다.

하지만 기원전 8세기와 그 이후 이어진 민족적 패망은 그들을 지탱시켜온 국가 신학 및 하나님의 존재와 능력에 대한 근본적인 의문을 불러일으켰다. 과연 하나님이 다윗에게 허락하셨던 약속과 영광은 신뢰할 수 있는가? 만약 앗수르의 신들이 예루살렘을 침략하여 하나님이 거하시는 그곳을 더럽힌다면 야웨는 온 우주의 창조자라고 말할 수 있을까? 과연 그분의 능력과 지혜는 신뢰할 만한가? 앗수르의 군사적 위협으로 인해 유다 왕조의 존립 근거 자체가 흔들리게 되자 백성들은 지금까지 믿어왔던 야웨와 그의 권능 및 보호에 대한 의문을 품지 않을 수 없었다. 그런 국제 정세 속에서 유다의 언약 신학이 위기 가운데 빠졌을 때 예언자 이사야는 그들이 붙들었던 신학을 새롭게 재해석하고 수호하는 역할을 충실히 감당했다. 그 당시의 신학적 위기와 이사야의 신학적·해석학적 역할에 관해 브라이트(John Bright)는 다음과 같이 말한다.

> 앗수르의 침공으로 인한 위기는 이런 낙관적인 신학과는 완전히 모순되었으므로 자기 백성을 굴욕으로부터 보호하지도 못하고 적의 침입으로부터 자신의 집을 지키지도 못하는 야웨의 약속이 과연 실효성이 있느냐 하는 의

---

2   존 브라이트, 『이스라엘 역사』, 박문재 옮김(서울: 크리스천다이제스트, 1996), 456.

문을 불러일으켰다. 국가 신학으로 하여금 자체의 전제에 비추어 이 재난을 해명할 수 있게 할 만한 어떤 재해석이 없다면, 그 신학은 더 이상 존속하지 못할 가능성이 있었다. 바로 이 재해석을 예언자들—특히 이사야—이 해냈던 것이다.[3]

예언자 이사야는 시내산에서 맺은 옛 언약에 비춰볼 때 앗수르의 침략은 야웨 하나님의 무능함에서 비롯된 것이 아니라 오히려 언약 백성이 하나님을 배반하고 경건과 신앙의 진정한 표현인 공의와 정의를 저버린 결과라고 해석한다(사 1:21-28). 앗수르의 군사적 침략은 야웨와의 언약을 깨뜨린 백성들에 대한 하나님의 주권적 심판이었다. 즉 앗수르는 유다를 정화하기 위한 심판의 도구에 불과하다(사 10:5-19). 이처럼 "민족의 재난을 야웨의 주권적이고 공의로운 심판이라고 선언함으로써 예언자들[이사야]은 신앙에 입각해 그 비극을 앞서 설명하고 또 그렇게 함으로써 비극으로 말미암아 신앙이 파괴되는 것을 막았다."[4]

예언자 이사야는 아울러 앗수르의 오만은 더 이상 참을 수 없는 지경에 이르렀으며 하나님은 가나안 땅에서 앗수르를 심판하고(사 14:24-27; 31:4-9), 자기 백성을 구원함으로써 역사 속에 자신의 절대적 주권과 권능을 드러내실 것이라고 선포했다(사 10:24-27). 한 걸음 더 나아가 이사야는 새 언약 곧 영원한 언약에 근거하여 재난 너머에 있는 민족적·종말론적 희망과 새 창조를 예언하고(사 55:3-5; 59:21; 61:8-9) 장차 그것을 경험할 새 백성의 출현을 고대하게 해주었다(사 40-66장).

이스라엘의 선조와 영원한 언약을 맺으신 하나님은 민족적 비극을

---

3 Ibid, 403-4.

4 Ibid, 464.

통해 그들을 정화시킨 후 새로운 구원 행위를 통해 새 창조를 허락해주실 것이다. 그러므로 백성들이 현재 붙잡고 있는 회복과 영광의 추는 미래로 옮겨지게 된다. 야웨의 영의 능력으로 율법의 말씀에 순종하는 새 백성이 미래에 임할 하나님의 새 구원과 창조에 동참하게 될 것이다. 예언자 이사야가 선포한 "바로 이런 유의 소망을 중심으로 새로운 이스라엘 공동체의 핵심 인자들이 집결할 수 있었고 또 암흑기 내내 꿋꿋이 하나님의 미래를 기다릴 수 있는 용기를 얻었다."[5]

그다음으로 국내적 상황을 살펴보면 영적·사회적 병폐와 혼합주의가 언약 백성의 신앙과 특성을 그 토대부터 위협했다.[6] 이사야 이전의 선배 예언자들(호세아와 아모스)은 북이스라엘 백성의 만연한 우상숭배와 타락한 생활 방식을 신랄하게 비판했다. 아울러 그들이 언약의 말씀을 회복하고 삶을 돌이켜 회개하지 않으면 하나님의 무서운 심판이 임할 것이라고 선포했다. 그리고 놀랍게도 앗수르 제국의 침략으로 북이스라엘이 멸망할 때 선배 예언자들의 선포는 예언자 이사야와 유다 백성에게 큰 경각심을 불러일으켰다.

예언자 이사야는 시온 공동체 가운데 만연했던 신앙적 배교와 도덕적·경제적 병폐를 깊이 안타까워하고 있었다. 유다 백성들은 야웨 하나님을 알지 못하고 범죄와 패역을 자행하며 머리부터 발바닥까지 성한 곳이 없었다(사 1:3-6). 귀족들은 뇌물을 사랑하여 도둑과 결탁했고 약한 자들의 땅을 탈취하는 방식으로 재산을 불렸으며 향락에 취한 채 하나님이 행하시는 일에는 관심을 두지 않았다(사 1:21-23; 5:8-12). 재판관들은 힘없는 고아와 과부의 억울한 송사를 공정하게 다루지 않았다(사

---

5   Ibid, 466.
6   Ibid, 395.

1:23). 우상숭배와 성적인 타락까지 만연한 사회에서는 삶과 신앙의 순결
이 사라진 지 오래였다(사 1:29-30).

조상 대대로 유지해왔던 영적·도덕적·사회적 질서가 서서히 무너
지면서 이스라엘 사회의 본래적 토대였던 시내산 언약 및 그 속에 담겨
있던 참된 경건과 신앙 역시 잊혀갔다. 이제 남은 것이라고는 형식적이
고 화석화된 신앙의 껍데기뿐이었다. 아하스 왕이 앗수르의 신들을 받아
들이면서 유다의 종교적 혼합주의는 위력을 더했고 국가 신앙의 토대는
뿌리부터 흔들렸다(왕하 16:10-20). 다메섹과 이교도의 다양한 우상숭배
와 제의, 풍속, 미신과 관련된 이교 관습들이 유다 공동체에 성행했다(사
2:6-8, 20; 미 5:12-14). 브라이트가 정확히 지적했듯이 "조상 대대로의
사회 질서가 점차로 해체되면서 이스라엘 사회의 본래적 토대였던 시내
산 언약 및 그 엄격한 종교적·도덕적·사회적 의무들은 많은 유다 백성에
의해 대부분 잊힌 상태였다."[7]

이사야가 볼 때 유다는 예언자 호세아와 아모스가 북이스라엘을
향해 벗어나라고 경고했던 그 멸망의 길을 동일하게 답습하고 있었다.
유다의 대중적인 제의와 가르침에는 이런 신앙적·영적 부패와 백성 가
운데 만연한 사회적 패악을 정화할 자정 능력이 사라진 지 오래였다. 이
런 상황 가운데서 예언자 이사야는 임박한 심판과 회복의 메시지를 선포
했다. 야웨의 날이 유다에 곧 임할 것이다. 그날은 "심판하는 영"과 "소멸
하는 영"으로 불같이 그들에게 임할 것이다(사 4:3). 야웨의 심판은 유다
의 죄악을 정결하게 하고 재판관들과 모사들을 본래와 같이 회복시킬 것
이다(사 1:24-26).

하나님은 앗수르를 심판의 도구로 사용하셔서 그들을 정화시키신

---

7   Ibid.

후(사 5:26-29), 그 남은 자들이 당신의 위로와 구원과 풍성한 기쁨을 누리는 새 공동체를 세우실 것이다(사 10:20-23). 또한 하나님이 다윗의 자손 가운데 새로운 왕 메시아를 세워 그에게 야웨의 영을 허락하실 때 시온 백성은 아하스를 통해 경험하지 못한 공의와 정의, 화평과 안정감을 누리게 될 것이다(사 7장; 9:6-7; 11:1-5). 구속의 역사 속에서 하나님의 거룩하심이 그분의 공의와 정의로 성취될 것을 선포한 예언자 이사야는 언약 백성 역시 삶 속에서 공의와 정의를 실천함으로써 하나님의 구속을 경험하게 된다는 대명제를 아울러 외쳤다(사 1:27; 32:15-20).

국내외의 혼란스러운 정세 속에서도 이사야의 가르침과 선포는 갈팡질팡하는 시온 백성을 지키고 보호하는 테두리 역할을 했다. 그는 언약 백성에게 임박한 심판의 이유를 옛 언약을 토대로 설명했다. 그리고 새 언약을 통해 재난 이후에 하나님이 그들 가운데 이루실 구원과 위로와 새 창조를 내다볼 수 있도록 인도했다. 이사야는 확실히 "유다의 어느 왕—또는 유다에 개입한 앗수르의 어느 왕—보다도 역사적으로 훨씬 중요한 의미를 지니고 있었다."[8]

이사야 40-55장의 역사적 배경

일반적으로 비평학자들은 이사야 40-55장이 기원전 585년에서 540년경 바벨론 유수 상황에 놓여 있던 유다 백성을 배경으로 작성되었다고 본다. 그 이유는 이사야 44:28과 45:1에 등장하는 바사(페르시아) 제국의 고레스(Cyrus, 기원전 559-529? 재위) 때문이다. 예언자들에게 임한 신적 영감을 부인했던 비평학자들은 이성적 추론 아래, 기원전 8세

---

8   Ibid.

기 후반에 활동한 예언자 이사야가 적어도 100년 이후의 인물인 고레스 왕의 이름과 활동을 예견하는 것은 불가능하다고 판단했다. 따라서 그들은 이사야 40-55장이 바벨론 유수 기간과 그때로부터 머지않은 시기에 유다 공동체에서 활동했던 한 예언자, 즉 제2이사야에 의해 저술되었다고 주장했다. 또 어떤 이들은 고레스의 이름과 국제적 영향력을 알고 있던 후대의 편집자들이 바벨론 유수 시기를 배경으로 그의 이름을 이사야 40-55장에 삽입했다고 주장했다.

하지만 나는 기원전 8세기 예루살렘의 예언자 이사야가 하나님의 신비한 은사를 통해 이상 가운데 기원전 6세기의 바벨론에 놓인 유다 공동체를 향해 위로와 회복의 메시지를 미리 앞서서 저술했다고 믿는다. 그 이유는 먼저 이사야 40-55장은 고레스 왕과 관련한 역사적 지표 외에는 그 시대에 대한 별다른 구체적인 배경을 말하지 않기 때문이다. 둘째, 이사야 40-55장은 이사야 1:1과 달리 표제를 통해 이 부분의 저자에 관한 정확한 정보를 제공하지 않기 때문이다.

차일즈(Brevard S. Childs)는 이런 상황들을 전체적으로 고려한 후 이사야 40-55장이 의도적으로 저자 및 역사적 정황과 관련한 내용을 감추었으며 그 결과 이 말씀이 이사야 1-39장과의 신학적인 연관성 속에서 발전하도록 이끌었다고 주장했다.[9] 정경 형성 과정을 고려한다면 차일즈의 의견도 상당히 타당하다고 할 수 있다. 하지만 우리는 예언자 이사야에게 임한 신적 계시(사 1:1)와 그가 하나님의 천상회의(사 6, 40장)에 참여하여 장차 하나님이 시온 백성과 열방을 향해 성취하실 구원과 위로를 앞서 보고 그것을 선포했다고 받아들일 수도 있다.

---

9 Brevard. S. Childs, *Introduction to the Old Testament as Scripture* (Philadelphia: Fortress Press, 1982), 325-27.

이사야 1-39장이 범죄한 유다에 대한 하나님의 심판과 진노를 선포한다면, 40-55장은 신학적인 연계성 가운데 종의 대속적 죽음으로 인한 속죄와 고레스 왕을 통한 포로 상태에서의 해방을 선포한다. 또한 바벨론에 사로잡힌 시온 백성이 기쁨과 찬양 가운데 새 출애굽을 이루게 될 것을 예언한다(사 40:9-11; 55:12-13).

이사야 56-66장의 역사적 배경

비평학자들은 이사야 56-66장이 기원전 539년 이후 고레스 칙령을 통해 예루살렘을 비롯한 고토로 다시 귀환한 유다 공동체를 배경으로 저술되었다고 주장했다. 하지만 학자들 사이에 이사야 56-66장의 역사적 배경에 대한 의견은 여전히 분분하다. 대표적으로 블렌킨소프(Joseph Blenkinsopp)는 에스라 9:4, 10:30에 등장하는, 하나님의 말씀과 명령에 "두려워 떠는 자"(חרדים)가 이사야 66:2, 5에 등장하는 이들과 동일하다고 본다. 그들이 포로기 이후 에스라를 도와 유다의 종교개혁을 지지했던 인물들이라는 것이다. 그렇다면 이사야 56-66장은 기원전 522-424년경 에스라의 활동 직후, 느헤미야의 사역 이전의 유다 지역을 배경으로 저술되었다고 볼 수 있다.[10]

반면 쿨(Jane L. Koole)은 이사야 56-66장의 주요 주제들과 모티프 및 용어들이 예레미야애가에도 유사하게 많이 등장한다는 점에 관심을 기울인다. 예를 들어 빛과 어두움(사 58:10; 애 3:2), 포도즙 틀(사 63:2; 애 1:15), 에돔(사 63:1; 애 4:21), 시온의 영광(사 60:3; 애 1:1), 자원의 풍요로움에 관한 약속(사 62:8 이하; 사 2:12; 4:3 이하) 등은 이사야 56-66장과

---

10 Joseph Blenkinsopp, *Isaiah 56-66* (New Heaven: Yale University Press, 2003), 54.

예레미야애가에 모두 등장한다. 이는 이사야 56-66장이 기원전 587 혹은 586년 유다의 멸망 직후에 저술되었다는 주장의 근거로 작용한다.[11]

이사야 56-66장의 역사적 정황에 관해 이처럼 다양한 의견들이 제시되는 이유는 이 부분이 이사야 40-55장처럼 역사적 상황에 대한 구체적인 지표를 제공하지 않기 때문이다. 따라서 역사적 정황보다 정경형성 과정에 더욱 초점을 맞춘 차일즈는 이사야 56-66장이 신학적으로 이사야 1-39장 및 40-55장의 메시지를 재해석하여 통합하고, 궁극적으로 이사야서 전체 말씀에 대한 종합적 결론을 제공하는 기능을 감당한다고 주장했다.[12] 나는 이사야서에서 이사야 56-66장이 가진 신학적·해석학적 역할에 관해서 차일즈의 의견에 동의한다. 만약 이사야 56-66장이 없었다면 이사야서 말씀은 전체적으로 신학적인 완성도 및 일관성을 가진 신학적 메시지가 될 수 없었을 것이다.

이사야 56-66장은 이사야 1-55장과 다르게 묵시적이고 종말론적인 메시지들을 많이 포함하고 있다. 이사야 63장의 에돔에 관한 말씀뿐 아니라 65-66장의 새 하늘과 새 땅에 관한 메시지는 이사야 56-66장의 역사적 정황을 규명하는 데 어려움을 더할 뿐이다. 하지만 믿음의 관점에서 기원전 8세기에 활동한 예루살렘의 예언자 이사야가 하나님의 영감과 신적 계시를 통해 바벨론 유수 이후뿐 아니라 역사의 종말에 임할 새 하늘과 새 땅에 관한 회복과 구원의 메시지를 당대의 언약 백성을 넘어 장래의 신앙 공동체에도 선포했다고 받아들인다면 이는 전혀 문제가 되지 않는다. 따라서 우리는 아모스의 아들 예언자 이사야가 이사야 56-66장을 예루살렘 귀환 공동체와 그 이후 제2성전 시절을 미리 예견

---

11   Jane L. Koole, *Isaiah III. Volume I/Isaiah 40-48* (Kampen: Peeters, 1997), 31-33.

12   Brevard S. Childs, *Isaiah* (Louisville: Westminster John Knox Press, 2001), 447-48.

하며 저술했을 뿐 아니라 더욱 포괄적으로 종말론적 새 하늘과 새 땅을 예언적으로 기술함으로써 구속사의 모든 신앙 공동체에 종말론적 희망과 새 창조의 메시지를 제공했다고 받아들일 수 있다.

3. 이사야서 해석의 역사

이사야서의 저자와 관련하여 탈무드는 분명히 예언자 이사야의 존재를 인정하면서 그가 이사야서 말씀을 기록했다고 말한다. 하지만 기원후 11세기의 유대인 저술가 모세 이븐 기카틸라(Moshe Iben Gikatilla)는 이사야서에 대한 주석에서 앞부분(사 1-39장)은 이사야 자신의 것이지만 뒷부분(사 40-66장)은 제2성전 시대에 쓰인 것이라고 말했다.[13] 그의 견해는 중세 유대교 주석가인 이븐 에즈라(Abraham Ibn Ezra, 1092-1167)에 의해 계승되었다.[14]

　학자들이 이사야서가 다른 저자에 의해 기록되었다고 주장하는 이유는 이사야서 내에 문체와 중심 주제가 다른 곳과는 뚜렷한 차이를 보이는 부분이 있기 때문이다. 즉 이사야 1-39장은 유다의 죄악에 대한 하나님의 심판을 다루는 반면, 40-66장은 유다 백성의 구원과 종말론적인 회복을 중심적으로 다룬다. 특히 이사야 44:28, 45:1에 나오는 고레스는 역사상 예루살렘의 예언자 이사야가 살던 기원전 8세기보다 적어

13　롤란드 해리슨, 『구약서론(중)』, 류호준, 박철현 옮김(서울: 크리스천다이제스트, 1994), 328. "사 1-39장"과 "사 40-55장"은 내가 덧붙인 것이다.

14　Ibid. 이사야서의 저자에 대한 비평사를 더 깊이 알기 원한다면 다음 자료를 참고하라. 해리슨, 『구약서론(중)』, 328-37.

도 100년 이후의 인물이다. 그렇기에 비평학자들은 이사야 40장 이후의 말씀은 기원전 8세기의 예루살렘의 이사야가 기록한 것이 아니라 약 200년 후, 즉 기원전 6세기경 유다 백성이 바벨론에 사로잡혀 있을 때 어떤 예언자, 즉 제2이사야가 기록한 책이라고 주장한다. 이사야서가 여러 저자에 의해 기록되었다는 주장은 역사비평학을 주창한 둠(Bernhard Duhm)에 의해 절정에 이르게 된다.

역사비평학(Historical-Criticism)

1892년, 둠은 그의 이사야서 주석에서 이사야서가 세 가지 독자적인 본문(사 1-39; 40-55; 56-66)을 합쳐놓은 모음집(anthology)이라고 주장했다.[15] 그는 기존의 제2이사야서(사 40-66장)에서 이사야 56-66장을 분리했다. 그에 따르면 그 부분은 에스라-느헤미야 시대의 제3이사야로 불리는 어떤 예언자가 기록한 것이었다. 이는 역사비평학에 근거해 이사야서 본문 이면에 있는 역사적·시대적 상황을 새롭게 재구성하고자 시도한 결과였다.

좀 더 상세히 살펴보자. 둠에 따르면 이사야 1-39장은 아모스의 아들 이사야가 범죄한 유다를 향해 예루살렘에서 외친 심판의 말씀이다. 그는 예루살렘의 이사야를 제1이사야로 명한다. 반면 이사야 40-55장은 익명의 예언자가 바벨론에 포로로 잡힌 자신의 백성을 위로하기 위해 기술한 책이다. 그는 제2이사야다. 끝으로 포로기를 지나 유다에 다시 돌아온 한 예언자가 낙심한 이스라엘 백성에게 전한 종말론적 회복의 말씀

---

15 Bernhard Duhm, *Das Buch Jesaia: Übersetzt und Erklärt, 5. Auflage,Handkommentar zum Alten Testament, 3.1* (Göttingen: Vandenhoeck & Ruprecht, 1892), 419.

이 이사야 56-66장이다. 그 예언자는 제3이사야다. 이 세 권의 책은 이스라엘 역사에서 정경화 과정을 거치면서 하나의 책으로 합쳐졌고, 그것이 오늘날 우리가 접하는 이사야 1-66장 말씀이 되었다. 즉 현대의 독자들이 읽는 이사야서는 각각 다른 시대를 살아갔던 시온 백성의 삶의 정황과 신앙을 보여주는 세 권의 책을 후대에 하나로 합쳐놓은 모음집이다.

지난 100년 동안 둠의 이사야서 가설은 지배적이었다. 그 결과 이사야서가 서로 다른 3명의 저자에 의해 기록된 세 권의 책을 모아놓은 모음집(Anthology)이라는 주장을 많은 비평학자가 암묵적으로 받아들였다. 그리고 3명의 다른 저자를 지칭하는 1, 2, 3 이사야는 시간이 지나면서 이사야서의 세 부분을 지칭하는 이름으로 변화되었다. 즉 제1이사야는 이사야 1-39장, 제2이사야는 이사야 40-55장, 그리고 제3이사야는 이사야 56-66장을 지칭하는 이름으로 바뀐 것이다.

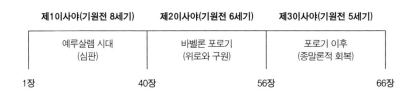

버나드 둠의 이사야서 구분

그 후 역사비평학은 각 본문 배후의 역사적 배경과 인물에 대한 가설을 바탕으로 본문을 더욱 구분 짓고 끊임없이 쪼개기 시작했다. 그 결과 이사야서 연구는 끝없는 미궁 속으로 빠지고 말았다. 뚜렷한 역사적 증거가 없이 가설적으로 추정된 역사적 정황과 인물 연구에 바탕을 둔 역사비평학은 이사야서의 풍성한 메시지와 계시를 전달하는 데 오히려 더 큰 방해가 되었다.

　이사야서 연구의 이런 학문적 흐름은 20세기 말에 이르러서야 새로운 전환기를 맞이하게 된다. 특히 예일 대학교의 신학부 교수였던 차일즈의 이사야서 연구는 이사야서 해석사에 새로운 바람을 불러일으켰다. 본문을 끊임없이 작은 단위로 쪼갰던 역사비평학의 학문적 위험성을 비판하며 차일즈는 이사야서를 통전적인 관점에서 해석하기 시작했다. 그는 전체적인 관점에서 이사야서를 바라보았다. 그가 보기에 이사야서 본문은 1장부터 66장까지가 한 권으로 된 권위 있는 정경으로서 신학이나 주제, 언어 면에서 유기적 통일성(unity)과 연관성(coherence)을 가진 하나님의 말씀이었다.

　그 이후 차일즈의 해석 방식은 이사야 학계에 지대한 영향을 미쳤다. 현재 이사야 학계의 흐름은 다양한 해석학적 방식을 통해 세 부분의 이사야서(사 1-39; 40-55; 56-66)가 신학적·주제적·정경적 통일성을 가진 하나님의 말씀임을 밝히는 쪽으로 기울고 있다. 학계에서 이사야서 말씀의 유기적 통일성과 일관성을 설명하고 증명하는 연구 방법을 간략히 소개하면 다음과 같다.

정경적 접근법(Canonical Approach)

정경론을 주창한 대표적 학자는 차일즈와 자이즈(Christopher R. Seitz)였다. 차일즈는 이사야서를 해석하면서 구약성경이 가진 정경성(canonicity)에 중점적인 비중을 두었다. 정경이란 신앙 공동체와 교회가 그들의 신앙과 삶에 권위를 갖는 하나님의 말씀으로 받아들인, 최종 완성된 형태의 성경 본문(the finalized text)을 일컫는 말이다. 차일즈는 하나님이 이사야서를 권위 있는 정경으로 완성하실 때 그 저자들에게 신적 영감을 허락하셔서 그 본문을 신적 섭리 아래 1장부터 66장까지 유기적이고 통일성을 갖는 메시지로 완성하셨다고 믿었다.

다시 말해 개별적인 이사야서의 본문들은 각각의 신학적 기능과 구조적 의미를 담지한 상태로 구성되었다. 그러므로 정경으로서의 이사야서는 1-39장, 40-55장, 56-66장으로 분리된 세 권의 책이 아니라 모든 장이 시작부터 끝까지 통일성과 유기적 연관성을 가진 하나의 이사야서 메시지다. 각 장은 이사야서 해석의 정황과 맥락(context)을 제공할 뿐 아니라 각각의 중요한 신학적 메시지를 시대마다 전달해준다. 역사비평학은 이사야서 본문 이면에 있는 가설적인 역사적 정황과 인물을 추구하면서 해석의 무게 중심을 본문 배후로 옮겨놓았다. 반면 정경적 접근법은 연구의 무게 중심을 오늘날 신앙 공동체가 권위 있는 말씀으로 받아들이는 이사야서의 최종 본문으로 옮겨놓았다.

차일즈에 따르면 "본문의 최종 정경 형태와 그 정경적 맥락이 성경 해석의 출발점"이 되어야 한다.[16] 또한 독자는 개별적인 본문을 해석할 때 이사야서의 전체 맥락을 고려하여 그 부분을 해석하는 통전적인 해석(holistic interpretation)을 시도해야 그 의미를 정확히 발견할 수 있다. 이때 이사야서의 최종 본문, 즉 이사야 1-66장 자체는 해석에 필요한 적절한 정황을 제공할 뿐 아니라 최종 근거가 된다. 독자는 권위 있는 정경으로 받아들인 이사야서의 최종 본문을 유심히 연구하고 적용할 때 본문의 정확한 의미를 파악하고 올바른 해석에 도달할 수 있다.[17]

---

16 장세훈, 『한 권으로 읽는 이사야서』(서울: 이레서원, 2015), 50.

17 정경적 접근법에 대한 이해를 돕기 위해 다음 자료들을 참고하라. Brevard S. Childs, *Introduction to the Old Testament as Scripture* (Minneapolis: Fortress Publisher, 2011); Christopher R. Seitz, *Word without End: The Old Testament as Abiding Theological Witness* (Grand Rapids: Eerdmans Publishing, 1997); 장세훈, 『한 권으로 읽는 이사야서』, 50-

편집비평(Redaction Criticism)

편집비평을 이끈 대표적인 학자로는 영국의 클레멘츠(Ronald E. Clements), 독일의 렌토르프(Rolf Rendtorff), 옥스퍼드 대학교의 구약학 교수인 윌리엄슨(H. G. M. Williamson) 등이 있다. 편집비평은 이사야서의 원저자 외에 후대의 최종 편집자(들)가 본문을 유기적인 통일성이 있는 말씀으로 손보았다는 주장이다. 그 편집자(들)는 자신이 속한 신앙 공동체의 신학적·시대적 필요와 요청에 따라 각각 분리되어 있던 이사야서 본문들을 하나의 일관성 있는 메시지로 수정하고 편집했다는 것이다. 그렇기에 편집비평을 주장한 학자들은 "편집자의 의도와 신학"을 파악하는 데 관심을 기울였다.[18]

조금 더 자세히 말하면 그들은 편집자에 의해 "이사야서의 전 본문이 어떻게 하나의 구성체로 편집되었는지, 하나의 구성체로 편집된 의도가 무엇이며 편집자에게 영향을 미친 공동체의 주요 관심사와 그 사회적 정황은 어떠했는지"를 탐구했다.[19] 그렇다면 이사야서가 편집자에 의해 편집되었다는 증거는 무엇인가?

편집비평 학자들에 따르면 이사야서의 특정한 어구나 주제가 편집자의 구체적인 편집 의도를 드러내준다. 예를 들어 렌토르프는 이사야 1-39장에서 공의(צדק)가 반드시 정의(משפט)와 짝을 이루어 등장하는 반면, 이사야 40-55장에서 공의는 반드시 구원(ישע)과 짝을 이루어 사용되고, 이사야 56-66장에서 공의는 정의와 구원과 함께 사용된다는 점을

56.

18 장세훈, 『한 권으로 읽는 이사야서』, 33.

19 Ibid.

지적했다. 이는 이사야 56-66장에 1-39장의 메시지와 40-55장의 메시지를 통합하는 기능을 부여하려 한 편집자의 의도에 의한 것이다. 이 외에도 이사야서 전반에 걸쳐 등장하는 시온-예루살렘, 눈멂과 귀먹음, 아하스와 히스기야의 의도적인 대조 등은 각 시대의 상황과 신학적 필요를 보여줄 뿐 아니라, 편집자가 의도적으로 이사야서를 통일성 있는 메시지로 구성한 흔적과 노력을 잘 보여준다.

그런데 클레멘츠는 이사야 1-39장의 주제와 언어들이 이사야 40-66장의 편집에 영향을 미쳤다고 주장한 반면, 렌토르프는 이사야 40-55장이 이사야 1-39장과 이사야 56-66장의 편집에 영향을 미쳤다고 주장했다. 윌리엄슨도 이사야 40-55장이 이사야 1-39장의 편집에 영향을 미쳤다고 보았다. 어쨌건 편집비평이 말하는 이사야서의 통일성은 한 저자의 저작에 의한 신학적·언어적 통일성이 아니라 편집자(들)의 신학적 의도에 따라 구성된 "편집적 통일성"을 의미한다.[20]

문학적 접근법(Literary Approach)

문학적 접근법을 주창한 학자로는 웹(Barry G. Webb), 콘래드(Edgar W. Conrad), 다아(Katheryn Pfisterer Darr) 등이 있다. 문학적 접근법으로 보면 이사야서는 기승전결로 구성되며 주제적인 통일성이 있는 하나의 문학 작품이다. 문학적 접근법은 본문 배후의 역사적 정황이나 인물을 재구성하기 위해 본문을 파편화시킨 역사비평학적 방법론에서 탈피해 주제적

---

20 편집비평에 관하여는 다음 자료들을 참조하라. H. G. M. Williamson, *The Book Called Isaiah: Deutero-Isaiah's Role in Composition and Redaction* (Oxford: Oxford University Press, 2005); 장세훈, 『한 권으로 읽는 이사야서』, 37.

일관성을 가진 본문 자체를 중심 연구 대상으로 삼았다.

문학적 접근법에 따르면 이사야서는 고대 사회의 독자들을 설득하고 그들의 믿음을 고취했던 하나의 종교적·문학적 작품이기 때문에 그것의 전형적인 문학적·수사학적 기법을 제대로 이해하지 못한 상태로는 본문의 참된 의미와 통일성을 이해할 수 없다. 따라서 문학적 접근법은 이사야서 본문 자체에 있는 수사적 구조나 문학적 장치, 플롯의 점진적인 발전을 탐구하면서 본문의 통일성을 논증하려고 시도했다. 또한 본문의 의미는 본문과 독자 사이의 해석학적 상호 교류에 의해 파생되는 것이기에 문학적 접근법은 독자의 해석학적 역할을 중시한다.[21]

호주의 대표적인 구약학자인 웹은 이사야서에 구조적·주제적 통일성을 알려주는 몇 가지 요소가 있다고 주장했다. 예를 들어 이사야 1-2장이 하늘과 땅, 예루살렘에 집중하는 반면 이사야 65-66장은 새 하늘과 새 땅, 시온의 변형에 집중함으로써 이사야서의 분명한 서론과 결론 기능을 한다. 이사야 36-39장의 히스기야 내러티브는 앗수르를 중심에 둔 전반부 1-35장의 말씀이 바벨론을 중심에 둔 후반부의 40-66장으로 넘어가게 하는 문학적·신학적 교량 역할을 한다. 아울러 남은 자 사상은 이사야서 전반부에서부터 후반부까지 일관성 있게 등장한다. 이는 시온 백성을 향한 하나님의 심판에서 종말론적인 회복과 새 창조로 나아가는 주제의 흐름을 구체적으로 보여주는 중심 플롯이다.[22]

이처럼 이사야서를 하나의 문학 작품으로 여기는 접근법은 본문들

---

21 장세훈, 『한 권으로 읽는 이사야서』, 70.

22 문학적 접근법에 관해서는 다음 자료들을 참조하라. Barry G. Webb, "Zion in Transformation: A literary Approach to Isaiah," *Bible in Three Dimension* (Sheffield: JSOT Press, 1990), 65-84; 장세훈, 『한 권으로 읽는 이사야서』, 72-76.

속에 있는 특정한 주제, 모티프, 수사적 기법, 구조적인 배열 등이 이사야서의 전반적인 통일성을 잘 보여준다고 강조한다.

전통적(보수주의적) 접근법(Conservative Approach)

이사야서의 단일 저작설을 주장하는 전통적인 접근법은 주로 보수주의 학자들의 지지를 받았다. 대표적 학자로는 오스왈트, 영(E. J. Young), 모티어(J. Alec Motyer), 울프(Herbert M. Wolf) 등이 있다. 이들은 기원전 8세기 예루살렘에서 아모스의 아들 이사야가 하나님의 계시를 받아 신학적 통일성이 있는 이사야서를 기록했다고 믿는다. 이들은 하나님의 신적 계시와 그것을 통해 기록된 말씀이 갖는 예언의 능력을 인정한다.

울프는 이사야와 동시대의 예언자인 미가가 메시아의 출생지로 베들레헴을 언급한 것은 신적 계시에 의한 예언자의 예언적 기능을 잘 보여주는 예라고 주장했다.[23] 마찬가지로 하나님의 계시를 통해 예언자 이사야는 후대의 이방 왕 고레스의 등장과 사역을 예언했을 뿐 아니라 종말의 때에 도래할 새 하늘과 새 땅을 선포했다는 주장도 성립할 수 있다. 예언자 이사야는 신적 계시를 통해 한 권의 이사야서 말씀을 통일성 있게 기술했고 그것을 다음 세대에 전했다. 오스왈트는 이사야 1-39장과 40-66장에서 주제나 시대적 상황이 뚜렷한 차이를 보이는 것은 여러 저자의 관여에 의한 것이 아니라 한 저자의 저술 활동에서 흔히 나타날 수 있는 다른 주제와 다양한 표현을 보여주는 경우라고 주장했다.[24] 또한 이사야 53장에 등장하는 종과 그의 희생은 신약 시대에 등장할 예수

---

23   장세훈, 『한 권으로 읽는 이사야서』, 28.

24   Oswalt, *The Book of Isaiah*, 1-35; 장세훈, 『한 권으로 읽는 이사야서』, 24.

그리스도와 그의 대속의 죽음을 예견하게 한다. 기원전 8세기 예루살렘의 예언자 이사야가 이사야서를 한 권의 유기적인 통일성 있는 메시지로 기술했다는 전통적인 접근법은 비평주의자들이 가진 이사야서 해석과는 뚜렷한 차이를 보이는 하나의 해석 방법으로 인정받고 있다.

지금까지 우리는 이사야서의 저자와 시대적 상황에 관한 중요한 해석학적 접근 방식들을 살펴보았다. 앞서 밝혔듯이 이사야서의 저술 방식과 저자에 대한 결정적인 증거가 발견되지 않는 한 여러 논쟁은 앞으로도 계속 이어질 것이다. 나는 이사야 1:1 - "아모스의 아들 이사야가 유다와 예루살렘에 관하여 본 계시라" - 의 기록을 정확 무오한 하나님의 말씀으로 받아들인다. 따라서 이사야서는 기원전 8세기에 예루살렘의 예언자 이사야가 하나님의 계시 가운데 받은 신적 이상과 말씀을 기술한 것이라고 해석한다.

4. 이사야서 개관

이 책에서 우리는 이사야서를 어떻게 해석할 것인가? 나는 이사야서가 전체적으로 유기적 통일성과 일관된 신학적 주제를 가지고 있다고 본다. 즉 이사야서는 "새 창조를 위한 하나님의 구속 계획"을 기술한다. 이사야서는 새 창조를 향한 하나님의 구속 드라마를 펼쳐서 보여준다. 그것을 시각화하면 다음과 같다.

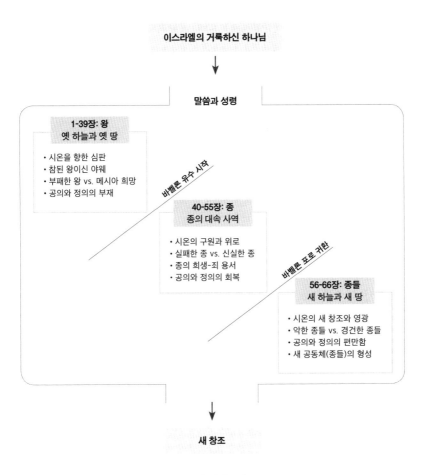

이사야서 전체 조감도

예언자 이사야는 신적 계시 가운데 유다와 열방, 더 나아가 종말론적 세계의 심판과 회복에 관한 이상을 기록했다. 이사야서는 총 66장으로 구성된다. 이는 주제의 큰 흐름에 따라 이사야 1-39장, 40-55장, 56-66장으로 나뉜다.

먼저 이사야 1-39장은 유다 곧 시온을 향한 하나님의 "심판"과 "회개"의 촉구를 다룬다. 이 내용은 앗수르가 세계를 지배하던 기원전 8세기를 시대적 배경으로 한다. 당시 유다 백성은 하나님을 만홀히 여기며 언약의 말씀을 그들의 삶 속에서 실천하지 않았다. 그들은 범죄와 패역으로 머리부터 발끝까지 온전한 곳이 없었다. 진정한 경건과 신앙의 표현인 공의와 정의를 실천할 기미가 보이지 않았다. 왕은 하나님을 신뢰하지 않았고 구원에 관한 징조를 구하지도 않았다. 그들을 기다리는 것은 임박한 하나님의 진노뿐이었다. 하지만 하나님은 진노와 심판 이후에 남은 자들을 통해 회복을 성취하실 것이고, 메시아는 공의와 정의로 그 회복된 나라를 통치할 것이다(사 9, 11, 32장).

이사야 40-55장은 심판 이후 하나님이 성취하실 시온의 위로와 구원과 회복을 전해준다. 이 부분은 기원전 6-5세기의 바벨론 유수 시기를 역사적 배경으로 둔다. 이사야 39장과 40장 사이에서 이사야서 본문 자체는 자연스럽게 다음 장으로 넘어가는 것처럼 보인다. 하지만 유다는 앗수르 시대를 지나서 바벨론 시대로 넘어가는 시대적 분기점을 맞이한다. 이사야 39:5-6에서 이사야는 히스기야에게 "보라! 날이 이르리니 네 집에 있는 모든 소유와 네 조상들이 오늘까지 쌓아둔 것이 모두 바벨론으로 옮긴 바 되고 남을 것이 없으리라"는 하나님의 말씀을 전한다. 이 말씀은 유다의 포로 생활을 미리 말해준다.

그런 후 이사야 40장부터 본문은 바벨론에 포로 상태로 있는 유다 백성을 중심으로 전개된다. 이런 맥락에서 이사야 40:1의 첫 말씀인 "위로하라, 위로하라"는 명령은 의미심장하다. 이사야 40-55장은 바벨론에 사로잡힌 시온 백성이 경험하게 될 풍성한 위로와 회복을 중심 주제로 다룬다. 그것은 고레스에 의해 유다 백성이 해방(사 45장)되는 것과 종의 희생(사 53장)을 통해 그들의 죄가 용서받는 운명의 전환을 통해 실현된다. 즉 이사야 40-55장은 바벨론 유수로 인해 큰 낙심과 고난 가운데 있던 유다 백성들에게 전해진 위로와 구원의 메시지다.

이사야 40-66장은 40-55장과 56-66장으로 나뉜다. 이사야 40-55장이 바벨론에 갇힌 언약 백성에게 하나님의 말씀을 선포한다면, 56-66장은 바벨론에서 귀환하여 유대 땅에 정착한 시온 백성에게 전파된 하나님의 말씀이다. 여기에는 두려워 떨며 하나님의 말씀에 순종하고 죄악에서 떠난 종들의 공동체가 등장한다(사 59:20; 66:2-5). 반면 하나님의 말씀을 두려워하지 않는 행악자들은 신실한 종들을 억압하고 탄압하는 것으로 그려진다(사 57장). 그들의 손에는 피가 가득하고 발은 범죄를 행하기에 빠르며 삶 속에는 거짓과 악행이 가득하다(사 59:1-7).

이사야 56-66장에서 두 부류 사람들의 운명은 확연하게 구분된다. 의인들은 야웨의 영의 기름 부음과 함께 하나님의 놀라운 위로와 구원을 체험할 것이다. 그들은 열방이 가져온 물품들로 시온 성을 재건할 뿐 아니라 야웨의 사역자와 제사장이 될 것이다(사 60-61장). 또한 하나님과 영원한 언약을 체결할 때 그들은 하나님의 영광스러운 신부가 되어 열방의 부러움을 살 것이다(사 62장). 더 나아가 그들은 "의의 나무"가 되어 삶 속에서 언약의 말씀을 실천하는 의로운 백성이 될 뿐 아니라 이사야 1:27의 "의로 구속함을 받으리라"는 말씀의 성취로서 하나님의 구원을 얻게 될 것이다. 의인들이 새 하늘과 새 땅에서 하나님의 풍성한 위로와 새 창조를 누리는 주인공이 되는 것이다. 하지만 범죄를 자행한 행악자들은 영원히 꺼지지 않는 불 속에서 하나님의 엄중한 심판과 진노를 피하지 못할 것이다(사 66:24).

이사야서의 전체 구조를 살펴보았다면 이제 그 내용 속으로 들어가 보자. 먼저 이사야의 이름 뜻은 "야웨 하나님은 구원이시다"다. 그 이름이 암시하듯이 이사야서는 "이스라엘의 거룩하신 분 야웨"와 그분의 주권적인 구원 및 새 창조가 어떻게 성취되는지를 보여준다. 이사야서에서 가장 중심을 차지하는 주인공은 이스라엘의 거룩하신 하나님이다(사 1:4;

5:19, 24; 10:20; 12:6; 17:7; 29:19; 30:11, 12, 15; 31:1; 37:23; 41:14, 16, 20; 43:3, 14; 45:11; 47:4; 48:17; 49:7; 54:5; 55:5; 60:9, 14). 야웨 하나님이 "거룩하시다"라는 말은 그가 우상과 구별된 살아 계신 하나님이심을 의미한다. 그는 모든 주권과 권능, 지혜와 함께 온 만물과 인류의 역사를 홀로 주관하고 통치하는 주권자이시다. 그분은 온 우주와 만물의 진정한 왕이시다(사 6:5; 33:22). 따라서 주의 백성들은 거룩한 삶을 실천할 때 하나님을 만날 수 있을 뿐 아니라 그분과 동행하는 삶을 살 수 있다(사 6장; 35:8-10).

그렇다면 이사야서에서 이스라엘의 거룩하신 하나님은 시온 백성들과 온 열방을 향해 무엇을 계획하고 계신가? 그것은 이사야서의 첫 장인 1장과 마지막 장인 65-66장을 보면 잘 알 수 있다. 이사야서를 이해하는 가장 중요한 열쇠는 이사야 1장과 마지막 두 장인 65-66장을 어떻게 이해하느냐에 달려 있다. 이사야 1장은 하늘과 땅(사 1:2), 반역하고 패역한 아내인 예루살렘(사 1:1), 아버지와 패역한 아들의 깨어진 관계(사 1:4), 그리고 범죄한 이스라엘에 관해 말한다. 반면 이사야 65-66장은 새 하늘과 새 땅(사 65:17; 66:22), 아이를 생산하고 위로하는 어머니 시온(사 66:7, 13), 아버지와 아들의 회복된 관계(사 63:8;16), 그리고 이스라엘과 열방의 종말론적 회복과 영광을 언급한다. 결과적으로 이사야서 전체메시지는 이스라엘의 거룩하신 하나님이 이사야 1장의 하늘과 땅을 이사야 65-66장의 새 하늘과 새 땅으로 새롭게 창조하는 구도로 형성되어 있다.

옛 하늘과 옛 땅, 즉 범죄한 이스라엘이 새 하늘과 새 땅, 즉 영광스러운 새 공동체로 변화하는 것은 이사야서의 메시지가 일관된 방향을 향해 흐르고 있음을 보여준다. 그렇다면 이사야서 전체를 관통하는 하나님의 뜻과 계획은 무엇일까? 구속사 속에서 이스라엘의 거룩하신 하나님은 무엇을 위해 일하시는가? 이사야서는 부패하여 하나님께 반역한 시온 백성이 새롭게 회복되고 구성되는 "새 창조"를 중심 주제로 다룬다. 즉 1장부터 65-66장에 이르는 이사야서 말씀은 하나님이 언제, 누구를 통해, 어떤 방식으로 유다와 열방과 온 만물을 새롭게 창조하실 것인가를 보여준다.

그렇다면 이사야서에서 이스라엘의 거룩하신 분은 어떤 방식으로 자신의 구속 계획을 성취하시는가? 이스라엘의 거룩하신 하나님은 자신의 "현존"을 통해 새 창조의 계획을 실행해나가신다. 이사야서를 비롯한 성경은 두 가지 하나님의 현존을 소개한다.

첫째, 이스라엘의 거룩하신 하나님의 현존은 그분의 말씀이다. 이사야 40:8은 "풀은 마르고 꽃은 시드나 하나님의 말씀은 영원히 서리라"고 강조한다. 이사야 55:11은 "내 입에서 나가는 말도 이와 같이 헛되이 내게로 돌아오지 아니하고 나의 기뻐하는 뜻을 이루며 내가 보낸 일에 형통함이니라"고 말씀한다. 하나님의 말씀은 하나님의 뜻을 성취하는 하나님의 현존이다. 하나님의 말씀이 선포되면 하나님의 뜻이 하나님의 백성에게 계시될 뿐 아니라 무한한 신적 지혜와 능력 가운데 그 구속의 계획이 성취된다.

둘째, 이스라엘의 거룩하신 하나님의 현존은 성령이다. 성령은 창조의 영이시다. 창세기 1:2에서 땅이 혼돈하고 공허하며 흑암이 깊음 위에 있을 때 하나님의 영은 수면 위에 운행하시며 성부 하나님의 창조 사역을 성취하셨다. 성령은 창조의 영일 뿐만 아니라 새 창조의 영이시다. 이사야 11:1-5에서 야웨의 영은 장차 나타날 메시아 위에 임하신다. 야웨의 영은 메시아에게 지혜와 총명, 모략과 재능, 지식 및 야웨 경외함을 허락하신다. 이 성령의 임하심을 통해 하나님의 종은 세상 가운데 공의와 정직을 세운다(사 42:1-4). 이사야 61:1도 "주 여호와의 영이 내게 내리셨으니 이는 여호와께서 내게 기름을 부으사 가난한 자에게 아름다운 소식을 전하게 하려 하심이라"고 선포한다. 야웨의 영의 임재와 함께 하나님의 종이 말씀의 복된 소식을 선포할 때 시온은 신적인 위로와 새 창조를 경험하게 된다. 이사야 59:21을 살펴보자.

> 여호와께서 이르시되 "내가 그들과 세운 나의 언약이 이러하니 곧 네 위에 있는 나의 영과 네 입에 둔 나의 말이 이제부터 영원하도록 네 입에서와 네 후손의 입에서와 네 후손의 후손의 입에서 떠나지 아니하리라" 하시니라. 여호와의 말씀이니라.

이스라엘의 거룩하신 하나님은 하나님의 종들과 영원한 언약을 맺으시며 그들을 보존하실 뿐 아니라 영광스럽게 하신다. 하나님이 세우신 영원한 언약의 핵심은 과연 무엇인가? 그것은 다름이 아니라 하나님이 당신의 현존인 말씀과 성령이 택하신 종들과 영원히 함께하도록 허락하신다는 것이다. 오늘 우리에게 허락하신 말씀과 영은 다음 세대에도 동일한 방식으로 허락되고 이어지는 그다음 세대에까지 영원히 허락된다.

하나님의 말씀과 성령은 이스라엘뿐 아니라 언약 백성 전체를 붙들어 그들이 야웨의 영의 능력을 덧입고 그 말씀을 삶 속에서 실천하는 동시에 하나님의 계획을 성취하며 그분의 나라를 세워가도록 인도한다. 인간은 모두 사라지고 나라는 후패할지라도 하나님의 말씀과 성령은 언약 백성들과 영원히 함께하며 구속사 속에서 하나님의 뜻을 성취해간다. 이렇게 하나님의 말씀과 성령은 구속사 속에서 택한 백성들과 동행해왔으며 앞으로도 함께할 것이다. 궁극적으로 하나님의 말씀과 성령은 택한 종들을 통해 하나님 나라, 즉 새 하늘과 새 땅을 세우고 새 창조를 완성해갈 것이다.

다음으로 하나님의 현존—말씀과 성령—은 하나님의 뜻을 성취하기 위해 택하신 메시아적 인물들(messianic agents)에게 임한다. 이사야서에서 그들은 각각 "왕", "종", "종들"로 표현된다. 이사야 1-39장에서 말씀과 성령은 "왕"에게 임한다. 왕은 "다스림"의 상징이다. 말씀과 성령이 임함으로써 왕은 공의와 정의의 올바른 다스림을 펼칠 수 있다(사 9, 11, 32장).

이사야 40-55장에서 하나님의 현존은 "하나님의 종"에게 임한다. 종은 "희생"과 "고난"의 상징이다(사 50, 53장). 말씀과 성령의 능력을 덧입은 종은 공동체의 구속과 죄 용서를 위해 대속의 고난과 희생을 감당한다. 그리고 그것을 통해 종은 신앙 공동체의 회복과 의를 이루기 위한 기반과 근거를 마련하고 궁극적으로 공의로운 공동체를 세우게 된다.

끝으로 이사야 56-66장에서 말씀과 성령은 "하나님의 종들"에게 임한다. 특별히 종들은 "사역"과 "영광"의 상징이다. 말씀과 성령이 임할 때 종들은 말씀을 선포하고 위로와 구원의 사역을 감당하게 된다. 그들은 영광스러운 공동체로 성장한다. 하나님의 현존은 메시아적 사역을 감당할 왕과 종, 종들에게 임하여 하나님의 뜻을 알릴 뿐 아니라 그것을 성취할 수 있도록 새 힘과 능력을 부어주고 그와 동시에 위로하고 책망한다. 구속 역사 속에서 이스라엘의 거룩하신 하나님은 그렇게 당신의 뜻을 성취해가신다.

메시아적 인물에 대한 예언은 구속 역사 속에서 예수 그리스도를 통해 완전하게 성취되었다. 그리고 이 메시아적 인물은 오늘날 교회와 신앙 공동체를 섬기는 영적 지도자들의 모델이 될 수 있다. 오늘날 영적 공동체를 섬기는 영적 지도자들(목사, 장로, 평신도 지도자들)은 왕적인 다스림과 전문성을 가져야 하지만, 아울러 종의 섬김과 자기 깨어짐을 실천할 수 있어야 한다. 이사야서의 전체적인 말씀을 통해 진정한 영적 리더십은 왕적인 다스림이 아니라 종의 섬김과 희생에서 완성됨을 알게 된다. 왕과 종의 모습을 가진 메시아적 인물이 자신에게 주어진 사역을 온전히 감당할 때 이사야 56-66장이 말하는 종들의 공동체, 즉 제자들의 신앙 공동체가 생성된다.

하나님의 말씀과 성령이 메시아적 사역자들―왕, 종, 종들―에게 임할 때 하나님은 그들을 통해 어떤 공동체를 세우시는가? 그것은 다름 아니라 공의와 정의가 다스리는 공동체다. 공의와 정의는 하나님 나라의 통치 방식일뿐더러(시 89:14) 신앙 공동체가 하나님의 임재와 다스림을 경험하게 해주는 삶의 원리다. 여기서 우리는 하나님의 거룩하심이 그분의 공의와 정의로 이 땅 가운데 표현되고 실현되는 것을 알게 된다.

말씀과 성령은 각각 왕과 종, 종들에게 임하지만 그들이 세우는 영적 공동체는 다르지 않다(사 9, 11, 32, 42, 61장). 그것은 공의와 정의가 편만한 사회, 모든 구성원이 삶 속에서 공의와 정의를 실천하는 공동체다. 이사야서에는 다양한 주제와 인물이 등장하지만 그 모든 메시지가 일관되게 추구하는 것은 공의와 정의가 실현되고 경험되는 이상적인 새로운 사회와 신앙 공동체에 대한 열망이다. 이는 하나님이 창세기 18장에서 아브라함에게 약속하신 영적 공동체의 모습이기도 하다. 창세기 18:18-19을 살펴보자.

> [18]아브라함은 강대한 나라가 되고 천하 만민은 그로 말미암아 복을 받게 될 것이 아니냐? [19]내가 그로 그 자식과 권속에게 명하여 여호와의 도를 지켜 의와 공도를 행하게 하려고 그를 택하였나니 이는 나 여호와가 아브라함에게 대하여 말한 일을 이루려 함이니라.

이스라엘의 거룩하신 하나님은 이미 아브라함 시대부터 공의와 정의가 실현되는 공동체를 기대하셨다. 하나님은 신앙 공동체나 당신의 백성이 언약의 규례를 실천하며 공의와 정의를 행하면서 하나님의 통치를 경험할 뿐 아니라 삶 속에서 평안과 화평, 그리고 새 창조를 누리기 원하신다 (사 32:15-20). 하나님의 공의와 정의가 편만한 사회는 하나님 나라로서 궁극적으로 종말에 임할 새 하늘과 새 땅이다.

하지만 이사야 당시 남유다 왕국은 공의와 정의를 실현하는 그런 나라가 아니었다. 하나님의 말씀을 알고 그분을 믿는다는 선민의식이 가득 찼지만 그들은 신앙의 진정한 표현이자 삶의 참된 경건인 공의와 정의를 삶 속에서 가까이하지 않았다. 그들의 사회 및 영적 공동체는 심각하게 부패하고 타락했다. 하나님께 버림받은 그들은 무서운 진노와 심판을 피할 길이 없었다.

이런 영적·사회적 위기 속에서 예언자 이사야는 부패한 나라가 하나님이 기뻐하시는 새 공동체가 되기를, 궁극적으로 하나님이 통치하시는 나라의 모델로서 공의와 정의가 실현되는 신앙 공동체가 되기를 바라며 목소리를 높인다. 그는 일관되게 영적 지도자가 공의와 정의를 실천하고 그것으로 신앙 공동체를 섬기고 다스려야 한다고 말한다(사 9, 11, 32, 42장). 그리고 주의 백성들이 언약의 말씀에 따라 공의와 정의를 실천할 때 하나님의 영광과 구원을 경험하고 누릴 수 있다고 설파한다(사 56:1-2; 58, 59장).

한 걸음 더 나아가 공의와 정의를 실현하는 신앙 공동체는 세상과 구별된 거룩한 공동체가 될 뿐 아니라 이 땅 가운데 하나님의 거룩하심과 권능을 증명하는 경건한 공동체가 될 것이다. 주의 백성은 공의와 정의를 신실하게 실천할 때 삶의 거룩함을 유지하며 거룩하신 하나님의 임재와 풍성한 생명을 경험할 수 있기 때문이다(사 32:15-20; 58:3-12). 그들은 힘없고 연약한 고아나 과부나 나그네가 대접을 받는 사회를 이루어가게 된다. 언약 백성은 공의와 정의를 실천함으로써 거룩함의 길을 걸어갈 때 삶에서 슬픔과 탄식이 사라지고 영영한 희락과 즐거움이 풍성해지는 것을 경험할 수 있다(사 35:8-10).

이런 의미에서 창세기는 "창조"를 기술하는 반면 이사야서는 "새 창조"를 묘사한다고 여겨진다. 또한 출애굽기가 "애굽으로부터의 해방"을 말한다면 이사야서는 "죄악과 타락으로부터의 해방"을 기술한다고 말할 수 있다. 이사야서는 공의와 정의의 메시지를 중심으로 하나님의 백성들이 회복과 영광을 경험할 수 있는 새 창조의 비밀을 담아낸다. 이사야서는 그 주제와 중심인물에 따라 1-39장, 40-55장, 56-66장으로 나뉜다. 하지만 이사야서는 전체적으로 공의와 정의의 회복을 통한 신앙 공동체의 새 창조를 일관되게 지향한다. 말씀과 성령 안에서 공의와 정의를 실천하는 지도자와 백성들은 새 하늘과 새 땅에서 하나님의 풍성한 위로와 구원을 경험하는 주인공이 될 것이다(사 66:2-14).

오늘날에도 신앙 공동체나 신자들은 삶 속에서 공의와 정의를 회복하고 실천할 때 하나님의 구원과 위로를 경험하게 된다. 공의와 정의를 실천하는 삶은 성령 충만함의 외적 증거로서 영적 지도자나 성도들이 일상에서, 직장에서, 그리고 사역의 현장에서 추구해야 할 참된 경건과 신앙의 모습이다. 이것이야말로 궁극적으로 이사야서가 전하는 "새 창조"의 모델을 보여준다.

제
1
부

이사야

1-39장

개관

1. 이사야 1-39장의 개요

이사야 1-39장은 구속 역사의 왕이신 하나님이 유다의 죄악을 심판하고 정결하게 하시는 장면을 보여준다. 하나님과 그분의 말씀을 무시한 시온은 신적인 택함을 받은 백성임에도 불구하고 머리부터 발끝까지 성한 곳이 없다(사 1:6). 그들은 거룩하신 하나님의 심판을 자초했다. 이에 하나님은 친히 왕으로 좌정하셔서 공의로 시온을 심판하는 동시에 그들 중 남은 자들을 회복시키겠다고 선포하신다(사 6장). 더 나아가 하나님은 당신의 절대적 주권으로 열강들—바벨론, 앗수르, 모압, 구스, 애굽, 두마, 아라비아 등—을 다스리시고 종말론적으로 회복시키실 것이다.

이사야 1-39장은 시온에 임할 하나님의 임박한 심판을 말하는 동시에 왕-메시아를 통해 건설될 새로운 세계 질서와 하나님 나라를 보여준다(사 32장). 왕-메시아는 야웨의 영의 임재와 도우심으로 말미암아 온 세상에 공의와 정의를 회복시키고 굳건히 확립할 것이다(사 7, 9, 11, 32장). 그가 통치할 때 광야는 아름다운 밭이 되고 온 세상은 공의와 정의가 충만한 곳으로 변한다. 그곳에서 백성들은 화평과 평안과 안전을 누리게 된다(사 32:15-20). 그때는 열방 백성들도 시온산에 모여 하나님의 통치와 진정한 평화를 맛볼 것이다(사 2:1-4). 이처럼 놀라운 하나님의 구속 계획과 영광을 눈으로 직접 목격한 예언자 이사야는 사명에 붙들린 삶을 살아가지 않을 수 없었다.

이사야 1-39장은 중심 주제에 따라 다음과 같이 다섯 단락으로 나뉜다.

구분	사 1-12장	사 13-23장	사 24-27장	사 28-35장	사 36-39장
중심 주제	예루살렘의 심판과 회복	열방을 향한 심판	만물을 향한 심판과 회복	유다를 향한 심판과 회복	앗수르의 침략과 하나님의 승리
주요 내용	서론(1), 소명(6), 아하스 왕 vs. 임마누엘(7), 오실 메시야 (9, 11)	앗수르, 바벨론, 모압 등을 향한 심판	하나님의 우주적 심판과 종말론적 통치	6개의 화 신탁(28-32), 오만과 자기 과신에 빠진 지도자	결론(39), 히스기야 왕의 경건한 신앙, 바벨론 포로 예언 (39)

이사야 1-39장의 구성

단락별로 내용을 살펴보자. 이사야 1-12장은 유다와 예루살렘에 임할 임박한 하나님의 심판과 회복의 비전을 담아낸다. 이사야 1장은 이사야 서 전체의 서론 역할을 감당하며 이사야서 전체의 개요와 신학적 사상을 소개한다. 여기서 우리는 이스라엘의 거룩하신 하나님을 배반한 이스라 엘과 그들에게 예고된 심판, 더 나아가 공의와 정의의 회복을 통해 구원 을 경험할 언약 백성을 만날 수 있다. 이사야 1-5장은 패역하고 범죄 한 시온의 실상을 보여줌으로써 하나님이 그들을 심판하셔야만 하는 결정적 이유를 제시한다. 이사야 6장은 예언자로서 소명을 받는 이사야와 그가 장차 시온과 열방을 향해 선포할 메시지의 내용—하나님의 임박한 심판과 그 속에서 하나님의 은혜와 긍휼을 체험할 남은 자에 관한 이야기—을 소개한다. 이사야가 소명을 통해 받은 신적 메시지는 이후 이사야 1-39장을 주도하는 줄거리를 형성한다. 시리아-에브라임 전쟁(기원전 735)을 배경으로 이사야 7장은 위기 가운데서도 하나님을 붙들지 않는 아하스 왕과 대조를 이루는 임마누엘을 소개한다. 이사야 9장은 임마누엘 곧 메시아의 이름을 구체적으로 소개하고, 이사야 11장은 메시아에게 임할 성령의 사역을 소개함으로써 장차 그가 온 세상을 공의와 정의로 통치함으로써 하나님 나라를 세울 것이라고 예고한다(사 11:6-16). 이처럼 이사야 1-12장은 이후 전개될 이사야서 전체 메시지의 토대가 되는 신학적 주제와 역사적 배경을 소개한다.

이사야 13-23장은 예언자 이사야 당시 열방들—앗수르(사 14:24-27), 바벨론(사 13-14:23; 21:1-10), 모압(사 15:1-16:14), 에브라임과 다메섹(사 17:1-14), 구스(사 18:17), 애굽(사 19:1-25), 두마(사 21:11-12), 아라비아(사 21:13-17), 셉나(사 22:15-25), 두로(사 23:1-18)—을 향한 하나님의 예언적 신탁을 전해준다. 이와 같은 열방에 관한 신탁들은 예레미야 46-51장, 에스겔 25-32장, 아모스 1:3-2:16, 스바냐 2:4-14에도 기록되었다. 이 부분이 어느 시대를 역사적 배경으로 기술되었는지에 관해서는 아직도 학자들 사이에 많은 논의가 진행되고 있다.[1]

이사야서 내에서 13-23장은 고대 근동 세계의 다양한 역사적 사건들과 나라들의 흥망성쇠가 절대적 주권자이신 하나님의 다스림의 일부임을 설명함으로써 하나님의 우주적 통치와 하나님의 궁극적 승리를 증

---

[1] 사 13-23장이 저술된 역사적 배경에 관한 논쟁은 Childs, *Isaiah*, 113-16을 참고하라.

명한다.[2] 모세 당시 세계 최고의 강대국이었던 애굽에서 이스라엘을 구원하고 애굽을 심판하신 하나님은 당신의 절대적 주권과 권능과 통치로 온 세계의 역사를 홀로 다스리는 분이시다. 이스라엘의 거룩하신 하나님은 열강을 침략하고 탄압했던 앗수르와 바벨론(사 13-14장), 크고 작은 국제적 문제를 일으켰던 모압(사 15-16장)과 아람(사 17장)과 에돔(사 34, 63장)을 공의와 정의로 심판하실 것이다. 또한 구스와 두로(사 23장)에 대해서도 하나님은 당신의 절대적 주권과 권능을 보이실 것이다.

더 나아가 이 본문들은 열강을 향한 회복의 비전을 보여준다. 종말의 때에 앗수르와 애굽은 이스라엘과 함께 열방 가운데서 하나님의 축복과 회복을 경험할 것이다(사 19:24-25). 이사야는 이 열강들이 하나님의 말씀을 듣지 않고 오만했기에 하나님의 심판 아래 놓일 것이라고 선포한다. 하지만 궁극적으로 그들도 하나님의 백성이 될 것이며 하나님의 구원과 회복과 위로를 경험하게 될 것이다. 정경적으로 이사야 13-14장에 각각 예고된 바벨론과 앗수르의 파멸 예언(사 13:1-14:23; 14:24-27)은 앗수르 시대를 넘어 이사야 40장부터 전개되는 시온 백성의 바벨론 유수 시대와 포로 귀환을 예견하게 한다.[3]

한편 열강의 오만함과 교만에 대한 하나님의 심판 묘사는 구속사 속에서 그분의 통치와 다스림을 거역해온 근원적인 악에 대한 하나님의 심판을 보여주기도 한다. 이사야는 이스라엘 안에 있는 시온 백성의 운명뿐 아니라 다양한 나라들의 흥망성쇠를 하나님의 계시 가운데 진단하는 국제적 안목을 가진 인물이었다. 이사야 13-23장은 이사야서가 민족주의뿐 아니라 보편주의와 세계주의를 내포하고 있음을 알게 해준다.

---

2   Childs, *Isaiah*, 116.

3   Ibid.

이사야 24-27장은 시야를 더욱 확대하여 온 세상을 향한 하나님의 우주적 심판과 종말론적 회복을 묘사한다.[4] 하나님의 심판은 이스라엘의 경계를 넘어 온 세상과 우주에까지 미친다. 마치 노아의 심판처럼 이 심판은 모든 인류를 향한 심판이다(사 24:18-19; 54:9). 모든 백성이 하나님의 법을 어겼기에 그들 모두가 하나님의 심판 아래 놓일 수밖에 없다. 따라서 이사야서 말씀은 시온의 심판과 회복(사 1-12장), 열방의 패망(사 13-23장), 온 세상의 종말론적 심판과 시온의 회복(사 24-27장)으로 이어진다. 그 종말의 때에(사 24:21; 25:9; 26:1; 27:1, 2, 6, 12, 13) 땅은 공허하고 황폐할 것이다. 더 나아가 온 세계가 쇠잔하게 될 것이다. 죽음의 소멸과 함께 악이 그 종말을 고할 때 남은 자들은 야웨의 산에서 하나님의 새 질서와 통치를 누리며 축제를 즐길 것이다(사 25:6-8; 24:23; 26:1-2). 그때 세상의 높아진 성읍들(사 24:1)과 리워야단으로 상징되는 세상의 혼돈(사 27:1)은 파멸되고 시온산은 이스라엘의 구원과 종말론적 새 질서를 매개하는 세계의 중심으로 우뚝 솟을 것이다(사 24:23; 25:7, 10; 27:13).[5] 이사야 27장은 과거의 불의와 죄악을 용서받은 후 꽃을 피우고 열매로 온 지면을 채우는 이스라엘의 영광스러운 회복을 묘사한다. 그때 예루살렘은 온 세상 거민이 함께 모여 하나님을 예배하는 세상의 중심이 될 것이다(사 27:13). 즉 이사야 24-27장에서 시온은 온 세상을 향한 우주적 심판과 이스라엘의 종말론적 회복이 성취되는 하나님의 통치를 상징한다. 하나님은 온 세상을 공의와 정의로 다스리고 심판하심으로써 궁극적으로 하나님 나라를 회복하신다. 하나님은 환란 중의 피난처, 환란당한

---

4   Ibid, 173.

5   Marvin A. Sweeney, *Isaiah 1-39*, Vol. XVI of *FOTL* (Grand Rapids: William B. Eerdmans Publishing Company, 1996), 312-13.

자들의 피난처가 되신다(사 25:4). 악이 막강한 영향력을 발휘하는 세상 속에서도 야웨를 영원히 신뢰하고 기다리는 자는 하나님의 구원과 그의 나라가 임하는 것을 경험할 수 있다(사 25:9; 26:2-4).

이사야 28-35장에서는 메시지의 범위가 다시 줄어들어 유다와 시온을 향한 하나님의 심판과 회복에 관한 신탁이 다루어진다. 이 본문들의 시대적 배경은 이스라엘의 멸망 전(사 28:1-7)부터 애굽의 군사력을 의지하던 히스기야 시대(사 30장) 및 앗수르의 멸망 시기(기원전 701년, 사 30:27-33)까지를 포함한다. 이 부분은 6개의 화 신탁(6 owe oracles)으로 구성된다(사 28:1; 29:1, 15; 30:1; 31:1; 33:1). 이스라엘의 거룩하신 하나님은 심판의 몽둥이인 앗수르를 통해 술 취하고 방탕한 북이스라엘의 지도자들과(사 28장) 입술로는 야웨를 공경하지만 마음은 그에게서 먼 아리엘(사 29장), 야웨의 영을 의지하지 않는 패역한 백성들(사 30-31장)을 모조리 심판하실 것이다. 심판의 대상에는 오만한 앗수르도 빠지지 않는다(사 30:27-33). 이렇게 심판하신 후 야웨 하나님은 시온을 정결하게 하사 구원하고 회복시키실 것이다(사 31:4-9). 자기 과신과 오만에 사로잡힌 시온의 지도자들은 백성을 그릇된 길로 이끌어 파멸로 인도한다. 하지만 야웨의 영이 임한 의로운 왕은 공의와 정의를 통해 다스림으로써 그들을 회복시킬 것이다(사 32-33장). 종말의 때에 에돔과 하나님의 원수들은 야웨의 심판을 받아 멸망을 당하지만(사 34장), 거룩한 길을 걷는 의인들은 영영한 희락과 기쁨과 즐거움을 얻을 것이다(사 35장).

이사야 36-39장은 히스기야 왕과 관련한 역사적·신학적 메시지를 전해준다. 이곳에 등장하는 히스기야 왕은 이사야 7-8장의 아하스 왕과 대조를 이루어 하나님을 의지하고 징조를 구하는 선하고 신실한 왕으로 묘사된다. 이는 이사야 36-39장과 병행을 이루는 열왕기하 18-20장에 기록된, 앗수르 왕에게 항복하고 야웨의 성전과 왕궁 곳간에 있던 은

300달란트와 금 30달란트를 바친 히스기야의 모습(왕하 18:14-16)이 이사야서에서는 사라졌다는 사실에서 분명히 확인할 수 있다. 이 부분이 묘사하는 역사적 사건들은 시간순보다는 신학적 의도에 따라 구성되었다.[6]

이사야 36-37장에 기록된 앗수르의 패배와 멸망은 이사야 14:24-27에 기록된 앗수르의 멸망에 대한 예언이 성취되는 것을 보여준다. 이 부분은 이사야 1-35장과 40-55장의 말씀을 연결해주는 문학적·신학적 다리 역할을 한다. 다시 말해 39장은 이사야 1-39장에 기록된 앗수르 시대에 대한 결론을 제공하는 동시에 40장 이후 바벨론 시대를 배경으로 전개되는 말씀의 서론이 된다. 특히 이사야 39:6―"보라! 날이 이르리니 네 집에 있는 모든 소유와 네 조상들이 오늘까지 쌓아둔 것이 모두 바벨론으로 옮긴 바 되고 남을 것이 없으리라. 여호와의 말이니라"―의 신탁은 이사야 40-55장의 메시지가 바벨론 포로기를 배경으로 진행될 것을 예견하게 한다.

---

6 사 39:1에서 히스기야가 병들었을 때 사절단을 보낸 바벨론 왕 므로닥발라단은 반앗수르 세력의 중심인물로서 기원전 703년에 앗수르에 패배한 후 역사의 무대에서 사라졌다. 그런데 사 36-37장은 기원전 701년에 앗수르가 유대를 침략한 사건을 묘사한다. 그러므로 역사적 시간 순서에 따라 사 36-39장을 구성한다면, 사 39장은 36-37장 앞에 위치해야 한다. 시간상으로 더 먼저 일어난 므로닥발라단의 방문을 의도적으로 사 36-37장 이후, 즉 39장에 배치한 것은 이후 진행될 바벨론 유수에 관한 예언을 이곳에 위치시켜 40장 이후에 자리한 바벨론 포로 시대에 해당하는 말씀을 전개하기 위한 것이다. 이에 관한 설명은 다음 자료를 참고하라. Childs, *Isaiah*, 264-67.

2. 이사야 1-39장의 중심 주제

이사야 1-39장은 다음과 같은 몇 가지 중요한 중심 주제로 이루어져 있다.

임박한 심판

이사야 1-39장은 주권자이신 하나님이 유다와 열방을 향해 행하실 심판을 묘사한다. 이스라엘의 거룩하신 하나님은 열강과 온 세상을 공의와 정의로 다스리신다. 특별히 그는 그들의 죄악과 패역함에 대해 정당한 심판을 내리심으로써 자신의 주권과 통치를 열방 가운데 드러내신다. 하지만 그 심판은 유다와 열방을 파멸하기 위함이 아니라 궁극적으로 그들을 정결하게 만들어 다시금 영광스러운 백성으로 회복시키기 위함이라는 사실을 기억해야 한다(사 1:24-27).

이스라엘의 거룩하신 분

이사야서에서 야웨 하나님은 이스라엘의 거룩하신 분으로 표현된다. 이사야 6장에서 거룩하신 하나님은 존귀한 왕으로서(사 6:1) 죄가 없으시며(사 6:5) 역사를 홀로 주관하는 주권자로 등장하신다(사 6:11-13). 이사야 40장 이후에 거룩하신 하나님은 우상과 구별되어 살아 계신 분으로서 미래의 일을 예견하고 자신의 경륜에 따라 그것을 성취하시는 참 신으로 묘사된다(사 40:18-31; 41:21-24; 44:9-20). 이스라엘의 거룩하신 분은 거룩함에 거하시기 때문에 그에게 나아가려는 백성도 거룩해야 한다. 주의 백성은 삶에서 부정을 제하고 죄 씻음을 통해 거룩한 대로를 걷는 자들이다(사 35:8-10). 하나님의 거룩함과 영광을 경험한 예언자 이사야는 자신이 죄인임을 스스로 인정하며 탄식했다. 부정하고 깨끗하지 못한 자는 이스라엘의 거룩하신 분을 뵙지도 못할 뿐 아니라 죽음을 맞게 되기 때문이다. 언약 백성은 거룩한 삶을 통해 거룩한 길을 걸어갈 때 슬픔과 탄식이 달아나고 기쁨과 영영한 희락이 그들과 함께하는 것을 경험하게 된다.

시온

성경에서 시온은 야웨의 산(시 2:6; 9:11; 24:3; 48:2; 69:35; 76:2; 87:2; 132:13; 133:3; 사 2:3; 3:16; 4:3; 52:1; 60:14), 이스라엘과 유다 백성(시 9:14; 사 1:8; 37:32; 아 3:11; 슥 2:10), 이스라엘의 정치적 중심지(삼하 5:6-9; 왕상 8:1; 대상 11:5; 대하 5:2), 종교적 중심인 예루살렘 성전(삼하 6:12-18; 시 126:1; 사 1:26; 10:24), 종말론적 새 하늘과 새 땅(사 65:17; 66:22; 히 12:22; 계 14:1)을 의미한다. 이사야서는 전체적으로 시온의 운명을 묘사한다. 이사야 1-39장은 하나님의 임박한 심판과 진노 아래에 놓인 시온을 보여준다. 이사야 40-55장은 종의 사역을 통해 시온의 의와 구원이 성취되는 방식과 과정을 보여준다. 끝으로 이사야 56-66장은 야웨의 영의 임재와 함께 공의와 정의를 실천하는 시온 백성과 그들의 종말론적 영광을 묘사한다.

이사야 1-39장에서 시온은 하늘과 땅이 만나는 곳일 뿐 아니라 하나님의 임재가 있는 산이다(사 2장). 이곳은 온 세상의 중심이자 온 세상의 축소판이다. 그뿐 아니라 시온은 하나님의 보좌가 있는 곳으로서 하나님의 통치가 시작되는 곳이다. 종말의 때에 모든 열방은 시온에서 하나님을 찬양하게 될 것이다. 한편 시온은 언약의 말씀에 불순종하고 하나님을 배반하여 하나님의 임박한 진노와 심판이 예정된 유다 백성을 지칭하기도 한다(사 5장). 또한 구약의 말씀은 전체적으로 시내산에서 시온산으로 흘러간다고 말할 수도 있다.

왕과 메시아

이사야 1-39장에서는 왕을 중심으로 메시지가 전개된다. 이스라엘의 거룩하신 야웨는 만군의 주로서 절대적 왕이시다(사 6:5; 33:22). 그는 인간사와 만물의 절대적 주권자로서 시온 백성의 악을 심판하고 정결하게 하신 후 그들을 영광스럽게 회복시키실 것이다. 이사야 7장의 아하스 왕은 불의하고 온전하지 못한 모습을 보이지만 이사야 36-39장의 히스기야 왕은 국가적 위기와 개인의 어려움 앞에서도 하나님을 신실하게 신뢰하고 의지하는 왕으로 등장한다. 물론 그럼에도 히스기야는 인간적인 부족함이 있는 불완전한 왕이다(사 39장).

한편 이사야 1-39장은 장차 올 완전한 왕으로서 인간 왕들과 대조를 이루는 메시아를 소개한다. 특히 이사야 7장은 아하스 왕의 불신앙 및 영적 오만함과 대별되는 임마누엘을 소개한다. 이사야 9장은 메시아의 이름과 함께 그가 장차 어떤 자질과 능력으로 하나님의 백성을 다스릴지를 더욱 구체적으로 보여준다. 이사야 11장에서 야웨의 영이 임재한 메시아는 공의, 정의, 지혜, 야웨 경외함을 통해 주의 백성을 통치하고 종말론적 하나님 나라를 세운다. 그가 공의와 정의로 주의 백성과 온 세상 만물을 다스릴 때 거기에는 참된 평화와 생명과 기쁨을 누리는 하나님 나라가 세워진다. 이사야 32장은 메시아와 모든 백성에게 야웨의 영이 하늘로부터 내릴 때 세상에 공의와 정의가 충만하며 모든 사람이 화평과 평안과 안전을 누리게 될 것을 말한다. 메시아에 대한 기대는 구약성경의 중심 사상을 이룰 뿐 아니라 신약의 예수 그리스도를 예견하게 한다.

공의와 정의

이사야 1:27 −"시온은 정의로 구속함을 받고 그 돌아온 자들은 공의로 구속함을 받으리라"−은 시온이 공의와 정의를 통해 하나님의 구원을 경험하게 될 것을 예고한다. 여기서 공의와 정의는 시온 백성의 윤리적·도덕적 덕목을 말한다. 이사야 1-39장의 핵심 주제는 하나님과의 언약을 깨뜨리고 삶 속에서 공의와 정의를 실천하지 않은 시온 백성이 곧 하나님의 심판을 받게 된다는 것이다. 하나님은 정의를 바라셨지만 그들은 도리어 포악의 열매를 맺었고, 공의를 바라셨지만 도리어 아픔과 고난을 빚어낼 뿐이었다(사 5:7). 왕으로부터 백성에 이르는 모든 사람이 죄를 범했다. 따라서 이스라엘의 거룩하신 하나님은 이들을 심판하신 후 야웨의 영의 임재를 받은 왕과 백성들을 통해 이 땅에 공의와 정의를 세우고 궁극적으로 참된 평화와 안식과 기쁨이 있는 하나님 나라를 건설하실 것이다.

3. 이사야 1−39장의 구속사적 메시지

구속사적인 관점에서 이사야 1−39장은 크게 세 가지 주요 메시지를 전달해준다.

첫째, 이스라엘의 거룩하신 하나님은 구속 역사의 절대적 주권자이시다. 하나님은 구속 역사의 유일한 통치자로서 언약 백성의 죄악에 대해 심판을 내리시는 동시에 그들을 회복시키고 구속하신다. 또한 그는 열강의 역사와 미래를 주관하신다. 이사야서에서 이와 같은 하나님의 통치는 옛 하늘과 옛 땅을 새 하늘과 새 땅으로 새롭게 창조하시는 구속 역사의 여정을 통해 구체적으로 표현된다. 그는 무서운 진노 아래 놓인 시온의 암담한 운명을 기쁨과 영광으로 충만한 새 운명으로 변화시키신다. 그리고 그는 충만한 하나님의 임재와 생명이 거하는 새 하늘과 새 땅으로 그들을 인도하신다. 이는 이스라엘의 거룩하신 하나님이 죄악으로 점철된 인류의 운명을 사망에서 건져내사 새 하늘과 새 땅을 허락하신다는 구속사의 큰 틀과 그것의 완성을 보여준다.

둘째, 이스라엘의 거룩하신 하나님은 왕-메시아를 통해 온 만물을 새롭게 회복시키신다. 이사야 7장은 아하스 왕을 대체할 새 왕 임마누엘을 소개한다. 그는 야웨의 영을 힘입어 공의와 정의와 지혜로 온 세상을 다스린다(사 11장). 그가 공의와 정의로 하나님 나라를 세울 때 온 백성은 화평과 평안과 안전을 누리게 된다(사 32장). 이 왕의 다스림을 통해 사람들은 하나님의 통치 및 하나님 나라를 경험하게 된다. 이 왕은 장차 오실 메시아 곧 예수 그리스도의 왕적 지위와 다스리심을 미리 보여준다. 예수 그리스도는 공의와 정의로 온 만물을 통치할 뿐 아니라 하나님 나라를 굳게 세우고 하나님의 백성에게 평화와 질서의 샬롬을 허락하실 것이다.

셋째, 이스라엘의 거룩하신 하나님은 그의 영을 왕-메시아에게 허락함으로써 온 땅에 이상적인 통치를 실현하도록 이끄신다. 야웨의 영은 그에게 지혜, 총명, 모략, 재능, 지식, 야웨 경외함을 허락하여 그가 하나님의 뜻과 계획에 따라 다스리도록 이끄신다. 이 영은 구속 역사 속에서 온 만물의 새 창조를 성취하실 성령과 그 사역을 보여준다. 따라서 이사야서는 성부, 성자, 성령 하나님의 삼위일체적 사역과 교제를 잘 보여준다고 말할 수 있다. 구속 역사를 통해 삼위일체 하나님은 택함받은 백성뿐 아니라 온 만물의 구속을 위해 함께 사역하신다.

공의와 정의로 구속함을 받으리라(사 1장)

1. 본문의 개요

이사야 1장은 이사야서 전체의 서론으로 기능한다. 다시 말해 이사야 1장은 이사야서의 전체적인 흐름, 중심 주제, 시대적 배경, 등장인물 등을 독자에게 소개한다. 이사야서에서 중요하게 다루어지는 중심 주제들은 이스라엘의 거룩하신 하나님, 죄, 심판, 언약의 말씀, 공의와 정의, 구원 등이다.[1]

역사적으로 이사야서는 웃시야, 요담, 아하스, 히스기야 시대를 배경으로 유다와 예루살렘을 향하여 기록된 계시의 말씀이다(사 1:1). 이사야 1장은 다음과 같이 크게 다섯 부분으로 나뉜다.

① 표제(사 1:1)
② 야웨의 언약 소송(사 1:2-9)

---

1   Childs, *Isaiah*, 16.

③ 회개 촉구(사 1:10-20)

④ 야웨의 탄식(사 1:21-23)

⑤ 공의와 정의를 통한 구원(사 1:24-31)

이사야 1장은 이스라엘의 거룩한 자(사 1:4)를 저버린 언약 백성의 범죄에 대한 소송과 고발로 시작한다. 예언자는 "하늘이여, 들으라. 땅이여, 귀를 기울이라"고 외치며 고전적인 언약의 증인들에게 이스라엘의 죄를 고발한다(신 4:26; 32:1). 왜일까? 그 이유는 부패하여 짐승보다 못한 영적 지각을 가진 시온 백성이 하나님을 향하여 범죄했기 때문이다(사 1:4). 이스라엘은 영적으로 우둔하고 악하며(사 1:2-4), 심판에 대해 무감각했다(사 1:5-9). 그들의 제사와 예식은 형식에 치우쳤다(사 1:11-14). 하나님의 가르침에 순종하지 않는 그들은(사 1:10-15) 결국 심판의 징벌 아래 놓이게 되었다(사 1:24-25). 대표적으로 이사야 1:7-9은 기원전 701년 앗수르의 침략으로 인한 유다의 황폐함을 묘사하는 것으로 여겨진다.[2]

특히 이사야 1:21은 전형적인 히브리 애가 곧 장송곡 형식(3:2 키나)으로 되어 있다. 여기 사용된 전형적인 히브리시의 감탄사 "에카"(איכה)는 예언자의 탄식을 실감 나게 표현한다. 옛적에 그곳에 충만하였던 권능이나 신실함, 영광과 비교할 때 지금 시온의 타락이나 패역함은 마치 주검을 마주한 듯한 탄식과 애통함을 자아낸다(사 1:21, 23). 악을 행함으로써 손에 피가 가득하게 된 그들은 결국 창녀와 같이 하나님의 버림을 받고 심판을 당하게 될 것이다.

하지만 이사야 1장은 동시에 하나님이 성취하실 회복과 구원을 선

---

2   Ibid, 17.

포한다. 이사야 1:24-27에 따르면 하나님은 심판 후 그들을 정결하게 하사 공의와 정의로 회복시키실 것이다. "시온은 정의로 구속함을 받고 그 돌아온 자들은 공의로 구속함을 받으리라"(사 1:27)는 놀라운 말씀은 이사야서 전체를 이끌어 가는 대의(大義)를 표명한다. 이어지는 이사야서의 메시지는 불의한 시온을 위해 하나님이 새롭게 공의를 회복시켜 구원에 이르게 하며(사 40-55장), 백성을 영광스럽게 하여 새 창조에 이르게 하는 사역(사 56-66장)을 일관되게 보여준다.

그러므로 이사야 1장과 그 이후의 말씀은 예언자 이사야의 이름 뜻 (오직 야웨가 구원하신다)이 암시하듯이 철저히 하나님 중심적이라고 말할 수 있다.[3] 즉 스스로의 힘이나 그 어떤 예언자의 노력으로도 시온을 구원할 수 없다. 오직 이스라엘의 거룩하신 하나님이 공의와 정의로 유다를 구원하고 새롭게 창조하실 것이다.

2. 중심 주제 및 적용

첫째, 유다 백성이 이스라엘의 거룩하신 이를 만홀히 여기다(사 1:2-17)

유다 백성은 악한 행실과 범죄로 머리부터 발바닥까지 성한 곳이 없다. 상한 것과 터진 것과 맞은 흔적뿐이다(사 1:6). 하지만 그들은 한술 더 떠서 매를 더 맞으려고 거듭 패역을 행하며 손에 피가 가득할 정도로 악행을 저지른다. 하나님의 택함을 받은 백성이 어쩌다가 이런 처참한 지경에 이르게 되었는가? 이는 다름 아니라 그들이 이스라엘의 거룩하신 야웨를

---

3   Ibid.

만홀히 여겨 그를 버렸기 때문이다.

모든 범죄의 중심에는 하나님을 만홀히 여기는 영적 교만과 위선이 있다. 이사야서에서 야웨는 "이스라엘의 거룩하신 분"으로 소개된다. 구약성경에서 "이스라엘의 거룩하신 분"이라는 신명은 총 31회 등장하는데 이사야서에만 무려 26회 등장한다. 즉 이사야서는 이스라엘의 하나님이 특별히 거룩하신 분임을 강조한다. 이 이름은 그들이 언약의 율법을 지켜 행함으로써 하나님의 거룩하심을 열방 가운데 나타내야 함을 강력히 시사한다. 하지만 그들은 짐승보다 못한 영적 지각을 가진 자들이었다(사 1:3). 그들은 자신들에게 허락된 부르심의 근본적인 의미와 사명을 깨닫기는커녕 패역을 행함으로써 하나님의 심판을 자초했다.

여기서 특별히 "만홀히 여기다"에 해당하는 히브리어 "나아츠"(נאץ)는 "업신여기다, 무시하다, 명예를 손상시키다, 창피를 주다, 퇴짜놓다, 버리다, 폐기하다"(disdain, dishonor, treat disrespectfully, spurn, discard) 등의 의미로 번역된다.[4] 모든 범죄의 시작은 하나님과 그분의 임재를 업신여기고 무시하는 것에서 시작한다. 이사야 1:4의 "이스라엘의 거룩하신 야웨를 만홀히 여기다"라는 문구는 10절에서 더욱 구체적으로 "야웨의 말씀과 법에 귀를 기울이지 않는 것"으로 설명된다. 즉 유다 백성은 삶 속에서 하나님의 율법을 무시함으로써 범죄에 이르러 결국 돌이킬 수 없는 운명의 길로 접어들게 된 것이다.

그런데 과연 그들에게 예배와 제사가 없었을까? 하나님께 살진 숫양의 번제와 기름을 헌물로 드리지 않았을까? 아니면 그들의 삶 속에 기도가 없었을까? 그렇지 않다! 그들은 모든 종교적인 모임과 예식에 열정

---

4   Ludwig Koehler, Water Baumgartner, "נאץ," *HALOT I*: 658.

적이었다. 하지만 아이러니하게도 그들은 다양한 성회를 구성하고 제사를 하나님께 드리면서 동시에 하나님과 그분의 율법을 존중하지 않았다. 성회와 아울러 손에 피가 가득하도록 악을 자행했다(사 1:13). 또 헛된 제물로 하나님을 예배했다. 언약 공동체를 섬기는 고관들은 뇌물을 사랑하는 반면 고아와 과부를 위하여 변호하려 들지 않았다(사 1:23). 입술로는 하나님을 존중했으나 그들의 마음은 하나님의 말씀에서 멀었다(사 29:13). 그것이 바로 하나님을 만홀히 여기는 그들의 화석화된 신앙의 모습이었다.

다양한 예배와 종교적인 관습에도 불구하고 그들은 참된 하나님의 임재를 경험하지 못했다. 이스라엘의 거룩하신 하나님은 그들의 기도에 응답하지 않으셨다(사 1:15). 하나님은 외적인 제의와 예배보다 그들이 삶 속에서 스스로 씻고 깨끗하게 되어 선을 행하며 고아와 과부를 돕는 것을 원하셨다(사 1:16-17). 하나님은 삶 속에서 공의와 정의를 행하는 것, 즉 삶 속에서 드리는 삶의 예배를 원하신 것이다.

둘째, 하나님은 심판을 내리시지만 그 속에서도 긍휼을 베푸신다(사 1:18-23)

이스라엘의 하나님은 거룩하신 분이다. 또한 그분은 공의롭고 정의로우신 분이다. 하나님은 우리의 범죄와 죄악 그 자체를 힘들어하신다. 그렇기에 이스라엘의 거룩하신 분은 심판을 통하여 언약 백성을 정결하게 하고 새롭게 회복시킬 것을 계획하신다.

> [25]내가 또 내 손을 네게 돌려 네 찌꺼기를 잿물로 씻듯이 녹여 청결하게 하며 네 혼잡물을 다 제하여버리고 [26]내가 네 재판관들을 처음과 같이, 네 모사들을 본래와 같이 회복할 것이라(사 1:25-26).

이사야 1:7 말씀(너희의 땅은 황폐하였고 너희의 성읍들은 불에 탔고 너희의 토지는 너희 목전에서 이방인에게 삼켜졌으며 이방인에게 파괴됨 같이 황폐하였고…)을 보면 우리는 그들이 이미 하나님이 행하실 심판의 전조를 경험했음을 알 수 있다. 이 말씀은 기원전 701년에 앗수르의 산헤립이 유다를 침략한 정황을 반영해주기 때문이다.

북이스라엘은 기원전 722년에 앗수르의 군대에 의해 처참하게 멸망했다. 이제 남유다에게도 그 심판이 멀지 않았다. 만약 그들이 돌이키지 않고 북이스라엘과 똑같이 계속 패역하고 범죄한 길로 걸어간다면 그들 역시 북이스라엘의 운명과 다르지 않은 무서운 심판과 패망을 겪을 것이다.

하지만 심판의 진노 아래에서도 이스라엘의 거룩하신 하나님은 유다를 향해 긍휼을 멈추지 않으신다. 이사야 1:9은 "만군의 여호와께서 우리를 위하여 생존자를 조금 남겨두지 아니하셨더면 우리가 소돔 같고 고모라 같았으리로다"라고 말한다. 하나님의 긍휼은 그분의 탄식으로 표현된다. 하나님은 옛적에 공의와 정의가 충만했던 시온에 죄악과 패역함이 창궐한 것을 보며 탄식하신다.

신실하던 성읍이 어찌하여 창기가 되었는고? 정의가 거기에 충만하였고 공의가 그 가운데에 거하였더니 이제는 살인자들뿐이로다(사 1:21).

다윗과 솔로몬의 통치 시대에는 언약 백성이 공의와 정의를 경험하며 하나님의 임재를 누렸다. 사무엘하 8:15에 따르면 다윗은 모든 백성에게 정의와 공의를 행했다. 역대하 9:8은 스바 여왕의 입을 통해 솔로몬이 이스라엘에 공의와 정의를 세웠다고 강조한다. 공의와 정의 안에서 그 땅은 하나님의 질서와 샬롬을 누렸다.

하지만 지금 시온은 머리부터 발바닥까지 성한 곳 하나 없이 온갖 범죄와 패역함으로 만신창이가 된 상태다(사 1:6, 21-23). 이사야 1:21에서 예언자는 범죄와 타락으로 죽어가는 시온을 향한 하나님의 탄식을 전형적인 장송곡 형식(2/3 키나)으로 전달한다. 하나님이 보실 때 언약과 율법을 잊어버린 채 범죄와 패역을 일삼는 그들은 이미 죽은 것과 다름없기 때문이다. 하지만 기억해야 할 점이 있다. 그것은 하나님의 탄식은 지금이 아직 은혜의 때이고 회복의 가능성이 있음을 암시한다는 사실이다. 만약 시온 백성이 돌이켜 회개하고 언약의 말씀에 순종한다면 그들은 땅의 아름다운 소산을 먹게 될 것이다(사 1:19).

셋째, 하나님은 회개와 돌이킴을 원하신다(사 1:18-20)

하나님의 계획은 언약 백성을 멸망시키는 것이 아니라 정결하게 하여 회복시키는 것이다. 하나님은 이스라엘 백성을 초청하신다.

오라! 우리가 서로 변론하자. 너희의 죄가 주홍 같을지라도 눈과 같이 희어질 것이요, 진홍같이 붉을지라도 양털같이 희게 되리라(사 1:18).[5]

그들의 죄가 주홍과 같고 진홍같이 붉을지라도 하나님이 그들을 씻어 의롭게 만들겠다고 약속하신다. 여기서 언약 백성의 근본적인 회복과 새 창

---

5 Good News Study Bible은 사 1:18을 다음과 같이 번역한다. "너희는 죄로 붉게 더럽혀졌다. 너희는 내가 너희를 눈처럼 희게 씻어줄 것이라고 생각하느냐? 너희의 얼룩은 짙은 홍색이다. 너희는 너희가 양털처럼 하얗게 되리라고 생각하느냐?" 이는 새로운 시각의 해석을 보여준다. 즉 예언자 이사야의 질문은 풍자적 의미를 내포하며 백성들의 피상적 회개를 넌지시 비꼬는 것이다.

조의 가능성이 열린다.

북이스라엘의 멸망을 지켜본 이사야는 언약 백성이 걸어간 멸망의 길, 즉 "멸망의 메커니즘"을 발견할 수 있었다. 그것은 하나님을 만홀히 여기고 율법의 말씀을 떠나 죄악과 패악을 행하는 것이다. 이는 사회 속에 공의와 정의가 부재하고 약자와 가난한 자가 억압받는 모습으로 드러난다.

그렇다면 이 멸망의 메커니즘을 무력화할 수 있는 "회복의 메커니즘"은 무엇인가? 이사야 1장은 그 회복의 메커니즘이 다름 아니라 참된 회개를 실천하는 것이라고 강조한다. 이는 "생명"과 "새 창조"의 메커니즘이다. 이후의 이사야서 말씀은 이 회복의 메커니즘을 소개하며 언약 백성이 참된 회개를 통해 어떻게 공의와 정의를 실천할 수 있는가를 설명해준다.

하나님은 두 가지 길, 곧 순종의 길과 배반의 길을 제시하신다. 이사야 1:19-20은 그 두 가지 삶의 양식과 결과를 더욱 구체적으로 밝힌다.

> [19]너희가 즐겨 순종하면 땅의 아름다운 소산을 먹을 것이요, [20]너희가 거절하여 배반하면 칼에 삼켜지리라. 여호와의 입의 말씀이니라.

언약 백성을 향한 하나님의 계획과 목적은 한결같이 회복과 축복과 윤택함을 허락하는 것이다. 하지만 그들은 하나님 앞에서 분명한 삶의 선택과 행함을 보여주어야 한다.[6] 그것은 언약의 말씀에 대한 확고한 순종으로 드러난다. 그렇게 하면 그들은 땅의 아름다운 소산을 먹게 된다. 반대로 그들이 언약의 말씀을 거절하고 하나님을 배반한다면 무서운 심판의 칼

---

6   Childs, *Isaiah*, 20.

을 피하지 못할 것이다. 언약 백성의 운명은 그들의 신분이나 지위가 아니라 그들의 "선택"과 "행함"에 달려 있다.

넷째, 하나님의 언약 백성은 공의와 정의로 구원받는다(사 1:24-31)

예언자 이사야는 언약 백성이 회개하며 회복해야 할 삶의 모습을 더욱 발전시켜 구체화한다. 그것은 다름 아니라 공의와 정의를 행하는 삶이다. 하나님은 "시온은 정의로 구속함을 받고 그 돌아온 자들은 공의로 구속함을 받으리라"(사 1:27)고 말씀하신다. 공의와 정의는 하나님 나라의 이상(理想)이자 통치 방식이다(시 89:14). 하나님은 아브라함과 그의 후손을 택하실 때 그들이 율법의 정신을 따라 공의와 정의를 행함으로써 이 땅에 하나님 나라를 세우기 원하셨다.

> [18]아브라함은 강대한 나라가 되고 천하 만민은 그로 말미암아 복을 받게 될 것이 아니냐? [19]내가 그로 그 자식과 권속에게 명하여 여호와의 도를 지켜 의와 공도[공의와 정의]를 행하게 하려고 그를 택하였나니 이는 나 여호와가 아브라함에게 대하여 말한 일을 이루려 함이니라(창 18:18-19).

이런 하나님 나라의 통치 방식과 이상에 따라 이스라엘의 왕들은 공의와 정의로 백성을 다스려야만 했다(시 72:1-3). 실제로 다윗과 솔로몬이 공의와 정의로 모든 백성을 다스릴 때 그 나라는 형통함을 누릴 뿐 아니라 하나님 나라의 모델이 될 수 있었다(삼하 8:15; 대하 9:8).

이사야서에서 공의와 정의의 개념은 크게 확대된다. 공의와 정의는 먼저 하나님이 온 세상과 언약 백성을 올바르게 통치하시는 것과 연결된다. 언약의 말씀을 신실하게 지키는 자들은 축복하지만 그렇지 못한 자들은 심판하시는 것이 하나님의 공의와 정의다(출 20:5-6). 언약의 말씀에 근거하여 하나님의 백성이 하나님과 이웃을 향하여 올바르게 행하는 것 역시 공의와 정의다. 그리고 그 삶을 통해 하나님과 올바른 관계를 유지할 뿐 아니라 이웃과도 올바른 관계를 유지하는 것은 백성이 실천해야 하는 공의와 정의다. 이는 하나님과 이웃을 향한 언약과 말씀의 가르침, 가치, 기대치, 정신을 신실하게 실천하는 것과 연결된다.[7]

역사와 온 만물의 진정한 왕이신 하나님은 공의와 정의를 성취함으로써 온 만물과 온 백성을 구속하시고 궁극적으로는 하나님 나라를 세우실 것이다(사 6:5; 33:22). 하나님은 공의와 정의를 실현하기 위해 백성의 죄악을 심판하신다. 그리고 공의와 정의를 통해 왕이신 하나님은 당신의 나라를 통치하고 유지하신다. 아울러 시온 백성은 공의와 정의를 실천하는 삶을 통해 하나님 나라에 참여하고 그 나라에 편만한 신적 질서와 평안, 안정감을 경험하게 된다. 구속 역사의 왕이 되시는 하나님은 공의와 정의를 통해 옛 하늘과 옛 땅을 새 하늘과 새 땅으로 새롭게 창조하실 것이다.

하지만 이스라엘의 역사 속에서는 안타깝게도 수많은 왕과 백성이 하나님 나라의 삶의 양식인 공의와 정의를 잊은 모습을 보게 된다. 이는 언약 백성의 가장 근본적인 문제로서 그들이 하나님의 심판을 자초한 원인이었다. 예언자는 하나님이 그런 그들을 향해 먼저 공의의 심판을 내

---

7 예언서에 나타난 공의와 정의에 관해서는 다음 자료를 참고하라. Hemchand Gossai, *Justice, Righteousness and the Social Critique of the Eighth-Century Prophets* (New York: Peter Lang Publishing, 1993), 11-140; 구약성경이 다루는 "의"에 관해서 더 알아보려면 다음 자료를 참고하라. N. deClaissé-Walford, "Righteousness in the OT," *NIDB* 4: 818-23; Moshe Weinfeld, *Social Justice in Ancient Israeland in the Ancient Near East* (Minneapolis: Fortress Press, 1995); Willard M. Swartley, "The Relation of Justice/Righteousness to Shalom/Eirēnē," *Ex Auditu* 22 (2006): 29-53.

리신 후 그들을 정결하게 하실 것이라고 선포한다(사 1:24-25). 그 후에 야 하나님은 시온을 이전과 같이 의의 성읍, 신실한 백성으로 회복시키실 것이다(사 1:26). 이것이 시온을 향한 하나님의 주권적 계획이자 다스림 이다.

따라서 예언자 이사야는 시온 백성에게 회개를 촉구하는 동시에 삶 속에서 공의와 정의를 실천하라고 호소한다. 이사야 1:16-17은 그런 삶 의 모습을 구체적으로 보여준다.

> [16]"너희는 스스로 씻으며 스스로 깨끗하게 하여 내 목전에서 너희 악한 행 실을 버리며 행악을 그치고 [17]선행을 배우며 정의를 구하며 학대받는 자 를 도와주며 고아를 위하여 신원하며 과부를 위하여 변호하라" 하셨느니라 (사 1:16-17).

하나님의 무서운 심판과 진노 이후, 남은 자들은 공의와 정의를 행함으로 써 "새 창조"와 "영광"을 맛보게 될 것이다. 그리고 하나님의 영(성령)이 지도자와 백성에게 지혜와 능력을 주실 때 그들은 공의와 정의를 실천하 게 된다(사 11:1-5; 42:1-4). 이것이야말로 이사야가 말하는 회복과 새 창 조의 길이 아니겠는가? 또한 이는 우리가 이 땅 가운데 하나님의 거룩하 심을 드러내며 하나님 나라를 세우는 삶의 방식이 될 것이다.

제2장

하나님의 높아지심과 통치(사 2장)

1. 본문의 개요

이사야 2장은 "야웨의 날"에 야웨 하나님이 성취하실 종말론적 심판과 구원을 보여준다. 이를 통해 예언자가 궁극적으로 묘사하는 것은 온 땅에 충만한 하나님의 통치다. 이사야 2장은 다음과 같이 크게 네 부분으로 나뉜다.

① 표제(사 2:1)
② 하나님의 탁월함과 통치(사 2:2-4)
③ 낮아지는 세상의 모든 사물들(사 2:5-21)
④ 야웨를 의지하고 빛에 행하는 삶(사 2:5, 22)

이사야 1:1의 표제와 달리 2:1에 등장하는 표제는 이사야 2-12장이 기록된 시대적 상황과 배경을 설명하는 것으로 보인다. 이사야 2장의 가장 큰 특징은 시온산에서 증명되는 하나님의 높아지심과 이 땅의 거만하고 오만한 사물들의 낮아짐이 극명한 대조를 이룬다는 점이다. 시가서와 예언서에서 시온산은 하나님의 보좌가 놓여 있는 곳이다. 모든 것 위에 우뚝 솟아 있는 시온산은 하나님의 통치가 시작되고 완성되는 곳이다(시 2:6; 9:11; 24:3; 48:2; 69:35; 76:2; 87:2; 132:13; 133:3; 사 2:3; 3:16; 4:3; 52:1; 60:14). 시온산에 주목하며 온 세상에 내려질 심판을 선언하는 이사야는 결론적으로 아무것도 아닌 인생을 의지하지 말고 영원하신 하나님과 그분의 능력만을 의지하라고 가르친다(사 2:5, 22).

2. 중심 주제 및 적용

첫째, 말일에 시온에서 하나님의 탁월함과 통치가 완성될 것이다(사 2:1-4)

이사야 2:1-4은 시온산의 탁월함과 그곳에서 완성될 하나님의 우주적·종말론적 통치 및 평화의 회복을 묘사한다. 이 말씀을 잘 이해하기 위해서 우리는 먼저 시온이 이스라엘의 역사에서 갖는 신학적 의미를 살펴보아야 한다. 지형적으로 "시온산"은 예루살렘 남서쪽에 자리 잡은 해발 765미터의 산이다. 처음에 시온은 그 산을 가리키는 이름이었지만 나중에는 예루살렘 전체를 가리키는 시적인 용어로 사용되었다. 그리고 이후에는 이스라엘 전체를 가리키는 용어로 발전했다. 그 결과 구약성경에서 시온은 유대인과 언약 백성을 상징하는 이름이 되었다. 그 전통이 이어져 기독교에서도 시온은 신성한 곳을 가리키는 의미로 사용된다. 또한 종말론적으로 시온은 하나님의 통치가 완성된 회복의 나라를 지칭하는 비유적 표현이기도 하다.

레벤슨(Jon D. Levenson)은 시온이 이스라엘 역사 속에서 획득한 다양한 신학적·문학적 의미를 정리했다.[1] 첫째, 시온은 하늘과 땅이 맞닿는 지점이다. 그렇기에 그곳은 하늘의 기운이 머무는 곳, 더 정확히 말하면 하나님의 임재가 있는 곳이다. 둘째, 시온은 온 세상의 축소판인 동시에 온 세상의 중심이다. 세상은 시온을 중심으로 돌아간다. 셋째, 시온은 하나님의 보좌가 있는 곳이다. 따라서 시온에서 하나님의 율법이 선포되며 세상을 향한 하나님의 통치가 시작되고 실현된다.

이처럼 시온은 하나님의 율법과 함께 하나님 나라가 구현되는 신령한 공간이다. 시온은 이스라엘의 영적·종교적 중심지라 할 수도 있다. 장차 임할 회복의 때에 모든 백성은 시온에 임하는 하나님 나라를 경험하며 평화와 안정감 속에서 야웨 하나님을 경배하고 예배할 것이다. 이런 맥락에서 구약의 말씀은 "시내산"에서 "시온산"으로 흘러간다고 말할 수 있다. 다시 말해 모세를 중심으로 한 옛 언약에서 다윗으로 대표되는 새 언약의 시대로 바뀌어가는 것이다.

시온에 관한 이런 신학적 배경을 바탕으로 이사야 2:1-5을 다시 살펴보자. 시온산이 온 세상 위에 우뚝 솟아오르고 모든 산 위에 뛰어나게 되는 모습은 시온에서 완성될 하나님의 탁월한 주권과 통치를 나타내준다. 좀 더 구체적으로 살펴보면 종말에 성취될 하나님의 통치와 구원은 크게 세 가지 특징을 띤다.

첫째, 하나님의 다스리심은 시온에서 보이는 그의 탁월함과 통치로 묘사된다(사 2:2). 시온은 하나님의 산으로서 하늘과 땅이 맞닿는 온 세상의 중심이다. 하나님의 임재가 있는 이곳은 이 세상 어느 곳보다 뛰어나고 탁월한 공간이다. 따라서 시온이 이 세상과 모든 산 위에 우뚝 솟아오

---

1   Jon D. Levenson, *Sinai and Zion: An Entry into the Jewish Bible* (New York: Harper & Row, 1985), 111-37.

르는 장면은 하나님의 통치와 다스림이 온 세상과 열방 위에 뛰어날 것을 상징적으로 보여주는 것이다. 다시 말해 말일에 온 세상을 향한 하나님의 탁월한 통치가 완성될 것을 보여준다는 것이다. 시온에서 성취되는 하나님의 통치와 회복을 볼 때 모든 열방은 이곳으로 모여들어 새 공동체를 이루게 될 것이다(사 2:2-3).

둘째, 시온에서 하나님의 율법이 선포될 때 백성은 하나님의 통치를 경험하게 된다. 하나님의 율법이 선포되는 사건은 하나님 나라의 임함을 의미한다. 언약 백성은 하나님의 말씀 곧 율법을 우주의 왕이신 하나님의 메시지로 받아들이고 자발적으로 순종할 때 하나님의 백성이라는 정체성을 제대로 형성해갈 수 있다. 그들 스스로가 하나님의 절대적 주권과 권위를 인정하면서 동시에 하나님의 통치를 받는 백성임을 배워가는 것이다.

셋째, 시온에서 하나님의 통치가 완성될 때 온 세상은 평화와 번영을 누리게 된다. 말일에 사람들은 칼을 쳐서 보습을 만들고 창을 쳐서 낫을 만들 것이다. 그렇게 되면 이제 이 나라와 저 나라가 무기를 들고 싸울 일이 없다. 열방 가운데 임한 샬롬(평화)은 하나님의 통치와 구원이 완성되었음을 의미한다.

예언자 이사야가 활동할 당시 언약 백성은 범죄와 패역함으로 말미암아 거룩하신 하나님의 진노와 심판 아래 놓일 운명이었다. 그들에게 어떤 희망이 남아 있었을까? 하지만 예언자 이사야는 말일에 도래할 하나님의 통치와 그분의 탁월함을 선포함으로써 절망과 낙심 가운데 빠진 언약 백성에게 희망과 소망을 전해주었다. 절망적인 상황이 닥쳤을 때 우리가 발견할 수 있는 진정한 소망과 희망은 무엇일까? 말일에 완성될 하나님의 공의로운 통치와 탁월함이 바로 그것이다. 그때 우리가 믿는 하나님은 공의와 정의로 세상을 심판하고 주의 백성을 신원하실 뿐 아니라 모든 만물 가운데 우뚝 서 높임을 받으실 것이다.

둘째, 말일에 인생이 의지하는 모든 만물은 낮아질 것이다(사 2:12-21)

야웨의 날에 하나님은 높임을 받으신다. 하지만 그와 대조적으로 인생이 의지할 만한 모든 사물은 낮아질 것이다. 그날에 야웨의 심판은 이스라엘의 교만을 상징하는 나무(사 2:13)와 산(사 2:14)과 성읍(사 2:15)에, 그리고 아름다운 배와 조각물(사 2:16)에 임할 것이다.

이사야 2:13에서 레바논을 대표하는 백향목은 울창하고 무성하게 자라는 나무로서 보통 "화려함"과 "웅장함"을 상징한다. 하지만 반대로 부정적 의미에서 인간의 "교만함"을 의미하기도 한다. 바산의 상수리나무 역시 곧게 자라고 가지가 무성해서 "고귀함"과 "아름다움"을 상징하지만 "교만함"을 나타낼 때도 있다(슥 11:1-2). 야웨의 날이 이르면 인간의 아름다움과 교만을 상징하는 이 나무들은 진노와 심판을 받아 낮아질 것이다.

이사야 2:16에 등장하는 "다시스의 배들"과 아름다운 "조각목"은 당시 지중해 해상 무역을 장악한 페니키아인들의 찬란했던 문명과 부를 상징한다. 야웨의 임하심은 그런 문명과 부도 파괴할 것이다. 또한 레바논 및 바산의 울창한 나무들과 다시스의 배는 아름다움과 웅장함을 대표한다. 그리고 이는 걷잡을 수 없는 교만과 오만에 사로잡혀 있는 유다 백성을 겨냥한 상징이다. 야웨의 날에 그들의 헛된 교만과 부에 대한 자만심은 무참히 무너질 것이다. 그리고 사람들이 자기를 위하여 경배하려고 만들었던 우상은 두더지와 박쥐에게 던져질 것이다(사 2:20).

하나님의 임재와 권능 앞에 서는 그날, 인생이 의지했던 높고 아름다운 모든 것은 아무것도 아님이 분명해질 것이다. 언약 백성이 의지하는 사람이나 권력, 재물이나 인기의 허무한 실체가 드러나는 것이다. 그 날에는 오직 야웨 하나님만 홀로 높임을 받으신다(사 2:17). 그렇기에 예 언자 이사야는 "너희는 인생을 의지하지 말라. 그의 호흡은 코에 있나니 셈할 가치가 어디 있느냐?"(사 2:22)라고 말한다. 참된 지혜는 아무것도 아닌 인생이 아니라 영원한 탁월함으로 이 세상을 통치하시는 하나님을 의지하는 데 있다.

셋째, 오라, 우리가 야웨의 빛에 행하자(사 2:5)

하나님의 탁월함과 인생의 허무함을 대조한 후 이사야는 시온 백성의 결단을 촉구한다. 그는 "야곱 족속아! 오라, 우리가 여호와의 빛에 행 하자"(사 2:5)라며 초청한다. 아무것도 아닌 인생을 의지하지 말고 오직 야웨 하나님을 의지하며 그 말씀의 빛을 따라 살자는 것이다. 야웨의 빛 에 행하는 삶이야말로 회복의 메커니즘을 구성하는 중심으로서 생명과 지혜의 열쇠이기 때문이다.

이사야서에서 "빛"은 하나님의 구원을 상징하는 중요한 은유다(사 9:2; 60:1-2). 또한 빛은 하나님의 임재와 영광을 상징한다(사 60:1-2). 그 러므로 야웨의 빛에 행하자는 예언자 이사야의 초청은 하나님과 동행하 며 그분의 임재 가운데 거하자는 의미다. 이는 언약의 말씀에 비추어 살 아가자는 권면과도 다르지 않다. 그와 같은 맥락에서 사도 바울은 다음과 같이 권고한다.

[12]밤이 깊고 낮이 가까웠으니 그러므로 우리가 어둠의 일을 벗고 빛의 갑옷 을 입자. [13]낮에와 같이 단정히 행하고 방탕하거나 술 취하지 말며 음란하거 나 호색하지 말며 다투거나 시기하지 말고 [14]오직 주 예수 그리스도로 옷 입

고 정욕을 위하여 육신의 일을 도모하지 말라(롬 13:12-14).

사도 바울에게 빛의 갑옷을 입는 것은 성도들이 그리스도로 옷 입음으로써 육신의 일을 도모하지 않고 올바르고 단정하게 행한다는 의미다.

종말의 때에 과연 누가 하나님이 다스리시는 시온산에 올라가게 될까? 인생의 부요함과 권능을 의지하는 자들이 그곳에 올라갈 수 있을까? 그렇지 않다. 인생이 의지하는 어떤 명예나 재물이나 탁월함도 모두 헛될 뿐이다. 오직 하나님의 말씀이 비추는 빛의 길을 따라 하나님과 동행하는 자들만이 그 산에 올라갈 것이다. 그리고 그들은 시온산에 올라 하나님 나라의 참된 안식과 화평과 평안을 마음껏 누리게 될 것이다(사 32:15-20).

제3장

거룩하신 왕 하나님을 만날 때(사 6장)

1. 본문의 개요

이사야 1-12장의 중심에 놓인 이사야 6장은 거룩하신 하나님의 왕 되심과 예언자 이사야의 소명을 다룬다. 예레미야서와 에스겔서는 시작 부분에 예언자의 소명 사건을 기록한다(렘 1:4-10; 겔 2:1-7). 반면 이사야서는 6장에 이르러서야 예언자의 소명 사건을 기록한다. 이런 독특한 구성으로 인해 학자들은 이사야서의 저자와 전체적인 구성을 살피면서 특별히 이사야 6장의 역할에 대해 많은 의견을 피력했다.

리브라이히(Leon J. Liebreich)는 이사야 6장이 1-5장의 결론을 제공할 뿐 아니라 이어지는 말씀의 서론 역할을 감당한다고 주장한다.[1] 이사야 1:4에 한 번 등장한 "이스라엘의 거룩하신 분"(קדוש ישראל)은 5:16, 24에서도 "(이스라엘)의 거룩하신 분"으로 등장한다. 그리고 그분은 이제

---

[1] Leon J. Liebreich, "The Position of Chapter Six in the Book of Isaiah," *HUCA 25* (1954), 40.

6장에서 "거룩하신 왕"으로서 당신의 거룩함과 영광으로 온 땅을 충만하게 하시는 분으로 등장한다(사 6:3, 5). 특히 천사들이 각각 얼굴과 발을 가리고 세 번 외치는 "거룩하다"(קָדוֹשׁ)라는 찬양은 하나님이 온 만물과 역사의 주권자이심을 결정적으로 보여준다.[2]

이사야 6장이 하나님의 왕 되심을 선언한 이후 7-8장은 인간 왕들의 모습을 묘사한다. 아람 왕 르신과 북이스라엘 왕 베가, 남유다 왕 아하스는 인간 왕들의 연약함과 악함을 동시에 보여준다. 하지만 그 모든 것을 초월하시는 참된 주권자이신 야웨 하나님은 메시아를 통해 시온 백성과 열방을 향한 당신의 계획과 목적을 성취해가신다.

비슷한 관점에서 오스왈트는 이사야 6장의 "양면적 역할"(double functions)을 논했다.[3] 그에 따르면 이사야 1-5장이 시온의 범죄와 패역함을 묘사하는 반면 이사야 6장은 시온을 향한 하나님의 임박한 심판을 외침으로써 1-5장의 결론 역할을 한다. 그런데 이사야 6:11-13은 시온을 향한 하나님의 심판과 남은 자들의 회복을 묘사함으로써 이사야 7장 이후에서 전개될 메시지의 주요 뼈대를 소개하는 서론으로 기능한다. 이에 관해 렌토르프는 조금 더 넓은 시야에서 이 점을 강조했다. 그에 따르면 이사야 6장에 기록된, 시온을 향해 임박한 심판과 파멸을 전하라는 명령으로서 천상의 보좌로부터 예언자 이사야에게 임한 소명은 이사야 40장에서 시온의 죄 용서와 위로를 외치라는 신적 명령 및 예언자의 사명과 연결된다.[4]

---

2   Ibid, 38.

3   Oswalt, *Isaiah 1-39*, 173.

4   Rolf Rendtorff, *Canon & Theology: Overtures to an Old Testament Theology* (Minneapolis: Fortress Press, 1993), 170-80.

이처럼 여러 학자가 제시한 의견에 동의하면서 나는 이사야 6장이 그 이전과 이후의 메시지를 연결하는 신학적·문학적 "다리 역할"을 담당한다고 정리하고자 한다.[5] 이사야 6장이 이사야서의 전체 구성 및 주제와 관련해 감당하는 세 가지 중대한 역할은 다음과 같다.

첫째, 이사야 6장은 1-5장에서 밝힌 시온 백성의 범죄와 패역함을 바탕으로 그들에게 임박한 하나님의 심판을 선포한다. 이사야 1장 이후 시온 백성의 우상숭배와 교만, 패역함과 비윤리적 삶의 모습은 이사야 5장에서 정의 대신 포학함을, 공의 대신 백성의 울부짖음을 빚어내는 것으로 그 절정에 이른다. 이어 논리적 귀결에 따라 이사야 6장에서 예언자는 그런 패역한 백성을 향한 임박한 심판과 그 이후 남은 자들의 회복을 선포하게 된다. 시온에 관한 이사야 1-5장의 말씀 없이 이사야 6장이 곧바로 등장했다면 메시지의 흐름과 구성은 매우 부자연스러웠을 것이다.

둘째, 이사야 6장은 1장에서 말한 대로 이사야서가 하나님으로부터 임한 "계시" 즉 "이상"(חָזוֹן)이라는 것을 구체적으로 보여준다. 이사야 6장에서 예언자는 하늘 보좌에 좌정하신 하나님께로부터 말씀과 사명을 받게 된다. 우리는 예언자가 이와 같은 방식으로 시온과 열방과 온 세상 만물을 향한 종말론적 심판과 회복의 계시를 하나님께로부터 받았다고 추측할 수 있다.

셋째, 이사야 6장은 이스라엘의 거룩하신 하나님이 구속 역사의 진정한 왕이심을 보여줌으로써 이사야 7장 이후 그분이 행하시는 종말론적 심판과 새 창조를 기대하게 한다. 왕이신 하나님은 시온의 심판을 이

---

5 House의 견해도 나와 비슷하다. 다음 자료를 참고하라. Paul R. House, "Isaiah's Call and Its Context in Isaiah 1-6," *Criswell Theological Review* 6 (1993), 207-22.

루신 후(사 1-39장), 그들의 죄 용서 및 회복과 구원을 성취하실 것이다. 또한 하나님은 그들을 통해 궁극적으로 온 열방과 만물의 구속을 성취하고 새 창조를 완성하실 것이다(사 40-66장).

이사야 6장은 예언자의 소명과 관련된 본문으로 자주 다루어진다. 하지만 이사야 6장은 이스라엘의 거룩하신 야웨가 구속사 및 온 열방의 왕이심을 핵심적으로 다룬다. 이사야 6장은 다음과 같이 크게 네 부분으로 구성된다.

① 보좌에 앉아 계신 하나님에 대한 이사야의 환상(사 6:1-4)
② 이사야의 죄악을 정결케 함(사 6:5-7)
③ 이사야의 사명(사 6:8-10)
④ 이사야의 힘겨운 사역과 이스라엘의 험난한 미래(사 6:11-13)[6]

2. 중심 주제 및 적용

이사야 6장은 "신현 경험"(theophanic experience)을 묘사한다. 예언자 이사야는 거룩하고 영광스러우며 높이 들리신 전능자 야웨 하나님을 만난다. 그분은 온 세상과 역사의 절대적 주권자로서 참된 왕이시다. 이사야는 야웨 하나님의 거룩함과 영광을 직접 경험했다. 특별히 이사야가 경험한 하나님은 이스라엘의 거룩하신 분이다. 그분은 온 만물 위의 왕으로서 당신의 계획과 목적에 따라 역사와 만물을 홀로 다스리신다. 거룩하신 하나님과 그분의 영광을 뵈면서 예언자 이사야는 드디어 죄 용서와 사명을 받

---

6   House, "Isaiah's Call and Its Context in Isaiah 1-6," 214.

게 된다. 이 본문의 신학과 그 적용을 네 가지 관점에서 살펴보자.

첫째, 예언자는 부족함과 부재를 통해 진짜를 만난다(사 6:1)

이사야 6장은 웃시야 왕이 죽던 해에 예언자 이사야가 경험한 영적 체험을 전해준다. 웃시야 왕이 누구인가? 이스라엘 역사에서 웃시야(기원전 792-740 재위)는 선한 왕으로서 괄목할 만한 경제 성장을 이루었던 인물이다(대하 26:6-15). 그는 다윗과 솔로몬 시대의 정치적 힘을 되살리려고 노력한 유능한 군주였다. 다시 말해 웃시야는 예언자 이사야가 의지할 만한 왕이었다.

그런데 그 유능했던 왕이 죽자 이스라엘에는 왕이 부재한 위기 상황이 찾아온다. 하지만 왕의 부재 속에서 근심으로 기도하던 예언자 이사야는 성전에서 참된 왕을 발견하게 된다. 우리의 인생은 뭔가 부족하고 부재하다고 느낄 때 드디어 참된 실체를 발견하게 되는 듯하다. 예를 들어 육신의 아버지가 돌아가신 후 아버지의 모습과 사랑을 새삼 그리워하면서 우리 인생의 진정한 아버지가 하늘에 계신 하나님이심을 깨닫는 사람이 많다. 자신이 의지했던 눈에 보이는 왕이 사라지면서 드디어 역사와 인류의 참된 주권자이자 왕이신 하나님을 발견하게 되는 것이다.

둘째, 참된 왕은 이스라엘의 거룩한 야웨시다(사 6:2-5)

앞서 밝혔듯이 이사야서에서 야웨의 이름인 "카도쉬 이스라엘"(ישראל קדוש)—이스라엘의 거룩하신 이—은 무려 26회나 등장한다. 하나님의 이름 중 이 이름은 가장 이사야적이다. 그들이 믿고 섬기는 야웨가 이스라엘의 거룩하신 분이라는 사실을 떠올리면서 언약 백성은 무엇을 생각했을까? 무슨 의도를 가지고 이사야는 이 이름을 계속하여 강조했을까?

첫째, 이스라엘의 거룩하신 분이라는 신명은 하나님의 "타자성"(otherness)을 나타낸다. 이는 하나님이 인간과 완전히 분리된 분이심을 강조하는 개념이다. 인류의 역사와 모든 만물의 진정한 왕으로서 하나님은 절대적인 능력과 주권을 자신의 목적에 따라 행사하신다(사 1:26; 9:7; 28:17; 32:16-17; 33:5). 구속의 역사 속에서 이스라엘의 거룩하신 하나님은 공의와 정의로 존귀하게 높임을 받으신다(사 33:10-14). 우상과 구별되는 이스라엘의 거룩하신 하나님은 죽은 신이 아니라 살아 계신 참된 하나님으로서 모든 신 위에 신이 되신다. 따라서 이스라엘의 거룩하신 분이라는 신명은 모든 만물을 홀로 다스리고 통치하시는 하나님의 권능과 존귀하심을 내포한다.

둘째, 이스라엘의 거룩하신 분이라는 신명은 하나님이 언약 백성에게 거룩함을 요구하신다는 사실을 알게 해준다. 레위기를 통해 하나님은 거룩함을 드러내시고 당신의 백성들에게도 거룩함을 요구하셨다(레 11:45; 19:2; 참조. 벧전 1:15-16). 시온의 백성은 거룩한 삶을 살아갈 때 하나님의 임재와 권능, 풍성한 생명을 경험할 수 있다. 하나님은 그들이 거룩함을 실천할 때 그들과 함께 거하실 수 있다.

하나님은 헛된 제물을 가져오지 말라고 말씀하신다(사 1:12). 또 하나님에게 분향은 가증히 여기는 것이고(사 1:13), 이스라엘의 절기와 예배가 하나님께 무거운 짐이라고 말씀하신다(사 1:14). 이스라엘 백성들은 전통적으로 하나님을 섬기는 민족으로서 그 어느 민족보다 예배를 잘 드릴 수 있다고 자부했다. 그러나 하나님은 그들의 예배와 제물을 가증스럽게 여기고 무거운 짐으로 받아들이신다.

그렇다면 하나님은 과연 무엇을 원하셨을까? 그것은 다름이 아니라 삶의 거룩함이다! 특별히 하나님은 그들이 언약의 말씀을 듣고 실천함으로써 거룩한 백성이 되고 제사장 나라가 되기를 원하셨다(사 1:10; 참고. 출 19:5-6). 더욱 구체적으로 말한다면 언약 말씀의 근본 가치인 공의와 정의를 행함으로써 시온이 이방 민족과 구별된 거룩한 백성이 되길 원하셨다(창 18:19-19; 사 1:27). 영혼과 삶의 거룩함을 통해 시온 백성이 하나님의 임재와 친밀함에 이르고 그것을 통해 풍성한 생명과 지혜와 권능을 누리며 살기를 바라신 것이다.

이사야 57:15은 "하나님은 높고 거룩한 곳에 거하시지만, 아울러 통회하고 마음이 겸손한 자와 함께 거하시나니 이는 겸손한 자의 영을 소성케 하며 통회하는 자의 마음을 소성케 하려 함이라"고 말씀한다. 이스라엘의 거룩하신 하나님은 삶의 거룩함을 위해 통회하고 겸손히 주의 길을 걷는 자와 함께하고 그들 속에 거하며 능력을 나타내기를 원하신다. 즉 주의 백성에게 거룩함은 신적인 생명과 지혜와 기쁨 가운데로 나아가는 은혜의 방편이다. 이사야 35:8 이하는 주의 백성들이 걷게 되는 "거룩한 길"과 그것의 "결과"를 말씀한다.

> [8]거기에 대로가 있어 그 길을 거룩한 길이라 일컫는 바 되리니 깨끗하지 못한 자는 지나가지 못하겠고 오직 구속함을 입은 자들을 위하여 있게 될 것이라. 우매한 행인은 그 길로 다니지 못할 것이며 [9]거기에는 사자가 없고 사나운 짐승이 그리로 올라가지 아니하므로 그것을 만나지 못하겠고 오직 구속함을 받은 자만 그리로 행할 것이며 [10]여호와의 속량함을 받은 자들이 돌아오되 노래하며 시온에 이르러 그들의 머리 위에 영영한 희락을 띠고 기쁨과 즐거움을 얻으리니 슬픔과 탄식이 사라지리로다(사 35:8-10).

성도들이 언약의 말씀에 순종하며 거룩한 삶의 길을 걸어갈 때 그들은 하나님이 허락하시는 영영한 희락과 기쁨과 즐거움을 누리게 된다. 이사야의 제자가 된다는 것은 거룩한 삶의 길을 걸어가는 것을 의미한다.

그렇다면 사역자의 가장 중요한 자질은 무엇인가? 스펙, 좋은 집안이나 가문, 언변, 아니면 재정적인 후원인가? 그렇지 않다. 하나님의 사역자에게 요구되는 가장 중요한 영적 자질은 거룩함이다. 사역자가 영혼과 삶의 거룩함을 갖추면 그때부터 진정한 사역이 시작된다. 거룩함이 없으면 진정한 의미에서 하나님은 그 사역자를 사용하지 않으신다. 아니, 사용하고 싶어도 사용하실 수 없다. 거룩하지 못한 사람, 거룩하지 못한 공간에 하나님은 임재하실 수 없기 때문이다. 거룩하신 하나님을 뵙고 "화로다! 나여"라고 탄식하는 예언자 이사야를 위해 하나님은 천사를 보내사 입술을 지져 그를 거룩하게 하셨다.

거룩함은 이사야서가 말하는 사역자의 가장 중요한 영적 자질이자 덕목이다. 만약 어떤 사역자나 성도가 영혼과 삶의 거룩함에 관심을 기울이지 않고 그것을 실천할 마음을 먹지 않는다면 그는 아직 거룩하신 하나님과 그분의 임재를 모르는 상태에 있는 것이다. 삶과 사역 가운데서 하나님이 요구하시는 거룩함을 이루고 거룩한 삶의 길을 걸어가야만 우리는 하나님의 임재와 능력을 풍성하게 누릴 수 있다.

셋째, 거룩하신 하나님을 뵐 때 진정한 회개에 이른다(사 6:5-7)

영광의 보좌에 앉으신 하나님을 뵈었을 때 이사야에게 가장 먼저 일어난 반응은 탄식과 애통함이었다. 거룩하신 하나님 앞에 적나라하게 드러난 자신의 죄를 보며 예언자는 탄식하지 않을 수 없었다. 이사야 6:5은 그 장면을 이렇게 표현한다.

화로다! 나여, 망하게 되었도다. 나는 입술이 부정한 사람이요, 나는 입술이 부정한 백성 중에 거주하면서 만군의 야웨이신 왕을 뵈었음이로다.

하나님을 만난 성도의 즉각적 반응은 회개다. 하나님의 임재 앞에서 예언자 이사야는 자신의 죄와 입술의 부정함을 안타까워하며 탄식했다. 죄는 거룩하신 하나님과의 관계 단절을 의미할 뿐 아니라 죽음의 의미를 내포하기 때문이다. 그때 하나님은 스랍 중 하나를 보내 그의 입술을 정결하게 하고 그의 죄가 용서받도록 인도하신다. 하나님의 만지심으로 거룩함을 회복하고 그 입술이 정결하게 되었을 때 그는 드디어 말씀을 선포할 수 있는 대언자가 되었다.

넷째, 거룩하신 하나님을 뵈올 때 예언자는 사역을 시작하게 된다(사 6:8-13)

거룩하신 하나님 앞에서 죄의 문제가 해결된 후 예언자 이사야는 하나님의 음성을 듣게 된다. 죄 용서와 함께 거룩함을 덧입은 이사야에게 하나님은 사명을 허락하신다. 이사야 6:8-9을 살펴보자.

> [8]내가 또 주의 목소리를 들으니 주께서 이르시되 "내가 누구를 보내며 누가 우리를 위하여 갈꼬?" 하시니 그때에 내가 이르되 "내가 여기 있나이다. 나를 보내소서" 하였더니 [9]여호와께서 이르시되 "가서 이 백성에게 이르기를 '너희가 듣기는 들어도 깨닫지 못할 것이요 보기는 보아도 알지 못하리라' 하여"

하나님은 이사야를 사명자로 보내신다. 하나님은 예언자 이사야가 언약 백성을 향한 하나님의 뜻과 계획을 선포하기를 원하셨다. 이사야 6장은 독자에게 예언자 이사야의 사명과 사역의 목적이 무엇인지를 보여준다. 그의 사역은 크게 두 가지다.

첫째, 이스라엘 백성들에게 장차 임할 하나님의 심판과 파멸과 재난을 알리는 것이다(사 6:11-13). 이사야의 예언자적 사역은 다름이 아니라 이스라엘 백성의 마음속에 있는 반역의 기운과 완악함을 끄집어내 그것을 까발리는 것이었다. 시온 백성은 자신들이 진정한 언약의 백성이라 착각하며 모세의 율법을 잘 따르고 있다고 믿었다. 하지만 실상 그들은 야웨의 말씀을 알지 못할뿐더러 하나님의 법에 귀를 기울이지도 않았다(사 1:10). 그들의 삶 속에는 공적인 예배와 외식적인 종교 행위가 있었지만 언약 말씀의 기본 가치인 거룩함이나 공의, 혹은 인애를 실천하는 삶은 찾아볼 수 없었다. 그렇기에 그들은 패망과 심판을 피할 수 없었다. 예언자 이사야는 하나님을 만홀히 여기고 잘못된 길을 걸어가는 그들의 믿음과 신앙생활을 들추어내며 하나님께로 돌아오라고 소리를 높였다.

둘째, 그의 사역은 거룩한 씨, 곧 남은 자를 하나님께로 불러 모으는 것이다(사 6:13). 이사야는 하나님의 심판 이후 남은 자를 "거룩한 씨"라고 표현한다. 큰 나무가 잘린 후에 그것의 그루터기가 남은 것처럼 하나님은 이스라엘을 심판하시지만 그곳에 남은 자, 즉 거룩한 씨앗을 남겨두신다. 이 남은 자들은 시온에 들어가 야웨의 영을 받은 메시아의 통치 아래에서 삶의 화평과 평안과 안정을 누릴 것이다(사 32:15-20). 이사야의 사역은 이 거룩한 씨앗, 즉 새로운 영적 공동체를 불러내어 그들을 자신의 제자로 삼는 것이었다. 이 종말론적 새 공동체는 장차 새 하늘과 새 땅의 주인공이 되어 열방과 만물을 새롭게 창조하시려는 하나님의 사역에 동참할 것이다(사 65-66장).

이사야 6장은 일반적으로 예언자 이사야의 소명을 다루는 설교의 본문으로 자주 사용된다. 하지만 이사야 6장은 이스라엘의 거룩하신 하나님을 절대적 주권자, 즉 구속 역사와 열방의 왕으로 묘사하는 것에 집중한다. 구속 역사의 참된 주인이신 야웨는 이사야 1-5장에 서술되었던 시온의 범죄를 심판하실 것이다. 심판의 과정을 통해 그 왕은 그들을 정결하게 하고 그들 중 남은 자를 통하여 새 공동체를 회복시킬 것이다. 아울러 이사야 7장 이후부터 야웨 하나님은 아하스 왕과 대별되는 참된 다윗의 씨 곧 메시아를 준비시키고 그가 공의와 정의로 새 공동체를 통치하게 하신다. 이 중차대한 왕의 계획을 깨달은 예언자는 선포와 가르침을 통해 신앙적 위기 가운데 있는 백성을 안전하게 지킬 뿐 아니라 그들이 새 창조를 향해 나아갈 수 있도록 인도했다.

제4장

아하스 왕과 임마누엘(사 7-8장)

1. 본문의 개요

이사야 7장은 기원전 735년에 북이스라엘 왕 베가와 아람 왕 르신의 연합군이 남유다를 침략함으로써 발발한 시리아-에브라임 전쟁을 배경으로 한다. 당시 국제 정세는 앞서 살펴보았듯이 앗수르 제국의 디글랏 빌레셀이 무서운 기세로 패권 정책을 펼치며 고대 근동 지역의 약소국들을 침공하고 있는 상황이었다. 이에 저항하는 반앗수르 연합의 선두주자였던 두 나라—아람과 북이스라엘—는 친앗수르 정책을 펼치는 남유다를 못마땅하게 여긴 나머지 결국 국경을 넘어 쳐들어왔다.

이사야 7장은 국제적 위기 상황 가운데 하나님보다 앗수르를 신뢰한 아하스 왕의 불신앙과 그 결과를 보여준다. 그는 신앙의 원리가 아니라 현실 정치에 대한 근시안적인 안목에 따라 열강의 도움을 의지한 가식적인 신앙인의 표상이다. 아하스는 겉보기에는 하나님을 믿는 것 같았으나 실제로는 하나님을 신뢰하지 않았던 왕이다. 특히 이사야 7:1-12에서 시온의 보호에 대한 하나님의 징조 구하기를 거부한 아하스의 모습은 이미 이사야 6:10에서 밝힌 언약 백성의 완악함과 둔감함, 영적 어두움의 실례가 된다.

그런데 이사야 7장은 한 걸음 더 나아가 아하스 왕과 같은 불경건한 지도자를 배경으로 하나님이 장차 세우실 하나님 나라의 통치자 곧 "메시아"를 소개한다. 이사야 6장에서 온 땅과 역사의 참된 왕이신 이스라엘의 거룩하신 하나님은 언약 백성의 지도자가 저지르는 실패를 보면서 장차 새로운 왕을 세우겠다고 예고하신다. 그의 이름 "임마누엘"(עמנואל)은 "하나님이 우리와 함께하신다"라는 뜻이다. 이사야 7장에 처음 소개된 메시아 주제는 이사야 9장과 11장에서 더욱 구체적으로 발전한다. 이사야 7장은 크게 세 부분으로 나뉜다.

① 믿음 없는 아하스 왕(사 7:1-9)
② 임마누엘 예언(사 7:10-16)
③ 임마누엘 징조의 결과(사 7:17-25)

이어지는 이사야 8장은 삶의 위기 속에 아하스가 의지했던 앗수르로 말미암아 겪게 되는 남유다의 재난과 어려움을 보여준다.

2. 중심 주제 및 적용

기원전 8세기 중반에 시작된 앗수르와 애굽 간의 치열한 패권 경쟁은 한 세기 이상 이어지며 고대 근동 지역에 긴장감을 불러일으켰다. 그들은 "비옥한 초승달 지역"을 장악해 자원과 무역로를 지배하기 위해 다투었다.[1] 기원전 8세기 당시 앗수르의 왕 디글랏 빌레셀의 남방 침략 정책에 위협을 느낀 아람과 북이스라엘은 앗수르에 저항하기 위해 동맹을 결성했다. 그들은 유다의 아하스 왕도 그 동맹에 가담하길 원했다. 하지만 친(親)앗수르 정책을 펼쳤던 아하스는 이를 거부했고 그것은 북이스라엘과 아람의 침략에 직접적인 빌미를 제공한다. 그들은 비협조적인 아하스를 폐위시키고 그 대신 다브엘의 아들을 왕위에 올리고자 남유다로 쳐들어왔다(사 7:6). 이런 국가적 위기와 재난의 상황 가운데 아하스는 하나님을 의지하기보다 눈에 보이는 현실 정치의 흐름에 따라 열강을 의지한다.

첫째, 현실의 위기와 재난 앞에 두려워 떠는 아하스(사 7:1-6)

남유다는 사상 최대의 국난을 겪게 된다(참조. 왕하 16:5). 국제 정세의 변화에 따라 반앗수르 세력을 형성한 아람과 북이스라엘이 아하스를 폐위시키기 위해 유다를 침략한 것이다. 하지만 하나님은 이사야를 통해 그들의 침략 의도가 성취되지 못할 것이라고 계속해서 말씀하신다.

이사야 7:4의 "이들은 연기 나는 두 부지깽이 그루터기에 불과하니"라는 비유는 그들의 국가적 영향력이 곧 사라질 것을 암시한다. 예언자 이사야는 이를 더욱 구체화한 하나님의 신탁을 전하며 "이 일은 서지 못하며 이루어지지 못하리라"고 말한다(사 7:7). 즉 아람과 북이스라엘이 유다를 침략했지만 성공하지 못할 것이라는 말이다. 왜냐하면 아람의 머리는 다메섹이요 다메섹의 머리는 르신이며(사 7:8), 에브라임의 머

---

1   이종근, "시리아-에브라임 전쟁과 디글랏 빌레셀 3세의 패권", 「신학논단」 61호 (2010), 90-91.

리는 사마리아요 사마리아의 머리는 베가이지만(사 7:9), "유다의 머리는 예루살렘이고 예루살렘의 머리는 야웨"이시기 때문이다.[2]

이사야 6장은 이스라엘의 거룩하신 하나님이 온 열방과 역사의 절대적 주권자이자 왕이심을 말한다. 예루살렘의 머리이신 하나님은 국가적 위기 앞에서 당신의 백성을 안전하게 보호하실 것이다. 하나님은 아하스가 그런 믿음을 갖기 원하셨다. 하나님은 예언자의 입을 통하여 65년 내에 에브라임이 패망하여 다시는 나라를 이루지 못할 것이라고 예고하신다(사 7:8). 역사 속에서 이 예언은 이스라엘의 유배(기원전 722)와 그 이후 앗수르 왕 에사르하돈(Esarhaddon, 기원전 681-669 재위)과 아슈르바니팔(Ashurbanipal, 기원전 669-631 재위)에 의해 다른 민족들이 이스라엘에 유입되어 그들이 혈통적 순수성을 잃어버림으로써 성취된다(기원전 670/69까지).[3]

예언자 이사야는 명령형 동사 네 가지—"삼가라", "조용하라", "두려워하지 말라", "낙심하지 말라"—를 통해 직접적으로 위기 앞에 선 아하스와 백성들을 격려한다(사 7:4). "삼가라"에 해당하는 히브리어(שׁמר)는 "신중하라", "조심하라"(be careful)는 의미를 띤다. 즉 위기 상황의 두려움으로 말미암아 충동적으로나 성급하게 행동하지 말라는 의미다. "조용하라"(שׁקט)는 말은 믿음 가운데 안정된 마음의 상태를 유지하라는 뜻이다. "두려워하지 말라"(אל-תירא)와 "낙심하지 말라"(אל-ירך)는 큰 사명을 감당하는 사역자나 환란 가운데 있는 백성의 마음과 신앙을 붙잡아주는 대표적인 하나님의 말씀이다(출 15:6; 신 20:3; 31:8; 수 1:9; 8:1; 10:25; 삼상 17:11; 왕하 19:26; 대상 22:13; 28:20).

---

2 Childs, *Isaiah*, 64.

3 Ibid, 65; 오스왈트, 『이사야』, 164.

개역개정 성경은 이 네 가지 동사를 따로 떨어뜨려 "삼가며 조용하라"와 "두려워하지 말며 낙심하지 말라"로 나누어 번역했다(사 7:4). 하지만 히브리어 문장에서 이 동사들은 연속적으로 배치되어 외적인 위기와 어려움 가운데 있을지라도 절대적 주권자 하나님을 굳게 의지하고 신뢰할 것을 극적으로 강조한다.

하지만 놀랍게도 이와 같은 하나님의 보호와 승리의 약속에도 불구하고 아하스와 유다 백성의 마음은 숲이 바람에 흔들리듯이 흔들린다(사 7:2). 이 표현은 하나님을 향한 참된 믿음이 없는 아하스와 백성이 느끼는 극도의 심적 불안함과 동요를 생생하게 묘사해준다. 이사야 6장에서 온 만물과 열강, 그리고 역사의 진정한 왕으로 선포되신 야웨는 7장에서 위기와 재난의 상황 가운데 있는 아하스에게 믿음을 요청하셨다. 하지만 그는 그 요청을 거부하는 것도 모자라 눈에 보이는 열강의 절대자 곧 디글랏 빌레셀에게 운명을 맡긴다. 그는 근시안적인 판단력으로 안정감과 보호를 스스로 추구한 것이다. 결국 하나님을 신뢰하지 않는 아하스는 그 대가를 지불하게 될 것이다. 현실적인 위협과 재난 가운데서 우리는 역사와 만물의 진정한 왕이신 야웨를 의지하는가? 아니면 눈에 보이는 현실 권력을 의지하며 근시안적인 문제 해결을 기대하는가?

둘째, 하나님의 징조를 거부한 아하스 왕(사 7:11-13)

예언자는 아하스에게 하나님이 전쟁으로부터 그들을 보호하고 지키실 것에 대한 징조를 구하라고 요청한다.

너는 네 하나님 여호와께 한 징조를 구하되 깊은 데에서든지 높은 데에서든지 구하라…(사 7:11).

이 징조의 특징은 그 범위와 난이도에 있어 제한이 없다는 것이다. 즉 야웨 하나님이 창조하신 창조세계의 모든 것이 징조로 주어질 수 있다.[4] 이는 인간의 생각과 제한을 초월하는 그런 징조까지 다스리시는 하나님이 초월적인 능력과 방식으로 유다를 안전하게 보호하신다는 의미를 내포한다. 하지만 현실 권력과 눈에 보이는 열강을 더욱 신뢰했던 아하스는 "나는 여호와를 시험치 아니하겠나이다"라고 말하며 하나님의 제안을 교묘히 거절한다(사 7:12). 하나님을 시험하지 않겠다는 그의 고백은 그가 깊은 신앙심이나 경건을 소유한 것처럼 보이게 한다. 하지만 실상 그는 하나님과 그분의 보호를 믿지 않았기 때문에 그런 징조를 구할 필요가 없었다.

아하스는 이미 자신의 지혜와 모략에 따라 전쟁을 준비하고 있었다. 그는 디글랏 빌레셀에게 막대한 조공을 바치며 군사적인 도움을 요청했다(왕하 16:7; 대하 28:16). 또한 예루살렘의 성벽과 성안의 수로를 방비함으로써 치밀하게 전쟁을 준비한다. 그렇기에 그는 하나님의 보호와 승리하게 하심을 위한 징조를 구하라는 이사야의 요구를 교묘한 방식으로 거절한다. 그때 이사야는 탄식하며 "다윗의 집이여, 청컨대 들을지어다. 너희가 사람을 괴롭게 하고 그것을 작은 일로 여겨서 또 나의 하나님을 괴로우시게 하려느냐?"(사 7:13)라고 묻는다. 아하스의 불신앙과 현실주의 정치는 이사야와 경건한 자들에게 큰 괴로움을 안겨주었다(사 7:13).

실제로 아하스는 디글랏 빌레셀에게 항복하고 그와 종주권 계약(suzerain treaty)을 맺음으로써 남유다를 앗수르의 속국으로 전락시켰다. 앗수르가 점령한 다메섹에 소환된 아하스는 그곳에 있던 우상숭배 제단을 예루살렘 성전 제의에 도입했다(왕하 16:10-16; 대하 28:20-27). 이는

---

4   Childs, *Isaiah*, 65.

경건한 백성들에게 무거운 짐과 괴로움을 더한 선택이었다. 더 나아가 그가 하나님의 징조를 거부한 것은 백성뿐 아니라 하나님을 괴롭게 하는 일이었다. 불경건한 지도자가 백성을 향한 하나님의 권능과 보호와 지혜를 가로막고 있으니 이스라엘의 거룩하신 야웨 하나님은 얼마나 그를 더 인내해야 할지 괴로움 가운데 고민하셨을 것이다.

셋째, 하나님이 친히 징조를 허락하신다(사 7:14-17)

아하스 왕이 불신앙에 물든 외식적인 태도로 징조를 거부하자 하나님이 그에게 친히 임마누엘의 징조를 허락하신다. 이사야 7:14은 접속사 "그러므로"(לכן)로 시작한다.

> 그러므로 주께서 친히 징조를 너희에게 주실 것이라. 보라! 처녀가 잉태하여 아들을 낳을 것이요, 그의 이름을 임마누엘이라 하리라.

즉 아하스가 징조를 거절했기 때문에 하나님이 친히 징조를 주셨다는 것이다. 이 징조가 아하스의 시대에 성취되었다면 이사야 7:14은 해석상의 어려움을 크게 불러일으키지 않았을 것이다. 하지만 신약성경의 마태는 이 징조가 예수 그리스도를 통해 성취되었다고 해석했다(마 1:23). 이런 해석은 이 징조가 성취된 방식에 대한 많은 논쟁을 불러일으켰다. 학자들의 의견을 요약해보면 크게 세 가지로 나뉜다.[5]

---

5   이 세 가지 견해에 관해서는 다음 자료를 참고하라. 한정건, 『이사야의 메시아 예언 1: 임마누엘의 메시아』(서울: CLC, 2006).

① 자유주의 학자들은 아하스의 아들인 히스기야의 출생이나, 이사야의 둘째 아들인 마헬살랄하스바스의 출생을 통해 이 임마누엘 징조가 성취되었다고 이해한다. 즉 그들은 당시 남유다의 시대적·역사적 배경 속에서 이 징조가 성취되었다고 해석한다.

② 일부 복음주의 학자들과 보수주의자들은 당시 시대적 정황 속에서 이 징조를 해석하는 동시에 미래적인 메시아의 탄생에서 성취되는 것으로 이해한다.

③ 보수주의 학자들은 예언의 미래적 성취라는 관점에서 이 징조가 예수 그리스도의 동정녀 탄생을 통해 성취되었다고 해석한다.

이처럼 학자들은 임마누엘 징조가 성취되는 방식을 다양하게 이해한다. 그렇다면 우리는 임마누엘 징조의 성취를 어떻게 해석해야 할까? 나는 우선 이 징조가 당시 히스기야나 이사야의 둘째 아들을 통해 이루어졌다는 자유주의 학자들의 견해에 반대한다. 이들의 견해를 받아들이기 쉽지 않은 이유는 여러 가지다.

첫째, 히스기야가 임마누엘이 될 수 없는 이유는 임마누엘의 징조가 주어질 때 그는 이미 소년이었기 때문이다. 역대하 29:1은 히스기야가 25세에 왕이 되어 29년간 다스렸다고 기록한다. 이스라엘의 객관적 역사에 따라 히스기야가 왕위를 계승했을 때가 기원전 726년이라면 그는 적어도 기원전 751년이나 750년에는 태어났어야 한다. 임마누엘의 예언이 주어진 시기가 대략 기원전 734년인 것을 감안한다면 그 당시 히스기야는 적어도 15-6세의 소년이었음을 알 수 있다. 그러므로 임마누엘의 예언이 히스기야에 의해 성취되었다는 가설은 받아들이기 어렵다.

둘째, 이사야의 둘째 아들이 임마누엘이 될 수 없는 이유는 그의 탄생이 너무 평범하기 때문이다. 이사야의 아내가 둘째 아들을 낳은 것은 누구에게나 흔히 일어날 수 있는 일이기에 하나님의 권능과 모략을 드러낼 만한 기이한 징조로 보기는 어렵다. 그리고 그는 다윗 왕조의 후손이 아니기에 임마누엘이 될 수 없다.

오히려 우리는 임마누엘 징조가 점진적이고 다층적인 방식으로 성취되었다고 해석할 수 있다. 반게메렌(Willem A. VanGemeren)은 구약의 예언과 그 성취에 관하여 다음과 같이 말한다.

> 하나님의 말씀으로서 예언 말씀은 역사적 상황의 변화에 따라 참신한 해석과 상호 연결, 그리고 적용을 요구한다. 그 메시지가 시간이나 환경, 그 구원의 때에 이스라엘이 취하는 특별한 양상과 관련하여 해석의 큰 적응성을 허용하는 것은 자명한 사실이다.[6]

즉 예언자들은 어느 특정한 시대와 사건에 제한하여 종말론적 예언을 선포했다기보다 구속사의 다양한 시대 속에서 다양한 사람들이 자신이 겪는 역사적 사건과 현실에 따라 유동성(fluidity)을 갖고 그 예언을 해석할 수 있도록 했다는 것이다. 또한 성령은 각 세대가 예언자들의 예언과 계시에 새롭게 반응하도록 인도해주신다. 성령은 하나님의 말씀을 구속사의 전개 속에서 하나하나의 새로운 상황에 적용하게 하는 해석학적 힘을 제공해주신다.[7]

그러므로 우리는 예언자 이사야가 임마누엘의 징조에 관한 예언을 적어도 두 가지의 성취 방식을 열어두고 선포했다고 볼 수 있다.

첫째, 임마누엘의 징조는 당시 다윗 왕조의 불의한 왕 아하스와는

---

6   빌렘 반게메렌, 『예언서 연구』, 김의원, 이명철 옮김(서울: 도서출판엠마오, 1990), 136.
7   Ibid, 143.

다른 새로운 왕이 탄생할 것을 예고한다. 하나님은 새롭게 태어날 다윗 왕조의 왕, 즉 임마누엘을 통해 불의한 아하스를 거부하고 심판하실 것이다. 그가 악을 버리고 선을 택할 줄 알기 전에 그들을 침략했던 두 왕의 땅—아람과 북이스라엘—은 황폐하게 될 것이다(사 7:16). 또한 그를 통해 백성들은 젖과 꿀을 먹으며 회복된 메시아의 나라에서 샬롬과 새 창조를 경험할 것이다. 따라서 임마누엘의 징조는 "반역자들에 대한 심판과 신실한 자들에 대한 은총을 나타낸다."[8] 하지만 예언자 이사야는 의도적으로 새롭게 태어날 이 왕이 누구인지 밝히지 않는다.

둘째, 임마누엘의 징조는 장차 신약 시대에 탄생하실 하나님의 아들, 즉 종말론적 메시아의 탄생을 예고한다. 우리가 이 본문에서 눈여겨보아야 할 점은 예언자가 의도적으로 임마누엘의 정체를 숨겼다는 사실이다. 임마누엘의 정체를 의도적인 모호함(intentional ambiguity) 속에 감추어둠으로써 이사야는 백성 사이에 종말론적 메시아 대망 사상을 강력하게 불러일으켰다. 이 임마누엘은 야웨의 영의 기름 부음 가운데 공의와 정의로 메시아 왕국을 통치할 것이다(사 11장). 마태는 이사야 7:14에 예언된 임마누엘 사건이 이 예수 그리스도의 탄생과 사역을 통해 완벽하게 성취되었다고 해석했다(마 1:23).

이사야 7장에 나타난 메시아 사상은 이사야 9:6-7에서 밝혀진 그의 이름과 사역을 통해 더욱 발전한다. 또한 이사야 11장이 말하는 야웨의 영의 임재는 그가 공의와 정의로써 메시아 왕국을 통치하고 궁극적으로는 새 창조를 완성하도록 이끌어준다. 이런 의미에서 이사야 7장에 나타난 임마누엘 징조는 하나님의 백성에게 더없이 큰 구원과 기쁨의 징조가 되었다고 말할 수 있다.

---

8   Ibid, 450.

넷째, 너희가 굳게 믿지 못하면, 굳게 서지 못하리라(사 7:9)

이사야 7장은 국가적 위기 앞에서 하나님보다 눈에 보이는 열강의 도움과 현실 권력을 의지한 아하스의 실패를 보여준다. 또한 그의 불신앙을 통해 언약 백성이 소유해야 할 참된 믿음을 조명한다. 그렇다면 이사야 7장은 어떤 믿음을 강조하는가? 이사야 7:9의 원문을 살펴보자.

אם לא תאמינו כי לא תאמנו
테아메누 로 키 타아미누 로 임

앞의 조건절(אם לא תאמינו)은 "굳게 믿지 않으면"으로, 후반부의 결과절(כי לא תאמנו)은 "견고히 서지 못하리라"로 번역할 수 있다. 여기서 "굳게 믿다"와 "견고히 서다"라는 의미의 두 동사는 "아만"(אמן; 믿다, 견고하다)이라는 어근을 공유한다. 즉 이 문장은 같은 어근에서 파생한 어휘를 나열하는 언어 유희를 보여준다. 두 동사의 유사한 발음으로 인해 당시 청중은 이 두 동사의 의미에 귀를 기울이지 않을 수 없었을 것이다. 이 두 동사의 독특한 사용과 함께 이목을 끄는 두 개의 부정어 "로"(לא)는 "견고하고 뿌리 깊은 믿음"에 관한 더욱 강력한 의미를 창출한다. 곧 "굳게 믿으면 믿을수록 더욱 견고히 선다"는 것이다.

이사야 7:2은 시리아-에브라임 전쟁이 일어났을 때 아하스와 그의 백성이 마치 "숲이 바람에 흔들림 같이" 흔들렸다고 말한다. 이에 대해 예언자는 뿌리를 깊이 내린 나무가 하늘 높이 더욱 견고하게 자라는 자연의 이치를 빌려 "뿌리 깊은 믿음"을 강조했다. 하지만 이런 가르침에도 불구하고 아하스는 야웨를 신뢰하는 믿음이 아니라 현실 정치의 관점에서 위기 상황을 해결하려고 했다. 그는 뿌리 깊은 믿음의 소유자라기보다는 외적인 환경에 이리저리 요동치는 얄팍한 믿음의 소유자였다. 그는 결국 국가적·정치적 위기가 닥쳤을 때 앗수르와 협정을 체결함으로써 혹독한 대가를 치러야 했다. 남유다는 앗수르의 우상을 숭배하게 되었고 매년 조공을 바쳐야 했다. 또한 앗수르의 계속되는 군사적 침략으로 인해 더욱 큰 재난과 어려움을 겪어야만 했다(사 8, 36-37장). 이는 궁극적으로 임마누엘의 징조와 함께 그가 하나님께 버림을 받은 결과다.

이사야 7장은 현실의 위협과 어려움에도 흔들리지 않는 뿌리 깊은 믿음을 강조한다. 우리는 그런 믿음을 이사야 36-37장의 히스기야에게서 발견할 수 있다. 히스기야는 앗수르의 산헤립이 침략했을 때 성전에 올라가서 하나님의 보호와 능력을 간구했다.

> 우리 하나님 여호와여, 이제 우리를 그의 손에서 구원하사 천하만국이 주만이 여호와이신 줄을 알게 하옵소서(사 37:20).

우리는 야웨 하나님을 향한 어떤 믿음을 소유하고 있는가? 마치 숲이 바람에 흔들리는 것과 같은 믿음인가? 아니면 현실의 위협과 어려움에도 흔들리지 않는 뿌리 깊은 믿음인가?

제5장

메시아, 그리고 하나님의 영(사 9, 11장)

1. 본문의 개요

이사야 1-12장의 메시지에는 두 가지 흐름이 있다. 하나는 참된 믿음이 없는 이유로 언약 관계를 지키지 못하는 왕과 백성을 향한 심판 선포다. 또 다른 하나는 온 우주와 역사의 왕이신 이스라엘의 거룩하신 하나님이 새로운 다윗의 씨 곧 메시아를 통해 성취하실 구원과 새 창조에 관한 말씀이다.

이사야 9, 11장은 7장에 등장했던 임마누엘, 즉 아하스 왕과 대별되는 메시아에 관해서 더욱 상세히 기술한다. 이사야 8장 이후의 말씀에는 죄악과 우상숭배에서 돌이키지 않는 백성들을 향한 하나님의 심판과 진노의 메시지가 계속된다. 하지만 그 심판의 메시지 가운데 이사야 9장은 메시아의 이름을 소개함으로써 그의 생애와 사역에 초점을 맞춘다. 또한 이사야 11장은 메시아에게 야웨의 영이 임할 것을 강조함으로써 하나님의 권능과 지혜와 모략을 통해 메시아가 그의 사역을 성공적으로 감당할 것을 말씀한다.

이사야서는 메시아를 통한 이 놀라운 회복과 새 창조가 인간의 계획과 노력에 의한 것이 아니라고 말한다. 오직 진노 중에라도 긍휼하심을 잊지 않으시고 구속사 가운데 당신의 경륜을 반드시 실행하시는 참된 왕(사 6장), 오직 이스라엘의 거룩하신 야웨의 열심(קִנְאָה)이 그것을 성취한다(사 9:7; MT 9:6). 이사야 9장은 크게 두 부분으로 나뉜다.

① 메시아를 통한 하나님 나라의 회복과 통치(사 9:1-7)
② 불의한 자를 향한 하나님의 심판(사 9:8-21)

2. 중심 주제 및 적용

첫째, 고통당하고 흑암에 행하던 자들에게 빛이 비치다(사 9:1-5)

이사야 9장은 8장의 분위기와 사뭇 다르게 시온을 향한 하나님의 구원과 회복을 묘사한다. 이사야 9:1에서 하나님은 옛적에 멸시를 당했던 스불론과 납달리, 갈릴리를 영화롭게 하고 그곳에 빛을 비추겠다고 약속하신다. 이 지역들은 디글랏 빌레셀의 침략으로 앗수르의 영토가 된 이스라엘의 북쪽 지역이다.[1] 특별히 이 세 곳은 "풍부한 농경 지역일 뿐 아니라 메소포타미아와 애굽을 잇는 주요 무역 통로(바닷길)가 지나는 곳"이었으므로 앗수르와 여러 강대국이 가장 먼저 점령하고자 했던 땅이었다.[2]

---

1   Childs, *Isaiah*, 79; 오스왈트, 『이사야』, 189-190.

2   오스왈트, 『이사야』, 190.

그런데 하나님은 앗수르의 정복이 시작된 바로 그곳에 빛이 비칠 것을 약속하신다.[3] 이사야서에서 빛은 전형적인 구원과 회복의 상징이다(참조. 사 60장). 제국의 땅이 된 그 지역에 빛이 비치기 시작한 것은 온 땅을 향한 회복의 사역이 시작되었다는 의미다. 이사야 9:3은 그 회복의 영광을 구체적으로 표현한다.

주께서 이 나라를 창성하게 하시며 그 즐거움을 더하게 하셨으므로 추수하는 즐거움과 탈취물을 나눌 때의 즐거움 같이 그들이 주 앞에서 즐거워하오니.

그 나라는 추수할 때나 전쟁에서 승리할 때와 같은 기쁨과 풍요로움을 누리며 부강하고 창대하게 될 것이다. 이는 전적인 하나님의 일로서 하나님의 은혜에 의해 성취될 것이다. 기드온의 300용사가 하나님의 기적과 신비한 도움으로 미디안의 대군을 물리친 것처럼 하나님이 시온 백성의 멍에와 채찍과 압제자의 막대기를 꺾으실 것이기 때문이다(사 9:4). 군복에 피를 묻히고 신에 흙을 묻히며 싸우던 전쟁이 곧 사라지고 평화와 기쁨의 시대가 도래할 것이다.

둘째, 이 회복은 우리 가운데 태어난 한 아기 곧 메시아를 통해 성취된다(사 9:5-6)

이사야 9:5은 이유를 설명하는 접속사 "키"(כִּי)를 통해 이 구원과 회복이 새로 태어난 한 아이로 말미암아 성취된다고 밝힌다. 알트(Albrecht Alt)는 이 본문의 양식과 스타일이 히스기야를 왕으로 세우는 장면을 묘사한

---

3   Ibid, 189.

이사야서의 전형적인 "왕위 계승 신탁"(succession oracle)이라고 주장한다.[4] 하지만 우리는 이사야서 7장 이후의 메시아 본문들이 그 당대의 상황을 뛰어넘어 종말론적 사상을 발전시키고 있다는 사실을 간과해서는 안 된다. 즉 이사야 9:5-6은 약간의 과장법이 섞이긴 했지만 한 왕의 실제적 탄생을 묘사한다기보다 장차 평화의 왕국을 세우고 공의와 정의로 자신의 왕국을 통치할 메시아 곧 왕의 즉위식(royal accession)을 표현한다고 보아야 한다.[5] 이 아이는 누구인가? 이 아이는 앞서 이사야 7:14에 예언되었던 임마누엘을 가리킨다.

이사야 9:6은 그의 이름을 구체적으로 밝힘으로써 메시아가 장차 어떤 삶과 사역을 감당할 것인지 예고한다. 드 보(Roland De Vaux)에 따르면 "고대의 사람들에게, 특히 고대 근동에서 이름은 어떤 사물의 본질을 암시한다.…이름은 그 본질을 정의하기 때문에 그것은 그 이름을 가진 자의 특성과 운명을 드러낸다."[6] 또한 로스(Allen P. Ross)에 따르면 "고대 근동 세계에서 한 사람의 이름은 신분 증명(identification mark)을 위한 것보다 더욱 큰 중요성을 가진다. 히브리어에서 이름은 그 사람의 본질적 실체(reality of the essence of a person)를 전달해준다."[7] 그러므로 본문에 나온 이름들은 메시아의 근본적인 본질과 정체성, 혹은 구원 사역의 실체를 잘 보여준다고 할 수 있다.

우리말 번역에서 메시아를 가리키는 호칭은 총 다섯 가지—기묘자,

---

4   Albrecht Alt, "Jesaja 8, 23-9, 6. Befreiungsnacht und Krönungstag," *Kleine Schriften zur Geschichte des Volkes Israel*, II (Munich; 1953), 206-25.

5   Childs, *Isaiah*, 80.

6   Roland De Vaux, *Ancient Israel: Its Life and Institutions* (Grand Rapids: Eerdmans, 1997), 43.

7   Allen P. Ross, "שֵׁם," NIDOTTE 4:147-49.

모사, 전능하신 하나님, 영존하시는 아버지, 평강의 왕—다. 하지만 히브리어 원문에는 2개의 단어로 이루어진 이름 4개가 등장한다. 우리말 번역과 달리 대다수 영어 성경은 아이의 이름을 두 단어로 이루어진 4개의 이름—Wonderful Counselor, Mighty God, Everlasting Father, Prince of Peace—으로 번역함으로써 히브리어 원문의 의미를 더욱 충실하게 전달해준다. 각 이름의 의미를 살펴보면 다음과 같다.

① "펠레 요에츠"(פלא יועץ; 모사가의 기묘함): "펠레"(פלא)는 하나님이 신적 지혜로써 놀라운 구원의 역사와 회복을 백성들 가운데 성취하셨을 때 그것의 위대함, 신비함, 놀라움, 기묘함을 나타내기 위해 사용되는 용어다. 대표적으로 홍해를 건넌 이스라엘 백성들은 "여호와여, 신 중에 주와 같은 자가 누구니이까? 주와 같이 거룩함으로 영광스러우며 찬송할 만한 위엄이 있으며 기이한 일[פלא]을 행하는 자가 누구니이까?"(출 15:11)라고 찬양한다. 그들은 하나님이 인간의 생각이나 상상, 한계를 초월하여 홍해를 가르시고 당신의 백성을 바다 가운데로 건너게 하시며 애굽의 군대를 무찌르는 그 모든 구원 역사를 볼 때 하나님의 기이함(פלא)을 높여드릴 수밖에 없었다. 그 외에 시편 78:12에 출애굽의 장면을 회상하면서 "옛적에 하나님이 애굽 땅 소안들에서 기이한 일을 저희 열조의 목전에서 행하셨으되"라고 말한다. 이처럼 기묘함(פלא)은 인간의 생각과 계획을 뛰어넘는 하나님의 구속 사역의 탁월함과 기이함을 말할 때 사용되는 용어다.

반면 "요에츠"(יועץ)는 영어 성경에서 주로 "상담가"(counselor)로 번역되지만 성경의 용례를 볼 때 전쟁이나 정치적 상황에서 지혜로운 조언과 방책을 주는 "모사가"로 이해하는 것이 더 적합하다. 사무엘하 15:12에서는 압살롬의 모사가 아히도벨을 일컬을 때 이 용어를 사용했고, 열왕기상 12:8에서는 르호보암 왕이 나이든 신하들의 조언을 버리고 젊은 신하들의 조언을 받아들였다고 할 때 이 단어가 명사형으로 사용되었다. 그렇기에 이 본문에 사용된 "요에츠"는 개인적으로 힘들고 어려운 일을 당한 사람들에게 조언하는 "상담가"라기보다 전쟁의 상황 속에서 탁월한 지혜와 능력을 갖추고 승리할 수 있는 전략과 방책을 세우는 모사라고 이해하는 것이 적합하다. 이처럼 히브리어의 용례를 살펴볼 "펠레 요에츠"는 임마누엘이 장차 탁월한 모사가 되어 인간의 한계를 뛰어넘는 탁월한 지혜와 능력으로 기묘한 전략과 방책을 세워 하나님의 백성을 구원하고 회복시켜 승리를 안겨주려고 활동할 것을 암시한다.

② "엘 기보르"(אל גבור; 용사이신 하나님): "엘"(אל)은 하나님을 가리킬 때 가장 보편적으로 사용되는 용어다. 반면 "기보르"(גבור)는 용사 또는 영웅을 일컫는 용어다. 따라서 이 이름은 임마누엘이 백성의 구원과 자유, 생명과 번영을 위해 싸우는 용사로서의 하나님임을 강조한다. 이는 기본적으로 출애굽의 상황에서 당신의 백성을 위해 애굽의 신들과 친히 싸워 무찌르고 승리하신 용사로서의 하나님을 연상시키는 단어다. 이와 같은 용사로서의 하나님은 이사야 40:9-11에서도 구체적으로 나타난다. 하나님이 당신의 백성을 위해 싸우는 용사이시듯이 임마누엘은 주의 백성을 위해 싸우는 하나님이시다.

③ "아비 아드"(אביעד; 영원하신 아버지): "아비"(אבי)는 "아버지"를 일컫고 "아드"(עד)는 "영원함"을 의미한다. 이 이름은 장차 이 아이가 자라 하나님의 백성에게 영원한 아버지가 될 것을 말한다.

한정건은 "영원한 아버지"라는 표현에 두 가지 신학적 의미가 있다고 보았다. 첫째, 이 아이는 장차 생명을 줄 것이다. 이 아이는 장차 참된 왕으로서 모든 백성에게 참된 생명과 생명력이 넘치는 삶을 허락해줄 것이다. 둘째, 이 아이는 장차 주의 백성에게 구원을 줄 것이다. 곧 주의 백성을 억압과 고통으로부터 구원할 것이다.[8]

④ "사르-샬롬"(שׂר-שׁלום; 평강의 왕): "사르"(שׂר)는 "왕" 또는 "왕자"를 일컫는 말이고 "샬롬"(שׁלום)은 우리가 흔히 잘 아는 대로 "평강"을 의미한다. 이 이름은 장차 아이가 자라 주의 백성에게 진정한 평강을 허락해줄 왕임을 가르쳐준다. 이는 인간 왕을 가리키는 이름이라기보다 신적인 왕과 그의 사역에 관한 이름이라고 보아야 한다.

이 이름들은 메시아의 존재와 사역의 본질적인 특성들을 잘 보여준다. 차일즈가 지적한 것처럼 "각 이름은 신적인 선택을 받은 통치자의 아주 특별한 자질을 강조한다. 탁월한 지혜와 무한한 능력을 가진 모사가(상담가), 영원한 생명을 소유한 자, 그리고 영원한 평화를 가져오는 자. 그의 통치에 관한 이런 설명들은 그의 역할이 메시아적 사역임을 분명히 보여준다."[9]

그런데 이사야는 이와 같은 메시아적인 사역을 출애굽 사건과 깊이 연관시킨다. 메시아는 주의 백성을 위해 싸우는 전사이자 모사다. 따라서 출애굽 때와 같이 그는 신적 지혜와 무한한 능력으로 전쟁에서 주의

---

8   한정건, 『이사야의 메시아 예언 1』, 175-76.

9   Childs, *Isaiah*, 81.

백성을 구원하고 승리를 안겨줄 것이다. 다음으로 그는 공의와 정의를 실현할 뿐 아니라 그것을 통해 자신의 나라를 든든히 세울 참된 주권자다. 영원한 평강의 왕으로서 그는 백성들에게 참된 생명과 회복을 허락할 것이다. 그러므로 그의 통치와 평화는 끝이 없고 온 땅 가운데 공의와 정의가 편만히 세워질 것이다.

이사야 7:14은 아이의 이름인 "임마누엘"을 통해 그의 존재가 주의 백성 가운데 함께 거하시는 하나님의 임재와 통치를 상징한다는 사실을 알려주었다. 반면 이사야 9:6-7은 아이의 또 다른 이름들을 통해 하나님의 함께하심이 백성 가운데 장차 어떤 결과와 회복을 가져오게 될지를 구체적으로 발전시킨다. 이런 다스림과 영적 자질은 이사야 6-7장에 등장했던 아하스에게서는 찾아볼 수 없는 메시아적 통치의 본질을 드러내 준다.

셋째, 메시아는 하나님의 영의 권능을 덧입어 사역을 성공적으로 감당한다 (사 11:2-3)

메시아에 관한 말씀은 이사야 11장에서 더욱 구체적으로 발전한다. 주 야웨의 영, 즉 지혜와 총명의 영, 모략과 재능의 영, 지식과 야웨를 경외하는 영이 그에게 임할 때 그는 메시아로서 공의와 정의로 하나님 나라를 통치하게 된다.

구약에서 하나님의 영 곧 성령은 어떤 사역을 감당하실까? 구약에서 성령이 행하신 사역의 궁극적인 목적은 무엇인가? 성령이 행하신 사역의 궁극적은 목적은 하나님 나라를 세우는 것이었다.

첫째, 천지 창조 때 성령은 수면 위에 운행하며 천지를 창조하시는 하나님의 말씀이 우주 가운데 성취되도록 하셨다(창 1:2). 또한 사람에게 생기를 불어넣어 사람이 생령이 되게 하셨다(창 2:7). 즉 성령은 생명의 영(Spirit of life)으로서 모든 사물과 사람에게 생명의 원천이 되신다.

둘째, 성령은 구속의 영(Spirit of redemption)이시다. 이스라엘의 역사를 보면 출애굽의 상황부터 성령은 이스라엘의 지도자 모세와 함께하고 이스라엘 백성이 애굽에서 구원을 받아 광야를 지나는 모든 순간에 함께하여 이스라엘을 하나님 나라로 세워가셨다. 예를 들어 출애굽기 15:8에서 모세는 하나님의 호흡, 즉 하나님의 성령이 바다를 가르고 길을 내어서 주의 백성이 그 바다를 건너게 하셨다고 찬양한다. 이사야 63:10-14은 이스라엘 백성이 광야 길을 건널 때 성령이 모세 및 주의 백성과 함께하셨다고 기록한다. 즉 성령은 구속의 영으로서 이스라엘 백성이 온전한 국가로 재탄생하고 하나님 나라로 세워지는 과정에서 결정적인 역할을 하셨다.

셋째, 성령은 리더십의 영(Spirit of leadership)이시다. 구약성경에서 성령은 일반적으로 하나님이 택하신 왕이나 예언자나 제사장에게 임하여 그들이 특별한 사명을 감당할 수 있도록 신적인 권능과 힘과 지혜를 부여하신다. 또한 이스라엘 역사 가운데 성령은 하나님이 택하신 사람들을 리더로 세워 그들이 하나님 나라의 백성을 다스릴 수 있도록 하셨다. 대표적으로 성령은 모세와 여호수아 및 그 뒤를 잇는 사사들에게 임하여 특별한 능력과 지혜와 용기를 허락하셨다(민 11:16 이하; 27:18; 신 34:9; 삿 3:7-11; 6:1-8:35; 10:6-18; 13-16장). 성령은 브살렐이 성막을 건축 할 때도 신적인 지혜와 통찰을 허락하셨다(출 31:1-18). 이스라엘의 왕정이 시작될 때도 성령은 이스라엘의 초대 왕인 사울과 다윗을 국가의 지도자로 세워서 그들이 하나님이 주신 지혜와 능력과 권능으로 하나님 나라의 백성들을 다스리도록 하셨다(삼상 14-15, 16-17장). 이런 성령의 사역에 대해 힐데브란트(Wilfred Hildebrandt)는 다음과 같이 말한다.

이처럼 왕정의 시대로 변화되는 중요한 시기에 야웨의 영이 편만하게 나타난 것은 구약성경에서 계속적으로 일어났던 현상이었다. 이는 모든 지도자가 성령의 충만함을 받아야만 한다는 사실을 강조한다.[10]

구약성경에서 성령은 이처럼 모든 만물이 존재하게 했을 뿐 아니라 그 만물에 생명을 부여하는 역할을 하신다. 또한 이스라엘 백성의 출애굽과 국가 건설 과정에서 성령은 결정적인 역할을 담당하셨다. 출애굽 백성을 인도할 지도자들을 세워 그들이 하나님의 뜻에 따라 주의 백성을 다스리게 하셨다. 구약에서 성령은 하나님 나라를 세우는 사역을 감당했고 앞으로도 그렇게 하실 것이다. 따라서 우리는 야웨의 영의 충만함을 받았다는 리더가 하나님 나라와 교회의 질서를 어지럽히거나 해한다면 과연 그가 성령의 권능과 지혜로 그 사역을 감당하고 있는지 반문해보아야 한다.

예언서에 나타난 성령의 사역은 모세 오경과 역사서에 나타난 사역과 비교할 때 두 가지 면에서 더욱 발전한 양상을 띤다. 첫째, 모세 오경과 역사서에 나타난 성령의 사역이 택함받은 사역자들에게 탁월한 힘과 권능과 지혜를 허락하는 것이라면 예언서에 나타난 성령의 사역은 그들이 공의와 정의를 실천함으로써 올바른 윤리를 행하며 통치하도록 돕는 것이다. 둘째, 예언서에서 성령은 그 시대의 사역자에게 임하여 활동하시기도 하지만 많은 경우 그 사역은 종말론적인 의미를 띤다.

이처럼 성령의 윤리적이고 종말론적인 사역을 대표적으로 묘사한 성경이 바로 이사야서다. 이사야 11:1-5과 이후 다른 본문들―이사야 42:1-4, 61:1-3 등이 포함된다―에서 성령은 장차 나타날 메시아와 종

---

10   Wilfred Hildebrandt, *An Old Testament Theology of the Spirit of God* (Eugene, OR; Wipf & Stock, 1993), 121.

에게 임하여 그가 공의와 정의로써 하나님 나라를 통치하며 세워가게 하는 종말론적 사역을 보여주신다. 여기서 성령은 크게 네 가지 큰 범주—야웨의 영, 지혜와 명철의 영, 모략과 힘의 영, 지식과 야웨를 경외함의 영—에서 살펴볼 수 있다.

① "루아흐 야웨"(רוח יהוה; 야웨의 영): 야웨의 영을 말한다. 이후의 이름들은 야웨의 영을 부연 설명한다.

② "루아흐 호크마 베비나"(רוח חכמה ובינה; 지혜와 명철의 영): 지혜는 신중함으로부터 나오는 삶의 실질적인 능력과 재능이다. 솔로몬은 신적인 지혜로 하나님의 백성들을 올바르게 다스리며 선과 악을 구분했다.[11] 반면 명철은 모든 이치와 사물과 문제의 핵심을 꿰뚫어 보는 능력이다. 하나님 나라를 통치하게 될 메시아에게 이 지혜와 명철함은 왕적 능력과 자질의 원천이 되는 핵심적 요소다.

③ "루아흐 에차 베그부라"(רוח עצה וגבורה; 모략과 힘의 영): 모략은 삶의 문제들을 해결하고 더 크게는 전쟁과 같은 상황을 승리로 이끄는 계획과 전략을 의미한다. 유능한 모사가를 둔 나라는 승승장구 하지만 그렇지 못한 나라는 패망할 것이다. 그런데 성령이 메시아에게 임할 때 이 성령은 장차 임할 통치자에게 모략과 전략을 허락해주신다. 또한 성령은 그가 전쟁을 승리로 이끌게 도울 뿐 아니라 공의와 정의로 하나님 나라를 통치하며 세우게 하신다. 아울러 성령은 메시아에게 힘을 부여하는 영이시다. 개역개정 성경은 "힘"을 "재능"이라고 번역했다. 성령이 택한 사역자에

---

11   Childs, *Isaiah*, 103.

게 힘과 용기를 부여하시는 모습은 사사기와 사무엘상에 잘 나타난다. 성령은 사사들에게 특별한 힘과 용기를 부여하여 그들이 하나님의 백성을 외부의 침략과 위협에서 구원하도록 이끄셨다. 성령이 이스라엘의 초기 왕 사울과 다윗에게 임하셨을 때 그들에게는 특별한 용기와 담력과 힘이 허락되었다. 그 결과 이스라엘은 주변국들과의 싸움에서 승리할 수 있었다.

④ "루아흐 다아트 베이르아트 야웨"(רוח דעת ויראת יהוה; 지식과 야웨를 경외함의 영) 하나님에 관한 참된 지식은 피조물과 창조자 사이의 올바른 관계를 세우기 위한 핵심적인 요소다(호 2:20; 4:1).[12] 그리고 하나님에 관한 참된 지식은 성령이 우리 가운데 임하실 때 생겨나게 된다. 그런 맥락에서 예수님은 "보혜사 곧 아버지께서 내 이름으로 보내실 성령 그가 너희에게 모든 것을 가르치시고 내가 너희에게 말한 모든 것을 생각나게 하시리라"고 말씀하셨다(요 14:26). 야웨를 경외함은 지혜와 지식의 시작이자 완성이다(잠 1:7; 9:10; 14:27). 그렇기에 성령이 임하셔서 메시아가 야웨를 경외하게 하는 것은 앞서 말한 지혜와 모략을 비롯한 통치자의 모든 자질을 완성하도록 돕는 것이다. 그와 같은 영적이면서 실질적인 자질은 메시아가 공의와 정의로 올바른 다스림을 할 수 있도록 돕고(사 9:7), 궁극적으로 주의 백성이 하나님 나라를 경험하며 그곳에서 참된 평화와 생명과 안식을 누릴 수 있게 한다(사 9:5). 이사야 11장에서 성령의 특성들은 메시아에게 영적이면서도 실질적인 통치자의 자질을 부여하여 이사야 9장에 계시된 그의 메시아적 통치와 구원을 가능하게 한다. 그가 다윗의

---

12 Childs, *Isaiah*, 103.

왕좌에 앉아 공의와 정의로써 그 나라를 세우고 다스릴 때 그의
통치와 평강은 끝이 없이 무궁할 것이다(사 9:7).

넷째, 하나님의 열심이 이 놀라운 구원과 회복을 성취한다(사 9:7)

이사야 9, 11장에서 메시아는 야웨의 영의 권능과 지혜를 덧입어 아하
스 왕이 성취하지 못한 구원과 회복을 성취한다. 하지만 이사야 9:7은
이 모든 변화와 축복이 오직 만군의 야웨의 열심에 의한 것임을 강조
한다. 다시 말해 이사야 6장에서 예언자 이사야가 환상 가운데 보았던
만군의 야웨, 온 만물과 역사의 절대적 왕이신 그 하나님이 유다와 열방
의 심판과 구원을 구속사 가운데 성취해가신다. 그 왕은 앗수르를 심판
의 도구로 사용하셔서 유다의 범죄와 부정함을 정결하게 하신다(사 8:7;
10:5-14). 아울러 하나님을 신뢰하지 않는 아하스 왕을 심판하시고 그 대
신에 다윗의 보좌에 앉을 새 왕 곧 메시아를 세워서 그가 남은 자들을 공
의와 정의로 다스리고 궁극적으로는 하나님 나라를 통치하게 하신다(사
9:1-7).

더욱이 만군의 야웨는 메시아에게 성령을 부으셔서 그가 신적인 지
혜와 모략, 재능과 야웨 경외함으로 새 창조 및 하나님 나라를 완성하도
록 이끄신다(사 11:1-5). 이 모든 것이 구속사를 통하여 자신의 절대적 지
혜와 경륜에 따라 인간과 온 만물의 새 창조와 구원을 성취해가시는 이
스라엘의 거룩하신 하나님에 의해서만 가능하다.

만군의 여호와께서 경영하셨은즉 누가 능히 그것을 폐하며 그의 손을 펴셨
은즉 누가 능히 그것을 돌이키랴?(사 14:27)

여기서 우리는 구속사 속에서 타락한 인류와 만물의 새 창조를 위해 함께 사역하시는 삼위 하나님의 경륜과 일하심을 엿볼 수 있다. 이사야서에서 성부 하나님은 역사와 온 열방의 절대적 왕이시다(사 6:5; 24:23; 33:22). 그 왕은 시온 백성과 온 만물의 구원과 새 창조를 계획하고 그것을 성취해가신다.

> 대저 여호와는 우리 재판장이시요, 여호와는 우리에게 율법을 세우신 이요, 여호와는 우리의 왕이시니 그가 우리를 구원하실 것임이라(사 33:22).

다음으로 구속사 속에서 성부 하나님은 성자 예수님 곧 메시아를 통해 유다와 온 열방의 구속과 회복을 성취하신다. 구약성경 속에서 오실 메시아의 사역은 이미 레위기에서 어린양을 통하여 예견되었다. 이제 이사야서에서 메시아는 패역하고 불신실한 아하스 왕과 대별되는 다윗 가문의 새 왕 곧 임마누엘로 발전한다. 메시아이신 성자 예수님은 왕으로서 백성들을 공의와 정의로 다스릴 뿐 아니라 종으로서 자신을 깨뜨리고 희생하심으로써 백성의 구원과 공의를 성취하신다(사 9:1-7; 11:1-5; 53:1-12).

끝으로 성부 하나님은 메시아에게 성령을 보내셔서 그가 신적인 지혜와 모략과 권능을 가지고 택한 백성과 온 만물의 구원 및 새 창조를 완성하도록 도우신다. 성령 하나님의 신적인 도움으로 인해 성자 예수님은 자신을 깨뜨린 십자가에서 백성의 죄 사함을 성취하신다. 그뿐 아니라 성령은 메시아가 택한 백성을 공의와 정의로써 다스릴 수 있도록 인도하신다(사 53; 61). 이처럼 이사야서는 구약의 그 어떤 성경보다 구속사 속에서 유다 백성과 열방의 구속 및 새 창조를 위해 작동하는 삼위 하나님의 열심과 경륜을 구체적으로 보여준다.

다섯째, 메시아의 사역은 새 창조를 완성한다(사 11:6-9)

이사야 11:6-9은 메시아의 통치와 함께 완성되는 온 세상 만물의 새 창조를 상징적으로 묘사한다. 그때는 강한 짐승과 약한 동물들이 본연의 공격성을 버리고 종말론적인 평화와 회복을 경험하게 된다. 이 이미지는 장차 임할 파라다이스를 형상화한다. 의로운 통치자이신 메시아의 다스림을 통해 모든 만물이 회복과 구원을 경험하게 되고 그것은 곧 모든 만물의 새 창조를 의미한다. 우리는 여기서 강한 자와 약한 자 사이의 조화를 엿볼 수 있다. 또한 새 창조를 통해 "물이 바다를 덮음같이 여호와를 아는 지식이 세상에 충만"하게 되는 놀라운 일이 일어날 것이다(사 11:9). 그때 하나님의 백성을 비롯한 모든 만물은 죄악과 영원한 형벌에서 자신들을 구속하고 새롭게 창조하신 하나님의 놀라운 지혜와 권능과 은혜에 관한 온전한 지식에 도달하게 될 것이다.

이 본문에서 우리는 복음의 부요함에 관하여 묵상해볼 수 있다. 이사야서의 복음은 강한 자와 약한 자가 한데 어우러져 모두가 계급이나 차별이 없는 새로운 공동체를 형성하는 이상향을 보여준다. 이는 하나님을 아는 지식 가운데 언약 백성이 형성해가는 신앙 공동체와 하나님 나라에서 누리는 영적 부요함과 평안을 묘사해준다. 메시아의 통치와 은혜 가운데 강한 자들은 약한 자들을 돌보고 섬기는 반면 약한 자들은 그들과 공존하며 평안함과 보호를 경험한다.

한국교회를 잠시 생각해보자. 한국의 기독교는 하나님을 잘 섬기고 순종하면 자녀들이 잘되고 강한 자가 되어 성공할 것이라고 강조해왔다. 그러면서 정작 복음 안에서 그들이 어떻게 살아야 할지는 제대로 가르치지 않았다. 세상 속에서 하나님을 아는 지식을 어떻게 편만하게 해야 할지 관심을 두지 않은 것이다. 하지만 예언자들은 하나님의 백성이 세상 속에서 메시아의 통치를 받으며 공의와 정의를 실천해야 한다고 가르친다(사 1:16-17; 10:1-4; 58:1-14; 61:1-11). 우리는 고아와 과부와 나그네로 대표되는 세상의 약자들을 하나님의 마음으로 섬기고 돌보라는 예언자들의 외침을 외면할 수 있을까? 우리는 어쩌면 신분상승과 자아실현에 초점을 맞춘 변질된 복음에 익숙한 기독교 시대를 살아가고 있는지 모른다. 그러나 하나님의 새 창조는 하나님을 아는 지식 가운데 강한 자나 약한 자가 계급이나 소유의 차별을 뛰어넘어 함께 나누고 섬기는, 삶의 진정한 부요함과 평안과 안정감이 넘치는 새로운 공동체를 지향한다.

제6장

장차 임할 하나님의 위로(사 12장)

1. 본문의 개요

일반적으로 이사야 12장은 1-12장 단락의 결론 역할을 한다고 여겨
진다. 이사야 12:1-6과 이사야 1-11장 사이에 형성되는 다양한 언어
적·주제적 연결 고리들이 그 증거다. 예를 들어 이사야 12:1의 "야웨의
진노"는 앞서 이사야 5:25, 9:11, 10:4-5에 등장한 개념이다. 또한 이
사야 12:4에서 야웨의 이름과 일하심이 높임을 받는다는 내용은 이미
이사야 2:11, 17에서 소개되었다. 그리고 이사야 12:6의 "이스라엘의
거룩하신 이"라는 개념도 앞 단락에서 여러 차례 확인할 수 있다(사 1:4;
5:19, 24; 10:20). 또한 이사야 12장과 1장은 유사성을 바탕으로 **인클루
지오**(inclusio) 구조를 형성함으로써 단락의 구성력을 높여준다.

    이사야 12장은 1-11장에서 하나님이 행하신 놀라운 구원과 위로
에 대한 시온 백성의 반응—감사, 찬양, 선포—을 기록한다.[1] 하나님이

---

1   Childs, *Isaiah*, 107.

행하실 종말론적 구원에 관한 찬양시로서 이 시는 시온 백성이 하나님의 구원과 위로를 드높이도록 격려한다. 특별히 본문은 시온의 백성에게 다가오는 운명의 변화와 함께 그들이 경험할 신적 위로를 강조한다. 이 위로의 모티프는 이후 이사야 40, 49, 61, 66장에서 더욱 구체적으로 발전한다. 이사야 12장은 크게 두 부분으로 나뉜다.

① 야웨의 구원과 위로를 찬양하라(사 12:1-3)
② 크신 야웨의 행하심을 만국에 선포하라(사 12:4-6)

2. 중심 주제 및 적용

이사야 12장은 종말의 때에 시온 백성이 경험할 놀라운 위로와 구원을 묘사한다. 아울러 하나님이 행하신 아름다운 일들에 대한 시온 백성의 반응을 보여준다. 여기서 우리는 하나님의 백성이 누리는 삶의 위로와 그에 걸맞은 신앙의 양식들이 무엇인지 발견할 수 있다. 하나님의 백성이 누리는 위로란 무엇이며 그 위로의 근원은 무엇인가? 또한 하나님의 백성이 갖추어야 할 신앙과 삶의 올바른 양식이란 어떤 것인가?

첫째, 내가 주께 감사하겠나이다(사 12:1)

하나님의 백성이 견지해야 할 신앙과 삶의 올바른 태도가 하나 있다면 그것은 감사다. 이사야 12:1을 정확하게 다시 번역하면 다음과 같다.

그날에 네가 말하기를

"내가 주께 감사하겠나이다.

비록 주께서 전에는 내게 노하셨사오나

이제는 주의 진노가 돌아섰고

또 주께서 나를 위로하셨나이다"(사 12:1, 사역).

여기서 예언자는 이스라엘의 신실한 남은 자들의 목소리를 통해 하나님이 그날에 그들을 위해 행하실 구원과 위로에 대한 찬양과 감사를 기록한다. 이 남은 자들은 이사야 11:11 이하가 말하는, 하나님의 권능의 손길과 인도하심에 이끌려 앗수르, 애굽, 바드로스, 구스, 엘람, 시날, 하맛, 바다 섬들에서 돌아오게 될 하나님의 백성이다.

무엇을 말하는가? 당시 시온 백성은 앗수르를 비롯한 열방의 침략과 위협 가운데, 다시 말해 하나님의 진노와 심판의 두려움 가운데 놓여 있었다. 하지만 하나님이 "야웨의 날"에 행하실 심판과 큰 구원을 바라보며 시온 백성은 믿음 가운데 하나님을 찬양한다. 그들의 현재와 하나님이 그들을 위해 큰 일을 행하실 "그날" 사이에는 엄연한 긴장감이 있다. 하지만 그들은 야웨의 때가 되면 하나님이 그들을 위해 크고 아름다운 일을 행하실 것이라는 믿음 위에서 하나님께 감사할 수 있다.

현실의 삶 속에서 우리는 항상 감사하고 찬양만 할 수 있는 환경에 놓이는 것이 아니다. 하지만 주님의 때가 되면 좋으신 아버지께서 우리의 삶과 환경을 아름답게 변화시키실 것을 믿음으로써 항상 감사하는 것은 가능하다.

둘째, 하나님은 우리를 위로하셨나이다(사 12:1)

기본적으로 이스라엘을 포함한 고대 근동에서는 삶의 슬픔이나 괴로움 등의 어려운 현실이 극적으로 변화되어 기쁨과 감사와 행복을 누리게 되는 "운명의 극적 변화"를 "위로"로 이해하는 문화가 있었다.[2] 이런 관점에서 이사야 12:1-2의 의미를 심도 있게 들여다보면 시온 백성이 야웨의 화(사 12:1b)를 지나 야웨의 구원(사 12:2a, 2d)을 경험하게 되는 것 역시 운명의 극적 변화에 해당한다. 이는 그들이 장차 경험할 위로를 암시한다. 이사야 12:1-3의 흐름을 자세히 살펴보면 야웨의 위로는 시온을 향한 야웨의 화가 그들에게 임할 야웨의 구원으로 변화하는 중심에 서 있다. 즉 시온을 향한 야웨의 화가 그들의 구원으로 뒤바뀌는 변화가 그들의 위로가 되는 셈이다. 이사야 12:1-2에 나타나는 의미론적 변화를 도식화하면 다음과 같다.

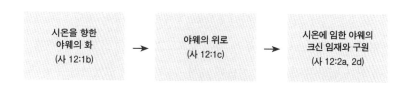

이사야 12:1-2에 나타나는 위로

이 표에 따르면 위로의 모티프는 야웨의 화와 심판을 배경으로 형성

---

2   Gary A. Anderson, *A Time to Mourn, A Time to Dance: The Expression of Grief and Joy in Israelite Religion* (University Park, Pa: Pennsylvania State University Press, 1991), 84-85.

된다. 범죄한 시온 백성은 그들에게 임할 야웨의 진노와 심판으로 인해 두려움 가운데 있다. 그들은 야웨의 심판과 화가 앗수르의 침략으로 인한 나라의 패망으로 구체화될 것을 걱정하며 슬퍼한다. 하지만 하나님은 당신의 때가 되면 그 진노를 거두고 그들을 구원할 것이라고 약속하신다. 이사야 12:2-3에는 "구원"이라는 단어가 3회 반복됨으로써 그들의 궁극적 운명이 심판이 아니라 하나님의 구원임이 강조된다.

결국 이 놀라운 구원과 그들 속에 성취될 운명의 변화—야웨의 화에서 야웨의 구원으로 바뀜—는 벅찬 기쁨과 찬양을 불러일으킨다(사 12:1, 3). 이사야 12:1-6에서 반복해서 등장하는 기쁨과 찬양의 단어들—"오드카"(אודך; 내가 당신께 감사드립니다, 사 12:1), "사손"(ששׂון; 기쁨으로, 사 12:3), "호두"(הודו; 감사하라, 사 12:4), "차할리"(צהלי; 소리높여 부르라, 사 12:6)—은 시온 백성에게 임할 큰 위로를 반증한다.

하나님은 당신의 백성을 위로하는 분이시다. 그분의 놀라운 위로는 먼저 이사야 40:1-2에서 시온 백성의 죄 용서와 바벨론 유수에서의 해방으로 표현된다. 그리고 이사야 61-62장에서는 그들이 의의 나무가 되고 하나님의 영광스러운 신부가 되는 것으로 발전하여 표현된다. 한때 그들은 죄를 범하여 하나님의 심판에 대한 두려움 아래 있었더라도 하나님은 그들을 돌이키시고 끝내 구원의 우물물에서 생명수를 길어 마시게 하신다(사 12:3). 하나님이 성취하시는 위로는 근본적으로 죄 용서와 그것을 통한 삶의 변화, 그리고 영광을 내포한다. 이 얼마나 놀라운 반전이고 위로인가!

셋째, 위로의 근원은 이스라엘의 거룩한 분이다(사 12:6)

그렇다면 주의 백성이 얻는 위로의 근원은 무엇인가? 오늘날 많은 사람은 위로의 근원을 물질적인 것이나 심리적인 것에서 찾는다. 하지만 이사야서는 영적인 관점에서 접근한다. 이사야 12:6은 시온 백성이 얻는 위로의 근원이 시온에 거하시는 크신 하나님, 이스라엘의 거룩하신 분이라고 소개한다.

> 시온의 주민아, 소리 높여 부르라. 이스라엘의 거룩하신 이가 너희 중에서 크심이니라.

"이스라엘의 거룩하신 하나님"은 이사야서 전체의 중심 주제 중 하나로서 하나님의 심판과 구원을 매개하는 결정적 역할을 한다. 이사야 1-39장에서 "이스라엘의 거룩한 자"라는 호칭은 언약적 함의와 함께 신실하지 못한 이스라엘을 향한 하나님의 진노 및 심판과 연관되어 나타난다(사 5:19, 24b; 30:11, 12; 31:1). 하지만 이사야 40-66장에서 이스라엘의 거룩하신 하나님은 시온 백성의 위로자와 구원자, 창조자와 조력자로 묘사된다(사 40:1, 28; 43:1, 3, 11; 44:6; 48:17). 그는 구속사를 주관하는 절대적 왕으로서 언약 백성을 바벨론에서 해방시킬 뿐 아니라 시온에서의 새 창조와 영광스러운 회복을 경험하게 하신다.

이사야 12:1-6에서 이스라엘의 거룩하신 하나님은 크신 분으로 소개된다. 그가 "크신 분"이라는 표현은 의미심장하다. 이사야 12:2은 이스라엘의 거룩하신 분이 신실한 언약 백성의 힘과 노래와 구원이라고 묘사한다.

보라! 하나님은 나의 구원이시라. 내가 신뢰하고 두려움이 없으리니 주 여호와는 나의 힘[עז]이시며 나의 노래[זמרה]시며 나의 구원[ישועה]이심이라 (사 12:2).

이 구절은 히브리인들을 쫓던 애굽의 군대가 홍해에서 몰살한 후 모세가 하나님의 놀라운 구원과 승리에 감격하며 찬양하던 출애굽기 15:2과 연결된다.

여호와는 나의 힘[עז]이요 노래[זמרה]시며 나의 구원[ישועה]이시로다. 그는 나의 하나님이시니 내가 그를 찬송할 것이요, 내 아버지의 하나님이시니 내가 그를 높이리로다(출 15:2).

즉 예언자 이사야는 모세가 부른 구원의 찬송을 인용해 장차 하나님이 시온 백성을 위해 행하실 놀라운 구원과 승리를 높여드리고 있다. 이사야는 하나님이 당신의 기적적 능력과 지혜로 애굽의 군대를 무찌르고 이스라엘 백성을 구원하신 것처럼 앗수르의 군대로 대변되는 영원한 악에서 장차 시온 백성을 구원하고 승리를 안겨주실 것을 내다본다.

같은 맥락에서 이사야서는 이스라엘의 거룩하신 하나님을 왕, 용사, 목자로 묘사한다(사 40:9-11). 하나님은 앗수르나 바벨론으로 대표되는 시온의 적들은 물론이고 새 창조를 가로막는 근본적 원수인 죄악까지도 영원히 무찌르실 것이다. 그리고 당신의 백성에게 회복과 구원과 새 창조를 허락하실 것이다(사 40:9-11; 51:1-3; 53장; 65:17-66:24). 이런 놀라운 하나님의 행하심은 시온 백성이 맞이할 운명의 반전과 위로를 보증한다.

이사야서는 인간의 존재에 근본적 위로를 주시는 분이 오직 야웨 하나님이심을 계속해서 강조한다. 사람들이 기대하고 받아들이는 위로는 제각각이다. 그렇기에 위로한다고 전한 말과 행동이 오히려 상대에게 상처가 되는 경우도 허다하다. 이런 아이러니한 상황에 관해 이사야서는 야웨의 영이 임한 위로자가 하나님의 지혜와 인도하심에 따라 위로할 때 그것이 상대방에게 참된 위로가 된다고 말한다(사 61:1-3). 다시 말해 고통을 당한 자는 하나님의 만지심과 치료를 경험할 때 참된 위로를 경험할 수 있다. 하나님의 형상으로 지어진 인간은 크신 하나님의 간섭을 통해서만 진정한 위로를 누리게 되는 것이다.

넷째, 그의 크신 일을 만방에 선포하라(사 12:4-5)

하나님의 크신 일하심과 구원을 경험할 때 주의 백성은 어떻게 해야 할까? 당연하지만 우리는 먼저 하나님께 감사해야 한다. 하지만 이사야 12:4-5에 따르면 주의 백성은 하나님의 행하심과 아름다운 일을 만국에 선포하고 알려야 할 의무도 지고 있다.

> [4]그날에 너희가 또 말하기를 "여호와께 감사하라. 그의 이름을 부르며 그의 행하심을 만국 중에 선포하며 그의 이름이 높다" 하라. [5]여호와를 찬송할 것은 극히 아름다운 일을 하셨음이니 이를 온 땅에 알게 할지어다.

이 본문은 선교적 측면에서 열방을 향한 복음 전파를 강조하는 내용으로 읽을 수 있다. 하나님의 크신 구원과 위로를 경험할 때 주의 백성은 그것을 만방에 선포하고 자랑함으로써 하나님의 이름이 영광을 받도록 해야 한다. 교회 공동체는 하나님의 놀라운 행하심과 은혜를 체험할 때 주위의 이웃에게 소개할 뿐 아니라 열방에 있는 백성에게도 선포하고 알려야 한다. 그때 하나님은 열방 가운데 영광 받으시는 주권자가 되신다.

이사야 12:1-6은 이스라엘의 거룩하신 야웨 하나님이 시온 백성을 향한 심판을 거두고 오히려 "위로"와 "구원"을 허락하실 것을 찬양하는 내용이다. 우리가 인생에서, 혹은 가정이나 교회가 기대하는 가장 큰 위로는 무엇인가? 이스라엘의 거룩하신 야웨 하나님이 우리 가운데 거하시는 것이야말로 가장 궁극적인 위로다. 다시 말해 임마누엘이 우리의 가장 큰 위로다! 왜냐하면 그 크신 하나님이 우리를 위해, 그리고 신앙 공동체인 교회를 위해 싸우실 것이기 때문이다.

제7장

하나님이 열국을 심판하시리라(사 14장)

1. 본문의 개요

이사야 13:1의 "바벨론에 대하여 받은 경고"라는 표제에 이어 14장은
바벨론(사 14:3-23), 앗수르(사 14:24-27), 블레셋(사 14:28-31)의 멸망에
관한 "조롱의 노래"를 서술한다. 이사야 13:2-22에 묘사된 바벨론의 멸
망에 관한 예언을 이어받은 이사야 14장은 바벨론 왕과 열국의 파멸을
기술한다. 예언자는 오만했던 바벨론 통치자의 멸망을 비난하는 어조의
노래로 축하한다. 학자들 사이에 이견들이 있지만 이사야 14:12, 19-
20에서 하나님의 심판을 받은 "아침의 아들 계명성", 곧 바벨론 왕은 사
르곤 2세(Sargon II, 기원전 721-705 재위)임이 분명하다.[1]

이사야 14장은 당시 이스라엘과 현대를 살아가는 신실한 언약 백성
에게 열방을 향한 "하나님의 절대적 주권"(God's sovereignty)을 충분히 설

---

[1]   Childs, *Isaiah*, 127. Hayes와 Irvine은 이 본문에 나타난 바벨론 왕을 디글랏 빌레셀 3세
로 본다.

명하는 기능을 담당한다.[2] 즉 열강 가운데 하나님이 행하시는 모든 일—열강들을 심판하고 야곱과 이스라엘을 다시 긍휼히 여기사 고향 땅으로 돌아오게 하시며 압제하던 자들을 주관하는 것—은 궁극적으로 이스라엘의 회복과 영광을 위한 것이다(사 14:1-2). 정경적으로 이사야 13-23장은 열방을 향한 하나님의 주권과 통치에 대한 증거를 제공하는 반면 이사야 40-55장은 그들을 향한 하나님의 주권과 통치에 따라 새롭게 탄생하는 이스라엘의 구원과 회복을 강조한다.[3]

2. 중심 주제 및 적용

첫째, 이스라엘이 바벨론에서 돌아온다(사 14:1-11)

진노 가운데에서도 하나님은 주의 백성을 향한 긍휼함을 잊지 않으신다. 앗수르의 파멸(사 10:24-27)과 바벨론의 멸망(사 13:2-22)을 선포한 후 이스라엘의 거룩하신 하나님은 이스라엘의 귀환을 약속하신다(사 14:1-2). 하나님은 야곱을 긍휼히 여기시고 이스라엘을 다시 택하여 그들의 땅으로 돌아오게 하실 것이다. 첫 출애굽 때와 같이 나그네 된 수많은 민족이 유다 백성과 더불어 고국으로 돌아갈 것이다. 한 걸음 더 나아가 언약 백성은 이방 민족을 노비로 삼아 그들을 다스리고 이전에 그들을 압제하던 자들을 사로잡아 주관할 것이다. 시간적으로 보면 이사야 14장은 예루살렘의 멸망, 앗수르의 멸망, 포로로 사로잡혀 간 유다 백성의 귀환을

---

2   Ibid, 126.

3   Ibid.

미리 내다본다. 또한 정경적으로 이사야 14:1-2은 이사야 40-55장에서 발전시킬 말씀들을 앞서서 언급한다.

이사야서는 언약 백성을 향한 하나님의 궁극적 계획이 심판이 아니라 구원과 새 창조임을 줄기차게 강조한다. 열방을 통치하시는 하나님은 압제자의 몽둥이와 통치자의 규를 꺾으시고 온 땅을 평온하게 하신다(사 14:4-7). 바벨론의 침략자들이 그렇게 약탈했던 향나무와 레바논의 백향목은 그 악한 왕의 파멸을 보며 기뻐할 것이다(사 14:8). 또한 이스라엘의 거룩하신 하나님은 열국을 심판하신 후 언약 백성을 놀랍게 회복시키실 것이다. 그때 이스라엘 백성은 무거운 슬픔과 곤고, 고역에서 해방되어 다시 안식을 누릴 것이다(사 14:3). 궁극적으로 이스라엘의 거룩하신 하나님은 당신의 백성을 그렇게 회복시키고 새롭게 창조하심으로써 열방 가운데 영광을 받으실 것이다.

둘째, 야웨 하나님이 열강들을 멸하시리라(사 14:12-31)

이 부분은 전형적인 장송곡 형식을 빌려 유능한 왕들의 죽음을 조롱하는 노래(taunt song)다.[4] 다윗이 사울과 요나단의 죽음을 애도하는 사무엘하 1:17에서 비슷한 형식을 발견할 수 있다. 바벨론을 통치하던 폭군의 죽음에 대한 조롱 섞인 애도는 이스라엘 백성에게 무한한 안정감과 안도감을 안겨준다.[5]

특별히 이사야 14:12-20은 한때 찬란하게 빛났던 "아침의 아들 계명성"의 몰락을 기술한다. 우리말 성경들은 이 어휘를 오역하는 경향이

---

4   Ibid.

5   Ibid.

있어서 히브리어를 정확히 번역할 필요가 있다. "아침의 아들"에 해당하는 히브리어 "벤-샤하르"(בן־שחר)는 "새벽의 아들"로 번역해야 하고, 그것은 태양이 뜨기 전 새벽에 가장 찬란하게 빛나는 별을 일컫는다. "계명성"은 히브리어로 "헬렐"(הילל)이고, 원 의미는 "찬란하게 빛을 발하는 사물"을 일컫는데, 앞뒤 문맥의 정황상 새벽에 가장 빛나는 금성을 일컫는 듯하다. 그러므로 이 히브리어(הילל בן־שחר)는 "새벽의 아들, 찬란히 빛나는 계명성이여"로 번역하는 것이 무난하다.

그런데 초기 교부들은 찬란히 빛나는 사물(הילל)을 사탄 곧 루시퍼로 번역했다. 대표적으로 오리게네스(Origenes, 185?-254?)는 이사야 14:12의 "헬렐"을 사탄으로 해석한 것으로 알려졌다.[6] 더욱 구체적으로 히에로니무스(Hieronymus, 347-420)는 라틴어 성경(불가타 역본)에서 "헬렐"을 "루키페르"(Lucifer)로 번역했고, 새벽에 찬란한 빛을 발하다가 태양이 뜨는 아침에 사라지는 금성의 모습을 하나님께 대적하다가 심판으로 스올에 떨어진 사탄과 연결했다. 초기 교부들이 찬란히 빛나는 새벽별을 사탄으로 이해한 해석은 이후 많은 이들에게 영향을 미쳤고 교회 역사에서 이 본문은 사탄의 교만과 그것으로 인한 몰락을 다루는 것으로 여겨져왔다. 하지만 이사야 14:12의 앞뒤 문맥을 살핀다면 우리는 "새벽의 아들, 찬란히 빛나는 계명성"이 다름 아닌 바벨론의 왕임을 알 수 있다. 이 신탁은 한때 절대적 군사력으로 열강을 두렵게 했던 그의 위용을 묘사하면서 어떤 결말이 뒤따를지를 이야기하는 신탁이다.

학자들은 계명성에 대한 이사야서의 신탁을 베누스(아프로디테)와 관련된 그리스의 신화, 이슈타르와 관련된 바벨론-앗수르 신화, 또는 가나안 신화와 관련하여 그 유사성을 찾기도 했다. 이 여러 신화 중에서 가나

---

6 장세훈, 『문맥에서 길을 찾다: 바른 구약 읽기』(서울: 토브, 2018), 166-79.

안 신화는 이사야 14장에 나오는 신탁과 가장 깊은 유사성을 보여준다. 잠시 그 내용을 살펴보자. 가나안 신화에서 최고 신의 이름은 엘 엘론으로서 그의 보좌는 자폰산에 있다. 헬렐은 엘 엘론의 힘에 도전했다가 패배하여 스올에 떨어지고 만다. 이 가나안 신화는 새벽에 벌어지는 엘 엘론과 헬렐 사이의 우주적 전쟁을 묘사하는데 헬렐은 태양이 떠오르자 곧 그 빛을 잃고 사라진다.[7]

이사야서의 신탁이 어떤 신화와 유사성을 가지든지 이사야 14장에 나타난 계명성의 몰락은 교만하고 거만하여 하나님의 뜻을 거역한 바벨론 왕의 패망을 예언하고 있음이 분명하다. 바벨론의 폭군은 한때 세계를 황무하게 하며 성읍들을 파괴했지만 결국 자신의 무덤도 갖지 못한 채 다른 주검들과 함께 짓밟히며 처참히 몰락할 것이다(사 14:19). 심지어 악을 행한 폭군의 후손들과 땅 역시 영원히 기억되지 않을 것이다(사 14:20, 22).

이어서 이사야 10장에서 언급되었던 앗수르의 파멸에 대한 예언이 성취될 것이 확증된다. 열방의 왕이신 야웨는 앗수르와 블레셋을 파멸하실 것이다. 하나님이 야웨의 산에서 앗수르를 짓밟으실 때 이스라엘은 그들의 멍에로부터 자유롭게 될 것이다(사 14:25). 아울러 열방의 왕이신 하나님은 블레셋을 소멸하실 것이다. 열방을 향한 하나님의 심판 신탁은 그 무엇보다 구속 역사와 열강에 대한 하나님의 절대적 주권과 권능을 강력하게 증명한다. 마찬가지로 구속 역사의 주권자로서 하나님은 초강대국들을 통치하실 뿐 아니라 택한 백성의 구원과 회복을 위해 일하신다.

---

7   Childs, *Isaiah*, 126.

셋째, 야웨의 경영은 반드시 이루어진다(사 14:24-27)

구속사의 왕이 되시는 하나님은 온 세상과 열방을 향한 생각과 계획을 가지고 계신다. 이사야 14:24, 26, 27은 그것을 하나님의 "경영"이라고 일컫는다. 그는 자신의 경영을 통해 바벨론, 앗수르, 블레셋을 심판하고 주의 백성을 회복시키신다. 여기서 "경영"이라고 번역된 히브리어는 "에차"(עצה)로서 "계획하다", "결정하다", "목적하다", "조언하다", "상담하다"라는 의미의 히브리어 동사 "야아츠"(יעץ)의 명사형이다. 그러므로 이 본문에서 "경영"은 만군의 왕이신 야웨 하나님이 열방을 향하여 품으신 "계획"과 "목적"을 의미한다고 볼 수 있다. 이사야 14:27에 따르면 하나님이 역사와 열방을 향해 품으신 경영은 누구도 막을 수 없고 돌이킬 수도 없다.

> 만군의 여호와께서 경영하셨은즉 누가 능히 그것을 폐하며, 그의 손을 펴셨은즉 누가 능히 그것을 돌이키랴?(사 14:27)

열방과 구속사를 향해 하나님이 경영을 품으셨다는 것은 하나님의 살아계심과 절대적 주권을 가장 구체적으로 나타내준다. 우상과 거짓 신들은 경영을 품을 수 없다. 하지만 창조자, 온 열방과 역사의 주권자, 살아 계신 이스라엘의 거룩하신 야웨는 그것을 향한 경영을 품고 그 경영을 반드시 성취시키신다.

앗수르 왕과 세상 사람들에게는 그들 자신의 경영 계획이 있다. 하지만 그것들은 하나님이 그들을 향해 품으신 경영과 일치해야 한다. 앗수르의 왕은 그를 들어 사용하시는 절대자 야웨의 경영을 알았지만 그것을 순종으로 성취하기는커녕 자신의 계획을 앞세우며 오만함으로 범죄를 저질렀다(사 10:6-8). 그로 인해 열강의 진정한 주권자는 앗수르에게 심판을 내리신다. 그러므로 오스왈트가 말한 것처럼 "창조주가 목적을 갖고 계시기에 그의 뜻에 맞서서 우리의 의지를 높이는 행위는 전적으로 어리석은 짓이다."[8]

그렇다면 과연 어떤 자가 지혜로운 자인가? 지혜로운 자는 다름 아닌 각자를 향한 하나님의 경영과 계획을 힘을 다해 추구하는 자다. 이사야 55:8에서 하나님은 "이는 내 생각이 너희의 생각과 다르며 내 길은 너희의 길과 다름이니라"고 선언하신다. 잠언 19:21은 "사람의 마음에는 많은 계획이 있어도 오직 야웨의 뜻이 완전히 서리라"고 말한다. 자신을 향한 하나님의 계획을 알고 계셨던 예수님은 십자가를 지시기 전에 "그러나 나의 원대로 마시옵고 아버지의 원대로 하옵소서"라고 기도하셨다(마 26:39). 그러므로 우리를 향한 야웨의 경영과 뜻을 지혜롭게 분별하고, 그것을 성취하는 삶은 궁극적으로 하나님과 동행하는 삶인 동시에 그분과 동역하는 삶이 된다.

넷째, 그의 백성은 야웨 안에서 피난하리라(사 14:32)

예언자는 당시 초강대국들을 향한 하나님의 경영과 심판 계획을 선포한 후 그 나라의 사신들을 향한 메시지 형식을 빌려 이사야 14장의 결론을 제시한다. 블렌킨소프에 따르면 이사야 14:32(여호와께서 시온을 세우셨으니 그의 백성의 곤고한 자들이 그 안에서 피난하리라)은 이사야서의 많은 사건을 바라보고 해석할 수 있는 신학적 관점을 제공하는 "시온 본문"(사 2:2-4;

---

8   오스왈트, 『이사야』, 252.

4:2-6; 10:12, 20-27a; 11:10; 14:1-2) 중 하나다.[9] 여기서 이스라엘의 거룩하신 하나님은 구속사 속에서 홀로 온 열방을 통치하시지만 시온을 중심으로 그들을 향한 구원과 새 창조를 성취해가신다. 새 창조를 향한 하나님의 경영에 있어 시온의 중심성은 거듭 강조된다. 이사야 40-66장은 이 주제를 더욱 구체적으로 발전시킨다. 즉 하나님이 유다 백성을 열방의 제사장으로 영광스럽게 회복시키실 때 그들은 시온산에 모여 야웨의 율법을 들으며, 종말론적 구원과 새 창조에 참여할 것이다(사 2:2-4; 61-62, 66장). 그러므로 온 열강과 언약 백성, 특별히 시련 가운데 있는 자들은 하나님의 임재가 있는 시온에서 피난처를 발견할 수 있다.

혼란과 불확실성의 시대를 살아가는 주의 백성은 어디에서 영혼의 안정감을 찾을 수 있을까? 하나님의 임재와 통치가 있는 곳에서 삶의 희망과 새 창조를 경험할 수 있을 것이다.

---

9 Joseph Blenkinsopp, *Isaiah 1-39: A New Translation with Introduction and Commentary* (New Heaven: Yale University Press, 2000), 293.

제8장

시온에서 잔치를 베푸시는 하나님(사 24:23 – 25:12)

1. 본문의 개요

이사야 25장은 온 만물과 열방의 왕이신 야웨 하나님께 대한 "감사의 찬양시"다. 전반부의 이사야 25:1-5이 하나님을 향한 찬양의 고백과 하나님의 위대하심과 성실하심을 상세히 묘사한다면 후반부의 이사야 25:6-12은 열방 앞에서 하나님이 베푸실 만찬에 관해 기록한다. 시온산에 열방으로부터 모여든 하나님의 모든 백성은 하나님이 세우실 새로운 통치와 질서를 찬양하고 축하할 것이다. 이것은 장차 하나님이 이루실 하나님 나라의 모습을 보여준다. 이사야 25장은 24장에 선포된, 세상에 임할 무서운 하나님의 심판에 이어 하나님이 성취하실 이스라엘과 열방의 구원 계획에 대한 전형적 반응을 보여준다.[1] 이 장에서 모압은 피조물에 대한 하나님의 계획을 방해하는 존재론적 악의 상징으로서 자신의 오만

---

1   Childs, *Isaiah*, 183.

과 교만으로 말미암아 결국에는 하나님의 구원에 참여하지 못하게 된다.[2] 이 장은 크게 네 부분으로 나뉜다.

① 온 세상의 왕이신 야웨(사 24:23)
② 압제자의 성을 파멸한 야웨에 대한 찬양(사 25:1-5)
③ 만민을 위한 야웨의 잔치(사 25:6-8)
④ 우리는 야웨를 기다리리라(사 25:9-12)

2. 중심 주제 및 적용

이사야 25장은 온 열방과 세계 가운데 왕이신 하나님을, 그리고 그분의 종말론적 통치와 우주적 회복을 상징적으로 묘사한다. 이스라엘의 거룩하신 하나님은 어떤 분이신가? 우리는 어떤 하나님을 신뢰하고 예배하는가?

첫째, 시온에서 야웨는 왕으로서 다스리신다(사 24:23)

이사야 24장은 하나님의 우주적 심판과 그분의 왕 되심을 다룬다. 이사야 24:1에서 하나님은 땅을 공허하고 황폐하게 하시며 온 지면을 뒤집어엎으신다. 땅은 완전히 황무해져 세계가 쇠잔하고 세상 백성 중의 높은 자들은 쇠약하게 된다(사 24:3-4). 그때 백성 사이에 존재했던 다양한 차별과 구분이 모두 사라지게 된다.

---

2   Ibid.

백성과 제사장이 같을 것이며 종과 상전이 같을 것이며 여종과 여주인이 같을 것이며 사는 자와 파는 자가 같을 것이며 빌려주는 자와 빌리는 자가 같을 것이며 이자를 받는 자와 이자를 내는 자가 같을 것이라(사 24:2).

더욱이 묵시적 종말의 심판을 묘사하는 "달이 수치를 당하고 해가 부끄러워하며 땅이 깨어지고 갈라지는 현상"은 종말에 있을 선과 악 사이의 전형적 대전쟁 곧 아마겟돈을 묘사한다(사 24:19-23; 렘 4:23; 겔 38:19; 욜 4:15; 계 16:17 이하; 18:21 이하).[3] 이사야 24장에 나타나는 하나님의 심판은 바벨론이나 당시 열강에 대한 심판이 아니라 창조 이래로 하나님의 뜻에 저항해온 악에 대한 심판을 의미한다.

하나님의 모든 심판은 하나님의 왕 되심과 영광을 위한 것이다. 이사야 24:23에서 야웨 하나님은 시온산과 예루살렘에서 왕으로 좌정하시고 세계 열방 가운데 자신의 영광을 드러내신다. 역사 속에서 하나님은 정의로운 심판을 통해 영광을 받으시고 당신의 왕 되심을 열방 가운데 증명하신다. 종말의 때에도 동일한 방식으로 하나님은 온 열방과 백성의 죄악을 공의롭게 심판하고 이 땅에 공의와 질서를 세우심으로써 하나님 나라의 진정한 왕이 하나님이심을 확증하실 것이다. 하나님이 시온에 왕으로 좌정하사 의로써 통치하신다는 것은 만백성을 향한 새로운 질서와 평화, 회복의 시작을 암시한다.

---

3   Ibid, 181.

둘째, 나는 야웨를 찬양하리라(사 25:1-5)

하나님을 향한 우리의 진정한 반응은 무엇인가? 그것은 찬양이다! 예언자 이사야는 전형적인 감사 찬양의 형식을 빌려 "내가 주를 높이고 주의 이름을 찬송하오리니"(사 25:1)라고 말하며 주의 백성에게 하나님을 찬양하라고 권한다. 하나님은 옛적에 계획된 기이한 일(펠레)을 이루셨다. 앞서도 살펴보았지만 이 "펠레"라는 단어는 이스라엘 백성이 홍해를 건넌 후 "주 하나님 여호와여, 신 중에 주와 같은 자가 누구니이까? 주와 같이 거룩함으로 영광스러우며 찬송할 만한 위엄이 있으며 기이한 일을 행하는 자가 누구니이까?"(출 15:11)라고 찬양할 때 사용한 용어다.

하나님의 기이한 일이란 인간의 생각이나 상상력이나 한계를 초월해 하나님이 홍해를 가르시고 당신의 백성을 바다 가운데로 건너게 하사 구원하신 놀라운 구원 역사와 그 결과인 자유를 암시한다. 주의 백성을 구원하는 기이하고 놀라운 역사는 우연히 이루어지는 것이 아니라 우주의 왕이신 하나님의 섭리와 계획 아래에서 성취된다. 그렇기에 구속의 역사 속에서 기이한 일을 행하사 구원을 성취하신 것은 하나님의 성실함과 진실함을 보여준다. 특별히 이사야 25:2-4은 과거에 하나님이 성취하셨던 기이한 일들, 다시 말해 출애굽과 가나안 정복을 통하여 이루셨던 일들을 회상하며 하나님을 찬양한다.

> 주께서 성읍을 돌무더기로 만드시며 견고한 성읍을 황폐하게 하시며 외인의 궁성을 성읍이 되지 못하게 하사 영원히 건설되지 못하게 하셨으므로(사 25:2).

과거에 기이한 일을 이루셨던 하나님은 앞으로 더욱 놀랍고 새로운 구원과 회복의 역사를 이룰 분이시기에 시인은 하나님을 찬양한다. 시인은 하나님이 베푸시는 놀라운 구원의 역사와 그것의 뚜렷한 결과를 시적인 이미지를 통해 전달한다. 여기에는 "빈궁한 자의 요새", "환란당한 가난한 자의 요새", "폭풍 중의 피난처", "뜨거운 햇볕을 피하는 그늘" 등의 소재가 동원된다. 시편 18편의 말씀을 떠올리게 하는 이 문구들은 주의 백성에게 하나님이 어떤 분이시며 그분이 어떤 놀랍고 기이한 일을 성취하실 것인지를 효과적으로 묘사해준다.

셋째, 시온에서 야웨 하나님이 만민을 위해 잔치를 베푸신다(사 25:6-8)

과거에 놀랍고 기이한 일을 성취하셨던 하나님은 미래에 이스라엘뿐 아니라 이방 백성까지 초청한 연회를 시온산에서 베푸시며 기이하고 놀라운 일을 성취하실 것이다. 그분의 기이한 구원의 사역은 세상과 만물의 회복 및 새 창조를 위한 것이다.

정중호는 하나님의 백성이 맞이할 희망과 회복의 특징을 다섯 가지 요소로 정리했다.[4]

첫째, 야웨의 잔치다. 하나님은 시온산에 연회를 준비하신 후 이스라엘뿐 아니라 이방 민족 중 택함받은 당신의 백성을 모두 초청하신다. 거기서 하나님은 포도주와 골수가 가득한 기름진 음식으로 잔치를 배설하여 모두가 기쁨과 회복을 경험하게 하신다. 이 잔치에서 하나님은 주의 백성이 먹고 마시는 직접적 경험을 통해 "희망찬 미래"를 맛보게 하시고 "즐겁고 흥겨운 잔치 분위기에서 미래의 즐거움"을 미리 느끼게 하신다.

---

4   정중호, "시온의 구원", 『이사야 I, 어떻게 설교할 것인가』, 「목회와 신학」 편집부 편집(서울: 두란노 아카데미, 2008), 338-39.

둘째, 시온산에서 백성의 슬픔과 애통함을 없애주신다. "가리개"와 "덮개"는 슬픈 일을 당한 자들이 애통할 때 얼굴을 가리는 도구였다. 하나님이 앗수르와 열방을 심판하실 때 만민은 슬픔과 애통함을 잊어버리고 기쁨의 옷을 입게 될 것이다.

셋째, 하나님이 사망을 영원히 멸하신다. 세상에 새로운 질서와 통치를 불러오는 하나님의 가장 주된 사역은 사망을 영원히 멸하는 것이다. 종말론적 하나님의 질서와 통치는 궁극적으로 사망과 악함이 그 권세를 잃고 완전히 소멸할 때 가능한 것이므로, 하나님이 사망을 영원히 멸하는 것은 회복 및 새 창조의 완성을 암시한다.

넷째, 하나님은 주의 백성의 눈에서 눈물을 닦아주신다. "주 여호와께서 모든 얼굴에서 눈물을 씻기시며"(사 25:8)라는 이사야서의 말씀은 요한계시록 21:4에서 새 하늘과 새 땅의 회복 및 새 창조를 암시하는 구절에서 비슷하게 사용된다.

> 모든 눈물을 그 눈에서 닦아주시니 다시는 사망이 없고 애통하는 것이나 곡하는 것이나 아픈 것이 다시 있지 아니하리니 처음 것들이 다 지나갔음이러라.

이 본문은 장차 하나님 나라에서 완성될 새 질서와 새 창조를 암시한다. 그것은 더 이상 사망이 권세를 가지지 못하고 다시는 눈물이 없는 기쁨의 상태를 포함한다.

다섯째, 하나님은 백성의 수치를 제거하신다("자기 백성의 수치를 온 천하에서 제하시리라"). 당시 국제정세 속에서 유다는 반앗수르 세력에 가담하지 않고 친앗수르 정책을 펼쳤다. 반앗수르 국가들이 볼 때 유다는 수치와 두려움 속에 갇혀 있는 연약한 국가였다. 하지만 하나님의 때가 되면 하나님이 앗수르 세력을 멸하실 뿐 아니라 유다에게서 수치와 부끄러움을 제하사 그들을 영광스러운 백성으로 삼으실 것이다. 그리고 하나님은 백성의 모든 죄와 부끄러움을 제거하시고 그들에게 영광의 관과 존귀함의 옷을 입혀 하나님의 영광스러운 신부로 변화시키실 것이다.

하나님의 회복과 새 창조는 전방위적이고 포괄적이다. 하나님은 인류의 가장 큰 대적인 사망을 제거하시고, 백성의 삶에서 슬픔과 눈물을 없애신다. 또한 만인을 초청하여 연회를 베푸사 기쁨을 누리게 할 뿐 아니라 그들의 수치를 제거하고 하나님의 영광스러운 신부로 변화시키신다.

넷째, 야웨를 기다리는 자는 기뻐하고 즐거워하리라(사 25:9-11)

그렇다면 과연 누가 이 놀라운 하나님의 회복과 새 창조에 동참하게 될까? 바로 야웨를 기다리는 자들이다.

> 그날에 말하기를 "이는 우리의 하나님이시라! 우리가 그를 기다렸으니 그가 우리를 구원하시리로다. 이는 여호와시라! 우리가 그를 기다렸으니 우리는 그의 구원을 기뻐하며 즐거워하리라" 할 것이며(사 25:9).

여기서 "기다리다"에 해당하는 히브리어는 "카바"(קוה)로서 무엇을 기다리며 그것에 "소망을 두다" 혹은 "간절히 찾다", "앙모하다", "앙망하다"라는 뜻이 있다. 즉 "하나님을 기다린다"는 말씀은 하나님의 일하심과 구원하심을 믿음으로 바라보고, 그것이 이루어질 것을 간절히 소망하고 기대한다는 뜻이다. 즉 기다림은 믿음의 또 다른 표현이다. 믿음이 없는 자는 하나님의 구원하심과 일하심을 기다리지 않고 금세 포기하고 말 것이기 때문이다. 달리 말하면 그렇게 하나님을 믿는 가운데 포기하지 않고 하나님의 일하심과 구원하심을 바라고 소망하며 기도하는 사람은 하나님의 구원하심과 회복을 직접 누리게 될 것이다.

시편 42편에서 시인은 자신이 시냇물을 찾아 헤매는 사슴보다 더 야웨를 찾기에 갈급하다고 말한다. 시편 130편에서 시인은 파수꾼이 아침을 기다림보다 더 간절히 주님과 주님의 구원하심을 기다린다고 고백했다. 사람은 모름지기 무엇인가를 기다리고 소망하며 살아가는 존재다. 하지만 시편 말씀대로 인생의 모든 기다림 위에 하나님을 간절히 찾고 기다리며 하나님의 구원하심과 일하심을 바랄 때 우리는 참된 회복과 기쁨에 동참할 수 있을 것이다.

제9장

잠잠히 야웨를 신뢰하는 믿음(사 30장)

1. 본문의 개요(사 28-35장)

이사야 28-35장은 시온의 황폐함과 회복에 관한 말씀을 포함하고 있다. 표면적으로 이사야 28-33장은 유다와 이스라엘을 향한 "6개의 화 신탁"(six woe oracles)으로 구성된다. 이사야 28:1, 29:1, 15, 30:1, 31:1, 33:1은 공히 "화로다! ~이여"라는 표현으로 시작한다. 이 선언들은 본문에 통일성을 더해줄 뿐 아니라 야웨의 "화"가 이 장들의 중심 메시지임을 알게 해준다.

6개의 화 신탁을 조금 더 상세히 살펴보자. 첫째 신탁은 에브라임의 지형적 위치와 비옥함을 그들의 교만의 이유로 들고 있다. 그 땅은 무성하고 비옥하여 소출이 많은 곳이었다. 그런데 그들은 그 부요함 때문에 하나님을 신뢰하지 않고 거만해졌다. 결국 주님의 날에 에브라임의 아름다움과 비옥함은 파멸할 것이다. 그렇기에 예언자 이사야는 주의 백성에게 하나님의 길을 따르며, 놀라운 경영과 위대한 지혜를 소유하신 하나님을 의지하라고 말한다(사 28:29).

둘째와 셋째 신탁은 아리엘(하나님의 사자)인 유다에 임하는 심판이다. 그들은 입술로는 하나님을 공경했지만 마음은 하나님에게서 멀리 떠난 자들이었다(사 29:13). 그들은 자신들의 계획을 야웨께 깊이 숨김으로써 하나님의 인도하심과 지혜를 배척했다(사 29:15). 하지만 하나님 나라는 오직 겸손함으로 이스라엘의 거룩하신 하나님을 의지하고 믿는 자들에게 임한다.

넷째 신탁은 유다가 하나님의 영에게 묻지 않고 애굽과 정치적·군사적 협정을 맺으며 현실 권력을 의지하는 것에 대한 심판 선언이다. 예언자는 유다의 영적 패역과 반역뿐 아니라 그들의 정치적 책략을 꾸짖는다. 유다는 하나님을 전적으로 의지하기는 커녕 애굽의 군사적 힘을 더욱 의지했다(사 30:1-7). 그들이 주님의 길로 걸어가고 그분 안에서 안식하기보다 자신의 지혜와 군사적 역량과 책략을 더 의지했기에 이스라엘의 거룩하신 하나님은 그들에게 멸망과 파멸을 경고하신다(사 30:12-14, 17). 하지만 야웨는 당신의 구원을 기다리는 자들에게 은혜와 자비를 베풀기 위해 기다리신다(사 30:18). 그는 백성의 기도에 응답하시고 길을 가르치시며(사 30:19-21), 그 백성의 상처를 싸매시고 그들이 맞은 자리를 고치실 것이다(사 30:23-26).

다섯째 신탁은 다시 애굽의 군사적 역량과 능력을 의지하는 유다를 질책하는 내용이다(사 31장). 유다는 그들의 진정한 방패가 되시고 임마누엘이 되시는 하나님께 구하지 않는다(사 31:1). 하지만 예언자 이사야는 인간의 정치적·군사적·경제적·문화적 시스템을 의지하기보다 하나님을 의지하고 공의와 정의로 충만한 하나님 나라를 더욱 바라보라고 강조한다(사 32:1). 죄악과 죄인들을 향한 하나님의 심판은 맹렬할 것이다(사 32:9-14). 그러나 새 시대에 하나님의 영의 기름 부으심과 함께 경험하게 될 회복과 변화는 확실하다. 그때는 공의와 정의가 그 땅에 머물 것이다. 즉 언약 백성은 야웨의 영의 기름 부으심으로 말미암아 의와 공의와 화평과 안전과 창대함이 머무는 하나님 나라를 경험하게 될 것이다(사 32:18-20). 마지막 여섯째 신탁은 시온 백성의 대적들에게 임할 하나님의 심판을 그린다(사 33:1). 하나님의 심판은 진노와 함께 모든 대적을 없이할 것이다.[1]

예언자는 이스라엘(사 28장)과 예루살렘(사 29-31장)의 자기 과신(self-confidency)과 자율성(autonomy)을 질책한다. 그는 유다와 이스라엘이 하나님을 추구하기보다 그들의 영적 교만함과 거만함 가운데 열강들의 경제적·정치적 도움과 보호를 추구하고 있음을 지적한다. 궁극적으로 야웨 하나님은 당신의 백성을 구원하실 것이다. 그럼에도 그들이 이스라엘의 거룩하신 분을 버렸다. 이제 그들은 그분만을 의지하는 법을 배워야 하기에 하나님은 의도적으로 구원을 연기시키신다(사 30:18).

예언자 이사야는 야웨를 신실하게 의지하지 않는 자들에 대한 심판과 회복의 신탁을 통해 "거룩한 남은 자"(holy remnant)의 영적 자질과 태도를 상세히 기술한다. 그들은 겸손하여 말씀에 의롭게 반응하며 하나님을 향하여 경외의 마음을 품는 자들이다. 그들은 이스라엘의 거룩한 자를 기뻐한다(사 29:18-24; 30:19-21). 또한 그들은 야웨의 교훈을 받아 안는 자들이고 그 말씀을 두렵고 떨림으로 지키는 자들이다(사 29:18-24; 30:19-21). 그들의 죄는 용서를 받고 그들은 치유를 경험할 것이다(사 30:22-26; 33:24). 예언자 이사야의 사명은 이스라엘과 유다와 열방 가운데 이처럼 남은 거룩한 자들을 불러 하나님께로 인도하는 것이었다. 그들은 이사야 40-66장에서 종-메시아의 사역을 통해 의를 회복하고 영광

---

1 Willem A. VanGemeren, *Interpreting the Prophetic Books* (Grand Rapids: Zondervan Academic, 2010), 269-70.

스러운 새 공동체를 이루어 새 하늘과 새 땅에서 하나님의 풍성한 위로를 경험하게 된다. 이사야는 첫 출애굽 때와는 다른 새로운 백성의 출현을 내다본다.

끝으로 이사야 34-35장은 야웨의 날에 하나님이 열방에 행하실 심판(사 34장)과 회복(사 35장)을 묘사한다. 에돔은 하나님의 심판 아래 있는 악한 열방과 세상의 근원적 악을 상징한다. 하나님은 모든 열방의 권세를 깨뜨리시고 그들의 도시와 요새를 황폐케 하실 것이다(사 34:9-15). 더 나아가 구속사에서 하나님의 새 창조를 가로막는 모든 악함과 죄악을 제거하실 것이다(사 34:2-7). 비록 하나님의 백성이 황폐함과 파멸과 버림 당함을 경험할지라도 하나님은 그들을 회복시키사 새 창조를 성취하실 것이다(사 35:1). 구속받은 자들은 하나님의 위대함을 보고 기뻐하며 외칠 것이다(사 35:6). 그들이 거룩한 길로 걸을 때, 즉 하나님을 기쁘게 하는 삶을 살아갈 때 슬픔과 탄식은 달아나고 영영한 희락과 기쁨과 즐거움이 그들에게 임할 것이다. 이 주제들은 장차 40-66장에서 더욱 발전하여 전개된다.

이사야 28-35장 메시지의 전체적인 구조 속에서 이사야 30장은 남은 자들의 영적 자질에 대해 풍성한 설명을 제공한다. 이사야 30:15에 따르면 그들은 야웨께로 돌이켜 그를 의지함으로써 구원을 받는 자들, 잠잠함과 신뢰(믿음) 속에서 힘을 얻는 자들이다. 하나님은 남은 자들의 스승이 되셔서 그들을 가르칠 뿐 아니라 그들의 슬픔을 기쁨으로 변화시키신다(사 30:20-21). 궁극적으로 이스라엘과 유다는 야웨 하나님이 거하실 처소가 될 것이며 그곳에는 공의와 정의가 충만할 것이다(사 1:21; 4:2-6; 28:5-6, 16-17; 32:1-5; 32:15-20; 33:5-6). 이사야 30장은 크게 다섯 부분으로 나뉜다.

① 애굽과 맺은 맹약의 헛됨(시 30:1-8)

② 패역한 유다 백성(시 30:8-14)

③ 남은 자의 자질 I: 잠잠히 야웨를 신뢰하는 자(시 30:15-17)

④ 남은 자의 자질 II: 야웨를 기다리는 자(시 30:18-26)

⑤ 앗수르의 멸망 예언(시 30:27-33)

2. 중심 주제 및 적용

첫째, 시온이 하나님보다 현실 권력을 더 의지하다(사 30:1-7)

이사야 30장은 예언자 이사야가 유다의 패역한 자들이 애굽과 맺은 군사 협정에 대한 질책으로 시작한다. 그들의 죄목은 하나님께로 말미암지 않은 계교를 베풀고 야웨의 영으로 말미암지 않은 정치적 맹약을 맺은 것이다. "그들이 계교를 베푸나 나로 말미암지 아니하며"(사 30:1)라는 말씀에서 "계교"는 이사야 14:24, 26, 27에서 사용된 "에차"(עצה)와 동일한 단어다. 그곳에서는 "에차"가 온 세상을 향한 하나님의 경영을 의미했다면 여기서는 시온 지도자의 경영을 일컫는 용어로 사용되어 그들의 경영이 하나님의 것과 다름을 강조한다. 여기서 "맹약"에 해당하는 히브리어 "마세카"(מסכה)는 일반적으로 "정치적 협약"을 일컫는 용어로, 이사야 30:2 이후의 문맥을 살필 때 이 협약은 유다의 지도자들이 애굽과 맺은 협정을 일컫는다. 그들은 하나님의 영의 지도를 받지 않고 독자적으로 정치적 동맹을 맺음으로써 하나님을 향하여 악을 저질렀다.

본문의 배경으로서 그들이 애굽과 정치적 동맹을 맺은 시기는 대략 기원전 714-712년이다. 당시 유다는 애굽을 중심으로 형성된 반앗수르

투쟁에 가담하라는 요청을 받았고 애굽 제25왕조의 사절들(사 18장)과 블레셋인들의 사절들(사 14:28-32)은 유다의 도움을 구하기 위해 히스기야 왕을 방문한다.[2] 히스기야는 경건한 왕이었음에도 불구하고 애굽과의 정치적 동맹에 대해서는 단호한 태도를 보이지 못했다. 이 동맹을 반대하기 위해 이사야는 3년 동안 벗은 몸과 벗은 발로 허리만 가린 채 거리를 돌아다니며 그들과 동맹을 맺을 경우 맞이할 수치와 비참한 운명을 상징적으로 보여주었다(사 20장). 그럼에도 유다 내부에서는 오랜 잠에서 깨어난 애굽을 의지해야 한다는 의견이 강하게 일어났고, 히스기야는 애굽에 사절단을 보내 조약을 맺으며 앗수르로부터의 독립을 꾀했다(사 28-33장).[3] 앗수르의 왕위가 사르곤 2세에서 산헤립에게로 계승되자 히스기야는 반앗수르 연합군과 함께 노골적으로 앗수르에 대항하기 시작했다 (기원전 705).

하지만 이사야는 애굽과의 정치적 동맹을 신랄하게 질책했다. 이사야의 눈에 바로의 세력을 의지하는 것은 시온의 수치가 될 것이 뻔했고, 그들의 도움은 헛되고 무익했다(사 30:3, 7). "상한 갈대 지팡이"(사 36:6)처럼 애굽은 시온의 안전과 보호에 전혀 도움을 주지 못할 뿐 아니라 오히려 앗수르의 침략과 큰 재난만을 초래할 것이 자명했다(사 28:14-22; 30:1-7, 12-17; 31:1-3). 놀라운 사실은 이사야의 눈에는 애굽을 의지하는 것이 불러올 불행이 뚜렷이 보였지만 영적으로 어두웠던 방백들에게

---

2   브라이트, 『이스라엘 역사』, 400.

3   대략 기원전 1,000년 이후 애굽은 고대 근동 지방에서 다시는 지배적 세력을 형성하지 못했다. 전성기가 지난 후 그들은 먼저 서부 리비아의 지배를 받았고, 그다음에는 그 당시 패권국이었던 남부의 누비아에게 지배당했다. 애굽은 겉보기에는 힘이 있는 것처럼 보였으나 실제로는 그렇지 못했다. 앗수르는 이런 상황을 알고 있었지만(사 36:6), 안타깝게도 유다는 그 상황이 어느 정도인지는 명확히 알지 못했다. 오스왈트, 『이사야』, 411을 참고하라.

는 그것이 전혀 보이지 않았다. 한술 더 떠서 그들은 야웨의 법을 싫어했고 그들을 계도하는 바른 말씀을 거부했으며, 오히려 그들의 귀를 즐겁게 하는 부드러운 말만 원했다(사 30:9-11). 영적으로 어두웠던 그들이 심지어 바른 말씀과 길까지 버렸으니, 그들이 임박한 하나님의 진노를 피할 수 없음은 자명했다(사 30:13).

둘째, 남은 자들의 영적 자질 I: 잠잠하고 신뢰하여야 구원을 얻으리라(사 30:15)

하나님을 신뢰하지 않는 패역한 자들을 배경으로 예언자는 하나님이 바라시는 참된 경건과 영성을 제시한다. 이사야 30:15은 그것을 다음과 같이 설명한다.

> 너희가 돌이켜 조용히 있어야 구원을 얻을 것이요, 잠잠하고 신뢰하여야 힘을 얻을 것이거늘⋯.

당시 시온의 방백들은 현실 정치에서 열강의 도움을 얻기 위해 끊임없이 움직이며 닻줄 없는 배와 같이 이리저리 흔들리고 있었다. 그러나 예언자 이사야는 신기루와 같이 사라질 현실 권력을 의지하지 말고 잠잠한 가운데 굳건한 믿음으로써 역사와 열방의 통치자이신 이스라엘의 거룩하신 하나님을 신뢰하라고 권한다. 이 말씀은 이사야서 메시지의 핵심—외적 현실에도 흔들리지 않는 뿌리 깊은 믿음—을 다시 소환한다(사 7:9). 놀랍게도 이 문장은 히브리어 구문상 거의 완벽한 평행법(parallelism) 구조를 이룬다.

גבורתכם	תהיה	ובבטחה	בהשקט	תושעון	ונחת	בשובה
C'	D	B'	A'	C	B	A

이사야 30:15의 평행 구조

A와 A′는 "전치사(ב)+명사" 형태이고, B와 B′ 역시 거의 "전치사(ב)+명사" 형태를 띤다. 개역개정 성경에서 "돌이키다"라고 번역된 A는 회개를 가리키는 전형적인 어휘다. B는 "조용함 가운데"란 의미다. A와 B는 전치사 "베"(ב; 안에)와 함께 사용되어 상태 또는 조건을 나타낸다. 반면 C는 "야샤"(ישע; 구원하다)의 남성 미완료 수동형(니팔) 동사로서 "구원될 것이다"라고 번역할 수 있다. 이는 AB를 통한 결과를 나타낸다. 그러므로 첫 구절(ABC)은 "회개함과 조용함 가운데 너희가 구원될 것이다"로 해석할 수 있다. D만 빼면 두 번째 구절(A′B′DC′) 역시 앞 구절과 비슷한 형태로서 "잠잠함(A′)과 신뢰함(B′)가운데 너희의 힘(C′)이 생길 것이다 (D)"로 번역할 수 있다. 이 문장의 전체적 의미는 "회개 → 잠잠히 바라봄 → 신뢰함 → 구원과 힘"의 순서로 흐른다고 볼 수 있다.

이처럼 정교하게 짜인 문장을 통해 예언자는 외적 환경과 현실 정치를 추구하며 분주히 움직이는 자가 아니라 뿌리 깊은 믿음으로 흔들리지 않고 견고히 하나님을 신뢰하는 자가 하나님의 구원을 경험할 것이라고 강조한다. 하나님은 이미 시온을 견고히 세우셨고 그의 백성은 그 안에서 안정감과 보호를 발견할 수 있다(사 14:32). 그것이 이사야서가 말하는 언약 백성의 참된 경건과 영성이다.

셋째, 남은 자들의 영적 자질 II: 야웨를 기다리는 자(사 30:18)

다음으로 예언자 이사야는 참된 경건의 요소로서 야웨와 그의 일하심을 "기다리는" 영성을 강조한다.

> 그러나 여호와께서 기다리시나니 이는 너희에게 은혜를 베풀려 하심이요, 일어나시리니 이는 너희를 긍휼히 여기려 하심이라. 대저 여호와는 정의의 하나님이심이라. 그를 기다리는 자마다 복이 있도다(사 30:18).

기다림은 이사야서가 말하는 성도의 핵심적 신앙의 모습이다. 여기서 "기다리다"를 의미하는 히브리어 동사 "하카"(חכה)는 "기다리다", "인내하다", "관계하다", "닮다"라는 뜻이 있다. 특이한 점은 이 동사가 사용된 형태다. 이 본문에서 두 번째 사용된 "하카"는 남성 복수 능동 분사 연계형(חוכי)으로 사용되어 야웨를 지속적으로 기다리고 그분과 영적 친밀함 가운데 동행하는 모습을 강조했다.

모든 사람은 끊임없이 무언가를 기다리며 살아가는 기다림의 존재다. 예를 들어 병든 자는 건강함을, 시험을 친 학생은 합격의 소식을, 비정규직은 정규직이 되기를 기다리며 살아간다. 그런데 하나님의 백성은 각자의 삶 속에서 기다리는 그 모든 것 위에 야웨를 지속적으로 기다리는 자다! 영적 친밀함 가운데 하나님과 동행하는 삶을 사는 자는 복이 있다.

비록 다른 히브리어를 사용하지만 이사야 40:31도 야웨를 기다리는 자(קוה)에 관해 묘사한다. 그는 독수리가 날개 치며 올라감 같은 새 힘을 얻을 것이다. 소년이라도 피곤하고 곤비하며 장정이라도 넘어지며 쓰러질 수 있다. 하지만 야웨를 기다리는 자는 온 세상을 창조하신 하나님으로부터 새 힘과 지혜를 얻기 때문에 새로운 힘을 얻는다. 새 힘을 얻은 언약 백성은 시온에 거주하며 다시는 통곡하지 않으며 기도의 응답을 누릴 것이다.

넷째, 하나님은 그들의 스승이 되어 인도하신다(사 30:20-22)

하나님의 백성이 참된 영성을 갖추면 하나님을 스승으로 모시는 축복을 누리게 된다. 학생이 좋은 스승을 만나는 것은 얼마나 놀라운 특권인가? 그런데 언약 백성은 창조와 지혜의 근원이신 하나님을 그들의 스승으로 모시고 그분의 가르침과 지도를 받을 수 있다. 하나님은 이미 이사야 28:26(이는 그의 하나님이 그에게 적당한 방법을 보이사 가르치셨음이며)에서 농부에게 농사를 가르치는 스승으로 소개되었다. 이제 이사야 30장에서 하나님은 언약 백성에게 바른길을 가르치고 그들을 옳은 길로 인도하는 스승으로 등장하신다. 하나님의 뜻과 계획을 거부하고 반역하는 백성과 달리 하나님을 참 스승으로 모신 경건한 자들은 그분이 허락하시는 참된 지혜와 교훈을 통해 다시는 실패하지 않는 복된 삶을 살아갈 것이다.

우리 인생의 참된 스승은 누구인가? 이사야 30:20-22은 언약 백성의 진정한 스승이 하나님 자신이라고 강조한다. 눈에 보이는 스승도 중요하다. 하지만 진정한 제자도는 하나님을 스승으로 모시고 그분에게 진리의 교육을 받을 때 비로소 가능하다.

제10장

의로운 왕, 그러나 완전하지 못한 히스기야(사 36-39장)

1. 이사야 36-37장의 개요(사 36-39장 속에서)

이사야 36-39장은 히스기야 왕에 관한 이야기를 다룬다. 히스기야 왕에 관한 이야기는 이사야 7-8장에 나타난 아하스 왕에 관한 말씀과 대칭을 이루며 이사야 1-39장의 말씀이 왕에 관한 이야기를 중심으로 구성되었다는 것을 보여준다. 그리고 이 왕들에 대한 말씀을 통해 이스라엘의 거룩하신 하나님이 그들의 참된 보호자이자 왕이심을 강조한다.

이사야 36-39장에 기록된 앗수르의 침략과 같은 역사적 사건 및 히스기야 왕과 관련한 내용은 같은 내용을 다루는 열왕기하 18-20장의 기사와 미묘한 부분에서 차이가 있다. 즉 이사야 36-39장은 상당한 의도성을 가지고 특정한 주제와 메시지를 전달하기 위해 구성되었음을 알 수 있다. 이 본문과 관련한 신학적 이슈는 세 가지다.

첫째, 히스기야는 이상적이지만 완전하지 못한 왕으로 묘사된다. 저명한 이사야 연구가인 스위니(Marvin A. Sweeney)는 이사야 36-37장과 열왕기하 18-19장을 비교한 후 그 차이점을 세 가지 관점에서 제시했다.

① 이사야 36:1 이하의 말씀은 열왕기하 18:14-16에 기록된, 앗수르 왕에게 항복하는 히스기야의 나약한 모습을 삭제한다. 열왕기하 본문과 달리 이사야서 말씀에 등장하는 히스기야는 오직 하나님만을 의지하는 신실한 왕으로 묘사된다.

② 이사야 36:17은 열왕기하 18:32의 내용을 제거하고 수정한다. 이는 앗수르에 대한 히스기야 왕의 적대감과 앗수르에 대한 히스기야의 승리를 전망한다.

③ 이사야 37:36은 열왕기하 19:35의 표현 "그 밤에"를 생략한다. 이는 구원을 갈망하는 히스기야의 간구가 지체 없이, 즉시 이루어졌다는 사실을 강조한다. 열왕기하 18-19장에 대한 이사야 36-37장의 축소 수정 작업은 우연한 것이 아니라 히스기야를 이상화하고자 한 이사야 저자의 의도에 따른 결과라고 볼 수 있다.[1]

아하스와 히스기야를 비교해보면 다음과 같다.

구분	아하스	히스기야
공통점	전쟁의 상황	전쟁의 상황
	징조를 구하라고 요구받음	징조를 구하라고 요구받음
차이점	앗수르/인간 지혜를 의지함	하나님을 의지함
	하나님을 신뢰하지 않음	성전에서 기도의 영성을 보여줌
	징조 구하기를 거부함	징조를 구하고 받아들임

아하스와 히스기야의 비교

---

1   Marvin A. Sweeney, *Isaiah 1-4 and the Post-Exilic Understanding of the Isaianic Tradition* (Berlin: De Gruyter, 1988), 11-25.

이사야 7장에 나타난 아하스와 비교할 때 히스기야는 하나님을 의지하는 의로운 왕으로 묘사된다. 그는 언약 백성의 믿음의 모델 역할을 감당한다.

둘째, 이사야 36-39장은 연대기적 구성이라기보다 신학적 주제를 중심으로 구성되어 있다. 앗수르의 침략을 기록한 이사야 36-37은 히스기야의 병에 관한 기사보다 뒤에 일어난 사건이다. 앗수르의 침략은 기원전 701년에 일어난 사건인 반면 히스기야가 병에 걸린 연도는 기원전 702년이기 때문이다. 이는 그가 사망한 기원전 687년 전에 15년의 생존을 약속받았다는 것을 통해 알 수 있다. 그런데 이사야 39장에 등장하는 바벨론의 통치자 므로닥발라단은 기원전 8세기 후반에 앗수르에게 대항하던 반앗수르 세력의 우두머리로서 기원전 702/1년경에 히스기야가 병에서 나았다는 소식을 듣고 편지와 예물을 보냈다(왕하 20:12; 사 39:1; 대하 32:31). 즉 히스기야가 병든 것과 바벨론 사신의 방문은 앗수르의 침략보다 먼저 일어난 사건임이 틀림없다. 그런데도 예언자는 이사야 40-55장의 역사적 배경이 되는 바벨론 유수를 예견하기 위해 의도적으로 바벨론 사신의 방문과 히스기야의 외교적 실수를 이사야 39장에 기술했다고 할 수 있다.[2]

셋째, 이사야 36-39장은 이사야 1-35장과 40-66장 사이의 교량 역할을 한다.

이처럼 이사야 36-39장의 순서가 특별한 신학적·문학적 의도에 따라 구성되었다면 그 의도는 무엇인가? 이 의도에 관하여 차일즈는 다음과 같이 말한다.

---

2 장세훈, 『한 권으로 읽는 이사야서』, 144. 이사야서를 연구하는 학자 대다수는 이사야 36-39장이 연대기 순서가 아니라 신학적 의도에 따라 구성되었다는 점을 받아들인다.

이사야 36-39장의 순서는 연대기적이라기보다 신학적이며 이 전 단락(사 36-39장)은 앗수르 시대에서 바벨론 시대를 이어주는 하나의 문학적 다리로 구성된 것이다. 그러므로 이사야 36-39장은 앗수르 침략에 관한 제1이사야의 예언을 확증시켜줄 뿐만 아니라 40-66장에 나타난 이사야의 예언을 성취시킬 하나님의 궁극적 목적을 예고하도록 이끌어 준다.[3]

즉 이사야 6-8장에 나타난 앗수르의 침략 예언과 9-35장에 나타난 앗수르의 패망에 관한 예언이 이사야 36-37장에서 성취된다. 그리고 이사야 38-39장에 나타난 바벨론의 침략과 그로 인한 포로 생활의 예언은 이후의 이사야 40-66장에서 성취된다. 장세훈은 이와 같은 구조를 다음과 같은 도식으로 설명했다.

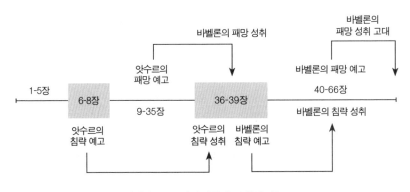

이사야 36-39장의 신학적·문학적 기능[4]

결국 문학적·신학적 관점에서 이사야 36-39장은 이사야 1-35장 말씀

---

3   Childs, *Isaiah*, 265; 장세훈, 『한 권으로 읽는 이사야서』, 144-45.

4   장세훈, 『한 권으로 읽는 이사야서』, 151.

과 이사야 40-66장 말씀을 연결해주는 다리(bridge) 역할을 한다는 점이 분명해 보인다.

2. 중심 주제 및 적용(사 36-37장)

이사야 36-39장은 의로운 왕 히스기야를 통해 하나님의 백성의 삶 속에서 경험할 수 있는 다양한 삶의 어려움과 영적 위협들을 잘 보여준다. 그와 더불어 히스기야와 이사야의 신앙고백을 통해 언약 백성이 믿고 섬기는 하나님이 어떤 분이신지 상세하게 보여준다.

첫째, 산헤립을 통한 믿음의 도전과 위협(사 36:1-20)

이사야 36-37장은 히스기야가 보낸 엘리아김, 셉나, 요아가 랍사게와 주고받은 대화를 전해준다. 앗수르 왕 산헤립은 유다를 회유하고 무너뜨리기 위해 랍사게를 앞장세워 유다가 믿는 것들이 아무것도 아니라고 선전한다. 랍사게는 히스기야의 무능함을 강조하면서 "이제 히스기야에게 말하라. 대왕 앗수르 왕이 이같이 말씀하시기를 '네가 믿는 바 그 믿는 것이 무엇이냐?'"(사 36:4)라고 묻는다. 히스기야와 언약 백성이 믿는 대상이 무엇이냐고 물음으로써 그 무능함을 강조하는 것이다.

곧이어 그는 "네가 족히 싸울 계략과 용맹이 있노라 함은 입술에 붙은 말뿐이니라. 네가 이제 누구를 믿고 나를 반역하느냐?"(사 35:5)라고 물으며 히스기야 왕과 예루살렘 백성이 근본적으로 의지하는 대상에 대한 믿음을 뿌리부터 흔들어댄다. 먼저 랍사게는 애굽의 무력함을 지적하며 "그것은 상한 갈대 지팡이와 같은 것"(사 36:6)이라고 말한다. 그리고

더 나아가 야웨 하나님에 대한 의지가 헛되다고 주장한다

> "혹시 네가 내게 이르기를 '우리는 우리 하나님 여호와를 신뢰하노라' 하
> 리라마는 그는 그의 산당과 제단을 히스기야가 제하여버리고 유다와 예루
> 살렘에 명령하기를 '너희는 이 제단 앞에서만 예배하라' 하던 그 신이 아니
> 냐?" 하셨느니라(사 36:7).

그런데 랍사게의 회유는 다음과 같이 매우 논리적이고 일목요연한 구성
을 갖추고 있다.

    A. 히스기야의 무력함(사 36:5)
     B. 애굽의 무력함(사 36:6)
      C. 야웨에 대한 의지의 무력함(사 36:7)
    A′. 히스기야의 무력함(사 36:8)
     B′. 애굽의 무력함(사 36:9)
      C′. 야웨에 대한 의지의 무력함(사 36:10)[5]

랍사게는 유다 백성이 위기의 상황 가운데 의지할 만한 대상들을 차례로
공격하며 그것들을 의지하는 것이 전쟁의 상황 속에서 아무런 도움을 주
지 못한다고 주장한다. 즉 정치적 힘이든, 신앙에서 비롯한 초자연적 권
능이든 상관없이 그 무엇도 당시 초강대국이었던 앗수르의 침략을 막을
수 없다는 것이다. 랍사게는 여기서 멈추지 않고 유다 백성의 마지막 희
망을 꺾어버리기 위해 또다시 위협하기 시작한다(사 36:13-19).

---

5   Ibid, 160.

A. 히스기야의 말을 듣지 말라(사 36:14-15)

    B. 앗수르 왕의 말을 듣고 항복하라(사 36:16-17)

A′. 히스기야의 말을 듣지 말라(사 36:18-20)

랍사게는 군사력이 아니라 말로써 히스기야와 유다 백성을 회유하여 전쟁에서 승리하려 했다. 말은 이처럼 전쟁에서도 매우 중요한 역할을 한다. 동서고금을 막론하고 말을 지어내 적군의 장수를 죽음으로 몰고 가거나 무기력화하는 전략은 늘 있어왔다. 랍사게는 말로써 유다가 의지하는 믿음의 근본―그것이 신앙적이든 정치적이든 마찬가지다―을 허물어 뜨리려고 시도했다.

영적 공격은 우리가 믿는 대상에 대한 믿음이 흔들릴 때 시작된다. 특별히 하나님을 향한 믿음이 흔들릴 때 그것은 가장 치명적인 영적·신앙적·실제적 위협이 된다. 그래서 세상과 어둠의 권세는 그 무엇보다도 우리가 믿는 하나님과 영적 지도자에 대한 믿음을 뿌리부터 허물어뜨리려 한다. 그때 우리의 고백은 어떠해야 할까?

둘째, 야웨 하나님에 대한 참된 믿음의 고백은 승리의 근거가 된다(사 37:15-20)

언어를 통한 랍사게의 공격을 마주한 히스기야는 탄식한다. 그리고 하나님을 향한 믿음을 고백한다. 특별히 히스기야는 랍사게로부터 받은 편지를 들고 성전에 올라가서 하나님께 기도하며 언약 백성이 믿는 하나님만이 참된 신임을 고백하며 그 고백에 근거하여 하나님의 일하심과 구원을 얻기 위해 간구한다. 이 이야기를 자세히 기록한 열왕기하 18-20장을 보면 실제로 앗수르에게 조공을 바치는 히스기야의 모습을 기술함으로써 인간적 연약함을 가진 히스기야를 있는 그대로 묘사한다. 하지만 이사야 36-37장은 그런 내용은 삭제하고 히스기야의 영적·신앙적 모범을 강조하며 언약 백성이 추구해야 할 믿음과 야웨 신앙의 진수를 잘 그려낸다. 이사야 37:15-20이 그것을 잘 보여준다.

> [15]여호와께 기도하여 이르되 [16]"그룹 사이에 계신 이스라엘 하나님 만군의 여호와여, 주는 천하만국에 유일하신 하나님이시라. 주께서 천지를 만드셨나이다. [17]여호와여, 귀를 기울여 들으시옵소서. 여호와여! 눈을 뜨고 보시옵소서. 산헤립이 사람을 보내어 살아 계시는 하나님을 훼방한 모든 말을 들으시옵소서. [18]여호와여, 앗수르 왕들이 과연 열국과 그들의 땅을 황폐하게 하였고 [19]그들의 신들을 불에 던졌사오나 그들은 신이 아니라 사람의 손으로 만든 것일 뿐이요 나무와 돌이라. 그러므로 멸망을 당하였나이다. [20]우리 하나님 여호와여, 이제 우리를 그의 손에서 구원하사 천하만국이 주만이 여호와이신 줄을 알게 하옵소서" 하니라.

히스기야는 이처럼 앗수르가 침략하고 황폐하게 한 나라들의 신들은 우상이기 때문에 그 침략을 막지 못했다고 말한다. 반면 이스라엘의 하나님은 천지를 만드신 창조의 하나님이시며 그 하나님은 유다를 구원하기에 능하신 하나님이심을 고백한다. 이런 신앙고백 위에서 히스기야는 하나님께 전쟁의 위협으로부터 구원해달라고 간구한다. 아울러 이스라엘의 하나님이 살아 계신 하나님이시며 전쟁에 능하신 하나님이심을 증명해달라고 기도한다. 히스기야의 고백을 정리해서 구조를 살펴보면 다음과 같다.

A. 유일하신 창조주 하나님(사 36:16)
   B. 피조물이 만든 헛된 앗수르의 신들(사 36:17-19)

A′. 유일하신 창조주 하나님(사 36:20)[6]

구원 역사 속에서 창조를 완성했을 뿐 아니라 이스라엘의 구속과 자유를 성취하셨던 하나님에 대한 히스기야의 믿음과 고백은 언약 백성의 신앙과 믿음의 아름다운 모델이 된다. 하나님은 이사야를 통해 그의 간구를 들으셨음을 전한다. 히스기야가 참된 신앙고백 위에 하나님을 의지하며 하나님의 도우심을 간구할 때 하나님은 그의 기도를 들으셨고 그것이 승리의 근거가 되었다.

셋째, 이스라엘의 거룩하신 하나님은 구원과 승리를 허락하신다(사 37:21-38)

예언자 이사야는 구원의 신탁을 히스기야 왕에게 전달한다. 그러면서 앗수르가 모욕한 것이 다름 아니라 이스라엘의 거룩하신 하나님이심을 강조한다.

> 네가 훼방하며 능욕한 것은 누구에게냐? 네가 소리를 높이며 눈을 높이 들어 향한 것은 누구에게냐? 곧 이스라엘의 거룩하신 이에게니라(사 37:23).

그리고 이스라엘의 거룩하신 하나님이 이스라엘을 전쟁에서 구원하실 것을 선포한다.

> "네가 나를 거슬러 분노함과 네 오만함이 내 귀에 들렸으므로 내가 갈고리로 네 코를 꿰며 재갈을 네 입에 물려 너를 오던 길로 돌아가게 하리라" 하

---

6   Ibid, 161.

셨나이다(사 37:29).

궁극적으로 이사야 36-39장은 이스라엘의 거룩하신 하나님이 어떤 분이신가를 기술한다. 그분은 전쟁에 능하시며 주의 백성을 위해 싸우는 용사로서 그들에게 승리를 안겨주는 권능의 왕이시다. 결국 이스라엘의 거룩하신 하나님은 천사를 통해 앗수르의 군사 18만 5,000을 몰살시키신다. 그리고 산헤립은 앗수르의 니스록 신전에서 자기 아들들에 의해 죽임을 당한다.

　　이사야서는 야웨 하나님을 이스라엘의 거룩하신 분으로 소개한다. 이스라엘의 거룩하신 하나님은 어떤 분이신가? 우리는 이사야 36-39장을 통해 그분이 헛된 우상들처럼 생명이 없거나 무능한 거짓 신이 아니심을 알 수 있다. 이스라엘의 거룩하신 하나님은 참된 믿음으로 간구하는 주의 백성의 기도와 소원을 들으시고 삶의 다양한 어려움과 위협뿐 아니라 영적 낙심과 고난 속에서도 구원을 베푸시는 살아 계신 참 신이시다.

제
2
부

이사야

40-55장

개관

1. 이사야 40-55장의 개요

이사야 40-55장은 거룩하신 하나님의 다양한 모습을 보여준다(사 43:14-16; 44:6). 그분은 창조자, 주권자, 구속자, 위로자, 용사, 목자로서 언약 백성을 회복시키는 동시에 온 만물의 새 창조를 성취해가는 구속 역사의 절대적 왕이시다(사 40:9-11; 42:5-8, 13; 43:3, 11-15; 44:6; 45:12-19; 48:17-19; 49:7, 24-26; 51:3, 12-13; 52:9-10; 54:4-8).

이사야 40-55장에서 왕이신 하나님은 크게 두 가지 일을 성취하신다. 첫째, 그는 성령을 "한 신실한 종-메시아"에게 부으셔서(사 48:16) 이스라엘 백성이 하나님의 종으로서 실패했던 사역들—언약을 지키고 이방의 빛이 되는 것—을 성취하도록 이끄신다(사 49:6, 8). 언약 백성의 배신과 범죄에도 불구하고(사 1-39장), 이스라엘의 거룩하신 하나님은 변함없는 인자함과 성실함과 열정으로 신실한 종-메시아를 택하셔서 그의 고난과 대속의 죽음을 통해 그들의 죄 용서와 구원, 더 나아가 공의를 성취하시는 것이다(사 53장). 둘째, 이스라엘의 거룩하신 하나님은 이방 왕 고레스를 통해 시온 백성들을 포로 상태에서 풀어주겠다고 선포하신다. 이는 이스라엘의 거룩하신 하나님이 당신의 백성들에게 허락하실 승리이자 그가 성취하실 "새 일들"이다. 이는 궁극적으로 주의 백성들이 경험할 신적 위로를 내포한다(사 40:1-2; 42:9; 43:18-19; 48:6-7).

주제 면에서 이사야 40-55장은 크게 두 부분으로 나뉜다. 먼저 이사야 40-48장은 우상숭배의 헛됨(사 40:19, 22; 41:7; 42:17; 44:10, 12, 15, 17), 처음 것과 나중 것(사 41:22; 42:9; 43:9, 18; 46:9; 48:3), 하나님의 기름 부음 받은 왕 고레스(사 41:2-5, 25-29; 46:11; 48:14-15), 바벨론의 종말과 멸망 예고(사 43:14; 46:1-13; 47:1; 48:14, 20)를 중심 주제로 다룬다. 하나님의 백성은 "이스라엘" 혹은 "야곱"으로 지칭된다.

반면 이사야 49-55장은 앞서 40-48장에 나타났던 주제들이 급격히 사라지면서 그 신학이나 뉘앙스가 큰 변화를 보인다. 이 장들은 바벨론에 포로로 잡혀간 언약 백성의 귀환(사 49; 55:12-13), 시온의 회복과 새 창조(사 49-51장), 하나님 말씀의 확실성과 실효성(사 55:10-11)을 중점적으로 다루며 언약 백성을 "시온" 혹은 "예루살렘"으로 부른다. 이사야 40-55장은 주제에 따라 다음과 같이 여섯 단락으로 나뉜다.

구분	사 40:1-31	사 41:1-44:23	사 44:24-48:22	사 49:1-52:12	사 52:13-54:17	사 55:1-13
중심 주제	위로의 선포	하나님의 종	고레스의 사역	신실한 종의 고난과 사역	신실한 종 & 이스라엘의 회복	하나님의 초청 & 영원한 언약
주요 내용	서론, 하나님의 나아오심, 영원한 말씀, 새 출애굽	종으로 부름받은 이스라엘의 사명과 실패	포로 상태에서 이스라엘을 해방시킴	한 종의 고난과 사역, 학자의 혀	한 종의 희생 & 대속의 죽음	결론, 하나님의 만찬, 하나님의 뜻을 성취하는 말씀, 새 출애굽

이사야 40-55장의 구성

이 표에서 각 단락의 역할과 주요 메시지를 살펴보자. 먼저 이사야 40:1-31은 이사야 40-55장의 서론으로 기능한다. 이사야 40:1-11은 바벨론에 잡혀 있는 언약 백성에게 죄 용서와 포로 생활에서의 해방을 선포한다(사 40:1-2). 여기서 제시되는 신실한 한 종의 고난과 대속적 죽음을 통한 죄 용서 및 고레스 왕을 통한 시온 백성들의 해방은 이사야 40-55장을 이끄는 중심 메시지가 된다. 이스라엘의 거룩하신 하나님은 당신이 택한 사역자들을 통해 새 일들을 성취해가실 때 왕과 용사와 목자로서 구원과 새 창조를 이루어가신다.

이사야 41:1-44:23은 하나님의 종으로 선택받은 이스라엘 백성의 사명과 실패를 보여준다. 구속사 속에서 이스라엘 백성은 하나님의 소유, 제사장 나라, 거룩한 백성으로 세워졌으며 열방 가운데 하나님의 구원과 축복을 드러내야 하는 거룩한 사명을 받았다(출 19:5-6). 이사야 42:6에 따르면 그들은 열방 가운데 "이방의 빛", "백성의 언약"이 되어야 했다. 하지만 안타깝게도 그들은 영적으로 눈이 어두워지고 귀가 먹게 되어 결국에는 하나님이 맡긴 사명을 감당할 수 없는 처지가 되었다(사 42:18-19). 물론 언약에 신실하신 하나님의 변함없는 인애와 성실 가운데 그들은 회복과 새 창조를 누릴 것이다. 하지만 지금은 범죄와 타락의 결과로 바벨론 유수라는 심판의 상황에 놓여야만 한다(사 44:1-5; 참조. 사 43:1-7).

이사야 44:24-48:22은 하나님이 이방 왕 고레스를 통해 성취하실 사역을 묘사한다. 역사의 주인이신 하나님은 고레스를 들어 열국을 다스리며 이스라엘이 포로 상태에서의 해방을 경험하게 하신다(사 44:28-45:8; 46-47장; 46:11; 참고. 스 1:1-4). "포로 상태에서의 해방"이라는 주제는 이사야 40:1-2과 48:20-22의 "새 출애굽"과 연결되어 이사야 40-48장의 주제를 하나로 통일한다.

이사야 49:1-52:12은 한 신실한 종-메시아와 그의 사역을 통한 시온의 회복 및 구원을 다룬다. 하나님은 이스라엘 백성이 종으로서 감당하지 못했던 사역을 이 종-메시아를 통해 성취하신다. 이 종은 탁월한 교육을 받은 전문가로서 곤고한 자들을 말로 위로하며 하나님께로 인도한다(사 50:4). 하지만 이 종은 고난받는 종이다(사 50:6-7; 53장). 하나님은 이 종-메시아의 사역을 통해 언약 백성을 다시 회복시켜 황폐했던 시온성을 자녀들이 가득한 곳으로 변화시키신다. 그때 창조주 하나님은 시온의 황폐한 곳들을 에덴처럼, 광야를 야웨의 동산처럼 새롭게 하실 것이다(사 51:3).

이사야 52:13-54:17은 한 종-메시아의 고난과 대속적 죽음, 그 결과 시온이 경험하게 될 구원과 공의를 기술한다. 이사야 49, 50장에서 이미 묘사된 이 종의 고난은 이사야 53장에서 최절정(climax)에 도달한다. 그는 대속적 고난, 슬픔, 죽음을 통하여 백성의 허물과 죄악을 친히 담당한다(사 53:4-5). 이 종은 자신을 하나님께 속건제물로 드림으로써 언약 백성의 죗값을 온전히 치른다. 그 결과 언약 백성은 의롭게 되고 그 공동체를 세워갈 씨(후손)를 보게 된다(사 53:10-11). 또한 그의 고난을 통해 시온의 백성은 하나님과 화평의 언약을 세운다(사 54:8-10). 이 종은 공동체의 유익과 선을 위해 고결한 희생을 감당하는 한 공동체의 지도자일 뿐 아니라 온 인류의 죄악과 저주를 홀로 지고 고독한 길을 걸어가신 종-메시아 곧 예수 그리스도를 예견하게 한다.

끝으로 이사야 55:1-13은 이사야 40-55장의 결론이다. 풍성한 연회를 마련하신 하나님은 택한 백성들을 그곳으로 초청하신다(사 55:1-3). 하나님은 그 연회를 통해 언약의 말씀을 듣고 순종하는 모든 자에게 다윗 왕이 누렸던 영광스러운 지위와 특권과 축복을 허락하겠다고 약속하신다. 다윗에게 허락되었던 새 언약의 축복과 특권이 이제 모든 신실한 종들에게 적용된다(사 55:1-5). 이는 "언약의 민주화"(democratization of the covenant)라고 말할 수 있다. 이 풍성한 잔치와 연회는 장차 새 공동체가 경험하게 될 운명의 변화와 새 창조를 암시한다. 스위니에 따르면 이 영원한 언약 속에 내포된 구원과 회복, 그리고 그것의 영광스러운 성취는 이사야 56-66장의 중심 주제가 된다.[1]

한편 단락의 마지막 부분인 이사야 55:10-11이 강조하는 말씀의 "확실성"과 "실효성"은 이사야 40:7-8에 나타난 말씀의 "영원성"과 주제적 병치(thematic parallel)를 이루며 이사야 40-55장에 구조적·주제적 통일성을 더해준다. 또한 이사야 55:12-13의 새 출애굽 모티프 역시 이사야 40:9-11에 나타난 주제와 대칭(inclusio)을 이루며 이사야 40-55장의 통일성을 강화한다.

2. 이사야 40-55장의 중심 주제

이사야 40-55장은 다음과 같은 중심 주제들을 다룬다.

위로

하나님은 당신의 백성을 위로하는 분이시다. 이사야 40:1-2에서 하나님은 내외적 측면에서 언약 백성을 위로하신다. 외적 측면에서 하나님은 이방의 왕 고레스를 통해 언약 백성을 포로 상태에서 해방시키신다 (사 40:1-2; 44:28-45:7). 거대 제국의 왕 고레스의 행적을 통해 이스라엘의 거룩하신 야웨는 당신이야말로 역사와 열방의 진정한 주권자임을 증명하신다. 영적 측면에서 이스라엘의 거룩하신 하나님은 종-메시아

---

1   마빈 스위니, 『예언서』, 홍국평 옮김(서울: 대한기독교서회, 2018), 102.

를 통해 언약 백성을 죄에서 해방시키신다(사 40:1-2; 53장). 시온 백성들의 이런 극적인 운명의 변화는 그들을 향한 위로를 내포한다. 앞서 이사야 12장에서 등장했던 위로 모티프는 이사야 40장에서 시온 백성의 극적인 운명의 변화를 반영하며 더욱 구체적으로 발전한다. 이사야 40:1-2에 나타난 이 위로 모티프는 이사야 40-55장 메시지의 전체 골격을 형성한다.

영원한 야웨의 말씀

이사야 40-55장에서 야웨의 말씀은 영원성(perpetuity)과 실효성(effectiveness)을 모두 가진다. 이사야 1-39장에서 시온을 향해 선포된 하나님의 심판 선언은 온전히 성취된다. 풀이 마르고 꽃이 시드는 이유는 야웨 하나님의 기운이 그 위에 불기 때문이다(사 40:7). 그러나 시온을 향해 하나님이 선포하신 구원과 회복의 말씀 역시 여전히 유효하며 그분의 뜻은 온전히 성취될 것이다(사 40:8).

앞서 밝혔듯이 이사야 40장 이후 예언자 이사야는 다시 등장하지 않는다. 하지만 이사야 1-39장에서 선포되었던 구원과 위로의 말씀은 이사야 40장 이후에도 여전히 유효하다. 하나님이 계획하신 새 창조는 그의 권능 있는 말씀을 통해 온전히 성취될 것이다.

내 입에서 나가는 말도 이와 같이 헛되이 내게로 되돌아오지 아니하고 나의 기뻐하는 뜻을 이루며 내가 보낸 일에 형통함이니라(사 55:11).

이 말씀은 심판의 경고뿐 아니라 시온 백성을 향한 위로나 구속 및 새 창조에 관한 말씀의 실효성을 강조하면서 이사야 40-55장 전체 메시지에 일관성을 더해준다.

하나님의 종(이스라엘, 선택받은 한 종)

이사야 1-39장에 "왕-메시아"가 등장했다면 이사야 40-55장에는 "종-메시아"가 등장한다. 야웨의 영이 부어진 사람들은 이 땅에 공의와 정의를 확립하고 궁극적으로는 하나님 나라를 세우는 메시아적 인물(messianic agent)이다. 이사야 1-39장에서 강조된 왕의 모습이 메시아의 신실한 통치와 다스림을 강조한다면 이사야 40-55장에 나타나는 종은 그 메시아의 대속적 희생과 죽음을 강조한다.

그런데 이사야 40-55장에서 이 종은 두 가지 의미로 이해해야 한다. 먼저 이사야 40-48장의 종은 이스라엘 백성 전체를 일컫는다. 구속 역사 속에서 하나님은 이스라엘을 종으로 택하시고 그들을 통해 열방을 구원할 계획을 세우셨다. 하지만 안타깝게도 완악하고 패역한 그들은 하나님의 뜻을 이루는 데 실패하고 만다(사 42:18-20). 그다음으로 이사야 49-55장의 종은 하나님의 택함을 받은 한 개인, 어느 신실한 종을 말한다. 하나님은 이 신실한 종이 이스라엘 백성이 종으로서 실패한 그 사역을 성취하게 하신다(사 49, 50, 53). 이 종은 하나님의 영과 함께 보냄을 받은 종-메시아다(사 48:16). 이 신실한 종은 고난과 대속적 죽음을 통해 시온의 죄 용서, 운명의 변화, 구원을 성취한다(사 53-55장). 종-메시아의 탄식, 아픔, 희생은 시온 공동체를 새롭게 하는 기폭제가 된다.

새 출애굽

이사야 40-55장에서 새 출애굽 모티프는 시온 백성들의 종말론적 회복과 구원을 묘사하는 데 주도적 역할을 한다(사 40:3-5; 41:17-20; 42:14-16; 43:1-3; 48:20-21; 49:8-12; 51:9-10; 52:11-12; 55:12-13).[2] 구속의

---

2   James Muilenburg, *The Interpreter's Bible. Vol. V: Ecclesiastes, Song of Songs, Isaiah,*

역사 속에서 이스라엘 백성의 첫 출애굽은 하나님의 큰 권능과 지혜를 보여주는 하나의 모델이다. 또한 바벨론에 포로로 잡혀 있던 시온 백성들에게 그것은 장차 하나님이 그들을 위해 성취하실 구원과 해방의 모델이었다. 그런데 새 출애굽은 처음 출애굽과 비교할 수 없이 영광스럽고 안전한 여정이다. 그들은 기쁨과 감사 속에서 시온을 향한 새 출애굽을 경험한다. 신구약 중간기를 거치면서 새 출애굽 모티프는 구속받은 백성이 죄와 죽음에서 해방되고 종말론적 새 하늘과 새 땅을 향해 나아가는 것으로 묘사되면서 성도의 구원 여정을 보여주는 신학적 주제로 발전한다.

공의와 구원

이사야 1-39장에서 공의는 항상 "정의"와 짝을 이루어 등장하는 반면(사 1:27; 5:7; 9:7; 16:5; 28:17; 32:1, 16), 40-55장에서 공의는 항상 "구원"과 짝을 이루어 나타난다(사 45:8, 21; 46:13; 51:5, 8). 조금 더 상세히 살펴보면 이사야 1-39장에서 공의는 시온 백성의 "윤리"나 "도덕"과 연관되어 그들의 도덕적·윤리적 실패를 지적하는 용어로 사용되었다. 반면 이사야 40-55장에서 공의는 거룩하신 하나님이 주의 백성을 위해 성취하실 "구원" 및 "회복"과 연관된다. 즉 공의는 종-메시아의 희생과 대속적 죽음을 통해 성취된다(사 53장). 그러므로 이사야 40-55장에서 하나님의 공의는 심판과 파멸이 아니라 오히려 자신의 변함없는 언약적 사랑(헤세드)을 근거로 시온 백성을 새롭게 회복하시는 하나님의 구원과 권능을 의미한다. 구속 역사에서 이스라엘의 거룩하신 하나님은 성령의 기름 부음을 받은 메시아-종의 십자가 고난과 죽음을 통해 주의 백성을 죄에서 구원하고 공의를 성취하신다.

Jeremiah (Nashville: Abingdon Press, 1956), 602.

3. 이사야 40-55장의 구속사적 메시지

구속사적 관점에서 이사야 40-55장은 크게 세 가지 중요한 메시지를 전해준다.

첫째, 이사야 40-55장에서 구속 역사의 주권자이신 하나님은 시온에서 죄 용서와 공의를 성취하신다. 이곳에서 이스라엘의 거룩하신 하나님은 왕, 용사, 목자로서 당신의 백성을 위해 일하시고 그들에게 승리와 구원을 안겨주신다(사 40, 53장). 그는 대제국의 왕 고레스를 통해 언약 백성을 해방시키고 동시에 그들을 시온으로 인도하신다. 언약 백성의 범죄와 연약함에도 불구하고 하나님은 종-메시아를 통해 그들의 구원과 공의를 성취하신다. 이는 구속 역사의 왕이신 하나님의 변함없는 인애(헤세드)와 성실함을 보여준다. 그는 택한 백성을 죄와 속박에서 구속하실 뿐 아니라 궁극적으로 새 하늘과 새 땅으로 인도하신다.

둘째, 한 신실한 종-메시아는 대속 사역과 죽음을 통해 언약 백성의 구원을 성취한다. 이 종-메시아는 자신을 하나님께 속건제물로 드림으로써 언약 백성의 죗값을 치르고 그들의 구원과 회복을 위한 근거를 마련한다. 그는 하나님의 영의 충만함을 입은 후 하나님으로부터 보냄을 받는다(사 48:16). 그는 백성의 허물 때문에 찔림을 당하고 그들의 죄악 때문에 상함을 받는 고난의 종이다. 하지만 그가 징계를 받고 채찍에 맞을 때 백성들은 드디어 평화를 누리고 나음을 경험하게 된다. 앞서 밝혔듯이 이 종-메시아는 장차 오실 예수 그리스도와 그의 대속 사역을 보여준다.

셋째, 새 출애굽 모티프는 주의 백성이 경험할 구원의 여정을 보여준다. 시온 백성은 바벨론의 포로 상태에서 해방과 자유를 경험한 후 하나님이 임재해 계시는 시온에 도달하게 된다. 이런 새 출애굽의 여정은 주의 백성이 하나님의 인도와 보호 아래 죄, 속박, 죽음에서 벗어나 하나님의 임재와 영원한 생명이 있는 새 하늘과 새 땅으로 들어가는 구원의 여정을 보여준다. 이사야 40-55장은 구속사의 주권자이신 하나님이 언약 백성과 열방을 위해 성취하실 신적 위로와 구원, 공의를 중심 주제로 발전시켜나간다. 이사야 1-39장에 간간이 등장했던 신적 구원과 위로의 약속은 이사야 40-55장에서 신실하신 하나님이 종-메시아를 통해 언약 백성의 구원과 회복을 성취하는 모습으로 더욱 뚜렷해진다. 그리고 우리는 신구약 정경을 통해 이사야 40-55장의 종-메시아가 다름 아닌 예수 그리스도를 예표한다는 사실을 깨닫게 된다.

제11장

내 백성을 위로하라(사 40:1-11)

1. 본문의 개요

이사야 40-55장의 서론 역할을 하는 이사야 40:1-11은 위로의 선포, 영원하신 하나님의 말씀에 관한 서술, 하나님을 바라보라는 격려의 메시지를 담고 있다. 저명한 이사야 학자인 멀루긴(Roy F. Melugin)은 이사야 40:1-11이 하나의 축소판(miniature)으로서 이사야 40-55장의 구조와 내용을 반영한다고 주장했다. 즉 이사야 40:1-8은 "대로"와 "새 출애굽" 이미지를 통해 이사야 41-48장의 내용을 보여주는 반면, 이사야 40:9-11은 "야웨 하나님이 시온으로 돌아옴", "메신저의 음성", "야웨의 팔의 승리"라는 주제를 통해 이사야 49:14 이하에서 55장까지의 말씀들을 압축해서 보여준다는 것이다.[1]

이사야 40:1-11과 관련해 정경적으로 중요한 이슈는 ① 이사야

---

[1] Roy F. Melugin, *The Formation of Isaiah 40-55, BZAW 141* (Berlin: DeGruyter, 1976), 82-86; Childs, *Isaiah*, 302.

40:1-11의 정황은 무엇인지, ② 이사야 40:1-11의 선포 주체는 누구인지, ③ 신약성경과 어떤 연관성이 있는지 하는 세 가지다.

첫째, 이 본문의 정황을 살펴보자. 역사비평학을 주장한 학자들은 이사야 40:1-11이 제2이사야의 소명 장면을 묘사한다고 이해했다. 대표적으로 베스터만(Claus Westermann)은 몇몇 예언서가 예언자의 소명 기사로 시작한다는 사실을 지적하며 이사야 40:6-8 역시 마찬가지라고 주장했다.[2] 하지만 자이츠는 이 본문이 예언자의 소명 사건을 묘사한다는 기존의 주장을 거부했다. 그리고 오히려 천상 회의(divine council)에서 하나님이 그곳에 참석한 자들에게 위로와 구원의 계획을 선포한 것으로 해석했다.[3] 왕상 22:19 이하, 이사야 6:1 이하, 욥기 1:6 이하에서도 비슷한 장면을 발견할 수 있다는 것이다.[4]

자이츠는 이사야 40장과 6장 사이에 보이는 간본문적 연관성(intertextual relation)을 바탕으로 이사야 40장이 예언자의 소명 기사를 독립적으로 기술한다기보다 이사야 6장에서 천상의 하나님께 예언자 이사야가 받았던 소명을 새롭게 적용한 것이라고 이해했다. 이사야 6장에서 하나님은 이사야에게 시온을 향한 심판의 메시지를 전해주셨고 그 심판은 이사야 39장에 암시된 바와 같이 바벨론의 침략으로 성취되었다(기원전 587). 그리고 이제 이사야 40장은 하나님이 천상 회의에서 바벨론에 사로잡혀 있는 당신의 백성을 향하여 새로운 계획과 목적을 선포하시는 모습을 묘사한다. 하나님은 예전에 이스라엘 왕국 시대에 천상 회의에서

---

2   Claus Westermann, *Isaiah 40-66* (Philadelphia: The Westminster Press, 1969), 32.

3   Christopher R. Seitz, "The Divine Council: Temporal Transition and New Prophecy in the Book of Isaiah," *JBL 109* (1990), 229-47.

4   Childs, *Isaiah*, 295.

말씀하셨던 것처럼 다시 그곳에서 말씀하신다. 이사야 40-66장에서 예언자 이사야는 더 이상 등장하지 않지만 하나님의 말씀은 영원하고 효력이 있다. 그분의 계획과 목적은 반드시 성취될 것이다(사 55:11-12).[5] 이 효력 있는 하나님의 말씀은 시온 백성을 위로하고 새롭게 창조하는 신적 도구임이 틀림없다.

둘째, 이사야 40:1-11의 선포 주체를 고찰해보자. 이사야 40:1-2은 하나님이 천상 회의에서 회의의 참석자들과 천사들(divine attendants)에게 내리신 신적 명령이다. 그 명령의 핵심 내용은 주의 백성을 위로하라는 것이다. 또 이사야 40:3-5은 천상 회의에 참석한 어떤 자에 의해 울려 퍼지는 음성으로서 곧 다가올 하나님의 임재와 구원을 맞이하기 위해 길을 예비하고 대로를 닦으라는 명령을 들려준다.

반면 이사야 40:6-8은 앞의 구절들과는 다른 목소리를 전해준다. 이 구절은 무명의 천사(anonymous angelic voice)가 예언자와 나누는 대화를 보여준다. 이 천사는 하나님의 심판과 그 후 신실하신 하나님의 말씀에 의해 성취될 새 시대를 내비친다. 말씀의 신실성을 보여주는 이사야 40:8(풀은 마르고 꽃은 시드나 우리 하나님의 말씀은 영원히 서리라)의 말씀은 에브라임을 향한 하나님의 심판과 구원을 묘사한 이사야 28:1-5이 간본문적으로 다시 사용된 예다. 시온을 향한 하나님의 심판이 바벨론에 의해 성취된 이후 이제 이사야 40장에서 하나님은 그들을 향한 위로와 구원을 천상 회의에서 선포하신다. 이 놀라운 하나님의 말씀과 계획은 영원히 서서 반듯이 성취되고야 마는 신적 "영원성"(perpetuity)과 "실효성"(effectiveness)을 갖추고 있다.

끝으로 이사야 40:9-11은 계속해서 무명의 천사가 의인화된 시온

---

5   Seitz, "The Divine Council," 245.

곧 예루살렘을 향해 선포하는 명령으로서 하나님의 나아오심과 그 결과로 성취될 구원을 유다의 도시들에 선포하라는 내용이다. 우리는 이사야서 말씀을 통해 하나님의 임재와 그분의 나아오심이야말로 주의 백성이 맞이할 구원과 위로의 가장 근본적인 기초임을 알게 된다(사 12:1-6; 62:10-12).

셋째, 신약성경과의 연관성을 살펴보자. 세례 요한은 하나님 나라의 임함과 예수 그리스도의 사역을 이사야 40:3 — "외치는 자의 소리여, 이르되 '너희는 광야에서 여호와의 길을 예비하라. 사막에서 우리 하나님의 대로를 평탄하게 하라'" — 을 인용해 설명했다(마 3:1-3; 막 1:2-3; 눅 3:2-6). 즉 이사야서에서 하나님이 주의 백성을 구원하기 위해 나아오시는 것의 의미는 인류의 구원을 위해 이 땅에 오신 예수 그리스도와 그의 사역을 통해 완전해진다. "구약의 약속은 하나님의 시간의 충만함 가운데 계시된 예수 그리스도를 통해서 그 진정한 의미를 발견할 수 있다."[6]

이사야 40:1-11은 영원한 하나님의 말씀이 가진 신실함과 실효성을 강조하면서 그 말씀이 성취할 위로와 구원을 선포한다. 이것은 이사야 40-55장의 중심 메시지와 연결된다. 이사야 40:1-11은 크게 네 부분으로 나뉜다.

① 내 백성을 위로하라(사 40:1-2)
② 야웨의 길을 예비하라(사 40:3-5)
③ 영원하신 하나님의 말씀(사 40:6-8)
④ 하나님을 보라(사 40:9-11)

---

6   Childs, *Isaiah*, 303.

2. 중심 주제 및 적용

첫째, 하나님은 당신의 백성을 위로하기 원하신다(사 40:1)

하나님의 간절한 소원이 있다면 그것은 무엇일까? 그것은 당신의 백성을 위로하는 것이다. 이사야 40장은 "너희는 위로하라. 내 백성을 위로하라"는 명령으로 시작한다. 사실 "하나님의 위로"는 이사야 40-66장을 대표하는 중심 메시지다. 이사야 12, 40, 49, 51-52, 57, 61-62, 66장은 위로를 중심 모티프로 삼아 이 주제를 일관성 있게 발전시킨다. 특별히 이사야 40-55장의 서론인 이사야 40:1-11은 시온 공동체를 향한 하나님의 근본적인 계획이 "위로"임을 명시적으로 밝힌다. 즉 이사야 40장 이후에 등장하는 메시지는 장차 하나님이 시온 백성을 위해 성취하실 위로를 중심으로 구성된다.

이미 이사야 12:1-6은 위로가 가정하는 변화와 그 위로의 근원이 누구인지를 밝혔다. 고대 사회에서 위로란 근본적인 운명과 감정의 변화를 겪은 한 개인이나 공동체가 경험하는 평안과 기쁨과 안정감을 의미한다. 구약성경 속에 나타난 위로의 정의(definition)와 관련해 앤더슨(Gary A. Anderson)과 올리언(Saul M. Olyan)은 고대 근동의 관습을 연구하여 성경적 위로 개념에 관한 귀중한 정보를 제공해주었다.[7] 앤더슨은 고대 근동 사회 속에서 통상적으로 받아들여진 위로와 그 표현 방법이 무엇이었는지를 말한다.

---

[7]   Anderson, *A Time to Mourn, A Time to Dance*. 다음 자료도 확인하라. Samuel M. Olyan, *Biblical Mourning: Ritual and Social Dimensions* (Oxford: Oxford University Press, 2004), 1.

위로는 애통해하는 자의 애통의 상황에 동참하고 공감하는 상징적 행동을 의미하기도 하고, 또는 그 애통의 상황이 종결되는 의미의 뉘앙스로 사용되기도 한다. 문법적으로 표현한다면 전자는 위로라는 동사의 과정(process)을 표현한 것이라 할 수 있고, 후자는 위로라는 동사의 결과(result)를 말하는 용례로 받아들일 수 있다. 위로의 결과로 나타나는 모습은 슬픔이 변하여 기쁨이 되는 것 이다.[8]

앤더슨의 연구에 따르면 고대 근동과 이스라엘의 정황에서 위로는 최소한 두 가지 측면을 가지고 있다.

① 동사적 과정으로서 다른 사람의 슬픔에 동참하는 것
② 결과적 관점에서 슬퍼하는 자를 도와 애통함이 끝나게 하는 것

동사적 관점에서 애통해하는 자의 슬픔에 동참하는 위로는 그의 슬픔과 아픔을 경감시킬 뿐 아니라 그의 마음에 소망과 희망을 불러일으키는 기능을 한다. 반면 결과적 관점에서 애통해하던 자가 기쁨과 찬양을 표현하는 것은 이제 그가 충분한 위로를 받았음을 나타내는 외적 표현이자 구체적인 상징이 된다.

비슷한 맥락에서 올리언은 『성경적 애도』(Biblical Mourning)를 통해 구약성경의 위로에 대한 이론적인 틀을 제의적 차원에서 확립한다. 그의 연구에 따르면 고대 근동과 이스라엘의 사회적·제의적 상황에서 위로하는

---

8 Anderson, *A Time to Mourn, a Time to Dance*, 84–5. 다음 자료와 비교하라. Xuan Huong Thi Pham, *Mourning in the Ancient Near East and the Hebrew Bible* (Sheffield: Sheffield Academic, 1999).

자의 역할은 "애도의 상태를 끝내는 위로(consolation)와 중재(intervention)를 가져오는 것"이다.[9] 반드시 애도의 상황은 아닐지라도 한 개인이나 공동체가 겪는 슬픔과 두려움의 상황들이 기쁨과 찬양을 경험할 수 있는 상황으로 역전될 때 그것은 위로가 된다. 그러므로 고대인의 사회·문화적 정황 속에서 위로는 궁극적으로 극적인 운명의 반전을 내포한다고 말할 수 있다.

고난 가운데 있는 모든 사람은 위로를 절실히 필요로 한다. 어린이는 어린이에게, 어른은 어른에게 맞는 삶의 위로가 필요하다. 그렇게 위로받을 때 그들은 새 힘을 얻고 삶의 소망을 발견할 수 있다. 그렇다면 참된 위로의 근원은 누구(무엇)인가? 이사야 12장은 그런 위로가 이스라엘의 거룩하신 하나님이 언약 공동체에 임재해계시기에 가능하다고 말한다. 그것은 이스라엘의 거룩하신 하나님이 왕, 용사, 목자로서 주의 백성을 위해 싸우시고, 궁극적으로 그들의 슬픔과 고난의 근원을 제거함으로써 승리를 안겨 주시기 때문이다.

이사야 40장은 하나님이 포로 신세로 바벨론에 갇힌 시온 백성을 위로하실 것을 선포한다. 하나님의 심판을 경험한 자들에게 임할 위로는 하나님이 그들을 위해 행하실 새 일들과 운명의 변화로 나타난다. 구속사의 왕이신 하나님이 그 놀라운 일을 위해 지금 그들을 향해 나아오고 계신다. 그분의 나아오심을 위해 산들이 낮아지고 골짜기가 높아지며 평지는 대로가 된다(사 40:3-5). 이 얼마나 놀라운 장면인가? 하나님의 크신 임재와 함께 시온 백성이 경험할 위로와 회복은 그만큼 절실하고 중요

---

9   Olyan, *Biblical Mourning*, 61. Olyan은 성경의 애도 의식을 죽은 자에 대한 애도, 탄원의 애도, 재난의 때를 배경으로 하는 비(非)탄원의 애도, 피부병에 걸린 개인의 애도로 분류했다.

하다.

둘째, 하나님의 위로는 시온 백성이 맞을 운명의 근본적 변화를 내포한다(사 40:2)

이사야 40:1-11은 바벨론에 잡혀 있는 시온 백성을 향한 두 가지 위로의 요소—① 포로 상태에서 자유하게 됨(외적 변화), ② 시온 백성의 죄가 용서받음(내적 변화)—를 밝힌다.

첫째, 주의 백성은 포로 상태에서 놓일 때 삶의 극적인 위로를 경험한다. 시온 백성은 범죄로 인한 하나님의 심판으로 말미암아 이방 나라의 포로가 되었다. 그들은 하나님이 자신들을 버렸다는 절망감과 두려움에 사로잡혀 있었다. 그들에게는 이제 하나님이 그들을 보호하거나 회복시켜주실 것이라는 소망이 없었다. 이 얼마나 암담하고 통탄할 상황인가? 그런 암울한 상황 가운데 있는 시온 백성들을 향해 하나님은 이제 그들이 포로 상태에서 풀려날 것이라고 선포하신다. 이제 그들의 운명은 가장 극적으로 반전될 것이다. 이 놀라운 변화는 바벨론에 던져진 그들에게 무엇보다 가장 큰 위로가 된다.

둘째, 주의 백성은 죄 용서를 받을 때 진정한 위로를 경험한다. 이것은 그들이 경험할 영적 변화를 의미한다. 그렇다면 왜 죄 용서가 그들의 위로가 될까? 이사야 1-39장에서 이스라엘은 범죄와 패역함의 결과로 하나님의 심판과 진노를 자초했다. 이에 관해 이사야 39:6은 바벨론 유수를 통해 시온을 향한 하나님의 심판이 성취될 것을 예고한다. 그러므로 이사야 40-55장에서 시온 백성이 바벨론에 포로로 잡혀간 것은 하나님을 향한 그들의 불순종과 범죄로 인한 결과다. 이런 상황 속에서 하나님이 그들의 죄를 용서하신다는 선포는 그 무엇보다 소중한 위로가 된다. 이 선언은 그들을 향한 하나님의 진노가 사라졌음을 암시할 뿐만 아니라 이제 하나님이 그들을 근본적으로 변화시켜 새롭게 창조하실 것을 예견하게 하기 때문이다(사 51:3).

주의 백성을 향한 위로는 영적 변화와 외적 변화를 모두 포함한다. 어떤 이에게 외적 변화가 일어났다고 해도 내적(영적) 변화가 동반되지 않는다면 그것은 온전한 위로가 될 수 없다. 아울러 영적 변화가 일어났다고 해도 외적인 삶의 회복이 일어나지 않는다면 그 역시 불완전하다. 따라서 다른 이를 위로할 때 우리는 그들이 영적 변화뿐 아니라 외적 변화도 함께 경험할 수 있도록 도와주어야 한다. 그것이야말로 하나님이 성취하기 원하시는 위로다.

셋째, 과연 누가 하나님의 백성을 위로할 것인가?(사 40:1-2)

하나님은 시온 백성들을 위로할 위로자를 찾으신다. 학자들은 이사야 40:1-11에서 위로의 명령이 어떤 상황 속에서 선포되었는지에 많은 관심을 기울였다. 이 말씀의 정황에 관해서 크게 세 가지 해석이 있다. 첫째, 포로 상태에 있던 어떤 예언자—제2이사야—가 낙심과 절망 가운데 있는 언약 백성에게 위로의 말씀을 선포했다는 것이다. 대표적으로 베스터만은 이 본문을 제2이사야의 소명 기사로 해석한다.[10] 둘째, 하나님이 천상 회의(divine council)에 참석한 자들과 천사들에게 위로의 사명을 주셨다는 해석이다. 구약성경은 종종 하나님이 천상 회의에서 참석자들과 대화를 나누시는 장면을 묘사한다(왕상 22:19; 욥 1:6). 자이츠는 하늘 보좌에서 하나님이 예언자 이사야에게 사명을 부여하는 이사야 6장과 이사야 40:1-11을 연결하여 왕이신 하나님이 시온 백성을 위해 새 일을

---

10   Westermann, *Isaiah 40-66*, 31-46.

행할 것을 천상 회의에서 선포하시는 것으로 이해한다.[11] 셋째, 굳이 천상 회의의 상황이 아니더라도 하나님이 예언자들과 사명을 받은 자들에게 시온 백성을 위로하라는 명령을 주셨다는 해석이다.

이 세 가지 해석 중 가장 널리 받아들여진 것은 두 번째 해석이다. 하지만 우리는 이사야 40:1-11이 의도적으로 하나님이 누구에게 이 위로의 사명을 주시는지를 감춘다는 점을 눈여겨보아야 한다. 이 본문은 누가 위로의 사명을 받았는지 구체적으로 밝히지 않는다. 반면 이 본문은 위로에 관한 두 가지 사항을 강조한다. 첫째, 이 본문은 위로자보다 하나님이 행하실 새 일 곧 위로 그 자체에 강조점을 둔다. 이사야 40:1-11은 시온을 향한 하나님의 근본적인 의도가 심판이 아니라 위로임을 선포한다. 따라서 이 본문은 위로자를 묘사하는 것보다 위로의 내용과 그 사명의 중요성을 강조한다. 둘째, 이 본문은 하나님께 위로의 사명을 받은 자가 단수가 아니라 복수라는 점을 강조한다. 이사야 40:1에서 하나님은 위로의 명령을 선포할 때 "나함"(נחם; 위로하다) 동사의 남성 복수 명령형 동사인 "나하무"(נחמו)를 사용하신다. 즉 하나님은 이 위로의 사역을 한 개인이나 천상의 존재에게 맡기시는 것이 아니라 누구든 이 위로의 명령을 듣고 깨닫는 자들이 감당하길 원하신다는 것이다.

구속 역사의 주권자이신 하나님은 당신의 백성을 위로하고 회복시키기를 간절히 원하신다. 그리고 하나님은 자신의 마음과 음성을 깨닫는 많은 위로자가 주의 백성을 위로하기 원하신다. 하나님은 "누가 나를 대신하여 나의 백성을 위로할까?" 물으시며 위로자를 찾으신다. 하나님은 천상에서 들려오는 그 명령을 듣는 자들이 포로 생활에 지쳐 슬픔에 처한 자들, 갈 곳 없는 자들, 위로할 자가 아무도 없는 연약한 자들을 위로

---

11   Seitz, "The Divine Council," 229-47.

하기 원하신다.

고린도후서 1:3은 하나님이 "자비의 아버지"이시며 "모든 위로의 하나님"이시라고 말한다. 구속의 왕이신 하나님이 위로의 하나님이시라는 선포다! 하나님은 얼마나 멋진 분이신가? 하늘의 부름을 받은 사명자는 위로의 사역을 감당하는 자들이다. 위로의 사역은 영혼과 생명을 살리는 영원한 가치가 있는 영광스러운 사역이다. 성부 하나님과 성자 예수님이 원하시는 위로를 우리가 성령의 능력으로 감당하는 것은 천사도 흠모하는 사역이다.

이런 면에서 각 가정에서 남편은 아내에게, 아내는 남편에게 따뜻한 위로자가 되어야 한다. 가정에서 부모가 아이의 참된 위로자가 될 때 아이는 건강하게 자란다. 만일 가정에서 아이들이 참된 위로자를 찾지 못한다면 그들은 위로자를 찾아 밖으로 나돌 것이다. 세상에서 힘들어하고 슬퍼하던 자가 교회에서 위로자를 발견하게 된다면 그는 그 교회를 떠나지 않을 것이다. 신앙 공동체뿐 아니라 우리 인생의 각 단계에서 가장 중요한 요소 중 하나는 바로 하나님의 위로다.

넷째, 너희의 하나님을 보라(사 40:9-11)

진정한 위로는 크신 하나님의 일하심을 통해 성취된다. 그렇기에 이사야 40:3-5은 하나님이 시온 백성에게 나아오시는 장면을 묘사한다. 시온에 들어오시는 하나님의 모습은 이사야 40:9-11에서 더욱 발전한다. 이사야 40:9-11에서 하나님은 왕으로서 당신의 백성을 다스리고 그들에게 상급을 주실 것이다(사 40:10). 또한 하나님은 용사로서 그들을 위해 싸우시고 그들에게 자유와 승리를 허락하신다(사 40:10). 끝으로 하나님은 목자로서 팔로 당신의 백성을 품에 안고 푸른 초장과 쉴만한 물가로 그들을 인도하신다(사 40:11).

이사야 12:6에서 "크신 이스라엘의 거룩하신 분"으로 묘사되었던 하나님은 이제 이사야 40:9-11에서 더욱 구체적으로 왕, 용사, 목자로 그려진다. 하나님은 가정과 교회, 사회와 각 개인의 왕으로서 그들을 의롭게 다스리시는 분이다. 또한 우리의 기도를 들으시는 하나님은 우리를 위해 싸우시는 용사다. 마지막으로 하나님은 한 사람 한 사람과 온 세상을 선하게 인도하시는 참된 목자다.

이사야 40:6-8은 하나님의 놀라운 계획과 말씀이 영원히 서 있을 것이라고 말한다. 이사야 40:7-8은 "풀은 마르고 꽃은 시든다"라는 표현을 반복함으로써 앗수르와 열방을 향한 하나님의 심판이 성취될 것을 암시한다. 이 세상의 정치와 권력은 영원하지 않다. 우리 인생은 언젠가 마른 풀이나 시든 꽃과 같이 역사의 뒤안길로 사라지고 만다. 젊은 시절 아무리 아름답고 훌륭한 외모를 가졌더라도 나이가 들면 시든 꽃과 같이 되어버리는 것이 사람이다. 하지만 하나님의 말씀은 변하지 않고 영원히 서 있을 것이다. 특별히 천상 회의에서 주의 백성을 위로하라는 하나님의 놀라운 말씀은 실패하지 않고 반드시 성취되고 말 것이다.

세대가 달라지면 사람도 바뀌고 문화도 바뀐다. 이사야 40장 이후부터는 예언자 이사야가 등장하지 않는다. 하지만 이사야 1-39장에서 심판의 말씀을 성취하신 하나님은 이제 위로의 말씀을 선포하시며 그 말씀에 근거해 시온의 구속과 새 창조의 성취를 말씀하신다. 그러므로 주의 백성들은 왕이자 용사이며 목자이신 하나님을 바라보아야 한다. 그분께서 우리 가운데 크고 놀라운 위로와 구원을 성취하실 것이기 때문이다. 우리는 그분의 영원하신 말씀에 귀를 기울이며 이 땅의 구속과 새 창조를 위해 일하시는 하나님과 동역하는 삶을 살아야 한다.

제12장

야웨를 앙망하라(사 40:27-31)

1. 본문의 개요

이사야 40:27-31은 어려움과 낙심 가운데 있는 성도에게 힘과 용기를 불어넣어 주며 큰 은혜를 끼치는 말씀으로 유명하다. 이 본문에서 하나님은 창조자로서 영원한 분으로 소개된다. 온 세상과 구속 역사를 향한 그의 지혜는 끝이 없다. 특별히 그 영원하신 하나님은 피곤한 자에게 능력을, 무능한 자에게 새 힘을 주신다. "이 본문은 그 무엇과 비교할 수 없는 하나님의 지혜와 권능이 이론적인 것이 아니라 실제적인 것임을 확정한다. 하나님은 자신의 백성을 돕기 위한 충만한 의도로 그들에게 다가오신다."[1]

이사야 40:27(야곱아, 어찌하여 네가 말하며 이스라엘아, 네가 이르기를 "내 길은 여호와께 숨겨졌으며 내 송사는 내 하나님에게서 벗어난다" 하느냐?)은 포로로 잡혀 있던 시온 백성들이 하나님을 향해 제기했던 불평과 송사에 관

---

1   Childs, *Isaiah*, 311.

해 말해준다. 그들은 하나님이 자신들의 환란과 어려움을 돌보지 않는다고 말하며 원망을 쏟아낸다. 그리고 이제 이사야 41장 이후의 내용은 40:27에 제기된 시온 백성의 불평과 낙심을 찬양으로 변화시키는 하나님과 그분의 능력을 기술하는 방식으로 구성된다.[2] 한 단락(사 40:27-31)으로 짜인 이 본문은 언약 백성에게 새 힘을 주시는 영원하신 창조자의 능력과 지혜를 묘사한다.

2. 중심 주제 및 적용

첫째, 과연 하나님은 우리의 송사를 외면하시는가?(사 40:27)

예언자 이사야는 사로잡힌 상황 가운데 있던 언약 백성의 불만을 소개한다(사 40:27). 당시 바벨론에서 포로 생활을 하던 이스라엘 백성들은 하나님이 그들을 버리셨다고 생각했다. 그들은 자신들의 삶을 하나님이 돌보지 않으실 뿐 아니라 그들의 송사와 기도 역시 듣지 않으신다고 여겼다. 또한 하나님은 그들의 기도와 요구를 들어주실 수 없는 분이라고 말하며 하나님의 능력과 지혜를 의심했다. 예언자 이사야는 그들의 불신과 불만을 기록하며 실제로 하나님이 어떤 분이시고, 또 어떤 일을 하실 수 있는지 소개한다. 이로써 그들에게 다시금 힘과 소망을 전해주려 한다.

　　때로 우리도 신앙의 여정에서 바벨론에 사로잡혔던 백성들처럼 불만을 품을 때가 있다. 그럴 때 우리는 "하나님은 과연 어디 계시는가? 나

2　　Ibid, 308.

의 기도를 듣고 계시기는 한가?" 하고 의심한다. 그럴 때면 이사야 40장 말씀을 펼쳐서 과연 하나님이 어떤 분이시며 어떤 능력을 갖춘 분이신지 묵상하자.

신학적·문학적 관점에서 이사야 41-55장의 말씀은 이사야 40:27의 불만 섞인 질문에 대답하는 형식으로 전개된다. 즉 이사야 41-55장은 하나님이 그들의 삶의 길을 모른 척하는 분이 아니시며 그들의 송사를 간과하는 무능한 신이 아님을 하나씩 기술해나간다.

둘째, 우리가 믿는 야웨 하나님은?(사 40:28-29)

포로로 잡혀온 바벨론에서 하나님을 원망하는 하나님의 백성을 향하여 예언자 이사야는 먼저 하나님이 어떤 분이신지, 그리고 그분이 어떤 능력을 소유하셨는지 선포하기 시작한다. 이를 통해 그는 하나님을 향한 그들의 믿음과 소망을 다시금 든든히 한다. 이사야 40:28은 하나님이 "영원하신 하나님 여호와, 땅 끝까지 창조하신 이"로서 "피곤하지 않으시며 곤비하지 않으시며 명철이 한이 없으시다"고 말한다.

이사야 40:12부터 예언자는 하나님이 모든 만물 위에 계시며 그 어떤 피조물과도 비교할 수 없는 절대적 주권자이심을 강조했다. 창조주 하나님은 영원히 살아 계신 분이다. 그분은 피곤하지 않으시며 곤비하지 않으시며 명철이 한이 없으시다. 다시 말해 하나님은 우리 인생들과 비교할 수 없는 초월적인 분이시다. 바벨론 유수로 인한 삶의 고난과 영적 불신으로 가득한 언약 공동체를 치유하고 회복하는 치료제는 하나님 자신과 그분에 대한 참된 지식이었다.

이사야 40-55장의 큰 특징 중 하나는 이스라엘의 거룩한 자, 곧 하나님에 관한 신학이 극대화된다는 점이다. 여기서 하나님은 창조자

(사 43:15), 왕(사 43:15), 구원자(사 43:3; 49:16), 회복자(사 41:14; 43:12; 44:6; 48:17; 49:16, 26), 전능자(사 44:6), 위로자(사 40:1; 49:13; 51:3, 12; 52:9; 57:18; 61:2; 66:11-13)이시다. 우리는 가끔 하나님이 어떤 분이신지 망각하기 때문에 영적 문제나 어려움에 직면하지 않는가?

셋째, 하나님은 주의 백성에게 새 힘을 주신다(사 40:29-31)

이사야서에서 하나님은 우리와 아무런 관계없이 저 멀리 계신 분이 아니다. 놀랍게도 이사야서에서 초월적인 하나님은 동시에 우리 안에 거하기를 원하는 내재적 특성이 있으시다. 다시 말해 하나님은 백성의 삶 속에 깊이 관여하고 함께하며 친히 돕는 분이시다. 하나님은 백성들과 함께하시고 그들에게 새 힘을 주사 쓰러지지 않게 능력을 주신다. 이사야 40:29의 "피곤한 자에게는 능력을 주시며 무능한 자에게는 힘을 더하시나니"라는 말씀은 하나님이 당신의 백성에게 능력과 힘을 주시는 분임을 분명하게 강조한다. 따라서 주의 백성에게 신앙생활이란 궁극적으로 함께하며 새 힘과 능력을 주시는 하나님을 체험하는 것이다. 과연 우리는 하나님이 주시는 새 힘과 능력과 지혜를 매 순간 체험하고 있는가?

넷째, 야웨를 앙망하라(사 40:31)

그렇다면 우리는 어떻게 삶 속에서 하나님의 놀라운 능력과 힘을 체험할 수 있을까? 그것은 오직 야웨를 앙망하는 삶을 통해 이뤄질 수 있다.

오직 여호와를 앙망하는 자는 새 힘을 얻으리니 독수리가 날개 치며 올라감 같을 것이요, 달음박질하여도 곤비하지 아니하겠고 걸어가도 피곤하지 아니하리로다(사 40:31).

야웨를 앙망하는 자들은 하나님의 풍성한 생명, 지혜, 새 힘을 경험하게 된다. 그렇다면 이 본문을 이해하는 열쇠가 되는 "앙망하다"라는 동사는 어떤 의미일까?

"앙망하다"라고 번역된 히브리어는 "카바"다. 앞서 살펴보았듯이 이 동사는 어떤 "대상"이나 "목적"에 집중하며 "기다린다", "희망한다", "간절히 바라본다"라는 뜻이 있다.[3] 야웨를 앙망한다는 것은 그분을 간절함으로 바라보고 희망하며 기다린다는 의미를 내포한다. 또한 하나님이 성취하실 어떤 일이나 사건을 간절히 사모하는 모습을 의미한다.

시편의 표현을 빌리자면 마치 사슴이 시냇물을 찾아 헤매듯이 하나님을 찾고 기다리는 모습을 떠올릴 수 있다(시 42편). 시편 42:1-2에서 시인은 헬몬 남부 산악지역을 배경으로 애타게 물을 찾아 헤매는 사슴들의 모습을 묘사한다.[4] 사슴들은 본능적으로 앞발로 땅을 파다가 결국 물을 찾지 못하면 눈을 부릅뜨고 죽어가기도 한다. 맹수에게 물린 것도 아니고 병든 것도 아닌데 그토록 건강한 사슴들이 상처 하나 없이 광야에서 쓰러져 죽어가는 모습을 보면서 시인은 한 모금의 물이 사슴에게 얼마나 소중한 것인지 깨닫는다. 그렇게 죽어가는 사슴들에게 한 모금의 물은 곧 생명이다. 예언자 이사야는 이렇게 사슴이 시냇물을 찾아 헤매듯이 생명과 지혜의 근원이신 야웨를 간절히 찾고 기다리는 모습을 가리켜 "앙망한다"라고 표현한다. 이런 의미를 시각화하여 조금 더 구체적으로 표현해보면 다음과 같다.

---

3   Ludwig Koehler, Water Baumgartner, "קָוָה," *HALOT III*: 1082.

4   김정우, "시편 42편에 대한 주해적 고찰", 「신학지남」 67호(2000), 142.

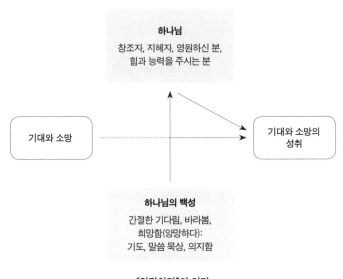

"앙망하다"의 의미

"앙망하다"라는 말의 의미를 더 잘 이해하기 위해 시편 27:7-14을 잠시 살펴보자. 시편 27:14에서 시인은 "너는 여호와를 기다릴지어다. 강하고 담대하며 여호와를 기다릴지어다"라고 말하며 야웨 하나님을 기다리는 삶을 강조한다. 여기서 시인이 기다리는 하나님은 과연 어떤 분이실까? 시편 27편의 내용을 보면 하나님은 다음과 같은 특징이 있으시다.

- 우리를 긍휼히 여기시는 분(시 27:7)
- 우리의 구원의 하나님(시 27:8)
- 영접하시는 분(시 27:10)
- 우리에게 주의 도를 가르치시는 분(시 27:11)
- 우리의 생명을 보호하시는 분(시 27:12)
- 선하심을 경험하게 하시는 분(시 27:13)

그런데 시편 27:7-14에서 기다림이란 단어는 다음과 같은 단어들과 함께 사용된다.

- 소리 내어 야웨를 부르짖는 것 곧 기도(시 27:7)
- 야웨의 얼굴을 찾는 것(시 27:8)
- 주의 도를 배우는 것(시 27:11)
- 야웨의 선하심을 경험하는 것(시 27:13)

성도가 하나님을 기다린다는 말은 "하나님과 하나님의 일하심으로 인한 구원과 회복을 기다리고 기대하며 바라본다"는 의미다. 또한 "기다리다"라는 동사는 하나님을 의지하고 그분의 도를 배우며 믿음 가운데 하나님의 도움을 청하고 간구하는 기도의 행위를 가리킨다. 결국 그렇게 하나님을 의지하고 기다리며 간구하고 기도할 때 하나님의 백성들은 하나님의 응답과 회복을 경험하게 된다. 하나님은 그런 자녀들을 외면하지 않으시고 반드시 선한 길로 인도하신다.

바벨론에 포로로 잡힌 이스라엘 백성이 할 수 있는 일이란 하나님을 바라보고 기다리며 기도하는 것 외에 사실상 아무것도 없었다. 민족적 실패와 아픔 가운데 빠진 그들이 할 수 있는 일이라곤 하나님의 말씀을 읽고 해석하며 그분을 의지하는 삶을 사는 것뿐이었다. 그런데 예언자는 그렇게 하나님을 의지하고 기다리며 기도할 때 그들에게 새 힘과 능력과 지혜가 부어지고 민족의 미래와 운명이 회복될 것이라고 선포했다. 그들이 믿고 기다리며 의지하는 하나님은 영원히 살아 계실 뿐 아니라 한없는 지혜와 능력으로 그들의 기도를 듣고 응답하시며 그들을 새롭게 하시는 새 창조의 하나님이시기 때문이다.

모든 인생은 기다림의 삶을 살아가기 마련이다. 다시 말해 모든 인생은 무엇인가를 기다리며 인생을 살아가는 존재다. 부목사는 담임 목사가 되기를, 학생은 졸업의 때를, 젊은이는 결혼을, 환자는 치유와 회복을, 직장인은 승진을 기다리며 살아간다. 하지만 이사야는 이 모든 기다림 위에 야웨 하나님을 기다리고 그분의 일하심과 구원을 기대하며 그것을 위해 기도하라고 가르친다. 즉 인생의 참된 소망을 하나님께 두라는 말이다.

왜 언약 백성은 하나님을 기다려야 하는가? 이사야서는 하나님이 이스라엘의 창조자이자 구속자이며 전능자, 회복자, 위로자라고 말한다. 하나님은 그들의 왕이자 전사이며 목자이시다. 놀라운 것은 그런 하나님이 저 멀리 계시는 것이 아니라 통회하는 겸손한 심령 가운데 임하는 분이시라는 사실이다(사 57:15). 그런 하나님을 기다리고 간구할 때 그분은 언약 백성의 구속자, 창조자, 회복자, 위로자, 전능자, 왕, 전사, 목자로서 우리에게 다가오신다. 또한 그런 분으로서 하나님은 성도의 삶 속에서 계획하신 일을 온전히 성취해나가신다.

결국 그 하나님의 오심은 언약 백성의 회복과 구속, 위로 및 새 시대의 성취를 예고할 뿐 아니라 담보해준다. 이사야서에 따르면 하나님의 임재는 인생 최고의 축복이다(사 12:6; 40:9-11; 57:15; 62:10-12). 설혹 누군가 기다리고 바라는 것을 하나님이 허락해주지 않으실지라도 그것은 문제가 되지 않는다. 최고의 축복이신 하나님의 임재가 그의 삶 가운데 있다면 분명 더 좋은 길로 인도받을 수 있기 때문이다.

하나님을 기다리는 삶이란 믿음의 또 다른 표현이다. 하나님은 당신의 백성에게 어머니이자 남편이며 스승이자 궁극적인 창조자이시다. 그 하나님을 바라보는 자, 그리고 기다리며 기도하는 자는 반드시 그분을 경험하게 될 것이다. 하나님의 응답과 신적인 생명으로 인해 그는 달음박질하여도 곤비하지 않고 걸어가도 피곤하지 않다. 오히려 독수리의 날개 치며 올라감 같은 새 힘을 얻게 될 것이다.

제13장

하나님의 종 이스라엘과 우상숭배(사 41:1 - 44:23)

1. 본문의 개요

구약성경에서 모세는 위대한 "하나님의 종"을 대표하는 전형적 모델
이다. 그런데 이사야서는 이사야(사 20:2-3)와 엘리아김(사 22:20)을 하나
님의 종으로 지칭한다. 종이란 주인이 맡긴 사역을 감당하는 자다. 주인
은 그 종을 보호하고 돌보아야 한다. 반면 종은 그의 주인을 위해 일하고
그를 위해 헌신할 의무가 있다.[1]

　　구속 역사 속에서 하나님은 땅 끝에서 이스라엘을 부르시고 그들을
당신의 종으로 선택하셨다(사 41:8-9). 또한 그들에게 사명을 허락하셔서
하나님과 열방의 백성을 잇는 중보자—백성의 언약과 이방의 빛—가 되
도록 하셨다(사 42:6). 얼마나 존귀하고 복된 부르심인가! 하지만 안타깝
게도 그들은 언약의 말씀에 불순종함으로써 자신들이 영적으로 보거나
듣지 못하는 상태임을 여실히 드러냈다(사 42:18-20). 하지만 그들의 실

---

[1]　John Goldingay, *The Theology of the Book of Isaiah* (Madison: IVP Academic, 2014), 64.

패를 뒤로하고 구속 역사의 주권자이신 하나님은 드디어 한 신실한 종을 택하고 야웨의 영과 그를 이스라엘 백성에게 보내어 그들이 실패했던 사역을 끝내 성취하도록 인도하신다(사 48:16; 49-55장). 이사야 41-44장은 크게 네 가지 주제를 다룬다.

① 이스라엘을 종으로 부르심(사 41장)
② 종의 사명과 실패(사 42장)
③ 우상숭배의 헛됨(사 41:21-29; 44:9-20)
④ 새 창조를 성취하시는 하나님(사 41:14-17; 44:1-8, 21-23)

2. 중심 주제 및 적용

구속의 역사 속에서 하나님은 이스라엘 백성을 당신의 종으로 선택하셨다. 그런데 이사야 41-42장은 하나님이 종으로 불러 사명을 맡긴 이스라엘이 그 사명을 성취하는 데 실패했음을 보여준다. 우상숭배가 그들의 눈과 귀를 가렸기 때문이다. 그럼에도 하나님은 그들을 새롭게 창조하는 구속의 사역을 포기하지 않고 결국 성취해내실 것이다.

첫째, 하나님은 이스라엘을 종으로 불러 사명을 허락하셨다(사 41장)

이사야 41장은 하나님이 이스라엘을 종으로 선택하사 위로하시는 모습을 구체적으로 보여준다. 이사야 41:8-9에서 하나님은 "택하다", "붙들다", "부르다"라는 세 가지 동사로 이스라엘을 향한 당신의 일하심을 표현하신다.

먼저 하나님이 이스라엘을 "택하셨다"는 말은 열방 가운데서 그들을 하나님의 종으로 지목하셨음을 의미한다. 구속 역사 속에서 하나님은 이스라엘을 제사장 나라, 거룩한 백성, 그의 특별한 소유로 선택하셨다(출 19:5-6). 이 선택은 이사야 41장에서 하나님이 그들을 자신의 종으로 뽑으셨다는 표현을 통해 더욱 구체화된다. 다음으로 하나님이 그들을 "붙들었다"는 표현은 광야 길을 걷는 여정 속에서 하나님이 크고 강한 오른손으로 그들을 지키고 인도하셨음을 말한다. 또한 하나님은 그들이 가나안 땅을 정복하고 왕정을 세울 수 있도록 이끄셨다. 비록 그들이 실패할지라도 하나님은 변함없는 인자와 진실함으로 그들을 붙드신다(출 20:6; 신 7:9; 왕상 3:6; 8:23; 시 33:22). 끝으로 하나님은 땅 모퉁이에서부터 그들을 "불러" 종으로 삼으셨다. 구속 역사 속에서 하나님은 언약 관계를 통해 그들의 하나님이 되셨고, 그들은 하나님의 특별한 소유인 백성이 되었다.

둘째, 하나님은 이스라엘 백성에게 사명, 곧 열방 가운데 이방의 빛과 백성의 언약이 되는 사명을 허락하신다(사 42:6)

이스라엘은 하나님의 종으로서 하나님과 그분의 영광을 세계만방에 전파할 뿐 아니라 하나님의 주권적 계획과 일하심을 열방에 보여주어야 할 사명을 받았다. 그들은 열방 가운데 하나님의 교훈과 말씀을 전파함으로써 공의와 정의가 시행되는 하나님 나라를 세워야 했다(사 42:1-4). 조금 더 구체적으로 말하면 하나님은 이스라엘이 당신의 종으로서 열방 가운데 "이방의 빛"과 "백성의 언약"이 되는 사명을 부여하셨다(사 42:6). "이방의 빛이 된다"라는 표현은 이스라엘이 열방 가운데 하나님의 제사장 나라로서 하나님의 주권과 영광, 축복과 살아 계심을 보여주어야 함을 일컫는다. 또한 "백성의 언약이 된다"라는 말씀은 이스라엘이 하나님과의 "언약 관계"를 통해 누리는 신적 축복과 영광과 특권을 열방에 보여줌으로써 그들도 기꺼이 언약 백성이 되게끔 이끌어야 함을 일컫는다.[2] 다시 말해 이스라엘은 자신이 누리는 놀라운 신적 축복과 영광을 열방 가운데 선보이고 나눔으로써 그들에게 언약의 중보자가 될 사명을 받았다. 결국 이스라엘은 하나님과 열방을 맺어주는 제사장적 사명을 감당하도록 부름받은 것이다.

셋째, 하지만 이스라엘은 종의 사명을 성취하는 데 실패했다(사 42:18-25)

하나님의 놀라운 부르심과 사명에도 불구하고 이스라엘은 종의 사명을 성취하는 데 실패했다. 그 실패의 근본적 원인은 그들이 영적으로 보지 못하고 듣지 못하는 자들이었기 때문이다(사 42:19; 참고. 사 6:9-10). 즉 그들은 하나님을 보지 못할 뿐 아니라 그의 말씀과 가르침을 듣는 데도 실패했다. 이런 영적 불구 상태는 이사야 1-39장에서 예언자가 이스라엘을 맹렬히 질타하게 한 그들의 범죄와 패역함의 원인이 되었다.

　　열정적인 제사와 더불어 그들이 삶 속에서 행하는 불의와 거짓은 하나님과의 관계를 근본부터 깨뜨렸을 뿐 아니라 바벨론 유수라는 하나님의 심판을 초래했다. 그들이 하나님의 교훈을 버리고 악한 길을 걸어가자 하나님은 그들을 약탈자들에게 넘기셨다(사 42:24). 그러나 더욱 안타까운 점은 하나님이 그들을 맹렬한 진노와 전쟁의 위력으로 심판하셨음에도 불구하고 영적으로 눈과 귀가 어두웠던 그들은 그것을 전혀 깨닫지도 못하고 마음에 두지도 않았다는 사실이다(사 42:25). 이보다 더 안

2　Goldingay, *The Theology of the Book of Isaiah*, 64-65.

타까운 불행이 또 있을까?

넷째, 우상은 헛것이라(사 41:21-29; 42:17; 44:9-20)

그렇다면 이스라엘을 영적 불구로 만든 주범은 무엇인가? 그것은 다름 아니라 그들이 하나님과 더불어 섬겼던 우상이다. 이사야 41:21-29은 하나님이 열방을 법정에 불러 모아 우상의 헛됨을 폭로하는 재판 장면 (trial scene)을 소개한다

> 나 야웨가 말하노니 너희 우상들은 소송하라. 야곱의 왕이 말하노니 너희는 확실한 증거를 보이라(사 41:21).

하나님은 우상들이 진정한 신성을 증명할 수 있도록 두 가지를 그들에게 요구하신다. 첫째, 장차 당할 일을 미리 예언하라는 것이다(사 41:22). 둘째, 복을 내리든지 또는 재난을 내리든지 그것을 실행하라는 것이다(사 41:23). 야웨는 역사 속에서 앞으로 될 일을 예고하실 뿐 아니라 역사의 주관자로서 모든 계획을 성취하신다. 예를 들어 그는 미리 북방에서 한 사람을 일으켜 이스라엘로 오게 하셨고 그가 고관들을 석회 같이 밟게 하셨다(사 41:25-26). 하지만 우상들은 이 두 가지 중 아무것도 할 수 없었다. 그러므로 우상은 헛될 뿐 아니라 아무것도 아니다. 오히려 우상은 그것을 택하는 자를 가증스럽게 한다(사 41:24; 레 18:30; 20:13; 신 7:26; 14:3). 이스라엘은 우상을 숭배할 때 부정하게 되어 하나님의 임재와 보호를 경험하기는커녕 하나님께 물리침을 받아 수치를 당하게 된다. 이사야 40-55장은 이스라엘이 포로로 바벨론에 놓이게 된 주된 이유가 그들이 우상을 숭배했기 때문이라고 밝힌다(사 42:17).

하나님은 이스라엘 역사 초기부터 모세를 통하여 우상숭배를 멀리할 것을 거듭 강조하셨다. 그러나 놀랍게도 가나안 정착 이후 이어지는 이스라엘의 역사 속에서 우상숭배는 전혀 근절되지 않았다. 왜 언약 백성은 하나님이 금하신 우상숭배를 삶 속에서 극복하지 못했을까? 우리는 고대 사회의 우상숭배를 심도 있게 살펴볼 필요가 있다.

저명한 구약학자인 더글라스(Stuart Douglas)는 우상숭배의 아홉 가지 매력에 관해 논했다.[3] 첫째, 우상숭배는 실체를 보장한다(guaranteed). 하나님을 섬기는 것에 반하여 우상숭배는 눈에 보이는 실체와 감각적인 자극을 보장한다. 둘째, 우상숭배는 이기적이다(selfish). 우상숭배는 숭배자 자신의 안전이나 쾌락이나 미래를 위한 것이기에 실제로 신을 섬긴다거나 다른 이들을 고려하고 배려하는 일 따위는 철저히 배제된다. 셋째, 우상숭배는 쉽다(easy). 고대인들은 힘들이지 않고 신전에 가서 비교적 쉽게 우상을 숭배하고 그것과 연관된 관습들을 실천할 수 있었다. 넷째, 우상숭배는 편리하다(convenient). 이는 셋째 특징과 직접 연결되는 것으로 그들은 신전에서 쉽고 편하게 언제든지 우상을 숭배할 수 있었다. 다섯째, 우상숭배는 일상적이다(normal). 고대 사회에서 신전에서 다산을 상징하는 바알과 아세라를 섬기고 그것을 숭배하는 것은 독특한 제의 행위라기보다 일상생활의 일부였다. 실제로 삶의 체제(system) 속에서 그들이 가장 근접한 곳에서 느끼고 누릴 수 있는 것이 우상숭배의 대상이 되었다. 여섯째, 우상숭배는 논리적이다(logical). 고대 사회의 바알과 아세라 숭배는 다산과 풍요를 기원하는 의도에서 신전 매춘과 연결되었다. 고대인들의 세계관에서 하늘은 남자이고 땅은 여자였다. 그들은 그렇게 산꼭대기 신전에서 난잡한 성행위를 함으로써 하늘을 자극할 때 흥분한 하늘이 비를

---

3 Douglas Stuart, *Exodus* (Nashville: B&H Publishing Group, 2006), 450-54.

내린다고 믿었다. 물론 고대 사회에서 비는 모든 만물에 생명을 주는 근원이었다. 그렇기에 고대인들의 세계관에서 우상숭배는 지극히 논리적이었다. 일곱째, 우상숭배는 감각을 즐겁게 해주었다(pleasing to the senses). 고대 사회의 우상숭배는 신전 매춘 행위를 당연시했으며 그것은 숭배자들의 감각을 즐겁게 해주었다. 여덟째, 우상숭배는 지극히 방종하고 향락적이다(indulgent). 우상숭배는 많은 이로 하여금 종교적 매춘 행위나 부적절한 관계에 빠지도록 이끌었고 숭배자들의 삶은 피폐해질 수밖에 없었다. 우상숭배는 인간의 본성에 충실하도록 숭배자들을 몰아간다. 끝으로 아홉째, 우상숭배는 성적 자극을 유발한다(erotic). 우상숭배는 숭배자들의 성적 자극을 유발할 뿐 아니라 그들이 방종한 삶에 빠지게 했다.

따라서 우상숭배란 특별한 삶의 모습이라기보다 그들이 영위하는 지극히 일상적인 삶의 한 부분으로서 사회의 제도나 시스템 속에 스며 있던 삶의 양식이었다. 또한 인간의 본성과 논리에 가장 충실한 것이 바로 우상숭배였다. 그들이 하나님 아닌 것을 하나님보다 더 사랑하고 인간적인 본성에 충실한 삶을 살아갈 때 자신도 모르는 사이에 똬리를 틀며 그들 속에 자리 잡았던 삶의 양식이 바로 우상숭배였다는 말이다. 따라서 예언자들의 반복되는 경고에도 불구하고, 그들은 풍요와 다산을 기원하는 바알과 아세라 숭배를 피하지 못하고 타락한 삶의 나락으로 떨어졌다. 우상숭배는 언약 백성의 눈과 귀를 어둡게 했다. 우상을 선택하고 그를 신이라고 부르는 자들은 가증하게 되어 수치와 심판을 당하게 되었다(사 42:17). 이사야를 비롯한 많은 예언자는 우상숭배를 이스라엘의 멸망과 수치의 근본 원인으로 꼽았다(사 42:17; 렘 3:1-5; 22:9; 겔 8:1-18; 14:1-11; 호 13:1-8; 미 1:1-7).

그렇다면 주의 백성은 삶 속에서 어떻게 우상을 제거할 수 있을까? 우상을 제거하기 위해서는 새 마음과 새 영을 이양받는 새 언약의 수술을 받아야 한다(겔 36:22-26). 그것은 위로부터 임하는 야웨의 영의 능력으로 가능한 수술이다(사 32:15-20; 겔 36:25-28). 예언자 에스겔은 하나님의 영이 주의 백성들에게 임할 때 그들은 새로운 영적 민감함과 능력으로 우상을 제거하고 하나님의 율례와 규례를 행할 수 있게 된다고 예언했다(겔 36:27). 오직 위로부터 임하는 하나님의 능력만이 연약한 인간의 본성이 행할 수 없던 그것을 성취할 수 있게 한다.

오늘날 우리에게 지극히 일상적인 삶의 요소인 자녀, 돈, 건강, 명예, 사랑 역시 우상이 될 수 있음을 명심해야 한다. 목회의 성공은 사역자들에게 가장 큰 우상이 될 수 있고, 설교는 회중의 종교심을 부추기는 우상숭배의 현장이 될 수 있음을 기억해야 한다. 왜냐하면 우상숭배란 "인간 본성"에 충실한 삶을 살아가는 모습 그 자체이기 때문이다.

다섯째, 야웨 외에는 다른 구원자가 없느니라(사 43:10-21)

그렇다면 하나님은 우상을 숭배한 이스라엘을 포기하셨는가? 그렇지 않다. 하나님은 그들을 종으로 택하고 보호하겠다는 언약적 맹세를 하셨기에 그들을 버리실 수 없다. 이것이 하나님의 변함없는 인자하심(헤세드)이다! 과거에 변함없는 인자하심과 성실하심으로 당신의 백성을 붙드셨던 하나님은 바벨론에 사로잡힌 그들을 위로하기 원하신다(사 41:10, 13, 14). 한 걸음 더 나아가 이스라엘의 거룩하신 하나님은 머지않아 그들을 새롭게 창조하실 것이다.

> [18]내가 헐벗은 산에 강을 내며 골짜기 가운데에 샘이 나게 하며 광야가 못이 되게 하며 마른 땅이 샘 근원이 되게 할 것이며 [19]내가 광야에 백향목과 싯딤 나무와 화석류와 들감람나무를 심고 사막에는 잣나무와 소나무와 황

양목을 함께 두리니 ²⁰무리가 보고 야웨의 손이 지으신 바요 이스라엘의 거룩하신 이가 이것을 창조한 바인 줄 알며 함께 헤아리며 깨달으리라(사 41:18-20).

하나님은 광야에 오아시스를 만드시고 헐벗은 산에 강을 내시며 골짜기에 샘이 나게 하시는 것처럼 바벨론에 갇힌 언약 백성을 완전히 새롭게 창조하실 것이다.

그러므로 주의 백성에게 야웨 외에는 다른 구원자가 없다. 우상과 비교할 수 없는 야웨는 이스라엘의 거룩하신 분으로서 창조자이자 참된 왕이시다(사 43:15). 헛된 우상이 할 수 없는 것을 이스라엘의 하나님은 능히 성취하신다. 옛적에 바다 가운데서 애굽의 병거와 군사들을 파멸하신 것처럼 야웨는 이제 새 일을 행하사 이스라엘을 새롭게 창조하실 것이다. 광야와 사막에 길을 내어 포로 상태에서 그들을 자유롭게 할 뿐 아니라 시온으로 그들을 안전하게 인도하실 것이다. 오직 이스라엘의 거룩하신 야웨만이 그들의 창조자이시며 구속자이시다!

하나님은 과연 그들을 어떻게 회복하실까? 하나님이 실패한 이스라엘을 구원하기 위해 선택하신 한 종이 야웨의 영의 도움으로 사역을 감당할 때 이스라엘은 변화와 회복을 누릴 것이다.[4] 여기에 하나님의 지혜가 있다! 스스로 듣지 못하고 보지 못하는 언약 백성이기에 하나님은 이 종을 통해 이스라엘에게 말씀하고 교훈하신다. 이 종은 시온 공동체가 공의와 구원을 경험하도록 기꺼이 자신을 대속제물로 바친다(사 53장). 그때 언약 백성은 죄 용서와 공의를 회복하게 되고 궁극적으로는 하나님의 새 창조에 이르게 된다. 이사야 49-55장은 이 의로운 종의 부

---

4   Goldingay, *The Theology of the Book of Isaiah*, 65.

르심, 고난, 사역을 통한 시온의 회복과 새 창조를 중심 주제로 다룬다.

제14장

고레스 왕을 통한 시온의 해방(사 44:24-45:7)

1. 본문의 개요

바벨론에서 이스라엘을 풀어줄 고레스의 등장은 이사야 40-55장 메시지의 중요한 한 축을 형성한다. 앞서 우상숭배의 헛됨을 논쟁 조로 논했던 예언자는 이사야 44:24 이후부터 세계 역사의 흐름에 주목하며 그 속에서 성취될 이스라엘의 해방을 중점적으로 다룬다(사 44:26-45:8). 여기서 이전의 메시지(사 41-44:23)가 헛된 우상과 비교할 수 없는 하나님의 유일성과 절대성을 논했다면 이후의 44:24-48:22은 이스라엘과 열방의 역사와 운명을 홀로 다스리시는 하나님의 절대적 주권과 권능을 강조한다. 온 만물의 창조자이자 이스라엘의 거룩하신 분인 하나님은 언약 백성의 구속을 위해 고레스를 택하여 사용하신다(사 44:28; 45:1-4; 46:10-11). 고레스의 활동과 관련된 신학적 메시지는 이스라엘의 자유와 구속(사 44:26-45:8), 바벨론의 멸망(사 46-47장), 새 출애굽(사 48:20-22)의 주제를 다루면서 이사야 48장까지 계속 이어진다.

예언자는 고레스를 통한 이스라엘의 물리적 해방―바벨론 포로 귀환—을 먼저 다룬 후 이사야 49장부터는 자연스럽게 이스라엘의 영적 자유—죄 용서—를 성취할 고난받는 종에게 집중한다.[1] 종의 사역과 희생을 통한 시온의 회복과 새 창조는 이사야 40-55장의 또 다른 중심축을 형성한다. 이런 전체적인 흐름 속에서 이사야 44:24-45:8은 크게 두 단락으로 나뉜다

① 창조자이자 구속자이신 야웨(사 44:24-28)
② 고레스를 통해 이스라엘을 해방시키시는 야웨(사 45:1-7)

2. 중심 주제 및 적용

열강의 흥망성쇠를 주관하는 동시에 시온의 회복과 구속을 성취하시는 이스라엘의 거룩하신 하나님은 헛된 우상과 전혀 비교할 수 없는 분이시다. 하나님은 당신의 참된 신성과 절대적 주권을 증명하기 위해 열강과 시온의 운명을 분명하게 미리 선언하신다. 또한 그는 예언한 일들을 당신의 열심과 권능으로 반드시 성취하신다. 특별히 이스라엘의 거룩하신 하나님은 바사의 고레스 대왕이 역사의 무대에 등장하기보다 약 200년 전에 그를 선택하시고 그가 이스라엘의 해방을 이룰 것을 말씀하심으로써 당신의 살아 계심과 절대적 신성을 만방에 알리신다.

---

[1] 사 44:24 이후 메시지의 정경적 역할에 관해서는 Childs, *Isaiah*, 352-53을 참고하라.

첫째, 나는 만물을 지은 야웨라(사 44:24-27)

이사야 44:24-45:8은 "나는 야웨라"라는 "자기 예언 형식"(self-prediction formula)으로 시작한다(사 44:24; 45:5-7).[2] 여기서 하나님은 메신저로서 앞으로 일어날 일들을 예언할 뿐 아니라 온 만물에 대한 당신의 힘과 주권을 선언하신다.[3] 이사야 44:24-25은 하나님이 온 만물을 창조하시고 그 속에 있는 다양한 사람들의 운명을 주관하시는 모습을 묘사한다. 반면 이사야 44:26-28은 하나님이 창조자와 구속자로서 구속 역사 속에서 당신의 목적과 계획을 성취하는 분이심을 선언한다. 이때 예루살렘의 재건, 유다의 중건, 포로 상태에서의 해방과 시온의 회복, 고레스의 선택 등이 소재로 다루어진다. 특히 이사야 44:28은 고레스를 통해 이스라엘의 거룩하신 분이 성취하실 중대한 사건들, 즉 예루살렘과 성전의 재건을 묘사한다.

야웨 하나님은 장차 등장할 고레스를 목자로 삼아 당신의 기쁨을 성취하겠다고 예언하심으로써 절대적 신성과 거룩하심을 온전히 드러내셨다. 장차 이루어질 일을 예고하며 열강의 주관자 고레스를 목자로 사용하겠다고 말씀하시는 하나님이야말로 절대적 주권자로서 역사를 홀로 다스리는 분이 아니신가? 이사야 40:27-31에서 영원한 창조자로서 주의 백성에게 힘과 위로를 주시는 분으로 소개되신 하나님은 이제 열강의 통치자를 통해 그들의 운명을 회복시키고 새롭게 창조하는 구속자로서 일하신다. 이스라엘의 거룩하신 하나님이 창조자로뿐 아니라 지혜와 권능으로 회복을 이루는 구속자로서 백성과 함께하시는 것이다.

---

2   Childs, *Isaiah*, 353.

3   Ibid.

둘째, 고레스를 통한 언약 백성의 회복을 성취하신다(사 45:1-4)

이사야 45:1-4은 고레스에 관한 앞선 예언을 더욱 발전시킨다. 하나님은 시온 백성을 바벨론에서 풀어주기 위해 바사의 왕 고레스를 선택하신다. 이사야 44:28은 그를 야웨의 "목자"라고 선언한다. 골딩게이에 따르면 "구약성경 시대의 중동 지역에서 목자는 왕을 일컫는 칭호였다. 목자로서의 왕은 백성을 다스릴 뿐 아니라 그들에게 필요한 것을 제공하는 자다."[4]

이사야 45:1은 하나님이 친히 고레스에게 기름을 부어 예루살렘과 당신의 백성을 향한 계획을 성취할 "메시아"로 삼으셨다고 말한다. 즉 하나님은 고레스에게 왕의 권위와 통치력을 허락하셔서 시온 백성을 해방하는 사명을 감당하게 하신 것이다. 또한 하나님은 그가 사명을 성공적으로 감당할 수 있도록 앞서가며 그의 길을 평탄하게 하심으로써 약소국들을 준비시키신다(사 45:2). 결국 하나님의 신적 도움을 받은 고레스는 바벨론을 멸망시키고 이스라엘에 정치적인 자유를 안겨주었을 뿐 아니라 시온의 회복과 번영을 위한 기초까지 놓게 된다(사 46-47장). 더 나아가 그는 다윗처럼 예루살렘을 중건하고 성전의 기초를 놓을 때 쓸 은금과 각종 보물을 제공하기도 한다(스 1:1-6).

고레스는 기원전 600-530년경에 대제국 바사를 다스린 황제로서 그 이름은 "태양" 또는 "보좌"라는 뜻이었다. 기원전 539년에 그는 바벨론을 무너뜨려 바사의 식민지로 만들었다. 그의 통치 아래 고대 근동의 국가들은 하나의 제국으로 통합되었다. 고레스의 정복 전쟁은 거침이 없었고 당시 바사 제국의 영토는 서아시아와 중앙아시아에까지 이르

---

4 Goldingay, *The Theology of the Book of Isaiah*, 66.

렀다. 고레스는 거대 제국의 군주가 되었는데 이에 관해 이사야 45:2은 야웨 하나님이 앞서가사 각 성의 "놋문을 쳐서 부수고 쇠빗장을 꺾어" 그를 도우셨기 때문이라고 해석한다. 고레스는 바벨론까지 함락시키고는 자신이 바벨론 왕들의 후계자임을 선포했다. 그리고 이듬해인 기원전 538년에 이스라엘과 약소국들의 해방과 귀환을 공포했다. 에스라 1:2-4은 당시의 역사적·정치적 정황을 구체적으로 알려준다.

> [2]바사 왕 고레스는 말하노니 "하늘의 하나님 여호와께서 세상 모든 나라를 내게 주셨고 나에게 명령하사 '유다 예루살렘에 성전을 건축하라' 하셨나니 [3]이스라엘의 하나님은 참 신이시라. 너희 중에 그의 백성 된 자는 다 유다 예루살렘으로 올라가서 이스라엘의 하나님 여호와의 성전을 건축하라. 그는 예루살렘에 계신 하나님이시라. [4]그 남아 있는 백성이 어느 곳에 머물러 살든지 그곳 사람들이 마땅히 은과 금과 그 밖의 물건과 짐승으로 도와주고 그 외에도 예루살렘에 세울 하나님의 성전을 위하여 예물을 기쁘게 드릴지니라" 하였더라.

이처럼 고레스는 공식적인 칙령을 통해 하나님의 절대적 주권을 인정하고 유다 백성의 예루살렘 귀환 및 성전 재건과 그에 필요한 재원 조달을 약속했다. 고레스 칙령의 역사적 신빙성은 고레스 명문(Cyrus Cylinder)으로 인해 확증되었다.[5] 관용 정책을 펼친 그는 약소국들의 환영과 찬사를 받았다. 그런 관용 정책을 통해 유대인들도 예루살렘으로의 귀환과 성전 재건을 허락받았다. 그는 유대인들이 그곳에서 성전 예배를 회복하면 더

---

5 James B. Pritchard, *Ancient Near Eastern Texts relating to the Old Testament* (Princeton: Princeton University Press, 1969), 315-16.

욱 충성스럽게 그를 섬기면서 애굽의 위협적인 공격을 막아주는 완충 지대 역할을 할 것으로 기대했다.[6] 어떤 이유에서든 고레스는 택한 백성의 해방과 회복을 위해 선택된 신적 도구임이 틀림없다. 약 200년 전 고레스가 이스라엘의 하나님을 알 리 없던 그때, 하나님은 이미 고레스를 통한 언약 백성의 해방과 성전의 재건을 예고하셨고 결국에는 그 예언을 성취하셨다. 여기서 우리는 하나님이야말로 역사의 진정한 주권자이심을 알게 된다.

셋째, 온 세계 가운데 나 밖에 다른 이가 없는 줄을 알게 하리라(사 45:5-7)

창조자 하나님을 다시 강조함으로써 이 단락은 첫째 단락(사 44:24-28)과 수미상관을 이룬다. 반복해서 등장하는 "나는 야웨다"라는 "자기 예언 형식"(self-prediction formula)은 이 문단 전체에 문학적 통일성을 더해준다. 하나님은 빛과 어둠, 평안과 환난을 모두 만드신 창조자이시다. 마치 날실과 씨실이 함께 모여 아름다운 문양을 만들어내듯이 그는 창조하신 다양한 인물들과 사건들을 함께 엮어 구속 역사의 목적을 성취해가신다.

전체적으로 본문은 고레스의 활동과 그것을 의도하신 하나님께 집중한다. 그 이유는 무엇일까? 열강의 탁월한 통치자 고레스의 등장과 그의 활동을 정확하게 예언하심으로써 야웨는 해 뜨는 곳에서부터 해 지는 곳까지 어디서나 역사와 만물의 절대적 주권자로 인정받으실 것이기 때문이다. 특히 고레스의 정복을 통해 바벨론이 멸망할 때 온 세상은 야웨

---

6   누트 라르손, 캐시 댈런, 『Main Idea로 푸는 에스라, 느헤미야, 에스더』, 김진선 옮김(서울: 디모데, 2008), 29.

의 통치와 주권을 인정하지 않을 수 없을 것이다(사 46-47장). 결국 온 만물이 이스라엘의 하나님을 창조주와 절대적 통치자로 인정하는 신적 지식에 도달할 때 구속 역사 속에서 펼쳐진 하나님의 사역은 그 절정에 도달하게 될 것이다.[7]

지금까지 살펴본 대로 이사야 44:24-45:7은 고레스를 선택하고 그를 통해 시온의 회복과 구속을 성취하시는 하나님의 창조적 권능과 주권을 묘사한다. 비록 고레스는 하나님을 알지 못했을지라도 하나님은 이방인인 그를 통해 포로 상태에 놓였던 유다에게 자유를 허락하고 예루살렘 성전을 재건하며 구속 역사의 진전을 이루어가신다. 오직 하나님만이 언약 백성과 온 만물의 진정한 창조자이며 구속자이고 왕이시다! 하나님은 구속 역사 속에서 변함없는 열정과 성실함으로 당신의 백성과 온 만물의 새 창조를 이루어가실 것이다.

---

7   Childs, *Isaiah*, 354.

제15장

새 출애굽(사 48:20-22)

1. 본문의 개요

이사야 48장은 이사야 40-55장의 첫 단락(사 40-48장)을 결론지으면서 두 번째 단락(사 49-55장)을 소개하는 기능을 한다. 이때 본문의 두 가지 특징이 문학적·신학적 변환을 이끈다.

첫째, 이사야 40-47장에서 핵심적 인물로 등장했던 고레스는 "이 제는 주 여호와께서 나와 그의 영을 보내셨느니라"(사 48:16)고 말하며 비중 있는 역할을 일인칭 종에게 넘겨주고 무대 뒤로 사라진다. 바벨론 에서 시온 백성을 정치적으로 해방한 고레스와는 달리 일인칭 종은 이제 그들의 죄 문제를 해결함으로써 언약 공동체의 회복과 새 창조를 이루어 간다(사 49-55장).

둘째, 이전의 본문이 예언의 형태 속에서 고레스의 사역과 관련된 하 나님의 새 일, 즉 포로 상태에서의 해방을 중점적으로 다루었다면 이사야 48장은 이스라엘이 그런 구원을 누리기 위해 말씀에 순종하고 죄의 문제를 해결해야 할 것에 관해 말한다(사 48:1-11).[1] 그리고 여기서 이어지는 이사야 49-55장은 하나님이 일인칭 종의 고난과 희생을 통해 죄의 문제를 해결하신다는 내용을 중심 주제로 삼는다.

그러므로 이사야 48장은 앞선 40-47장의 내용을 요약하면서 이후에 49-55장에서 전개될 주요 주제와 내용을 소개한다고 말할 수 있다. 이는 바벨론에서의 새 출애굽(new exodus)을 선포하는 이사야 48:20-22에서도 잘 드러난다. 고레스의 정복을 통해 바벨론이 멸망(사 46-47장)한 뒤 하나님의 인도하심을 따라 이스라엘이 새 출애굽을 맞이하는 것은 논리적으로 알맞은 귀결이다. 고레스를 통한 이스라엘의 새 출애굽은 하나님이 창조하고 성취하실 새 일이다(사 48:6-7).

새 출애굽은 일차적으로 시온 백성이 포로로 잡혔던 바벨론에서 돌아오는 여정을 의미한다. 하지만 이 사상은 신학적으로 죄의 속박에서 해방되는 성도의 "구원 여정"을 보여주는 심오한 메시지로 발전해간다. 이사야 48장은 다음과 같이 크게 세 단락으로 나뉜다. 이 책에서는 이사야서의 주요 주제 중 하나인 "새 출애굽"에 중점을 두고 살펴보고자 한다.

① 새 일을 행하시는 야웨(사 48:1-11)
② 고레스와 종을 통해 일하시는 하나님의 주권(사 48:12-19)
③ 새 출애굽(사 48:20-22)

---

1   Childs, *Isaiah*, 373.

2. 중심 주제 및 적용

새 출애굽 모티프는 이사야 40:3-5, 41:17-20, 42:14-16, 43:1-3, 48:20-21, 49:8-12, 51:9-10, 52:11-12, 55:12-13에 반복적으로 제시되면서 이사야 40-55장의 핵심 메시지를 형성한다. 이는 시온 백성들의 종말론적 회복과 구원을 묘사하는 심오한 신학적 사상을 내포하는 주제다.

첫째, 새 출애굽의 정의(사 48:20-22)

새 출애굽이란 모세 시대에 하나님이 이스라엘을 애굽에서 끌어내셨던 것처럼 바벨론에 사로잡힌 유다 백성을 풀어주시는 제2의 출애굽을 말한다. 하나님은 새 출애굽을 통해 당신의 백성을 시온으로 인도하신 후 새로운 공동체와 나라를 세우실 것이다. 이는 과거의 출애굽과 견줄 만한 놀라운 사건이다. 이사야 48:20-22을 살펴보자.

> [20]너희는 바벨론에서 나와서 갈대아인을 피하고 즐거운 소리로 이를 알게 하여 들려주며 땅 끝까지 반포하여 이르기를 "여호와께서 그의 종 야곱을 구속하셨다" 하라. [21]여호와께서 그들을 사막으로 통과하게 하시던 때에 그들이 목마르지 아니하게 하시되 그들을 위하여 바위에서 물이 흘러나게 하시며 바위를 쪼개사 물이 솟아나게 하셨느니라. [22]여호와께서 말씀하시되 "악인에게는 평강이 없다" 하셨느니라.

새 출애굽은 모세가 이끌었던 첫 번째 출애굽과는 많은 부분에서 다르다. 반게메렌은 새 출애굽과 과거의 출애굽을 다음과 같이 비교했다.

첫 번째 출애굽	새 출애굽
애굽으로부터의 해방	바벨론, 디아스포라 열방으로부터의 해방
모세	야웨의 종(종들)
예상하지 못한 촉박한 출발	점진적 출발
하나님의 승리	하나님의 승리
광야에서 시험을 받음	광야에서 공급을 받음
시내산에서 계시를 받음	하나님이 이스라엘의 스승 되심
마음의 강팍함	성령의 임재하심
하나님의 영광이 모세에게 나타남	하나님의 영광이 백성과 열방에 나타남
제사장직이 위기에 처함	거룩한 나라, 왕 같은 제사장으로 세워짐
부족 중심주의, 개인주의	하나님의 백성들의 연합
광야에서 멸망	인구의 증가, 의로운 남은 자들의 축복, 새 언약 공동체의 형성
열방의 저항과 공격	열방이 참여함
두려움	기쁨과 찬양
땅을 정복함: 혼합주의와 열방의 영향력 아래 놓임	시온으로 들어감: 악의 패망과 새 창조의 시작

출애굽과 새 출애굽 비교[2]

---

2   Willem A VanGemeren, "Window 8: New Exodus," *Lecture Note of Isaiah* (Trinity International University, 2013).??

새 출애굽은 그 범위나 양식이나 결과의 측면에서 예전의 출애굽보다 한 층 더 발전되고 온전한 형태를 띤다. 새 출애굽의 여정에 오른 이스라엘 백성은 하나님의 공급을 받으며 성령의 인도하심 가운데 기쁨과 찬양 속에서 광야 길을 지나 거룩한 나라로 세움을 받게 된다. 궁극적으로 그들은 시온에 들어가서 새 창조와 영광을 누리게 될 것이다. 그리고 이 주제는 이사야 55:12-13에 다시 등장한다. 따라서 이사야 40-55장은 서론과 결론에 새 출애굽 모티프를 배치함으로써 하나님의 권능 가운데 유다 백성이 경험할 구원과 새 창조를 새 출애굽의 신학적 틀 속에서 설명한다고 말할 수 있다.

그렇다면 예언자는 어떻게 새 출애굽이라는 신학 사상을 발전시킬 수 있었을까? 이를 이해하기 위해서는 고대 히브리인의 사고방식과 역사관을 들여다볼 필요가 있다. 일반적으로 고대 그리스인들의 역사관(세계관)은 수직적이라고 볼 수 있다. 그들에게 이 땅은 천상에 있는 이데아의 모형이다. 그에 따르면 이 세상은 원형인 이데아로부터 유래했으며 결국에는 그 원형인 이데아로 회복될 것이다. 이런 세계관을 시각화하면 다음과 같다.

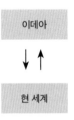

고대 그리스의 수직적 세계관

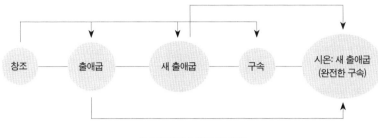

이스라엘의 수평적 세계관[3]

반면 히브리인들은 시작과 끝이 있고 점진적으로 발전하는 수평적 역사관(세계관)을 가지고 있었다. 그들의 역사관에 따르면 과거에 일어났던 사건은 후대에 다시 일어난다. 과거에 일어났던 창조 사건은 새 창조 사건으로 다시 일어날 것이다. 예전에 일어났던 하나님의 구속 사건은 역사의 중요한 분기점에 다시 일어날 수 있고 마지막으로는 완전한 구속을 이루며 역사의 새 창조로 완성될 것이다. 그들의 이런 역사관의 근본적 근거는 역사와 만물의 진정한 주권자이신 하나님의 변함없는 신성과 일하심에 대한 믿음이다.

과거에 크신 권능과 지혜로 출애굽을 이끄셨던 하나님은 미래에도 그와 비슷한 사건뿐 아니라 그보다 더 위대한 일을 성취할 수 있는 분이시다. 하나님은 과거에도 지혜와 능력의 하나님이셨지만 현재와 미래에도 똑같은 지혜와 능력을 가진 하나님이시다. 그렇기에 그들은 현재를 과거의 연속선에서 해석하며 과거에 일어났던 사건들의 틀 속에서 장차 닥쳐올 미래를 바라보았다. 즉 옛적에 출애굽을 시키셨던 것처럼 이스라엘

3 　고대 이스라엘인들의 역사관에 관해서는 다음 자료를 참고하라. Bernhard W. Anderson, "Exodus Typology in Second Isaiah," *Israel's Prophetic Heritage* (Eugene: Wipf & Stock Publication, 2010), 177-95.

의 거룩하신 하나님은 이제 바벨론에서 시온의 백성을 자유롭게 하시고 더 나아가 그들을 시온성으로 인도하실 것이다.

새 출애굽은 바벨론에 사로잡혀 있던 언약 백성에게 종말론적 해방과 새 창조에 대한 신학적 틀을 제공했다. 바벨론에 갇힌 그들은 하나님이 과거에 출애굽을 일으켰던 것처럼 장차 새 출애굽을 성취하실 것을 바라보았다. 우리의 삶 가운데도 고난과 시련은 있기 마련이다. 그럼에도 과거에 이스라엘 가운데 구원과 새 창조의 역사를 이루신 하나님은 어제나 오늘이나 영원히 동일한 분이시지 않은가? 과거에 놀라운 창조와 구속의 사건을 성취하셨던 하나님은 장차 주의 백성의 삶에서도 새 창조와 더욱 위대한 구원의 역사를 성취하실 것이다.

둘째, 새 출애굽은 자유와 구속을 의미한다(사 48:20-22)

새 출애굽에는 어떤 신학적·영적 의미가 있는가? 근본적으로 새 출애굽은 다양한 억압과 속박으로부터의 자유와 구속을 의미한다. 좀 더 상세하게 말하자면 새 출애굽은 하나님이 현재 삶 속에 있는 고난과 억압으로부터 주의 백성들을 자유롭게 하실 것을 강조한다. 언약 백성은 바벨론에 포로로 속박되어 억압을 받고 있었다. 그들이 갈망했던 소원은 바로 그런 속박과 억압에서 풀려나는 것이었다. 언약 백성이 바벨론 유수에서 해방되는 새 출애굽은 그런 억압과 속박으로부터 자유롭게 되는 것을 의미한다.

다음으로 새 출애굽은 죄와 죽음으로부터의 해방을 의미한다. 이스라엘 역사 속에서 새 출애굽 사상은 더욱 깊은 신학적·영적 의미를 내포하게 된다. 바벨론의 포로 상태에 놓인 언약 백성의 모습은 우리 인생이 아직 삶의 고난과 억압 아래에 놓여 있음을 의미할 뿐 아니라 근본적인 죄와 사망의 저주 아래 놓여 있음을 보여준다. 반면 언약 백성이 새 출애굽을 경험한다는 것은 현재 삶의 어려움과 속박에서 자유를 누릴 뿐 아니라 우리 인생의 가장 근본적인 속박과 죄와 사망에서 자유롭게 되어 하나님의 완전한 임재와 새 창조가 있는 시온에 들어가는 것을 가르친다.

따라서 바벨론 유수는 하나님의 백성들이 여전히 죄악과 불완전함과 죽음 아래 놓인 상태를 상징하는 반면, 새 출애굽은 장차 그들이 경험할 각종 굴레와 억압으로부터의 영적인 자유와 해방을 상징한다. 모든 인간의 가장 근본적인 고난과 속박은 다름이 아니라 죄와 죽음이다. 모든 인간은 죄와 욕심에 이끌려 돌이킬 수 없는 사망의 길로 나아가게 된다. 스스로 인식하든 그렇지 않든 모든 사람은 죄와 죽음의 속박 아래 놓여 있다. 하지만 하나님은 인간의 근본적 문제인 죄와 사망의 속박으로부터 당신의 백성들을 출애굽시키실 것이다. 따라서 궁극적으로 새 출애굽은 언약 백성이 종말론적 시온으로 들어갈 때, 다시 말해 죄악이나 속박이나 불완전함이 없는 새 하늘과 새 땅에 들어가는 동시에 하나님의 완전한 임재 가운데 나아갈 때 완성된다.

셋째, 과연 누가 새 출애굽을 이끄는가?(사 48:20-22)

바벨론에 사로잡힌 언약 백성에게 새 출애굽을 허락하는 자는 누구인가? 근본적으로 새 출애굽을 계획하고 성취하는 분은 이스라엘의 거룩하신 하나님이시나. 하지만 하나님은 기름 부음 받은 메시아를 통해 새 출애굽을 성취하신다. 정치적으로 해방을 선언하는 자는 고레스이고 영적으로 죄에서 자유를 허락하는 이는 주의 종이다. 이 둘은 모두 하나님께 기름 부음을 받은 메시아로서 장차 오실 예수 그리스도를 예표한다. 인생의 존재론적 속박과 연약함과 죄의 권세에서 주의 백성을 구원하실 분은 참된 메시아, 곧 오직 예수 그리스도뿐이시다. 예수 그리스도는 인간의 근본적인 속박인 죄와 사망에서 주의 백성을 구원하실 뿐 아니라 장차 그들을 새 하늘과 새 땅으로 인도하신다.

넷째, 과연 누가 새 출애굽에 참여할까?(사 48:20-22)

새 출애굽은 바벨론으로부터의 해방일 뿐 아니라 시온과 그곳에 있는 하나님의 임재를 향한 구원의 여정이다. 그렇다면 과연 누가 이 놀라운 믿음의 여정에 동참할 수 있을까? 사실 오늘 본문은 이 질문에 대한 해답을 제공하지 않는다. 하지만 이사야 55:12-56:8을 보면 우리는 누가 새 출애굽에 동참하게 되는지 알게 된다.

이사야 55:12-13은 기쁨 가운데 진행되는 새 출애굽의 모습을 묘사한다. 또한 이사야 56:7은 언약 백성이 드디어 그 여정의 종착지인 야웨의 성산 곧 시온산에 이른 것을 그린다. 그런데 이사야 56:1에서 야웨 하나님은 새 출애굽을 이루는 언약 백성을 향해 의미심장한 명령을 내리신다.

여호와께서 이와 같이 말씀하시기를 "너희는 정의를 지키며 의를 행하라. 이는 나의 구원이 가까이 왔고 나의 공의가 나타날 것임이라" 하셨도다.

이 구절은 언약 백성이 하나님의 구원을 경험하고 새 출애굽 여정의 최종 목적지인 시온성에 도달하기 위해 그들이 공의와 정의를 실천해야 함을 강조한다. 즉 새 출애굽의 여정에 올랐을지라도 공의와 정의를 행하지 않는 자는 결단코 시온산에 도달할 수 없다는 것이다. 그리고 이사야

56:2-6은 그들이 실천해야 할 공의와 정의를 더욱 상세하게 기술한다. 이사야 55:12-56:8의 논리적 흐름은 오직 공의와 정의를 실천하는 언약 백성이라면 비록 그들이 이방인이고 육체적 결함이 있더라도 새 출애굽의 여정에 동참할 수 있으며 최종 목적지인 시온산에 도달할 수 있다는 사실을 보여준다.

이사야 61장은 오직 야웨의 영이 충만한 자들이 공의와 정의를 행할 수 있고, 그런 자들이어야 야웨의 인도하심 아래서 시온성에 들어갈 것을 강조한다(사 62:10-12). 아울러 이사야 35:8-10은 새 출애굽의 여정을 "거룩한 길"이라고 칭하면서 오직 거룩한 삶을 살아가는 자들이 야웨의 임재와 영영한 희락이 있는 시온산에 도달할 것이라고 말한다. 즉 언약 백성의 거룩한 삶은 그들이 일상 속에서 공의와 정의를 행할 때 가능하다. 그러므로 언약의 말씀을 따라 삶의 거룩함을 이루며 공의와 정의를 행하는 자들이 새 출애굽에 참여하게 되고 궁극적으로 야웨의 임재와 영영한 기쁨이 있는 시온산에 도달하게 된다.

제16장

한 신실한 종과 시온의 회복(사 49:1-52:12)

1. 본문의 개요

이사야 49장은 49-55장의 서론 역할을 하는 것으로 알려졌다. 이사야 49장에서 이사야 40-55장의 메시지는 큰 변화를 겪는다. 여기서부터 일인칭으로 이야기를 전하는 한 종이 등장해서 49-55장의 중심적 역할을 담당한다.

> 섬들아, 내게 들으라. 여호와께서 태에서 나를 부르셨고, 내 어머니의 복중에서부터 내 이름을 기억하셨으며(사 49:1).

이사야 40-48장에서 하나님은 이미 이스라엘을 열방 가운데 하나님의 종으로 선택하셨다. 그러나 그들은 눈이 멀고 귀가 들리지 않아서 하나님이 맡기신 사명―이방의 빛, 백성의 언약―을 감당하지 못했다. 거대한 경륜 가운데 하나님은 당신의 종 이스라엘이 실패한 사역을 다시 회복할 뿐 아니라 언약 백성과 열방 가운데 세우신 그의 구속사적 목적을 성취하기 위해 이 종을 택하신다. 이사야 48:16b(이제는 주 여호와께서 나와 그의 영을 보내셨느니라)은 하나님이 이 종에게 성령의 기름을 부으시고 언약 백성에게 보내셨다고 말한다.

이사야 49-55장의 전체 맥락에서 볼 때 이 종이 공동체 속에서 사역할 때 시온 백성은 죄 용서와 구원과 하나님의 회복을 경험하게 된다. 특별히 이사야서는 하나님이 택한 이 종에게 당신의 영을 부으셔서 맡겨진 사역을 감당하게 하신다는 사실을 시종일관 강조한다(사 11:1-5; 42:1-4; 48:16b; 61:1-3). 고레스가 바벨론에 포로로 잡힌 하나님의 백성에게 정치적 자유를 허락했다면 야웨의 영과 함께 보내심을 받은 이 신실한 종은 그들에게 영적 해방, 즉 죄 용서와 공의의 회복을 선사할 것이다.

이사야 49-55장에서 활동하는 이 종은 메시아적 사역을 감당하는 종-메시아이다. 그의 존재와 사역에서 가장 큰 특징은 다름이 아니라 시온 공동체를 향한 하나님의 뜻을 성취하기 위해 자신을 깨뜨리는 희생과 대속적 죽음에 있다. 즉 하나님은 실패한 이스라엘 가운데 신실한 한 종을 선택하시고 그의 희생과 죽음을 통해 시온 공동체가 공의와 영광을 회복하도록 이끄신다. 이는 더 나아가 출애굽기 19:5-6이 밝힌 이스라엘의 본연의 모습-하나님의 소유, 거룩한 나라, 제사장 백성-을 회복하는 것과 맥을 같이한다(출 19:5-6). 이사야 49:1-52:12은 크게 두 가지 중심 주제를 다룬다.

① 종의 부르심, 사역, 고난
② 시온의 회복

2. 중심 주제 및 적용

첫째, 종은 시온의 회복을 위해 부름받았다(사 49:1-9)

이사야 49:1-7은 이 종의 부르심과 사역을 구체적으로 묘사한다. 하나님은 어머니의 태에서부터 이 종을 부르셨다. 하나님이 보시기에 그는 존귀한 자이고 하나님을 자신의 힘으로 삼아 살아가는 자다(사 49:5). 이 종의 사역은 이스라엘을 하나님께로 이끌어 모으고(사 49:5), 동시에 야곱 지파들을 하나님의 백성으로 세우는 것이다(사 49:6). 조금 더 구체적으로 하나님은 그를 ① 이방의 빛(사 49:6)과 ② 백성의 언약(사 42:6; 49:8)으로 부르셔서 사역을 감당하게 하신다.

놀라운 점은 하나님이 신실한 이 종에게 주신 사명은 사실상 이사야 42장에서 하나님이 이스라엘 전체 공동체에 주신 사명과 동일하다는 것이다(사 42:6). 이 신실한 종의 사역은 먼저 이방의 빛이 되는 것이다. 그를 통해 이스라엘뿐 아니라 열방의 백성들도 하나님의 구원과 영광을 경험할 수 있다(사 49:6). 다음으로 이 종은 백성의 언약이 되어 하나님과 가진 언약 관계의 특권을 보여줌으로써 먼저는 이스라엘이 하나님과 언약 관계를 회복하게 하고, 다음으로는 온 세상의 열방도 하나님과의 언약 관계를 맺으러 나오도록 한다. 종의 선택과 사역 속에서 우리는 하나님의 경륜과 지혜를 엿볼 수 있다. 하나님은 이 신실한 종-메시아의 사역을 통해 이스라엘뿐 아니라 열방을 회복하신다.

둘째, 종의 사역은 학자의 혀를 가지고 곤핍한 자를 도와주는 것이다(사 50:4)

이사야 50:4-9은 이 종의 사역을 더욱 구체적으로 발전시킨다. 구체적으로 이사야 50:4에 따르면 이 종은 학자의 혀를 가지고 환란 당한 자를 위로하고 도와준다. 여기서 "학자의 혀"라고 할 때 "학자"에 해당하는 히브리어는 "리무딤"(למודים)이다. 이 단어는 "잘 배운 자", "특별히 훈련받은 자", "제자들"을 의미한다. 다시 말해 이 종은 어떤 분야에서 잘 배우고 훈련받은 "전문가" 또는 "장인"을 지칭한다.

구체적으로 그는 특별한 "훈련"과 "전문성"을 가진 자로서 연약한 자들, 낙심한 자들, 고통당하는 자들을 회복시키는 전문 사역자다. 이 본문에 따르면 하나님의 종은 자신의 분야에 전문가가 되어야 한다. 하나님의 말씀으로 성도들을 세우기 위해 사역자는 인격의 성숙함과 함께 다양한 분야─성서학, 인문학, 글쓰기, 설교, 상담, 교양 등─에 전문가가 되어야 함을 명심해야 한다. 성경 속에 등장하는 모세, 그 이후 많은 예언자와 사도 중 영성뿐 아니라 글쓰기와 사역에 있어 전문가가 아닌 자가 있었던가? 아울러 하나님의 종은 지속적인 훈련과 전문적인 지식을 통해 계속 성장해야 한다. 오늘날 연예인이나 기업가들도 이윤을 추구하기 위해 얼마나 힘겨운 훈련과 교육을 견뎌내는지 생각해볼 일이다.

셋째, 종은 하나님의 음성을 듣고, 하나님의 인도하심을 받는 자다(사 50:5)

이 종은 "하나님의 음성을 듣는 자"다. 사실 이 구절에서 "하나님의 음성을 듣는다"라는 이 표현은 정말 놀랍다. 왜냐하면 이스라엘은 종으로 부름받았음에도 불구하고 줄곧 눈이 멀고 귀가 먹어서 하나님의 음성을 듣지 못했기 때문이다(사 42:18, 19; 43:8). 결국 그들은 하나님의 사역을 감당하지 못하고 바벨론 유수라는 하나님의 심판을 자초했다. 하지만 하나님이 이 종의 귀를 여실 때 그는 하나님의 음성을 듣게 된다. 아울러 그는 하나님으로부터 교육을 받게 된다. 하나님의 음성을 들을 수 있기에 그는 더 이상 하나님을 거역하거나 그 앞에서 뒤로 물러서지도 않는다. 하나님과 깊은 교제를 나누고 영적 친밀함을 누리며 하나님의 음성을 듣는 것은 종의 삶과 사역에서 핵심적인 요소다. 그와 같은 맥락에서 예수님은 참된 제자란 그분의 음성을 듣는 자라고 밝힌다.

> 내 양은 내 음성을 들으며 나는 그들을 알며 그들은 나를 따르느니라 (요 10:27).

넷째, 종의 사역에는 고난이 따른다(사 50:6)

이사야 50:6에 따르면 이 종은 백성들에게 "등을 맞으며 수염을 뽑히고, 수욕과 침 뱉음을 당한다." 이는 그의 불의함과 죄악에 대한 징계가 아니라 백성의 의와 회복을 위해 당하는 고난과 수욕이다. 이와 같은 종의 고난과 아픔은 이사야 53장에서 절정에 이른다. 이 종은 백성의 죗값을 담당하는 대속의 희생과 죽음을 통해 그들 속에 하나님의 의와 화평을 가져온다. 참으로 이 종은 "상처 입은 치유자"로서 공감하고 체휼하는 사역자다.

비록 그의 사역 속에는 고난이 따르지만 야웨 하나님이 도우시므로 그는 부끄러워하지 않고 수치를 당하지 않는다. 오히려 하나님은 이 종을 의롭다 하시고 늘 가까이서 함께하신다. 그렇기에 이 종을 대적하거나 정죄할 자는 아무도 없다. 이 종의 궁극적인 힘과 능력과 의로움은 그의 곁에서 진리의 음성과 도움을 허락하시는 이스라엘의 거룩하신 하나님이

시다.

이사야 49:8-12은 의미심장하게도 종이 이런 사역들을 감당할 때 시온 공동체가 회복과 번영을 누리게 된다고 말한다. 그들의 회복은 새 출애굽의 주제와 깊은 연관성 속에서 ① 땅을 새롭게 함, ② 황폐한 땅을 기업으로 상속함, ③ 새 출애굽을 성취함으로 표현된다. 이사야 49장의 문학적·신학적 정황 속에서 종의 고난과 사역은 시온의 위로와 회복을 위한 근본적 토대가 된다.

번영주의에 물들기 쉬운 현대의 사역자들에게 고난받는 종의 모습은 소중한 가르침을 전해준다. 이란의 테헤란에는 한 교회가 있다. 이 교회는 이란 전역에서 유명한 교회가 되었다. 교인이 많이 모여서도 아니고 좋은 일을 많이 해서도 아니다. 다만 순교자가 연이어 나왔기 때문이다. 지금으로부터 약 9년 전에 이 교회의 성장과 존재를 탐탁지 않게 여기는 사람들이 이 교회의 담임목사를 암살하는 일이 있었다. 그러자 살해된 전임 목사님의 뒤를 이어서 다른 목사님이 새로 부임했다. 암살자들은 신임 목사님도 살해했다. 그러자 또 다른 목사님이 그분의 뒤를 이어 부임했고 그 목사님도 다시 잔인하게 살해되고 말았다. 죽는 길인 줄 알면서도 여러 목사님이 연이어 취임했으나 즉시 제거되었다.

불과 2년 동안 6명의 목사가 순교하면서 이 교회는 이란 전역에서 유명한 교회가 되었으며 "도대체 복음이 무엇이기에 목숨을 걸고 저렇게까지 하는가?" 하면서 그 교회에 관심을 두기 시작한 사람들이 모여들어서 지금은 400명이 모이는 교회로 부흥하게 되었다. 예수님을 믿으면 목숨이 위태로워지는 나라에서 참으로 놀라운 일이 일어나고 있다. 현재 담임 목사님은 7년 전부터 지금까지 사역을 감당하고 있다. 하지만 여전히 암살의 위협 가운데 놓여 있다. 핍박과 순교 뒤에 부흥이 있음을 보게 된다.[1] 또한 이 교회의 부흥은 참된 종의 길과 사역이 무엇인지 다시금 되돌아보게 한다. 사역을 감당하는 중 억울한 고난을 겪어 눈물짓고 아파하는 사역자가 있는가? 그 고난과 눈물과 아픔은 우리가 하나님의 종임을, 또한 우리가 올바른 길을 걸어가고 있음을 증명해준다.

---

1 http://m.blog.daum.net/nanum0219/7853612〈2018.11.15; 최종 수정: 2013.08.10. 21:52〉.

제17장

종의 사역과 고난, 그리고 복음의 능력(사 52:13-54:17)

1. 본문의 개요

신실한 종-메시아의 사역과 고난은 이사야 52:13-53:12에서 그 절정
에 도달한다. 종-메시아가 고난 가운데 자기 자신을 하나님께 대속제물
로 드릴 때 시온 백성이 죄 용서와 회복을 경험하게 되기 때문이다. 다시
말해 시온 백성은 자신을 속건제물로 바치는 종으로 말미암아 하나님 앞
에서 의로움을 회복할 뿐 아니라 많은 씨앗―곧 종들을 말한다―을 생산
하게 된다(사 53:10). 이는 시온의 궁극적인 회복과 축복을 위한 근간이
된다(사 54:17).

이 종의 사역에는 큰 특징 두 가지가 있다.

첫째, 종은 고난을 겪어야 할 이유가 없음에도 백성들과 **함께** 고난을
당한다.[1] 이 종은 의롭고 신실하기에 고난이나 역경을 당할 만한 이유가
없다. 하지만 그는 백성들과 함께 있으면서 그들을 위해 대속의 죽음을

---

1   Goldingay, *The Theology of the Book of Isaiah*, 71.

맞이한다. 그 과정에서 그는 자신을 핍박하는 백성에게 보복하지 않는다. 이런 의미에서 이 종은 백성들과 함께 고난을 당한다고 말할 수 있다.

둘째, 종은 고난을 겪어야 할 이유가 없음에도 백성들을 **위해** 고난을 당한다.[2] 이스라엘 백성은 율법에 따라 여러 가지 죄악의 용서를 위해 대속을 위한 제물을 바쳐야 했다. 하지만 죄악에 빠진 그들 자신이 회복을 위한 속건제물이 될 수는 없었다. 이때 종이 나서서 백성의 죄를 사하는 속건제물로 자기 자신을 올려드린다. 이 종의 헌신과 자기희생, 대속의 죽음은 공동체를 향한 징벌과 심판을 되돌리기에 충분하다.[3]

신실한 종-메시아가 감당한 고난과 대속적 죽음의 바탕 위에서 시온은 의롭게 됨과 회복을 경험한다. 하나님은 "내가 넘치는 진노로 내 얼굴을 네게서 잠시 가리었으나 영원한 자비로 너를 긍휼히 여기리라"(사 54:7-8)고 말씀하신다. 하나님과 백성 사이에 존재하던 불화가 화평함과 친밀함으로 변한다. 이는 종이 대속의 죽음을 통해 백성들의 죗값을 치렀기에 가능한 변화이자 축복이다. 이제 하나님은 이스라엘의 남편이자 그들의 구속자가 되신다. 시온의 백성은 하나님과 영원한 언약을 맺고 옛적에 다윗 왕이 누렸던 지위와 영광을 회복하게 될 것이다(사 55:3-5). 또한 그들은 종들의 공동체를 세우며 야웨의 기업을 영원히 누릴 것이다(사 54:17). 이사야 52:13-54:17은 다음과 같이 크게 두 단락으로 나뉜다.

① 종의 대속적 고난과 죽음(사 52:13-53:12)
② 하나님의 영원한 자비와 시온의 회복(사 54:1-17)

---

2   Ibid.

3   Ibid.

이 종의 행적은 예수 그리스도의 대속 사역과 죽음을 예표한다. 이사야서는 이 종을 직접 가리켜 예수 그리스도라고 지칭하지는 않는다. 하지만 성경 전체의 흐름은 이사야서가 종을 통해 예수 그리스도의 사역을 묘사하고 있으며 더 나아가 그의 제자들과 사도들, 그리고 역사에 등장하게 되는 수많은 사역자가 감당할 대속적 사역을 드러내주고 있음을 확인하게 해준다.

2. 중심 주제 및 적용

성경을 통틀어 이사야 53장은 그리스도인에게 가장 잘 알려진 말씀 중 하나다. 고난 주간이 되면 전 세계의 수많은 설교자가 이사야 53장을 중심으로 예수 그리스도의 고난과 십자가 죽음, 복음의 의미를 설교하기 때문이다. 하지만 아이러니하게도 정통 유대인들은 이사야 53장의 고난받는 종에 관한 기사를 의도적으로 도외시해왔다. 그 결과 그들은 이사야 53장의 내용에 관해 무지한 모습을 보인다. 그도 그럴 것이 유대인 상당수가 이사야 53장을 읽은 후 기독교로 개종하는 일이 계속해서 있어 왔다. 이미 예수님을 메시아로 받아들인 유대인들(messianic Jewish)은 이사야 53장을 중심으로 다른 유대인들에게 예수 그리스도와 구원의 복음을 제시한다. 따라서 이사야 53장은 기독교인들뿐 아니라 유대인들에게도 아주 중요한 말씀이다.

　　과연 구약성경에서 이사야 53장은 하나님의 백성들에게 어떤 복음의 메시지를 전달해주는가? 아마도 구약성경에서 이사야 53장의 고난받는 종(suffering servant)만큼 예수 그리스도의 십자가와 그것의 신학적 의미를 잘 보여주는 인물은 없을 것이다. 이사야 53장에 나타나는 종의 사역,

고난, 그리고 그 속에 함축된 복음의 메시지를 이사야서뿐 아니라 다른 성경 말씀을 통해 묵상해보자.

첫째, 종의 고난과 사역: 자신을 하나님께 속건제물로 바침(사 53:1-10)

하나님의 부름을 받은 종은 이사야 40-66장의 중심인물로 등장한다. 그런데 이사야 49-55장은 이 종을 "고난받는 종"으로 표현한다. 그는 "내가 헛되이 수고하였으며 무익하게 공연히 내 힘을 다하였다"(사 49:4)라고 말하며 자신의 사역에 열매가 없음을 탄식한다. 그리고 이사야 50:4-9에서 이 종의 고난은 한층 더 고조된다.

> 나를 때리는 자들에게 내 등을 맡기며 나의 수염을 뽑는 자들에게 나의 뺨을 맡기며 모욕과 침 뱉음을 당하여도 내 얼굴을 가리지 아니하였느니라(사 50:6).

이 종의 고난은 이사야 53장에 이르러 절정을 맞이한다. 이사야 53:3은 "그는 멸시를 받아 사람들에게 버림을 받았으며 간고를 많이 겪었으며 질고를 아는 자"라고 말한다. 여기서 "간고"로 번역된 히브리어 "마크오보트"(מכאבות)는 주로 극심한 아픔이나 고난, 통증을 의미하는 단어다. 반면 "질고"로 번역된 "홀리"(חלי)는 일반적으로 심각한 고통이나 질병, 그것으로 인한 깊은 슬픔을 가리키는 말이다.

이사야 53:4(그는 실로 우리의 질고를 지고 우리의 슬픔을 당하였거늘)은 이 종이 그런 극심한 간고와 질고를 겪어야 하는 이유를 말해준다. 이어지는 53:5 역시 비슷한 맥락에서 이 종이 백성의 허물 때문에 찔림을 받고 백성의 죄악 때문에 상함을 받는다고 말한다. 즉 이 종은 죄가 없음에도 백성의 죄와 허물을 대신 지고 상함과 찔림을 당하는 것이다. 게다가 이 종은 마치 "도수장으로 끌려가는 어린 양"이나 "털 깎는 자 앞에서 잠잠한 양"과 같다(사 53:7). 그의 본질적 사역은 범죄에서 비롯한 백성의 고통이나 슬픔, 질병이나 죗값을 홀로 지고 가는 어린 양이 되는 것이었다.

이사야 53장은 한 걸음 더 나아가 이 종의 사역과 그 신학적 의미를 두 가지 개념을 통해 구체적으로 전달해준다.

첫째, 이사야 53:10은 이 종의 고난과 사역이 자신을 하나님께 "속건제물"로 드리는 것이라고 표현한다. "속건제"로 번역되는 히브리어는 "아샴"(אשם)이며 이는 레위기에서 죄의 용서와 보상, 또는 속함(atonement)을 가져오는 제사다. 레위기의 규례에 따르면 구약성경에서 죄 용서를 위한 제사는 크게 "속죄제"와 "속건제"로 나뉜다. 그런데 여기서 흥미로운 사실은 이사야 53장이 종의 고난과 사역을 속죄제가 아닌 속건제로 표현한다는 점이다. 그 이유는 무엇일까?

속죄제와 속건제를 잠시 비교해보자. 먼저 제물의 종류에 있어서 속죄제에는 수송아지, 숫염소, 암염소, 어린 양, 산비둘기나 집비둘기, 고운 곡식 가루 등이 쓰인다. 하지만 속건제에는 오직 흠 없는 숫양이 제물로 바쳐졌다. 다음으로 용서받는 죄의 종류를 살펴보면 속죄제는 하나님이나 사람을 향해 부지중 죄를 지었다가 차후에 그 사실을 깨달았을 때 드리는 제사였다. 반면 속건제는 하나님과 이웃을 향해 부지중에 지은 죄뿐 아니라 고의로 지은 죄까지도 해결할 수 있는 제사였다. 마지막으로 속죄제와 비교해볼 때 속건제에는 범죄의 결과로 생겨나는 죗값을 치르는 "보상"의 의미가 강하게 함축되어 있다.

이런 내용을 바탕으로 우리는 예언자 이사야가 종의 고난과 사역을 속죄제가 아니라 속건제에 비유한 이유를 이해할 수 있다. 이 종은 백성의 죄와 허물을 사하기 위한 한 마리 흠 없는 어린 양으로서 백성의 모든 고난과 상함과 슬픔을 친히 담당한다. 하나님께 자신을 속건제물로 바침으로써 백성이 부지중에 지은 죄뿐 아니라 의도적으로 지은 죄도 사하는 대속의 사역을 짊어지는 것이다. 종은 생명을 바치고 피를 흘림으로써 백성의 모든 허물과 죄와 불의함을 덮을 뿐 아니라 그들이 하나님께 갚아야 하는 죗값도 모두 치른다. 그 결과 이 종이 징계를 받을 때 백성은 평화를 누리게 되고, 이 종이 채찍에 맞을 때 그들은 치유를 경험하게 된다(사 53:5).

둘째, 이 종은 친히 백성들의 죄악을 "짊어지고 가신다"(사 53:11). 이 종은 백성들의 죄악을 친히 "담당"(bear)한다. 개역개정 성경에서 "(죄악을 친히) 담당하다"라는 의미로 번역된 히브리어는 "사발"(ㅇㅇ)이다. 이 본문에 나타난 종의 사역을 구체적으로 파악하려면 원어의 용례를 살펴보아야 한다. 구약성경에서 이 동사는 종종 명사형으로 사용되어 "무거운 짐"(출 1:11; 2:11; 5:4-5; 6:6-7; 사 9:4; 10:27; 14:25)이나 그 짐을 나르는 "짐꾼"(왕상 5:15; 11:28)을 일컫는다. 반면 이 단어가 동사로 사용될 때는 일관성 있게 "무거운 짐을 나르다"라는 의미로 사용된다(창 49:15; 사 46:4, 7; 53:4; 전 12:5; 애 5:7). 따라서 이 구절에서 동사형으로 사용된 "사발"은 하나님의 택함을 받은 종이 백성의 무거운 죄 짐을 친히 짊어지고 가는 모습을 묘사한다고 볼 수 있다.

이사야 1-39장에서 유다 백성들은 언약의 말씀에 불순종하고 범죄함으로써 하나님의 심판과 진노 아래에 들어갔다. 그리고 그들은 지금까지 스스로 죄의 짐을 지고 있다. 하지만 이사야 53장에서 스스로 속건제물이 된 이 종은 시온 백성의 죗값을 모두 치를 뿐 아니라 그들이 무겁게 지고 있던 죄의 짐을 친히 짊어지고 대속의 길로 걸어간다. 이는 시온 백성의 영혼과 삶에 근본적 변화를 불러일으키는 사건이다. 종이 친히 죄의 짐을 짊어졌기 때문에 그들은 드디어 자유롭게 될 수 있다.

대속의 고난과 사역을 감당하는 이 종을 통해 시온 백성은 근본적 회복과 축복의 기초를 마련하게 된다. 야웨의 영이 부어짐과 함께 그들은 드디어 공의와 정의를 행할 수 있게 된다(사 56:1-8; 61-62장). 더 나아가 그들은 하나님이 구속사를 통해 이미 계획하셨던 영광의 백성, 즉 제사장과 봉사자로서 열방을 섬기면서 구원과 영광을 증언하는 백성의 위치에 이르게 된다(사 61-62; 참고. 출 19:5-6).

둘째, 종의 사역의 결과: 백성의 의로움, 새로운 공동체의 탄생(사 53:10-11)

종의 사역은 야웨의 기쁘신 뜻을 성취하는 것이다(사 53:10). 이를 통해 하나님의 백성들은 큰 변화 두 가지를 경험하게 된다. 이 종이 자신을 속건제물로 바칠 때 하나님의 백성들은 어떻게 변화할까?

첫째, 이 종의 고난과 희생을 통해 시온 백성은 비로소 "의로운 백성"이 된다. 이스라엘 백성은 죄악으로 인해 머리부터 발끝까지 성한 곳이 없는 만신창이가 되었다(사 1:5-6). 그들은 불의한 백성이었다. 소수의 의인들은 영적 공동체 안에 의로움과 정의가 없는 현실로 인해 마음 깊이 탄식하며 애통해했다(사 59:9-15; 64:6-7). 하지만 의로움의 부재는 해결되지 않았고 그들은 결국 바벨론에 포로로 잡혀간다. 더 이상 자신을 의롭게 할 수 없는 지경에 이르게 된 것이다.

이런 어둡고 무기력한 상황 가운데서 종은 자신을 속건제물로 바침으로써 백성의 허물과 죄악을 친히 대속한다. 그리고 이로써 불의한 영적 공동체는 하나님의 의로움을 경험하게 된다. 이사야 53:11은 "그가 자기 영혼의 수고한 것을 보고 만족하게 여길 것이라. 나의 의로운 종이… 많은 사람을 의롭게 하며"라고 말한다. 즉 종이 자기 생명으로 백성들의 죗값을 치를 때 공동체 전체가 새 생명과 회복의 은혜를 경험하고 하나님 앞에서 의로운 백성으로 인정받게 되는 것이다.

여기서 "의롭다"에 해당하는 히브리어는 "차디크"(צדיק)로서 크게 두 가지 의미가 있다. 먼저 법정적 관점에서의 "올바름", "옳음"을 의미한다. 다음으로 관계적 측면에서 하나님의 기준이나 기대치나 요구를 충족시킴으로써 하나님과 화평한 관계를 이루는 것을 의미한다. 놀라운 사실은 공의와 정의는 하나님 나라의 통치 근간으로서 그 백성이 준수해야 할 가장 근본적인 삶의 방식이라는 것이다. 시편 기자는 "의와 공의가 주의 보좌의 기초"라고 노래한다(시 89:14). 같은 의미에서 이사야를 비롯한 구약의 예언자들은 하나님의 백성이 의롭게 살면서 의로움 가운데 하나님을 예배해야 한다고 가르쳤다. 장차 하나님이 완성하실 새 창조의 모델은 다름 아니라 공의와 정의가 시행되고 그것이 편만한 공동체다(사 11:1-5; 렘 5:1; 겔 18:5-9; 암 5:21-24).

더 나아가 이사야 61:3은 주의 백성이 성령의 부음과 함께 하나님의 위로와 새 창조를 경험할 때 "의의 나무"가 될 것이라고 선포한다. 또 예언자 아모스는 정의가 하수같이, 공의가 강같이 흐르는 사회를 종말에 하나님이 완성하실 "하나님 나라"로 묘사한다(암 5:21-24). 여기서 잊지 말아야 할 점은 이 영광스러운 하나님 나라의 비전은 종이 자신을 하나님께 속건제물로 올려드리고 자신의 보배로운 피로 백성의 죄악과 불의함을 대속할 때 비로소 시작된다는 사실이다.

둘째, 이 종의 고난과 희생을 통해 하나님의 백성은 새로운 영적 공동체가 된다. 이사야 53:10은 자신을 속건제물로 하나님께 드리는 종이 많은 "씨"를 보게 될 것이라고 말한다. 구약성경에서 "씨"를 의미하는 히브리어는 "제라"(זרע)다. 이 단어는 종종 "자손" 또는 "후손"을 가리킨다(창 13:15-16; 15:5). 그리고 성경에서 많은 자손은 하나님이 허락하시는 축복과 번영의 대표적인 상징이다. 예를 들어 하나님은 아브라함을 축복하실 때 많은 씨앗 곧 많은 자손을 약속하셨다.

이사야 53:10은 종이 자신을 하나님께 속건제물로 드리면 "그가 씨[제라]를 보게 되며 그의 날은 길 것"이라고 말씀한다. 이는 하나님의 백성이 놀라운 축복과 회복과 변화를 종의 희생과 사역을 계기로 누리게된다는 말씀이다. 좀 더 광범위한 말씀의 정황(context)을 살펴보면 이 종이 자신을 대속의 희생 제물로 드림으로써 백성의 죄 용서가 일어난 후(사 53장), 시온 공동체는 드디어 많은 자손을 생산하기 시작하고 황폐했던 땅이 번영과 안정을 누리게 된다(사 54장).

> ²네 장막 터를 넓히며 네 처소의 휘장을 아끼지 말고 널리 펴되 너의 줄을 길게 하며 너의 말뚝을 견고히 할지어다. ³이는 네가 좌우로 퍼지며 네 자손은 열방을 얻으며 황폐한 성읍들은 사람 살 곳이 되게 할 것임이라(사 54:2-3).

과거의 범죄로 인해 시온의 성읍은 황폐해졌고 자손들이 살 수 없는 땅이 되었다. 하지만 종의 사역과 희생 후 시온 백성은 장막 터를 넓힐 수 있게 된다. 예전에 없었던 수많은 자손을 생산하고 더 나아가 세계 열방을 얻게 될 것이기 때문이다. 더군다나 이 자손들은 야웨께 직접 교훈을 받으며 삶 속에서 평안과 공의를 누리게 된다(사 54:13-14). 또한 그들은 야웨의 기업을 받아 누릴 뿐 아니라(사 54:17), 높이 들린 야웨의 손바닥 위에 놓인 "아름다운 왕관"으로 칭송받게 된다(사 62:3). 종의 사역과 희생은 이처럼 놀라운 축복과 변화와 회복을 불러일으킨다.

셋째, 이 종의 정체: 민족의 지도자 vs. 예수 그리스도(사 53:1-12)

그렇다면 이 종은 누구인가? 이사야 40-55장의 문맥에서 이 종은 이스라엘 백성 중 하나님의 특별한 선택을 받은 지도자로 그려진다. 그는 성령의 부음을 받은 후 사명을 이루기 위해 하나님으로부터 보냄을 받은 자다(사 48:16). 그런데 이 종의 정체에 관한 현대 유대인과 그리스도인들의 의견은 충돌한다.

유대인들에게 이 종은 민족 공동체를 위해 희생하고 헌신하는 탁월한 지도자다. 이 종의 희생과 섬김, 죽음까지도 마다치 않는 사역은 민족 지도자의 중요한 자질이다. 하지만 만약 이 종이 단순히 위대한 지도자라면 어떻게 그가 백성의 죄까지 용서할 수 있을까?

반면 신약성경을 믿는 그리스도인들은 이 종이 단순히 백성의 지도자가 아니라 온 인류의 죄를 사하고 지극히 위대한 사명을 감당한 "메시아"라고 생각한다. 흠 없는 어린 양으로서 자신을 속건제물로 올려드린 이 종은 온 인류의 죄 용서와 구속을 단번에 이루신 예수 그리스도를 예표한다. 그의 찔림과 상함은 장차 그리스도가 경험하실 십자가 고통을 생생하게 보여준다. 이런 맥락에서 세례 요한은 이스라엘 백성에게 예수 그리스도를 소개할 때 "세상 죄를 지고 가는 하나님의 어린 양"이라고 선언했다. 즉 이사야 53장에서 자신을 속건제물로 하나님께 올려드리는 고난의 종이 감당할 희생과 사역이 바로 예수 그리스도에 의해 성취되고 있음을 선포한 것이다.

우리는 십자가의 죽음으로 대표되는 이 종의 사역이 멸망하는 자들에게는 미련하고 어리석은 것이지만 구원을 받는 자들에게는 하나님의 능력과 지혜가 된다고 고백한다(고전 1:18). 이를 쉽게 이해하기 위해 한 가지 예를 들어보겠다. 매우 추운 겨울날 한 나그네가 먼 길을 걸어가고 있었다. 그는 너무 배가 고프고 추워 죽을 지경이었다. 그런데 친절한 어떤 사람이 그 사람을 자기 집으로 초청하며 "내가 당신을 위해 음식과 새 옷, 따뜻한 목욕물과 침대를 준비해두었으니 이 열쇠를 가지고 들어가서 씻고 음식을 드시고 주무십시오"라고 말했다. 그런데 만약 그 나그네가 "나에게 당장 필요한 것은 빵인데 이런 열쇠가 무슨 소용이 있겠소?" 하면서 열쇠를 내던진다면 어떨까? 사실 열쇠를 받으면 다 받는 것이고 열쇠를 거절하면 모든 것을 거절하는 것이다. 이처럼 모든 구원의 은혜와 새 생명의 비밀이 십자가 속에 다 들어 있다. 죄인은 오직 예수 그리스도와 그분의 십자가에서만 의와 생명과 구원의 길을 찾을 수 있다.

넷째, 종의 사역과 공동체의 회복(사 53:1-12)

우리는 이사야 53장에서 자신을 하나님께 속건제물로 올려드리는 한 종을 만나게 된다. 그는 징계와 상처를 받을 이유가 없음에도 백성의 허물과 죄악을 용서하기 위해 스스로 희생과 고통과 통곡의 길을 걸어간다. 그가 징계를 받음으로 백성들은 평화를 누리고, 그가 채찍에 맞음으로 백성들은 죄 용서와 치유를 경험하게 된다. 구약성경에 등장하는 그 어떤 인물보다도 이 종은 온 인류의 죄를 지고 십자가에 달리신 예수 그리스도와 그분의 대속 사역을 잘 보여준다. 기독교 복음의 본질을 온전히 전달해주는 것이다.

여기서 우리는 희생과 자기 깨어짐의 리더십이 갖는 고귀한 가치와 능력을 깨닫게 된다. 이사야 1-39장에서 메시아는 "왕"으로 등장한다. 그는 탁월한 통치와 다스림의 상징이다. 하지만 이사야 40-66장에서 메시아는 "종"의 모습을 보인다. 이 종은 희생과 섬김과 자기 깨어짐의 리더십을 보여준다. 이사야서는 진정한 리더십이란 왕적 다스림에서 완성되는 것이 아니라 스스로 종이 되어 희생하고 섬기는 모습에서 비로소 완성된다는 진리를 가르쳐준다. 인류 역사에 등장한 수많은 지도자가 왕적 다스림과 영광에만 집중한 나머지 섬김이나 자기희생의 본분을 망각하지 않았던가? 이에 관해 예수님은 제자들에게 다음과 같이 말씀하셨다.

> 한 알의 밀이 땅에 떨어져 죽지 아니하면 한 알 그대로 있고 죽으면 많은 열매를 맺느니라(요 12:24).

지난 2019년은 종교개혁 500주년을 기념하는 해였다. 이를 맞아 한국교회는 이구동성으로 교회의 개혁을 부르짖으며 진로를 모색했다. 그런데 진정 교회의 개혁을 꿈꾼다면 이사야 53장이 말하는 복음으로 다시돌아가 종의 희생과 깨어짐을 실천하는 태도가 필요하지 않을까? 공동체의 진정한 회복과 부흥은 지도자의 섬김과 희생, 그리고 자기 깨어짐 위에서만 가능하다. 그리스도의 제자로 자처하는 사람이 있다면 그는 이사야 53장이 말하는 종의 희생과 섬김, 자기 깨어짐의 사역을 다시금 깊이묵상해야 한다. 그리고 성령의 능력 안에서 그것들을 실천할 수 있도록새롭게 거듭나야 한다. 그렇게 할 때 지역교회를 비롯한 다양한 영적 공동체들이 진정한 복음의 능력과 생명을 누리게 될 것이다.

제18장

회복과 구원으로의 초대(사 55:1-13)

1. 본문의 개요

문학적·신학적 관점에서 이사야 55장은 40-55장의 결론으로 기능한다. 이 장에 등장하는 "말씀의 실효성"(사 55:10-11)과 "새 출애굽"(사 55:12-13) 모티프는 이사야 40장에 나오는 동일한 주제들―"말씀의 영원성"(사 40:6-8)/"새 출애굽"(사 40:9-11)―과 대칭을 이룬다. 이사야 55장은 종의 대속 사역 이후 이스라엘 백성들이 누리게 될 회복과 구원의 초대를 묘사한다. 종의 대속 사역을 통해 하나님의 의를 회복하게 된 시온 백성은 이제 다윗의 영광스러운 지위와 새 창조를 맘껏 누릴 수 있다(사 55:3-5).

아울러 이사야 55장은 앞으로 56-66장에서 전개될 신학적 주제들을 소개한다. 특히 55:3-5의 "다윗의 영원한 언약"은 이사야 56-66장에서 시온 백성들이 누릴 회복과 위로와 영광스러운 지위를 앞서 예고한다. 이사야 55장은 크게 네 단락으로 나뉜다.

① 하나님의 만찬 초대(사 55:1-5)

② 야웨께 돌아오라(사 55:6-9)

③ 말씀의 실효성(사 55:10-11)

④ 새 출애굽(사 55:12-13)

2. 중심 주제 및 적용

이사야 55장은 시온 백성을 위한 만찬으로의 초대를 묘사한다. 하나님이 마련하신 그 잔치의 풍성함과 그곳에 참석할 수 있는 자의 자격에 관해 알아보자.

첫째, 하나님은 주의 백성을 만찬에 초청하신다(사 55:1-3)

시온 백성을 향한 하나님의 계획과 의도는 무엇인가? 하나님은 그의 백성에게 심판과 재앙만을 계획하시는 무서운 하나님이신가? 그렇지 않다. 어떤 이들은 하나님이 무서운 분, 사람에게 잔혹한 심판과 진노를 내리시는 분이라고 오해한다. 하지만 하나님은 심판과 재앙을 즐기시지 않는다. 하나님은 오히려 죄인들을 정결하게 하사 회복과 새 창조에 초청하기를 바라신다. 하나님은 언제나 좋은 분이시다. 이사야 55:1-3은 시온 백성을 향한 하나님의 선한 계획과 의도를 잘 보여준다. 하나님은 잔치를 마련하고 백성들을 초청하신다.

¹오호라! 너희 모든 목마른 자들아, 물로 나아오라. 돈 없는 자도 오라. 너희는 와서 사 먹되 돈 없이, 값 없이 와서 포도주와 젖을 사라. ²너희가 어찌하

여 양식이 아닌 것을 위하여 은을 달아주며 배부르게 하지 못할 것을 위하여 수고하느냐? 내게 듣고 들을지어다. 그리하면 너희가 좋은 것을 먹을 것이며 너희 자신들이 기름진 것으로 즐거움을 얻으리라. ³너희는 귀를 기울이고 내게로 나아와 들으라. 그리하면 너희의 영혼이 살리라. 내가 너희를 위하여 영원한 언약을 맺으리니 곧 다윗에게 허락한 확실한 은혜이니라.

하나님은 모든 목마른 자들과 돈 없는 자들에게 아무런 조건 없이 풍성한 잔치에 참여하라고 권하신다. 와서 포도주와 젖을 마시라고 축복하신다. 이는 시온 백성을 향한 하나님의 신적 초대(divine invitation)를 보여준다. 그런데 학자들은 잠언 9:4-6과의 유사성을 근거로 이 본문 속에 "지혜 모티프"가 작용한다고 주장한다.

> ⁴어리석은 자는 이리로 돌이키라. 또 지혜 없는 자에게 이르기를 ⁵"너는 와서 내 식물을 먹으며 내 혼합한 포도주를 마시고 ⁶어리석음을 버리고 생명을 얻으라. 명철의 길을 행하라" 하느니라.

실제로 이사야 55:1-3은 여러 가지로 잠언 9:4-6과의 유사성—초청의 권고, 먹을 것과 포도주, 들음과 지혜의 관계 등이 포함된다—을 보여준다. 이를 근거로 이사야 본문의 초대가 지혜와 생명으로의 초대라고 주장하는 학자들도 있다.[1] 반면 베스터만은 이 본문이 시장에서 물품을 파는 상인을 묘사한다고 이해한다.[2] 또 다른 관점에서 클리포드(Richard J. Clifford)는 이 장면이 우가리트 시대의 궁중 잔치를 묘사하는 문헌과 유

---

1   Childs, *Isaiah*, 433.

2   Westermann, *Isaiah 40-66*, 282.

사하다는 점을 근거로 이사야 55:1-3이 왕의 잔치로의 초대를 전제한다고 주장했다.[3] 하지만 여기서 분명한 점은 하나님이 시온 백성을 생명과 안식과 풍요로움이 넘치는 만찬에 초대하신다는 사실이다. 달리 말해 하나님은 마음껏 먹고 마실 수 있는 풍성한 생명과 지혜와 회복으로 백성들을 이끌고 계신다.

둘째, 말씀을 듣는 자가 이 잔치를 누릴 수 있다(사 55:1-3)

그렇다면 누가 하나님의 초청에 응해 풍성한 생명과 지혜와 회복을 경험하게 될까? 바로 야웨의 말씀에 귀를 기울이고 순종하는 자들이다. 이사야 55:2-3은 "너희는 내게 듣고 들을지어다", "너희는 귀를 기울이고 내게로 나아와 들을지어다"라고 말하며 의도적으로 야웨의 말씀을 들으라고 반복해서 강조한다. 그분의 말씀을 듣는 자들의 영혼은 살아나게 된다(사 55:3). 지금까지 이스라엘 백성은 귀가 먹어서 하나님의 음성과 말씀을 제대로 듣지 못했다. 말씀을 듣지 못하니 하나님의 뜻을 성취하는 데도 실패할 수밖에 없었다. 하지만 종-메시아의 사역과 그의 대속적 죽음을 통해 하나님의 공의를 회복한 자들은 영적 변화를 맞아 하나님의 말씀을 들을 수 있게 된다. 하나님의 음성을 들으면 살고 하나님의 말씀에 순종하면 생명을 얻게 된다(사 55:3).

이사야서에서 하나님의 말씀을 향한 자세는 참된 제자의 중요한 표지다. 하나님은 "내 손이 이 모든 것을 지었으므로 그들이 생겼느니라. 무

---

3   Richard J. Clifford, "Isaiah 55: Invitation to a Feast," *The Word of the Lord Shall Go Forth*, Fs. D. N. Freedman, ed. C. L. Meyers, M. O'Connor (Winona Lake: Eisenbrauns, 1983), 27-35.

롯 마음이 가난하고 심령에 통회하며 내 말을 듣고 떠는 자, 그 사람은 내가 돌보려니와"(사 66:2)라고 말씀하신다. 하나님의 말씀을 듣고 떠는 자, 그 말씀을 경외함으로 받아들이고 순종하는 자를 하나님은 돌보고 인도하신다. 그런 자들이야말로 진정한 제자이고 하나님의 참된 백성이기 때문이다. 하나님의 말씀에 귀 기울이는 자는 풍성한 생명과 지혜를 누리겠지만 그 말씀을 부인하는 자는 심판과 어리석음을 맛볼 수밖에 없다.

셋째, 다윗의 언약과 축복을 누리는 시온의 백성들(사 55:3-4)

야웨의 말씀을 들을 때 이스라엘 백성이 누리게 되는 축복은 무엇일까? 먼저 그들은 하나님의 축복으로서 "영원한 언약"을 상속받게 된다. 구약성경에서 "영원한 언약"이란 말은 창세기 9:16(노아 언약), 출애굽기 31:16(안식일 규례), 예레미야 32:40(하나님의 백성을 축복함/야웨를 경외하는 마음) 등에 등장한다. 이 "영원한 언약"에는 어떤 신학적 함의가 있는지 살펴보자.

먼저 영원한 언약에는 시간적으로 하나님이 백성들을 끝없이 보호하고 축복하신다는 의미가 담겨 있다. 언약 속에서 하나님이 백성들과 맺은 관계 및 그 속에 내포된 축복과 보호의 약속은 일회적인 것이 아니다. 이런 특징은 특히 하나님이 다윗과 맺으신 언약에서 잘 드러난다. 다음 말씀에서 이스라엘을 향한 하나님의 보호와 축복이 영원하다는 사실을 확인해보자.

> [16]"'네 집과 네 나라가 내 앞에서 영원히 보전되고 네 왕위가 영원히 견고하리라' 하셨다" 하라.…[29]"이제 청하건대 종의 집에 복을 주사 주 앞에 영원히 있게 하옵소서. 주 여호와께서 말씀하셨사오니 주의 종의 집이 영원히

복을 받게 하옵소서" 하니라.

시편 89:3-4, 27-29 역시 하나님이 다윗과 맺으신 언약을 특별하게 다루며 하나님이 그의 백성을 향한 인자하심과 보호를 영원히 지속하실 것이라고 말한다.

> [3]주께서 이르시되 "나는 내가 택한 자와 언약을 맺으며 내 종 다윗에게 맹세하기를 [4]내가 네 자손을 영원히 견고히 하며 네 왕위를 대대에 세우리라" 하셨나이다.…[27]"내가 또 그를 장자로 삼고 세상 왕들에게 지존자가 되게 하며 [28]그를 위하여 나의 인자함을 영원히 지키고 그와 맺은 나의 언약을 굳게 세우며 [29]또 그의 후손을 영구하게 하여 그의 왕위를 하늘의 날과 같게 하리로다."

둘째, 하나님이 시온 백성과 영원한 언약을 맺는다는 것은 옛적에 다윗에게 허락하셨던 축복이나 지위, 권능이나 리더십을 모든 백성에게 허락하실 것이라는 의미를 함축한다. 하나님은 다윗에게 영원한 왕위를 허락하실 뿐 아니라 그것을 보존하겠다고 약속하셨다. 그리고 그가 열강의 지도자가 되어 하나님의 살아 계심과 복 주심을 온 세상에 증명하게 하셨다.

여기서 놀라운 점은 다윗이나 특별히 택한 자들을 대상으로 하던 이 영원한 언약이 시온의 "공동체" 즉 "종들의 공동체"와 맺어진다는 사실이다. 이는 다시 말해 언약의 민주화(democratization of the covenant)가 이루어지는 장면이라고 할 수 있다. 하나님은 그 어떤 조건이나 능력이나 신분을 요구하지 않으시고 목마른 자와 돈 없는 자도 당신 앞으로 나아오라고 초청하신다. 귀를 기울여 이 말씀을 듣고 반응하는 자들은 하나님과 영원한 언약을 맺고 영원한 축복과 특권을 누리게 된다.

이처럼 종-메시아의 대속적 죽음의 수혜자인 시온 백성은 운명의 놀라운 반전과 축복을 누리게 된다. 이사야 55:3-4은 하나님이 다윗과 세운 "영원한 언약"을 상기시키면서 다윗의 지위와 특권과 영광을 시온 백성이 받아 누리게 될 것이라고 이야기한다. 그리고 이는 언약의 말씀에 순종하며 종의 사역과 희생에 따라 살아가는 모든 종이 옛적에 하나님이 다윗에게 허락하신 것과 같은 축복과 영광과 특권을 누리게 될 것이라는 말과 다르지 않다.

언약의 민주화와 함께 시온 백성에게 일어난 이 놀라운 변화는 이사야 42:6에서 예견되었던, 이스라엘 백성이 종으로서 감당해야 할 사역의 성취를 보여준다. 다윗의 특권과 지위를 이어받은 그들은 이제 이방인의 빛으로서 열방 가운데 살아가게 된다. 하나님이 시온을 열강 가운데 영화롭게 하시기 때문에 그들이 알지 못하는 나라들이 시온으로 달려오게 될 것이다(사 55:5). 옛적에 다윗이 성취했던 그 사역과 리더십을 이제 시온 백성이 성취하게 되고, 하나님과의 언약 관계 속에서 하나님의 살아 계심과 역사의 주관자 되심을 열방에 증거할 것이다.[4]

넷째, 결국 하나님을 찾으라(사 55:6-9)

이사야 55:6-7은 하나님을 찾고 추구하는 삶을 강조한다.

> [6]너희는 여호와를 만날 만한 때에 찾으라. 가까이 계실 때에 그를 부르라.
> [7]악인은 그의 길을, 불의한 자는 그의 생각을 버리고 여호와께로 돌아오라.

---

4   Goldingay, *The Theology of the Book of Isaiah*, 74.

그리하면 그가 긍휼히 여기시리라. 우리 하나님께로 돌아오라. 그가 너그럽
게 용서하시리라.

이 명령은 앞서 이사야 55:2-3에 기록된 "야웨의 말씀에 귀를 기울
이라"는 명령과 대칭(inclusio)을 이룬다. 여기서 우리는 이사야서가 줄곧
강조해온 가르침, 즉 진정한 회복과 축복은 하나님을 추구하고 그분께 돌
아가는 것이라는 가르침을 다시 한번 확인하게 된다(사 31:1-2; 34:16).
비슷한 맥락에서 이사야서는 언약 백성이 야웨를 기다리며 믿음 가운데
살아가야 한다고 강조해왔다(사 25:9-11; 26:8-9; 40:27-31). 시온 백성
은 야웨께 돌아가 그분과의 친밀함을 회복할 때 창조자이자 구속자이신
그분의 풍성한 생명과 지혜와 권능을 누릴 수 있다.

이처럼 이사야서는 시온 백성의 회복과 축복을 언제나 야웨의 임재
와 관련지어 묘사한다. 이스라엘의 거룩하신 하나님이 시온 백성을 향해
나아오는 것 자체가 그들의 변화와 회복을 의미한다(사 40:9-11; 62:10-
12). 아울러 주의 백성들이 야웨의 말씀을 듣고 그에게 돌아가는 것은 그
자체로 회복과 축복을 상징한다. 반면 야웨의 임재가 예루살렘에서 떠나
는 것은 심판과 저주의 상징이다(겔 10장). 그러므로 이사야서가 말하는
최고의 축복은 "임마누엘"이다. 우리는 이런 맥락에서 언약 백성에게 야
웨를 찾고 그에게 돌아가라고 반복하여 특별히 권면하는 예언자를 이해
하게 된다.

이사야

56-66장

개관

1. 이사야 56-66장의 개요

이사야서 전체 메시지의 결론 기능을 하는 이사야 56-66장은 이스라엘의 거룩하신 하나님이 구속사의 근본적 원수인 "악"을 파멸하시고, 옛 하늘과 옛 땅을 새 하늘과 새 땅으로 새롭게 창조하시는 "새 창조의 완성"에 관해 말한다. 비평적 관점에서 이사야서를 세 부분으로 나눈 둠 (Bernard Duhm)은 이사야 56-66장을 "제3이사야서"라고 칭했다. 그리고 그는 이사야서의 이 마지막 11개 장에 관해 두 가지 가설을 주장했다.[1]

첫째, 역사적이고 문학적인 면에서 이사야 56-66장은 40-55장뿐 아니라 1-39장과도 분리된다. 이사야 56-66장의 역사적 정황 및 주요 신학 사상이 앞부분과 다르다는 것을 발견한 그는 이 부분을 이사야 1-39장 및 40-55장과 떨어뜨려 이해해야 한다고 주장했다. 둘째, 신학적이고 문학적인 면에서 이사야 56-66장은 1-39장과 40-55장보다 열등하다. 그는 이사야 56-66장이 앞선 내용을 회상하는 동시에

---

[1] Duhm, *Das Buch Jesaia*, 419 이하.

기존에 제시된 주제들을 특별한 의미 없이 다시 제시한다고 보았다(사 57:14/40:3-5; 62:10-11/40:9-11). 아울러 이곳에 있는 산문 형식의 문장들(사 59:21; 66:18-20)은 이사야 56-66장이 다른 부분에 비해 완성도가 떨어지는 것으로 보이게 한다.

그러나 우리는 이사야서에서 56-66장이 존재하지 않는다면 이사야서가 한 권의 책으로서 고도의 완성도를 보이는 온전한 성경이 될 수 있는지 질문해보아야 한다. 그렇지 않을 가능성이 크기 때문이다. 이사야 56-66장과 앞부분 사이의 다양한 신학적·주제적·언어적 연관성을 살필 때 우리는 이 부분이 이사야서 전체 메시지에서 매우 중요한 해석학적 역할을 한다는 사실을 깨닫게 된다. 이사야 56-66장과 앞부분의 연관성을 자세히 살펴보자.

첫째, 일부 학자들은 이사야서의 결론에 해당하는 65-66장이 서론인 1-2장과 깊은 언어적·주제적 유사성을 가진다는 점을 강조했다.[2] 즉 이사야서의 서론과 결론은 서로 깊은 연관성 속에 호흡을 맞추고 있다. 이는 이사야 56-66장이 서론에서 제기된 문제를 해결하며 전체적인 결론을 제공하고 있다는 사실을 통해 확인할 수 있다.

둘째, 렌토르프는 이사야 56:1에 나타난 핵심 단어인 "공의"(צדק) 의 용례를 분석한 결과 이사야 56-66장이 1-39장 및 40-55장의 전체 메시지를 통합한다고 주장했다.[3] 이사야 56:1은 "공의", "정의", "구

---

2 David M. Carr, "Reading Isaiah from Beginning(Isaiah 1) to End(Isaiah 65-66): Multiple Modern Possibilities," *New Visions of Isaiah*, ed. Roy F. Melugin, Marvin A. Sweeney, *JSOTSup* 214 (Sheffield: Sheffield Academic Press, 1996), 188-218; Anthony J. Tomasino, "Isaiah 1.1-2.4 and 63-66, and the Composition of the Isaianic Corpus," *JSOT 18* (1993), 81-98.

3 Rolf Rendtorff, "The Composition of the Book of isaiah," *Canon and Theology: Overtures to an Old Testament Theology* (Minneapolis: Fortress, 1993), 146-69.

원"을 한데 모아 제시한다. 이는 이사야 56-66장이 "공의"와 "정의"를 표방하는 이사야 1-39장과, "공의"와 "구원"을 강조하는 이사야 40-55장을 통전적 관점에서 갈무리하고 있음을 의미한다.

셋째, 정경적 관점에서 차일즈는 이사야 56-66장이 1-39장 및 40-55장의 신학적 주제와 메시지를 재해석하고 통합함으로써 이사야서 전체 메시지에 결론을 제공한다고 설명했다.[4] 그는 이사야 56-66장이 40-55장의 주제와 언어―하나님의 나타나심(사 62:11-12/40:1 이하), 새로운 시대의 도래(사 60:4/43:5 이하), 야웨의 영의 임재(사 61:1/42:1), 시온의 영광(사 62:1 이하/49:14 이하; 51:3), 종의 사역(사 65:8, 13-15/42:1 이하)―뿐 아니라 이사야 1-39장의 주제와 언어―메시아 시대의 도래(사 65:25/11:6 이하), 반역자들의 범죄(사 56:9 이하; 57:1 이하/1:12 이하; 2:6; 17:10 이하), 하나님의 심판(사 59:17 이하; 63:1 이하; 66:24/2:19 이하; 9:20 이하; 34:1 이하), 시온의 회복(사 56:7; 57:13; 65:25/1:26-27; 2:1 이하)―를 재인용하고 더욱 발전시킴으로써 이사야서의 전체 메시지를 통합하며 통일성을 부여한다고 주장했다.[5] 우리는 이런 여러 학자의 주장을 통해 이사야 56-66장이 1-55장과의 연관성 속에서 해석학적으로 중요한 기능을 하고 있음을 충분히 짐작할 수 있다.

나는 이사야 56-66장이 구속 역사의 주권자이신 하나님이 성취하실 새 창조의 완성, 즉 옛 하늘과 옛 땅을 새 하늘과 새 땅으로 새롭게 창조하는 구속 드라마의 결말을 보여준다고 생각한다. 이사야서의 메시지는 전체적으로 이사야 1장에서 죄악과 부패를 상징하던 시온이 66장에서 종말론적 새 창조에 동참하는 새로운 공동체로 변화하는 과정으로 구

---

4   Childs, *Isaiah*, 448.

5   Ibid, 446-47.

성된다. 이런 전체 구도 속에서 이사야 1-39장은 범죄한 시온과 열방을 심판하는 동시에 정화하시는 하나님의 진노와 심판을 다룬다. 반면 이사야 40-55장은 심판 이후 메시아-종의 대속 사역과 죽음을 통해 하나님이 시온을 다시금 의롭게 하고 새롭게 회복시키시는 장면을 묘사한다. 끝으로 이사야 56-66장은 용사의 모습으로 등장하신 하나님이 구속사의 전진을 가로막았던 원수인 악을 처단하는 동시에 야웨의 영의 도우심을 받아 공의와 정의를 행하는 의인들을 새 하늘과 새 땅으로 인도하는 새 창조의 완성을 보여준다.

그러므로 이사야 1-39장과 40-55장은 시온과 온 만물의 새 창조 및 그 완성을 기술하는 56-66장 없이는 논리적으로 온전한 형태가 될 수 없다. 반대로 이사야 56-66장은 새 창조의 신학적 필요성뿐 아니라 그 배경과 여정을 제시하는 1-39장 및 40-55장의 설명 없이는 충분히 이해될 수 없다. 그러므로 이사야 56-66장은 신학적이고 해석학적인 의미에서 앞부분의 적절한 결말을 제시한다고 보아야 한다. 따라서 이사야 56-66장은 앞선 1-39장 및 40-55장과의 통전적 연관성 속에서 해석되어야 한다.

구성의 측면에서 이사야 56-66장은 60-62장을 중심으로 동심원 구조(concentric structure)를 형성한다.[6] 베스터만에 따르면 시온의 순수한 구원과 영광을 다루는 이사야 60-62장이 56-66장 메시지의 핵(core)을 이루고 의인의 탄식과 중보기도를 묘사하는 2개의 공동체 탄식시(사 59, 63장)가 양쪽에서 그 핵을 감싼다. 그리고 그 탄식시들을 서론(사 56장)과

---

6   반면 Childs는 사 56-66장의 메시지가 언약 공동체의 영적 구원을 상징하는 "새 출애굽" 모티프와 백성의 죄악과 실패를 보여주는 "영적 포로" 모티프가 정교하게 엮여 일직선 구조를 형성하고 그것은 점진적으로 발전하여 새 하늘과 새 땅의 완성에 도달한다고 주장했다. 다음 자료를 참고하라. Childs, *Isaiah*, 448-49.

결론(사 66장)이 각각 떠받친다.[7] 베스터만의 가설은 골딩게이와 블렌킨소프에게도 영향을 주었다. 그들은 베스터만의 이론을 바탕으로 이사야 56-66장의 구조와 메시지를 교차대구법(chiastic structure)으로 더욱 섬세하게 분석했다.[8]

이런 접근 방법은 이사야 56-66장의 신학을 구성하는 "대칭적 구조"를 잘 보여주는 동시에 이사야 61:1-11에 나타난 야웨의 영의 임재와 종의 사역 및 선포를 강조하는 장점이 있다. 이와 같은 구조 속에서 이사야 56-66장은 다음과 같은 네 가지 신학적 주제를 발전시킨다.

① 용사이신 하나님의 구원과 승리
② 종들(새 공동체)의 영적·신학적 자질
③ 야웨의 영과 종들의 사역
④ 시온의 영광과 새 창조의 완성

이사야 56-66장의 구조를 시각화하면 다음과 같다.

---

7 Westermann, *Isaiah 40-66*, 296-308.

8 John Goldingay, *Isaiah 56-66: A Critical and Exegetical Commentary* (London: Bloomsbury T & T Clark, 2014), 1-10; Blenkinsopp, *Isaiah 56-66*, 60-63.

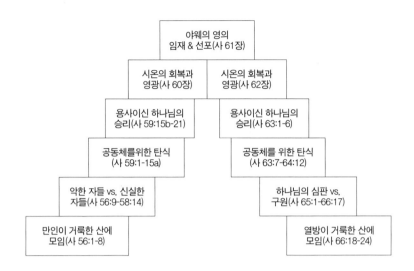

이사야 56-66장의 구조

이 표에서 보이는 대로 대칭되는 부분들을 묶어서 이사야 56-66장을 크게 6개 단락으로 나누어 살펴보자.

첫째, 이사야 56:1-8은 56-66장의 서론으로 기능하는 반면 이사야 66:18-24은 56-66장뿐 아니라 전체 이사야서의 결론 역할을 한다. 이사야 56:1-8은 공의와 정의를 행하는 이스라엘 백성과 더불어 이방인이나 고자들도 새 언약 공동체에 참가해 야웨의 성산에서 그분을 예배하게 된다는 종말론적 회복을 기술한다. 이와 대칭을 이루는 이사야 66:18-24은 야웨의 말씀에 두려워 떠는 종들이 새 하늘과 새 땅에서 하나님의 새 창조를 누리는 종말론적 구원을 묘사한다.

둘째, 이사야 56:9-58:14은 시온 공동체 안에 존재하는 의인과 악인의 구분을 다룬다. 앞서 이사야 40-55장이 이스라엘과 이방인의 구분을 제시했다면, 56-66장은 참된 신앙고백과 삶을 보여주는 의인과 그렇지 못한 악인의 존재를 제시한다. 대칭을 이루는 이사야 65:1-66:17 역시 의인과 악인을 향한 하나님의 구원과 심판을 묘사한다. 의인은 하나님의 말씀을 듣고 떨며 순종하는 자들이지만 악인은 언약의 말씀을 거역하고 우상을 숭배하는 자들이다(사 66:1-6). 의인은 종들의 공동체를 이루어 하나님이 허락하시는 좋은 것들을 먹지만 악인들은 저주의 대상이 되어 심판의 형벌을 피하지 못한다(사 65:13-16). 결국 의인들은 새 하늘과 새 땅에 들어가서 영원한 위로와 평강을 경험하지만 악인들은 악과 함께 영원히 소멸할 것이다(사 66:18-25).

셋째, 이사야 59:1-15a은 언약 백성 속에 만연한 불의와 범죄를 고발하는 동시에 그것을 슬퍼하고 탄식하는 의인의 간구를 다룬다. 의인이 불의한 공동체를 위해 회개하며 기도할 때 하나님은 그의 기도를 들으시고 그 공동체를 회복시키신다. 이 의인의 기도를 통해 다음 단락에서 하나님은 용사의 모습으로 임하사 죄악과 원수를 처단하고 다시 영원한 언약을 맺으신다(사 59:16-21). 이와 비슷하게 이사야 63:7-64:12도 의인의 중보기도를 다룬다. 여기서 그는 시온 백성 가운데 주의 이름을 부르는 자가 없으며 스스로 분발하여 주를 붙잡는 자도 없다고 탄식한다. 이사야서는 의인들의 기도가 하나님의 일하심과 무관하지 않다고 강조한다. 지극히 존귀하며 영원하신 하나님은 높고 거룩한 곳에 계실 뿐 아니라 마음이 겸손하여 회개하는 자와 함께하신다. 또한 그들의 간구를 들으시고 구속의 역사를 성취해가신다(사 57:15).

넷째, 이사야 59:15b-21은 의인의 간구를 들으신 하나님이 용사로 임하셔서 원수를 처단하고 주의 백성에게 승리와 구원을 허락하시는 장면을 묘사한다. 하나님은 백성 가운데 중보자가 없음을 이상히 여기시고 직접 중보자가 되어 언약 백성을 위해 싸우신다. 그는 스스로 입으신 공의, 구원, 보복, 열심의 옷을 당신의 백성에게도 허락하신다. 반면 대칭을 이루는 이사야 63:1-6은 용사이신 하나님이 악을 상징하는 에돔을 무찌르시는 장면을 보여준다. 역사 속에서 패악을 행해온 에돔을 완전히 처단하시는 하나님의 모습은 구속 역사에서 존재론적인 악을 물리치고 언약 백성과 온 만물의 새 창조를 성취하시는 하나님의 절대적 주권과 승리를 묘사한다.

다섯째, 이사야 60장은 시온의 외적 회복과 영광을 묘사한다. 열방의 왕과 백성들이 재물과 자원과 온갖 짐승을 시온에 가져와 성전을 재건하고 다시 영광스럽게 한다. 과거에 시온을 향해 쏟아진 하나님의 진노는 이제 긍휼과 은혜로 변화한다. 언약 백성을 괴롭혔던 자들은 이 종말론적 회복의 때를 맞아 몸을 굽혀 그 앞에 나아와 그들을 칭송하고 섬긴다. 반면 이사야 62장은 시온의 내적 회복과 그들이 누릴 영광스러운 지위를 묘사한다. 과거에 시온 백성은 남편에게 버림받은 여인(아주바)이었다. 하지만 시온 백성은 이제 남편이신 야웨의 기쁨이 머무는 사랑받는 여인(헵시바)이다. 더 나아가 그들은 야웨와 영원한 언약을 맺고 야웨의 손에 높이 들려 올려진 왕관이자 여왕으로서 그 영광을 열방 가운데 자랑한다. 이 얼마나 놀랍고 영광스러운 운명의 반전이고 축복인가!

여섯째, 이사야 61장은 야웨의 영의 부음을 받은 종이 신적 권능 가운데 위로와 구원의 말씀을 선포하는 장면을 묘사한다. 주제와 언어적인 면에서 이 종의 선포는 창세기 1장에서 권능 있는 말씀으로 온 만물을 창조하신 하나님의 선포를 회상하게 한다. 즉 야웨의 영의 부음을 받은 종을 통해 선포된 하나님의 말씀은 언약 공동체와 그 사회를 새롭게 창조하는 신적 도구(divine medium)다. 하나님은 성령을 받은 종의 선포를 통해 신앙 공동체와 온 만물을 새롭게 창조해가신다. 이 종이 하나님의 말씀을 선포할 때 갇힌 자는 놓임을, 마음이 상한 자는 치유를, 포로 된 자는 자유를 경험하게 된다. 이 종의 선포를 통해 시온 백성은 "의의 나무"가 되며 하나님의 풍성한 위로와 구원을 누리게 되는데, 이는 장차 그들이 새 하늘과 새 땅에서 누릴 새 창조를 미리 보여준다.

2. 이사야 56-66장의 중심 주제

이사야 56-66장은 다음과 같이 중요한 몇 가지 주제를 다룬다.

용사이신 하나님

이 부분에서 하나님은 용사의 모습으로 등장하신다. 그는 용사로서 구속 역사를 가로막는 존재론적 죄악을 파멸시키신다. 그리고 죄에서 떠난 당신의 백성에게 구원과 공의와 영광을 허락하신다. 이사야 12장에서 하나님은 출애굽의 승리를 가져오신 용사로서 어렴풋이 묘사되었다(사 12:2; 출 15:1-2). 그 묘사는 이사야 40:9-11에서 더욱 발전한다. 이제 하나님은 왕과 용사와 목자로서 묘사되신다.

또한 이사야 59:15-21, 63:1-6에서 하나님은 갑옷을 입으신 용사로 등장해 구속사의 원수와 싸워 이김으로써 구속사의 완성, 즉 온 만물의 새 창조를 이루어내신다. 또한 하나님은 종들에게 당신의 영을 허락하셔서 그들이 공의와 정의를 실천하는 의의 공동체가 되고, 더 나아가 새로운 운명과 지위와 영광을 소유한 새 언약의 신부가 되게 하신다(사 62:2-5). 궁극적으로 이스라엘의 거룩하신 하나님은 새 하늘과 새 땅의 창조를 완성함으로써, 또한 택한 자들을 그곳으로 인도하고 풍성하게 위로함으로써 당신이 구속사의 진정한 왕이자 주권자이심을 드러내신다.

종들로 구성된 새 공동체와 사역

이곳에서 종의 주제는 두 가지 면에서 중대한 발전을 이룬다.

첫째, 이사야 40-55장에서의 종이 혈통적 이스라엘 백성을 일컫는 용어였다면 56-66장에서의 종은 혈통을 뛰어넘어 참된 신앙을 가지고 언약에 충실한 삶을 사는 자들을 일컫는 용어로 변화한다. 언약에 신실한 삶을 산다면 이방인뿐만 아니라 고자들도 종의 공동체에 속하여 하나님을 예배할 수 있게 된다(사 56:3-4).

둘째, 이사야 40-55장이 단수 형태의 "종"을 말했다면 이제 56-66장은 복수 형태인 "종들"의 공동체와 그 자질을 묘사한다. 이 종들은 이사야 53장에 등장했던 메시아-종의 삶과 사역을 본받아 실천하는 자들이다. 그들이 새 언약 공동체를 이루어 시온산에서 하나님을 예배할 때 야웨의 성전은 "만민이 기도하는 집"이라 일컬음을 받는다(사 56:7-8). 그런데 이사야 56-66장에서 종들의 공동체에는 의인과 악인의 뚜렷한 구분이 있다. 종말론적으로 악인들은 하나님의 심판을 면치 못하지만 의인들은 영광스러운 지위와 특권을 회복하며 하나님의 새 창조에 동참할 것이다.

공의, 정의, 구원

이사야 56-66장은 앞서 40-55장에서 심도 있게 다루었던 "공의"와 "구원"의 주제를 더욱 발전시킨다. 이사야 40-55장에서 종-메시아의 희생과 죽음을 통해 성취된 신적 공의와 구원을 바탕으로 이사야 56-66장은 이제 주의 백성이 야웨의 영의 도우심으로 윤리적·도덕적 공의와 정의를 삶 속에서 행할 것을 천명한다(사 56:1). 즉 이사야 56-66장에서 야웨의 신적 공의와 구원은 주의 백성이 실천해야 하는 윤리적 공의 및 정의와 함께 통합된다.

이사야 59:16-21과 이사야 63:1-6은 용사이신 야웨 하나님이 구속사의 원수인 죄악을 파멸하시고 당신의 신적 공의와 구원을 회복하는 모습을 보여준다. 반면 이사야 56:2-8, 58:6-14은 종들이 삶 속에서 실천해야 할 공의와 정의를 설명한다. 그들은 야웨와 연합하여 그를 기쁘시게 하는 삶을 살고, 아울러 손을 금하여 악을 행하지 않고 안식일을 지킴으로써 공의와 정의를 실천할 수 있다. 이는 하나님과의 언약 관계를 굳건히 지탱하는 토라 중심의 삶을 의미한다.

그런데 놀라운 것은 이사야 61-62장에서 오직 하나님의 영이 그들에게 임할 때 그들은 드디어 공의와 정의를 행하고 의의 나무로 성장하게 된다는 사실이다. 그러므로 시온 백성은 오직 야웨의 은혜로만 구원과 공의를 실천하고 누릴 수 있게 된다. 그때 그들은 성전의 제사장과 봉사자가 되어 예배를 섬길 뿐 아니라 많은 이들을 회복하고 위로하는 사역을 감당하게 된다(사 61장).

위로

이사야 40장에서 주의 백성을 위로하라고 선포하신 하나님은 이제 이사야 56-66장에서 그의 종이 그 위로를 성취하도록 인도하신다. 하나님은 종에게 성령을 허락하시고, 신적 권위와 능력으로 사역을 감당하게 하신다. 놀랍게도 이 종이 야웨의 영의 임재 가운데 위로의 말씀을 선포하고 언약 백성 가운데 사역을 감당할 때 시온 공동체는 극적인 운명의 반전을 경험한다. 슬퍼하던 자들은 기쁨을, 갇힌 자들은 놓임을, 억눌린 자들은 자유함을 경험하게 된다(사 61-62장). 이 놀라운 운명의 반전은 새 하늘과 새 땅에서 그들이 누릴 신적 위로와 구원과 영광을 예견하게 한다(사 66장). 어린아이가 어머니의 품속에서 누리는 듯한 온전한 위로를 그들이 새 하늘과 새 땅에서 경험할 때 언약 백성의 구원은 이제 하나의 종말론적 사건을 넘어서 감성적으로 경험되는 사건으로 다가온다.

새 창조

이사야서 전체 말씀을 통해서 이스라엘의 거룩하신 하나님은 옛 하늘과 옛 땅을 새 하늘과 새 땅으로 새롭게 창조하신다. 그리고 독자는 이사야 56-66장에서 새 창조의 실체를 볼 수 있다. 구속 역사의 왕이신 하나님은 구속의 역사를 방해했던 존재론적인 악을 처단하신다(사 59:16-20; 63:1-6). 참된 통치를 시행할 왕-메시아뿐 아니라 대속적 희생을 감당할 종-메시아를 통해 그는 백성의 죄를 사하시고, 그들 가운데 공의와 구원을 세우심으로써 참된 통치를 실행하신다. 그때 주의 백성은 더 이상 악과 심판의 위협 아래 놓이지 않고 오히려 영원한 기쁨과 안정감, 위로와 평화를 누린다. 의인의 기도를 응답하시며 이런 새 창조를 성실하게, 그리고 점진적으로 성취해가시는 이스라엘의 거룩한 하나님은 종말의 때에 새 하늘과 새 땅의 도래와 함께 새 창조의 사역을 완성하실 것이다.

3. 이사야 56-66장의 구속사적 메시지

이사야 56-66장은 크게 세 가지 중요한 구속사적 메시지를 전해준다.

첫째, 이스라엘의 거룩하신 하나님은 옛 하늘과 옛 땅을 새 하늘과 새 땅으로 새롭게 창조하심으로써 구속 역사를 완성하신다. 이사야서는 시종일관 온 만물의 새 창조를 성취해가시는 하나님의 일하심과 열심을 묘사한다. 그는 죄악과 패역함으로 인해 무서운 진노 아래 놓여 있던 시온과 온 만물을 회복시키고(사 40-55장) 영광스럽게 하신 후(사 56-62장) 새 하늘과 새 땅으로 인도하신다(사 65-66장). 그는 종-메시아가 대속적 죽음을 감당하게 하사 그것을 통해 시온이 공의를 회복하도록 하신다(사 53장). 또한 주의 종들에게 성령을 허락하셔서 그들이 공의와 정의를 실천하는 새로운 공동체가 되도록 인도하신다. 이스라엘의 거룩하신 하나님은 구속 역사에서 최대의 대적인 죄악을 파멸하심으로써(사 59:16-21; 63:1-6; 66:22-24) 새 하늘과 새 땅에 억압이나 속박이 더는 존재하지 않게 하시고 그 대신 온전한 평화와 질서가 충만하게 하신다. 이사야서 속에 묘사된 이와 같은 구속의 드라마는 성경 전체를 관통하는 하나님의 구속 역사, 즉 그 진전과 종말론적 새 창조를 함축적으로 보여준다. 결국 새 하늘과 새 땅은 하나님의 충만한 임재가 있는 곳이며 그 임재로 인해 신적인 위로와 풍성한 생명이 흘러넘치는 새 에덴이다.

둘째, 이사야 56-66장은 야웨의 영 곧 성령의 사역을 극적으로 조명한다. 이사야 40-55장이 종-메시아의 사역을 통해 시온 백성이 죄 용서와 공의를 회복하는 장면을 묘사한다면(사 53장), 이사야 56-66장은 성령의 임재와 사역을 통해 종들의 공동체가 드디어 의의 나무가 되어 하나님과 영원한 언약을 체결하는 영광스러운 순간을 묘사한다(사 61장). 성령의 권능 있는 임재와 사역을 통해 그들은 지금까지 스스로 실천하지 못했던 공의와 정의를 실천하게 된다. 성령의 임함과 함께 그들은 드디어 하나님의 사역자로서 말씀을 선포하게 되고 그 말씀은 시온 백성의 운명을 극적으로 변화시킨다. 열방 가운데 하나님의 신부로서 그들은 그들의 영광과 축복을 자랑하기에 이른다. 그때 무너진 성벽이 재건되고 그들 속에 찬양과 감사가 회복될 것이다. 궁극적으로 야웨의 영의 임재를 경험한 자들이 새 공동체의 일원으로서 종말론적 새 하늘과 새 땅에 들어가 하나님의 친밀한 임재와 풍성한 생명의 수혜자가 된다.

셋째, 새 창조에 참여하는 종들은 하나님의 일하심과 말씀에 반응해야 한다. 이사야 56-66장에 따르면 주의 종들이 누리는 구원과 회복은 전적으로 하나님의 은혜로만 가능하다(사 59:16-62:12). 그런데 의인들은 성령의 감동하심 가운데 죄악된 삶을 떠나고 언약의 말씀을 실천하기 위해 몸부림치는 자들이다. 그런 자들이 하나님이 허락하시는 구원과 영광에 참여하게 된다(사 59:20). 온 만물의 구속은 하나님의 일하심과 전적인 은혜로만 가능하다. 하지만 그분의 놀라운 은혜에 적절히 반응하고 공의와 정의를 행하는 자들만이 그 수혜자가 된다.

그런 의미에서 이사야 56:1은 하나님의 신적인 공의의 실현과 구원이 가까우니 택한 백성은 이제 윤리적이고 도덕적인 공의와 정의를 삶 속에서 실천하라고 강조한다. 하나님과의 언약 관계를 유지하기 위해 공의와 정의를 삶 속에서 실천하는 자들만이 구속을 경험하고 궁극적으로 왕과 제사장과 예언자로서의 영광을 회복하며 그에 합당한 사역을 감당하게 된다(사 61장). 따라서 공의와 정의를 실천하는 삶은 주의 백성이 하나님 나라를 이 땅에 세우는 동시에 종말론적인 새 하늘과 새 땅에 들어가서 새 창조를 경험하게 하는 가장 중요한 삶의 양식이다. 깨끗하지 못한 자들과 우매한 자들은 그곳에 들어가지 못한다. 반대로 거룩한 삶의 길을 걷는 자들은 그곳에서 영영한 희락과 기쁨을 누릴 것이다(사 35:8-10).

제19장

공의와 정의를 행하라(사 56:1-8)

1. 본문의 개요

이사야 56:1-8은 56-66장의 서론 역할을 한다. 이 본문은 그 주제와 신학에 있어 이사야 66:15-24과 대칭을 이루기도 한다. 그리고 이사야 40-55장의 내용을 더욱 수정하고 보완하면서 두 가지 큰 신학적 주제를 제시한다. 그것은 이사야 56-66장의 중심 주제이기도 하다.

　　첫째, 이사야 56:1(여호와께서 이와 같이 말씀하시기를 "너희는 정의를 지키며 의를 행하라. 이는 나의 구원이 가까이 왔고 나의 공의가 나타날 것임이라" 하셨도다)은 시온 백성이 공의와 정의를 행할 것을 표방한다. 이사야 40-55장은 하나님이 시온 백성을 위해 성취하신 공의와 구원을 설명한다. 이스라엘의 거룩하신 하나님은 반역한 시온 백성의 구원을 위해 한 신실한 종이 고난과 대속의 죽음을 감당하게 하셨다(사 53장). 그의 죽음을 통해 시온의 백성은 죄 용서, 평안, 의, 구원을 경험하게 된다.

　　이사야 56:1-8은 그들이 하나님이 성취하신 공의와 구원을 경험했으니 이제 삶 속에서 공의와 정의를 실천해야 한다고 강조한다. 조금 더

거시적으로 본다면 이사야 1-39장에서 이스라엘은 공의와 정의를 실행하는 데 실패했다. 하지만 이사야 40-55장에서 하나님은 그들의 회복과 구원을 위해 한 종이 대속적 고난과 죽음을 감당하게 하셨다. 그리고 이제 이사야 56-66장은 그들이 하나님이 성취하신 공의와 구원을 바탕으로 삶의 공의와 정의를 실천하는 백성이 되어야 함을 말한다. 물론 그것은 인간의 힘이 아니라 하나님의 전적인 은혜, 즉 오직 야웨 하나님의 영의 부음으로만 가능하다(사 61장). 반게메렌에 따르면 공의와 정의를 행하는 것은 "진정한 종교와 경건의 표현"이다(사 1:20-31; 56:1-7; 61:1-3; 참고. 사 56:6-12).[1] 이사야 56:2-8은 공의와 정의의 실천적 삶의 양식과 그것의 결과를 더욱 구체적으로 기술해준다.

둘째, 이사야 56:1-8은 이방인과 고자들도 언약 공동체의 일원이 될 것을 말한다. 이사야 40-55장에서 하나님은 혈통적 이스라엘을 종으로 택하고 그들에게 이방의 빛이 될 사명을 주셨다(사 42:6). 다시 말해 언약 공동체의 주인공은 혈통적 이스라엘이었다. 그러나 이사야 56:1-8과 더 나아가 이사야 56-66장에서 이 언약 공동체의 구성원은 극적으로 확대된다. 즉 혈통적 이스라엘뿐 아니라 하나님의 언약을 굳게 지키고 그와 연합한 이방인과 고자들도 이 언약 공동체에 소속되어 성산(시온)에서 하나님을 예배하게 된다. 이사야 40-55장에서 언약 공동체의 가입 기준이 타고난 혈통이었다면, 이제 이사야 56-66장에서는 그 기준이 참된 신앙고백과 언약을 굳게 지키는 삶으로 변경된다. 혈통을 초월하여 하나님의 언약을 굳게 붙잡고 그분을 기쁘시게 하는 삶을 사는 자들이 종들의 공동체(사 56:6), 즉 남은 자들이 되어 새 하늘과 새 땅에 들어가게 된다(사 66장).

---

1   반게메렌, 『예언서 연구』, 46.

그러므로 이사야 56-66장은 앞서 40-55장이 질문했던 참된 언약 백성, 즉 "야훼의 종들"의 영적 자질과 삶의 모습에 관해 설명한다. 이스라엘뿐 아니라 열방의 백성이 하나님의 산에 모여 예배하는 장면은 이사야 2:1-4의 성취라고 볼 수 있다. 결론적으로 이사야 56-66장은 언약 백성이 삶 속에서 실천해야 할 공의와 정의를 중심으로 장차 그들이 종말론적으로 누리게 될 새 창조를 묘사한다. 이사야 56:1-8은 크게 세 단락으로 나뉜다.

① 공의와 정의를 행하라(사 56:1)
② 안식일과 언약을 지키는 종들-이방인과 고자들(사 56:2-7)
③ 하나님이 모으시리라(사 56:8)

2. 중심 주제 및 적용

이사야 56:1-8은 크게 네 가지 중요한 주제를 전달해준다.

첫째, 너희가 공의와 정의를 행하면, 하나님의 공의와 구원을 경험할 것이다 (사 56:1)

이사야 56:1은 이사야서의 대의(大義)를 전달한다. 하나님의 공의와 구원이 가까웠으니 주의 백성은 공의와 정의를 행해야 한다는 것이다. 이사야 1:27에서 예언자는 시온이 공의와 정의로 행할 때 하나님의 구원을 받게 될 것이라고 말한다.

시온은 정의로 구속함을 받고 그 돌아온 자들은 공의로 구속함을 받으리라.

전체 예언서를 통해 공의와 정의는 언약 백성이 구원과 새 창조를 경험하기 위해 실천해야 할 가장 중요한 삶의 양식이다(사 1:27; 5:7, 16; 9:7; 28:17; 32:16-17; 33:5; 45:8; 46:12; 48:1; 54:14; 59:9, 14, 17; 60:17; 61:10; 렘 3:11; 4:2; 9:24; 22:3, 15; 33:15; 겔 18:5, 19, 21, 27; 33:14, 16, 19; 45:9; 호 10:12; 욜 2:23; 암 5:7, 24; 6:12; 슥 8:8; 말 3:3; 4:2). 이사야 61:1-3에서도 결국 야웨의 영이 임한 시온 공동체는 공의와 정의를 행하게 된다.

독일의 저명한 구약학자인 렌토르프와 상당수의 이사야 학자들은 이사야 56:1에 나타나는 공의와 정의와 구원이 쓰이는 사례를 통해 전체 이사야서의 구조와 메시지를 설명했다.[2] 이사야 56:1a에서 언약 백성에게 "공의"와 "정의"를 행하라는 권고는 이사야 1-39장의 중심 메시지를 설명한다. 이사야 1-39장에서 공의는 항상 정의와 함께 사용되는 반면 단 한 번도 구원과 함께 사용되지 않는다. 이 공의는 하나님의 백성이 삶 속에서 실천해야 하는 것으로서 도덕적·윤리적 삶 또는 덕목을 암시한다(사 1:27; 5:7, 16; 9:6; 28:17; 32:16; 33:5; 참조. 사 59:9, 14).

구속 역사 속에서 하나님은 언약 백성이 지혜롭고 공의롭게 행함으로써 진정한 아브라함의 자녀들이 되기를 원하셨다(창 18:18). 하나님은 그들이 공의와 정의를 행함으로써 하나님 나라를 이 땅에 세우길 기대하셨다. 이 비전의 성취를 위해 모세는 공의, 자비, 신실함, 정의를 실천하는 삶을 기술했고 그것을 율법으로 성문화해놓았다(신 16:20; 참조. 마 23:23). 그러나 이사야 1장이 잘 설명하듯이 그들은 모세의 율법을 알았

---

2   Rendtorff, *Canon & Theology*, 181-89.

으면서도 하나님과 이웃을 향한 공의와 정의를 실천하는 삶에 실패했을 뿐만 아니라 하나님의 뜻을 적극적으로 성취하는 데 무관심했다(사 1:4, 21-23; 5:24). 예언자 이사야는 예루살렘과 유다의 불의함을 신랄하게 질책했고 결국에는 하나님의 공의로운 심판을 선포하기에 이른다. 이사야 1-39장에 기록된 2개의 화 신탁(사 5, 28-33장)은 유다가 하나님을 어떻게 배반하고 공의와 정의를 실천하는 삶에서 멀어졌는지를 여실히 보여준다.

반면 하나님의 구원이 가까웠고 그의 공의가 나타날 것이라는 이사야 56:1b 말씀은 이사야 40-55장 말씀을 상기시킨다. 이사야 40-55장에서 공의는 항상 구원과 짝을 이루는 반면(사 44:13; 45:8, 21; 46:13; 51:5, 6, 8), 단 한 번도 정의와 함께 사용되지 않는다. 이사야 40-55장에서 공의는 하나님이 그들 가운데 성취하실 구원과 회복, 즉 하나님의 공의를 암시한다. 즉 이 공의는 하나님이 언약 백성의 구원을 위해 성취하실 하나님의 절대적 승리, 주권, 권능을 강조하는 뉘앙스로 사용되었다. 이사야 53장에서 하나님은 이 공의를 한 신실한 종의 고난과 대속 죽음을 통해 성취하셨고, 이는 장차 신약성경에서 성취될 예수 그리스도의 고난과 십자가 사건을 예견하게 한다. 더욱 포괄적으로 이사야 40-55장에서 하나님의 공의는 구속 역사 속에서 성취된 하나님의 주권적 통치(고레스 칙령, 바벨론의 패망), 새 출애굽, 언약 백성의 시온 입성, 그리고 궁극적으로 권능 있게 임하는 하나님 나라와 새 창조를 예표한다.[3]

놀랍게도 이사야 56:1에서 언약 백성의 윤리적·도덕적 삶을 암시하는 공의(사 1-39장)와 하나님의 구원과 승리를 의미하는 공의(사 40-55장)가 통합된다. 이는 이사야 56-66장이 앞의 1-39장과 40-55장의

---

3   반게메렌, 『예언서 연구』, 12.

메시지를 전체적으로 아우르고 있음을 보여준다. 더 나아가 신학적·문학적 관점에서 이사야 56-66장이 1-39장과 40-55장과의 깊은 연속선 위에 놓여 있으면서도 앞부분과는 다른 새로운 메시지를 전달하고 있다는 의미다. 그렇다면 앞의 두 부분과 다르게 이사야 56-66장이 강조하는 신학적 메시지는 무엇인가? 그것은 다름 아니라 언약 백성이 자신의 힘으로 성취하지 못한 윤리적·도덕적 공의(사 1-39장)를 하나님이 그의 주권적 권능과 행하심—메시아의 대속적 죽음—으로써(사 40-55장) 새롭게 회복시키시고 궁극적으로 그들의 종말론적 구원과 영광과 새 창조를 성취하신다는 것이다(사 56-66장).

이사야 56-66장에서 하나님은 이 놀라운 구원의 성취를 위해 큰 일 두 가지를 행하신다. 먼저 하나님은 용사로 임하셔서 인류의 존재론적 대적인 악을 무찌르고 시온 백성에게 그의 공의와 구원을 허락하신다(사 59:16-28; 63:1-7). 새 하늘과 새 땅이 임할 때 하나님은 악인과 죄악을 영원히 꺼지지 않는 불로 소멸하실 것이다(사 66:22-24). 다음으로 하나님은 시온 백성에게 그의 영을 부으셔서 그들이 삶에서 공의와 정의를 실천하는 백성이 되도록 이끄신다(사 61:1-3). 즉 하나님의 영이 임할 때 그들은 드디어 언약의 말씀을 순종하는 의로운 백성이 되는 것이다(사 61:8).

이사야서 전체 말씀에서 하나님은 지속적으로 언약 백성이 윤리적·도덕적 공의와 올바른 삶을 살 것을 요구하셨다. 하지만 그것은 오직 하나님의 능력과 은혜로만 가능하다. 이사야 40-55장은 이스라엘의 거룩하신 하나님이 종의 대속의 사역과 희생(사 49, 50, 53장)을 통해 그들의 죄를 해결하고 의롭게 하셨기 때문에 그들은 의롭게 될 수 있다고 기술한다. 한 걸음 더 나아가 이사야 56-66장은 하나님이 그들을 위해 싸우실 뿐 아니라 그들에게 성령을 부어주시고 인간의 연약함을 온전하게 하시는 신적인 힘과 권능을 허락하시기 때문에(사 11, 32, 61장) 그것이 가능하다고 말씀한다. 하나님의 종들은 성령의 능력 가운데 메시아의 대속의 희생과 공로를 믿음으로 의지하고 죄악에서 떠난 삶을 살 때 비로소 새 하늘과 새 땅을 경험하게 된다(사 65:17-66:24). 결국 구원은 오직 하나님 한 분의 권능과 승리에 달려 있다!

공의	구분	이사야 1-39장	이사야 40-55장	이사야 56-66장
	용례	공의 & 정의	공의 & 구원	공의 & 정의 & 구원
	뉘앙스	윤리 도덕적 의미 : 유다의 범죄와 부조리를 지적함	하나님의 구원 사역 : 메시아의 대속적 죽음을 통한 시온의 구원	• 하나님의 구원 사역 • 유다의 정의로운 윤리적 · 도덕적 삶
	중심 적용 대상	패역한 유다	변함없이 신실하신 하나님	하나님 & 유다

이사야서에서 공의의 사용

둘째, 공의와 정의를 실천하는 삶(사 56:2-7)

그렇다면 과연 언약 백성이 삶 속에서 실천해야 할 공의와 정의란 무엇인가? 이사야 56:2-7은 그들이 실천해야 할 공의롭고 정의로운 삶이 무엇인지 구체적으로 나열한다. 공의와 정의를 실천하는 삶은 다음과 같다.

- 안식일을 지켜 더럽히지 않는 삶
- 손을 금하여 모든 악을 행하지 아니하는 삶
- 야웨와 연합한 삶
- 야웨가 기뻐하시는 일을 선택하는 삶
- 야웨의 언약을 굳게 붙잡는 삶

- 야웨와 연합하여 그를 섬기고 그 이름을 사랑하는 삶
- 야웨의 종이 되는 삶

여기서 공의와 정의를 행하는 삶은 세 가지 면에서 다른 삶과 구분된다.

첫째, 외적인 면에서 공의와 정의를 행하는 삶은 안식일을 지키고, 손을 금하여 모든 악을 행하지 않으며 야웨를 섬기는 삶을 의미한다. 궁극적으로 이것은 야웨 하나님이 기뻐하는 일을 선택하는 삶이다. 삶과 사역에서 악을 행하지 않고 야웨 하나님이 기뻐하시는 일을 선택하며 그를 섬기는 삶을 살아갈 때 언약 백성은 참된 공의와 정의를 행하는 삶을 살게 될 것이다.

둘째, 내적인 면에서 공의와 정의를 행하는 삶은 야웨의 이름을 사랑하고 야웨와 연합하는 삶이다. 야웨를 사랑하여 그분과 연합한 삶! 이 얼마나 아름다운 삶인가! 종교를 실천하는 것이 아니라 야웨를 사랑하며 그분과 연합한 삶을 살아갈 때 자연스럽게 외적으로 표현되는 삶이 곧 공의와 정의다. 이는 언약 백성이 가져야 할 마음의 자세이자 견지해야 할 신앙의 원리다.

셋째, 신학적 측면에서 공의와 정의를 행하는 삶은 야웨의 언약을 굳게 붙잡는 삶이다. 공의와 정의란 언약의 말씀이 제시하는 하나님과 이웃을 향한 경건한 삶을 실천하는 것이고, 하나님이 이스라엘과 맺은 언약 관계에 충실한 삶을 의미한다. 이사야서의 전체적인 안목으로 본다면 "하나님의 위대한 구원 계획"(사 40-55장; 56:1; 60-62장)은 "언약 백성의 경건함 삶"(사 56:2-7; 58-59, 63-64장)을 요구하고 그것은 공의와 정의를 행하고 실천하는 삶으로 표현된다.[4] 궁극적으로 공의와 정의를 행하

---

4   반게메렌, 『예언서 연구』, 45-56.

는 삶은 새 하늘과 새 땅이 예표하는 종말론적 "새 창조"로 성취해가는 삶이다.

공의와 정의를 행하는 삶은 신학적이면서 실천적인 삶을 우리에게 요구한다. 이사야는 공의와 정의를 행하는 삶을 철학적이거나 이론적으로 설명하지 않는다. 오히려 그것은 야웨의 이름을 사랑하고 야웨 하나님이 기뻐하시는 것을 선택하는 삶이다. 다양한 삶의 영역에 말씀의 원리를 적용함으로써 악을 떠나고 하나님과 연합한 삶을 살아가는 것이다. 결국 공의와 정의란 하나님과 사람 앞에서 옳음과 진실함을 실천하는 것이라 말할 수 있다. 이는 예언서가 표방하는 신앙의 진수이자 새 창조를 누리는 삶 자체다. 이 말씀에 비춰볼 때 우리는 과연 공의와 정의를 실천하는 삶과 사역을 이루고 있는가?

셋째, 야웨의 종들이 되며: 새 공동체의 형성(사 56:6)

이사야 56:1-8은 종의 공동체가 새로운 국면으로 들어감을 보여준다. 이사야 40-55장에서 하나님은 이스라엘 백성을 그의 종으로 부르신다. 하나님의 종이란 이스라엘 백성에게만 허락되었던 독점적 특권이었다. 하지만 이사야 56-66장에서 하나님은 혈통이 지위, 타고난 신분을 초월하여 공의와 정의를 행하는 모든 자를 하나님의 종들로 부르심으로써 구속 역사의 극적 발전을 성취하신다. 민족적·사회적·육체적 한계와 차별을 뛰어넘어 이방인과 고자까지 언약의 공동체에 속하게 되는 놀라운 변화를 겪게 된다. 종들의 공동체에 속하게 되는 기준이 혈통과 신분에서 참된 신앙고백과 공의와 정의를 실천하는 삶으로 변경되는 것이다. 이제 이스라엘 백성뿐 아니라 이방인과 고자들도 성전에 모여 하나님을 예배하며 하나님의 축복을 경험하게 된다(사 56:7). 더욱이 공의와 정의를 행하는 이방인과 고자는 그것을 실천하지 않는 이스라엘 백성보다 더 나은 야웨의 기념물과 영원한 이름을 받게 된다.

이사야 56:1-8은 삶과 사역 속에서 공의와 정의를 행하는 자들이 하나님의 종의 반열에 서게 되고, 그들이 하나님의 약속된 생명과 영광, 지혜와 축복을 누리게 된다고 강조한다. 모든 민족이 성전에 모여 하나님을 예배하며 기도할 때 성전은 "만민이 기도하는 집"으로 세움받게 된다(사 56:6). 이는 신약성경의 오순절 사건과 그 이후에 일어날 이방인 선교와 구원을 예언한다고 할 수 있다(행 2:37-42).

신앙 공동체, 특별히 교회는 사회적 신분이나 혈통이나 지위를 초월하여 그리스도와 한 몸을 이룬다. 진정한 신앙 공동체는 한 성령 안에서 참된 고백과 언약의 말씀을 순종하는 자들이 함께 세워나가는 것이다. 반면 세속적인 가치와 기준을 따라 차별과 분열을 일삼는 신앙 공동체는 하나님 나라의 임함을 경험할 수 없다. 이 말씀의 가르침에 비춰볼 때 우리 교회는 참된 종들의 공동체를 세워가고 있는가?

넷째, 시온에서 야웨를 예배하리라(사 56:7)

공의와 정의를 행하는 종들이 누릴 가장 큰 축복이란 무엇인가? 그것은 다름 아니라 이제 그들이 하나님의 성산, 곧 시온에서 하나님을 섬기는 "예배 공동체"가 된다는 것이다. 이사야 56:7에 따르면 종말론적 회복의 때에는 이스라엘 백성뿐 아니라 이방인과 고자들까지 성산에 모여 하나님께 번제와 희생제사를 드리게 된다. 하나님은 그 제사를 기꺼이 받으신다. 이 예배를 통해 하나님은 그들에게 세상이 알지 못하는 신적 임재, 풍성한 생명, 권능, 지혜를 허락하신다. 그들은 시온에서 새 창조와 신적 축복을 누리는 예배 공동체가 된다. 이사야 55:12-13에서 언약 백성이 새 출애굽의 여정에 올랐다면, 이제 이사야 56:1-8에서 그들은 시온산에 올라서 하나님을 예배하하는 공동체가 된다. 더욱 거시적으로 이사야 2:1-4에서 열방이 야웨의 성산에 모여 하나님을 예배하고 그분의 교훈을 받는다는 비전이 이 본문에서 성취된 것이다.

참된 예배자의 조건은 무엇인가? 그것은 삶 속에서 공의와 정의를 실천하는 것이다(사 56:1). 더욱 구체적으로 그것은 언약의 말씀을 순종하여 악에서 떠나 하나님과 연합하며 그와 동행하는 삶이다(사 56:2-7). 또한 삶의 중요한 결정의 순간에 하나님을 기쁘시게 하는 길을 선택하는 것이다. 이처럼 삶과 사역에서 공의와 정의를 실천하는 자들이 진정한 예배의 자리에 나아와 하나님의 임재 속으로 들어갈 수 있다. 그들은 예전적(공적) 예배뿐 아니라 삶 속에서 공의와 정의를 행함으로써 삶의 예배에서도 열매를 맺는 자들이다. 그들은 장차 새 하늘과 새 땅에서 새 에덴의 생명과 지혜, 위로와 경이로움을 한껏 누릴 것이다.

제20장

길을 돋우고 수축하라(사 57:14-21)

1. 본문의 개요

의인과 악인의 구분을 보여준 이사야 56:9-57:13에 이어 57:14-21은 언약 백성을 향한 영적 가르침을 전해준다. 여기서 언약 백성의 삶은 "길"에 비유된다. 새 출애굽 모티프의 배경 아래서 "길"을 재정비하고 새롭게 수축하는 것은 죄를 회개하는 삶을 상징한다. 또한 "야웨의 길"이 시온 백성의 위로와 구원을 위한 하나님의 일하심을 가리킨다면(사 40:3), "백성의 길"은 구원을 경험하게 될 언약 백성의 삶과 행위를 가리킨다.[1]

　그런데 하필이면 왜 길일까? 길의 어떤 특징이 언약 백성의 삶과 연결될까? 길에는 두 가지 큰 특징이 있다. 첫째, 길에는 목적지가 있다. 하나님의 백성은 구체적인 목적지—새 하늘과 새 땅을 말한다—가 있는 삶을 살아간다. 둘째, 길에는 양태—평탄한 길, 구불구불한 길, 거친 길 등을

1　Childs, *Isaiah*, 462.

말한다—가 있다. 순종하며 평안한 삶을 사는 자들이 있는가 하면 죄를 범해 하나님께 나아가는 길이 막히는 자들도 있다.

여기서 우리는 언약 백성의 삶에는 궁극적인 목적지가 있다는 사실과 그 삶의 모습이 다양하게 펼쳐질 수 있다는 사실을 모두 깨닫게 된다. 우리의 삶은 시작과 끝이 있는 하나의 여정이다. 우리는 그 길에서 시행착오를 겪을 수도 있지만 무엇인가를 성취할 수도 있다. 이사야 57:14-21은 크게 세 단락으로 나뉜다.

① 길을 돋우고 수축하라(사 57:14)
② 구원의 선포(사 57:15-19)
③ 악인은 멸망하리라(사 57:20-21)

2. 중심 주제 및 적용

바벨론에서 돌아온 시온 백성의 삶은 녹록지 않았던 듯하다. 이사야 49-51장이 묘사하는 새 창조와 회복은 성취되기는커녕 저 멀리 있는 것처럼 요원하기만 했다. 그래서 그들은 삶 속에서 애통함과 힘겨움을 느낄 수밖에 없었다. 거칠고 구부러진 길을 가는 듯이 느껴지는 우리의 인생 여정 역시 마찬가지일 때가 많다. 이런 어려움 가운데 빠진 백성들을 향해 예언자는 소중한 하나님의 말씀을 선포한다. 이 말씀이 기록된 이사야 57:14-21은 크게 세 가지 주제를 전해준다.

첫째, 길을 돋우고 수축하라(사 57:14)

먼저 이사야 57:14에서 예언자는 길을 돋우고 수축하라고 권한다. 언약 백성에게 삶의 길을 새로이 하라고 요청하는 것이다. 여기서 "돋우다"로 번역된 히브리어 "살랄"(סלל)은 "건축하다", "만들다"(build up)라는 뜻이다. 반면 "수축하다"로 번역된 히브리어는 "파나"(פנה)로서 "준비하다"(prepare)라는 의미가 강하다. 즉 이사야 57:14은 우리에게 길을 만들어 무엇인가를 준비하라고 말씀한다. 물론 이 길은 단순한 도로가 아니라 언약 백성의 삶의 길을 가리킨다. 과연 언약 백성은 어떤 삶의 길을 만들어야 하고 그것을 통해 무엇을 준비해야 하는가?

먼저 언약 백성이 만들어야 하는 삶의 길은 "거치는 것"이 없는 길이다. "거치는 것"을 가리키는 히브리어는 "미크숄"(מכשול)로서 "넘어지게 하는 장애물"(stumbling block)의 의미로도 이해할 수 있다. "거치는 것"이란 언약 백성이 시온 또는 새 하늘과 새 땅을 향해 나아가는 삶의 여정에서 그들을 넘어뜨리거나 미혹하는 모든 장애물을 의미한다. 블렌킨소프는 이 장애물이란 "죄악된 삶의 양식"(sinful way of life)으로서 특히 앞 단락이 상세하게 묘사하는 우상숭배와 타락을 포함한 "죄악된 중독"(a sinful addiction)을 가리킨다고 설명한다.[2]

또한 이사야 57:17은 그것을 더욱 구체적으로 지목해 "탐심의 죄악"이라고 표현한다. 그런 삶은 하나님의 말씀이 아니라 자신들이 원하는 바를 따라 살아가는 삶이다. 이스라엘 역사 속에서 언약 백성이 탐심과 죄악의 길을 걸어갈 때 하나님은 더 이상 그들에게 다가갈 수 없으셨다. 하나님과 그들의 관계가 단절되어버린 것이다. "거치는 것"은 언약

---

2   Blenkinsopp, *Isaiah 56-66*, 169-70.

백성에게 이미 약속된 구원과 축복이 성취되는 것을 연기시킨다.[3] 그래서 예언자는 그들의 삶의 길에서 하나님과 그들의 관계를 가로막는 장애물을 없애라고 명령한다. 인생의 여정에서 그런 장애물을 없애는 것은 곧 하나님의 나아오심을 예비하는 것과 마찬가지다.

둘째, 야웨 하나님이 통회하고 마음이 겸손한 자와 함께하신다(사 57:15)

지극히 존귀하며 영원하신 하나님은 높고 거룩한 곳에 계실 뿐 아니라 통회하는 마음을 가진 겸손한 자와도 함께 계신다. 언약 백성이 삶의 길에서 죄로 말미암은 장애물을 없앨 때 하나님은 드디어 그들에게 다가오셔서 그들을 새롭게 하신다. 이런 회복과 구원은 공의와 정의를 행하는 삶과 직접 연결된다(사 56:1-8).

언약 백성은 하나님이 지극히 거룩하고 위대하시며 인간이 접근할 수 없는 하늘 보좌에 좌정해 계신다고 믿어왔다(사 6장). 하지만 이사야 57:15에 따르면 그 위대하신 하나님은 자신의 삶을 회개하고 겸손히 하나님을 찾는 자에게 임하신다. 하나님은 탄식 속에서 은혜와 도우심을 간구하는 자의 기도를 외면하지 않으시고 그런 자들의 영을 소생시키신다.

언약 백성이 바벨론의 억압에서 자유롭게 되어 시온으로 다시 돌아온 것은 하나님의 자비와 구원을 보여주는 하나의 모형이다. 이사야 56-66장은 그들이 영적 장애물을 없애고 하나님의 임재 가운데 나아가 진정한 구원을 맛보게 되는 모습을 보여준다.[4] 이사야 59:9-21 역시 애통해하며 간구하는 의인들의 기도를 들으시고 급기야 하늘에서 강림하셔

---

3   Childs, *Isaiah*, 475.

4   Ibid, 472.

서 그들에게 공의와 구원, 신원의 은혜를 허락하시는 하나님에 관해 말한다. 오늘날에도 하나님은 애통해하고 회개하며 마음이 겸손한 자의 간구를 외면하지 않으신다. 겸손한 의인들의 간구와 기도를 들으시는 하나님은 친히 그들 가운데 임하셔서 구원과 회복을 역사를 이루어가신다. 그들을 소생시켜 새로운 피조물로 다시 창조하시는 것이다.

셋째, 야웨 하나님이 그를 고치고 새롭게 하시리라(사 57:16-19)

이사야 57:18은 하나님의 새 일을 묘사한다.

> 내가 그의 길을 보았은즉 그를 고쳐줄 것이라. 그를 인도하며 그와 그를 슬퍼하는 자들에게 위로를 다시 얻게 하리라.

하나님은 삶 속에서 새 길을 준비하는 자들에게 임하셔서 그들을 고치고 위로하신다. 또한 그들의 길을 가장 선하고 의롭게 인도하신다. 하나님은 그들을 고치고 인도하며 위로하실 것이다. 이사야 57:19은 이것이 곧 하나님이 그들을 위해 성취하실 새 창조임을 말한다. 새 창조가 이루어질 때 언약 백성은 삶 속에서 하나님의 평강과 통치와 참된 안식을 누릴 것이다. 우리도 삶의 여정 속에서 하나님과 우리 사이를 가로막는 영적 장애물을 제거해야 한다. 회개하고 겸손히 주 앞에 엎드리는 사람은 그 가운데 하나님 나라가 임하는 것을 경험하게 될 것이다.

제21장

참된 경건과 축복(사 58:1-14)

1. 본문의 개요

이스라엘은 하나님께 율법을 받은 민족이다. 오랜 세월 동안 그들은 하나님의 율법을 실천하며 자녀들에게 부지런히 가르쳤다(신 6:4-9). 하지만 이사야가 활동할 당시 유다 백성은 외형적인 제의에 종교적 열심을 가지고 참여하면서도 참된 경건이나 율법의 실천과는 거리가 멀었다. 오히려 그들의 영적 실상은 죄악이 가득한 삶 그 자체였다.

이에 관해 이사야 56-57장은 모든 이스라엘 백성이 언약 공동체에 속하는 것은 아니라고 말한다. 참된 신앙고백 가운데 오직 공의와 정의를 행하는 자들만이 성산에 올라 하나님을 예배할 수 있다. 앞 장의 중심 메시지를 이어받은 이사야 58장은 "참된 경건"이라는 관점에서 참된 하나님의 백성, 즉 "야웨의 종들"에게 어울리는 삶과 그들의 영적 특징을 다룬다. 여기서 중심이 되는 주제는 이사야 56장에서 이미 밝힌 공의와 정의를 행하는 삶, 혹은 야웨의 언약을 진지하게 붙잡고 실천하는 참된 경건이다.

예언자는 당시에 유행했던 금식을 집중 조명하며 백성들의 신앙과 삶의 태도에 관해 말한다. 겉으로 보기에 바벨론에서 돌아온 그들은 날마다 야웨를 찾으며 그분의 길을 알기 위해 애쓰고 그 규례를 지키는 듯 했다(사 58:2). 하지만 하나님은 그들의 금식과 외적 경건을 기뻐하지 않으시고 그들의 기도에도 응답하지 않으신다. 여기서 예언자는 참된 경건과 거짓 경건을 구분 짓는다. 그리고 시온 백성이 참된 경건을 행하는 야웨의 종들이 되도록 이끈다. 그들의 신앙은 무엇이 문제였을까? 더 나아가 참된 경건은 무엇이고 그 회복의 결과는 무엇인가? 이런 질문들에 답을 주는 이사야 58장은 크게 네 부분으로 나뉜다.

① 거짓 경건(사 58:1-5)
② 참된 경건: 공의와 정의를 행함(사 58:6-7, 9-10)
③ 참된 경건의 축복(사 58:8-9, 10-12)
④ 안식일을 지키라(사 58:13-14)

2. 중심 주제 및 적용

이사야 58장은 언약 백성의 허물과 죄악을 알리는 선포로 시작한다.

크게 외치라. 목소리를 아끼지 말라. 네 목소리를 나팔 같이 높여 내 백성에게 그들의 허물을, 야곱의 집에 그들의 죄를 알리라(사 58:1).

하나님의 종은 백성들의 죄악을 들추어냄으로써 장차 다가올 무서운 진노와 심판에서 그들이 구원받게 하는 파수꾼이다. 이 역할을 감당하기 위해 예언자는 이스라엘이 전통적으로 견지해온 신앙과 경건이 무엇인지를 밝힌다(사 58:2). 이때 사용되는 "야웨를 찾는다"라는 표현은 시편에 자주 등장하는 제의적 숙어로서 하나님의 임재 가운데 들어가거나 그의 말씀을 듣고자 하는 바람을 내포한다(시 14:2; 63:1; 70:4).[1]

하지만 이사야 58:3부터 내용이 급변한다. 예언자는 당시 백성 사이에서 널리 퍼진 경건의 대표적 표현인 "금식" 문제를 다루면서 신앙의 현실태를 지적하고 그 개선 방법을 제시한다. 이 본문은 오늘날 신앙인에게도 참된 경건에 관한 소중한 가르침을 전해준다. 세 가지 주제로 나누어 본문에 접근해보자.

첫째, 언약 백성의 영적 현주소: 신앙과 삶의 불일치(사 58:1-5)

유다 공동체의 가장 큰 영적 문제는 신앙과 삶의 불일치였다. 그들에게는 외적인 경건의 모양이 있었지만 그 안에는 언약의 말씀과 그 가치를 구현하는 참된 경건이 없었다. 이사야 58:3-4은 그것을 다음과 같이 표현한다.

> [3]우리가 금식하였는데,
>
> 주께서 왜 (그것을) 보지 않으시나이까?
>
> 우리가 영혼을 괴롭게 하였는데,
>
> 주께서 왜 (그것을) 알아주지 않으시나이까?
>
> 보라! 너희의 금식의 날에,
>
> 너희는 즐거움(또는, 관심거리)을 추구하고,

---

1   Childs, *Isaiah*, 477.

너의 모든 일꾼을 압제하는도다!

⁴보라! 너희는 분쟁하고 다투고 악한 주먹으로 치기 위하여 금식하는도다.

오늘 너희가 하는 금식은

너희 목소리가 높은 곳(하늘)에 상달되게 하기 위한 것이 아니니라(사역).

그들은 하나님께 자신들이 금식하고 영혼을 괴롭게 하는 것을 왜 알아주지 않으시냐고 따져 묻는다. 그러자 하나님은 그 질문에 답하시며 그들의 경건과 신앙이 어떤 상태에 놓여 있는지를 진단해주신다. 그들은 외적 금식은 실행했지만 그 안에 담겨야 할 참된 경건의 가치와 정신은 추구하지 않았다. 금식이란 삶의 즐거움과 쾌락을 끊고 하나님께 그들의 목소리와 간구를 올려드리기 위함이 아닌가? 또한 금식을 하는 이유는 하나님의 특별한 능력을 받아 이전에 실천하기 힘들었던 말씀에 순종하고 그 가치에 따라 가난하고 약한 자들을 섬기기 위함이 아닌가?

하지만 그들은 금식하며 경건한 삶을 산다고 하면서도 채무자를 포함한 사회적 약자들에게 흉악의 결박과 멍에를 지워 압제했다. 그들은 경건을 흉내 내면서도 굶주린 자들에게 양식을 나누어주거나 유리하는 빈민을 집에 들이지 않았다. 친척이 와서 도움을 요청해도 자리를 피했다. 한마디로 그들의 신앙과 경건은 철저히 이원론적이었다. 신앙은 신앙일 뿐 그들의 삶은 하나님의 언약을 지키며 그분을 기쁘시게 하는 것과는 거리가 멀었다. 그들의 실제 삶은 말씀의 가치와 뜻을 반영하고 지키는 온전한 신앙과 완전히 불일치했다.

그때 하나님은 탄식하시며 "이것이 어찌 내가 기뻐하는 금식이 되겠으며 이것이 어찌 사람이 자기의 마음을 괴롭게 하는 날이 되겠느냐?"(사 58:5)라고 반문하신다. 결국 그들의 예배와 경건은 외식이었다는 사실이 드러난다. 여기서 참된 경건과 거짓 경건이 날카롭게 대비된다. 하나님은 거짓 경건이 횡행하는 곳에 거하실 수 없다. 하나님이 함께하시지 않으면 약속된 구원도 미루어질 수밖에 없다. 우리는 삶 속에서 참된 경건의 능력을 드러내며 살아가고 있는가? 우리가 드리는 공적 예배와 삶으로 드리는 예배는 서로 다르지 않아야 한다. 만약 우리가 외적으로 드리는 예배와 살아가는 모습이 이질적이라면 우리 역시 외식으로 하나님을 섬기는 자들에 불과하다.

둘째, 참된 경건: 공의와 정의를 행함(사 58:6-7, 9-10)

그렇다면 우리가 삶 속에서 실천해야 할 참된 경건은 무엇인가? 또한 삶속에서 드려야 하는 참된 예배, 즉 삶의 예배란 무엇인가? 이사야 58:6 이하의 말씀은 그 특징을 다음과 같이 묘사한다.

- 흉악의 결박을 풀어주며
- 멍에의 줄을 끌러주며
- 압제당하는 자를 자유하게 하며
- 모든 멍에를 꺾는 것
- 주린 자에게 네 양식을 나누어주며
- 유리하는 빈민을 집에 들이며
- 헐벗은 자를 보면 입히며
- 골육을 피하여 스스로 숨지 아니하는 것
- 멍에와 손가락질과 허망한 말을 제하여버리고
- 주린 자에게 네 심정이 동하며 괴로워하는 자의 심정을 만족하게 하면

이런 삶의 방식들은 언약을 굳게 지키고 공의와 정의를 실천하는 종들의 삶을 연상시킨다(사 56:1-8). 예언자 이사야가 말하는 참된 경건은 언약의 말씀에 신실하게 반응하며 이웃과 약자들을 인애와 친절함으로 대하는 삶을 포함한다. 이는 말씀을 묵상하고 암송하는 수준에서 그치지 않고 일상에서 그 말씀을 진지하게 실천하는 경건한 삶의 양식으로 나타난다. 더욱 포괄적으로 말하자면 참된 경건이란 하나님의 마음과 성품과 통치를 다양한 관계 속에서 실현하는 삶이다. 이것이야말로 성도가 실천할 수 있는 삶의 예배가 된다. 삶 속에서 참된 경건을 실천하며 삶의 예배를 드리는 자라야 참된 하나님의 백성이 될 수 있다.

우리는 우리가 살아가는 사회 속에서 어떻게 참된 경건을 실천하고 진정한 삶의 예배를 드릴 수 있는지 질문해야 한다. 이는 어떻게 공의와 정의를 우리 삶 속에서 실천할 수 있을까 하는 질문과 다르지 않다. 이 질문에 대해 하형록의 『P31: 성경대로 비즈니스하기』는 적절한 대답을 제시해준다.[2] 저자는 비즈니스 현장에서 하나님의 뜻을 이루고 사회 속에서 공의와 정의를 실현하는 성경적 경영 원리를 보여준다. 그가 20여 년간 사업을 이끌면서 씨름해온 핵심 질문은 "과연 하나님의 말씀대로 사업을 하는 것이 가능할까? 어떻게 하면 하나님이 기뻐하시는 기업을 만들 수 있을까?"다.

하형록 회장은 기업을 경영하면서 현대화된 사회 속에서 하나님 나라 백성이 견지해야 할 삶의 원리이자 참된 경건의 핵심인 공의와 정의를 어떻게 실현할 것인지 고민했다. 그 결과를 기록한 『P31』은 잠언 31장에 기초한 "창업 전략서"이자 "경영 전략서"다. 이 책은 총 네 부분으로 구성되는데 첫째 부분은 "하나님의 기업, 팀하스가 탄생하기까지"

---

2   하형록, 『P31: 성경대로 비즈니스하기』(서울: 도서출판 두란노, 2015).

를 다룬다. 둘째 부분에서는 "하나님 기업의 성공 전략, 잠언 31장"이란 제목 아래 성경적 기업의 경영 원리와 원칙을 다룬다. 이어지는 셋째 부분은 "팀하스 주차 빌딩과 하나님의 비즈니스", 넷째 부분은 "하나님이 일하시는 기업 만들기"가 제목이다. 그중 내가 가장 인상 깊게 읽은 것은 둘째 부분과 넷째 부분이었다.

저자는 잠언 31장에 등장하는 현숙한 여인의 모습에서 오늘날 그리스도인 기업가들이 개발하고 실천해야 할 세 가지 경영 지침을 끌어 낸다.

첫째, 하나님이 기뻐하시는 기업은 고귀한 성품과 목적을 위해, 즉 남을 돕기 위해 존재하는 기업이다. 그리스도인이 운영하는 기업의 가장 중요한 창업 원리는 세상 기업이 추구하는 방식의 이윤 추구가 아니라 남을 섬기고 돕기 위해 이윤을 추구해야 한다는 점이다. 둘째, 기업과 사회의 공의와 정의를 위해 공평한 수익 분배를 위해 노력해야 한다. 예를 들어 팀하스는 예상외의 수익이 생기거나 연말에 흑자가 발생하면 그것을 직원들과 나누는 것을 당연시한다. 이를 통해 기업은 공평한 이윤 분배를 이룰 수 있고 직원들은 풍성한 나눔과 하나님의 부요하심을 경험하게 된다. 셋째, 직원들을 위한 예비비를 만들어 어려운 때를 대비할 뿐 아니라 직원들의 생계와 삶을 보장하기 위해 최선을 다해야 한다. 불경기로 수입이 줄어들었을 때 팀하스는 직원을 해고하거나 감원하는 것이 아니라 평소 마련해두었던 예비비로 그 고비를 함께 넘긴다. 이는 팀하스의 가장 독특한 특징이다. 오늘날의 기업 대다수는 직원들을 고용해 이윤을 창출하면서도 어려운 때에는 그들을 보호하거나 생계를 책임지지 않는다. 하지만 팀하스는 어려운 때에라도 끝까지 직원들의 생계를 보호하고 책임짐으로써 모든 직원이 남을 돕기 위해 존재하는 기업의 정신에 참여할 수 있게 했다. 이는 이 땅에 존재하는 그리스도인 기업뿐 아니라 교회들도 본받아야 할 중요한 경영 원리와 전략이라고 말할 수 있다.

비즈니스 분야에서 하나님의 주권을 인정하는 이런 도전과 열매는 우리에게 큰 용기를 준다. 저자는 "믿음이 좋은 분들조차도 비즈니스와 그리스도인의 삶을 분리하는 경향이 있다"고 말한다.[3] 하지만 그는 "하나님의 방식으로 비즈니스를 하면 회사가 곧 교회가 되고 사업이 곧 사역이 된다"라고 주장하며 "비즈니스맨이 어떤 태도와 마음으로 비즈니스를 하는가에 달린 것이지, 비즈니스 자체가 세상적인 영역은 아니다"라고 역설한다.[4] 성경적인 경영 원리와 진지함을 가지고 비즈니스에 접근할 때 그 기업은 하나님이 원하시는 기업, 즉 하나님의 주권과 공의를 실현하는 기업이 될 수 있다.

셋째, 참된 경건의 축복: 구원과 새 창조(사 58:8-9, 10-12)

공의와 정의를 중심에 둔 참된 경건을 실천할 때 주의 백성은 놀라운 변화와 축복을 경험하게 된다. 이사야 58:8에서 히브리어 접속사 "아즈"(אָז; 그러면, 그리하면)와 함께 시작하는 축복의 선포는 어떤 조건이 성취되었을 때의 결과로 제시된다. 일반적으로 "아즈"는 또 다른 접속부사 "임"(אִם; ~한다면)과 함께 사용되어 조건절(if)과 결과절(then)을 구성하며 대개 "강조하고자 하는 구절을 소개"할 때 사용된다(사 58:13; 욥 9:30 이하; 잠 2:4 이하).[5]

그렇다면 이사야 58:6-7에서 "참된 금식"이 무엇인지를 수사 의문

---

3   하형록, 『P31』, 193.

4   Ibid.

5   Ludwig Koehler, Water Baumgartner, "אָז," *HALOT 1*: 26-27.

문 형태로 표현한 내용("흉악의 결박을 풀어주며 멍에의 줄을 끌러주며 압제당하는 자를 자유하게 하며 모든 멍에를 꺾는 것이 아니겠느냐?")은 그런 삶의 양식들이 참된 금식에 해당하는 것으로서 이후의 축복을 위한 조건적 성격이 강함을 확인할 수 있다. 즉 시온 백성이 언약의 말씀이 교훈하는 구체적인 삶의 경건을 실천하고 공의와 정의를 행할 때 그들은 이와 같은 놀라운 축복을 경험하게 된다는 것이다. 그렇다면 참된 경건을 실천하는 자들이 경험하게 될 축복과 기적은 무엇인가? 이사야 58:9-11은 다음과 같이 그것을 구체적으로 기술한다.

- 네 빛이 새벽 같이 비칠 것이며
- 네 치유가 급속할 것이며
- 네 공의가 네 앞에 행하고 야웨의 영광이 네 뒤에 호위하리니
- 네가 부를 때에는 나 여호와가 응답하겠고
- 네 빛이 흑암 중에서 떠올라 네 어둠이 낮과 같이 될 것이며
- 여호와가 너를 항상 인도하여 메마른 곳에서도 네 영혼을 만족하게 하며
- 네 뼈를 견고하게 하리니
- 너는 물 댄 동산 같겠고 물이 끊어지지 아니하는 샘 같을 것이라

시편 1:3을 연상하게 하는 이 말씀은 다양한 축복의 요소들을 나열한다. 거기에는 빛이 비치는 삶, 치유, 영광, 기도 응답, 영혼의 해갈, 삶의 견고함, 메마르지 않는 생명이 포함된다. 또한 이는 참된 경건을 통해 삶의 예배를 드리는 자들 가운데 하나님이 이루실 구원을 묘사해준다. 특히 "여호와가 너를 항상 인도하여 메마른 곳에서도 네 영혼을 만족하게 하며 네 뼈를 견고하게 하리니 너는 물 댄 동산 같겠고 물이 끊어지지 아니하

는 샘 같을 것이라"(사 58:11)는 말씀은 주의 백성이 경험할 구원을 새 창조의 이미지로 묘사해준다. 때로는 참된 경건을 실천하는 자들도 광야와 같은 삶을 살아갈 수 있다. 하지만 그때도 창조자 하나님은 그들의 삶 속에 생수를 허락하시며 새 창조의 축복을 성취해가실 것이다.

이사야서는 삶 속에서 공의와 정의를 실천하며 참된 경건을 행하는 자들이 경험할 구원과 축복을 강조한다. 외적이고 물질적인 부요함보다 함께하시는 하나님의 임재로 말미암아 그들은 하나님이 베푸시는 새 창조를 경험한다. 그들은 시냇가에 심긴 나무처럼 철을 따라 열매를 맺으며 하나님의 뜻을 성취하는 형통한 삶을 살아갈 것이다.

제22장

의인의 기도와 하나님의 임하심(사 59:1-21)

1. 본문의 개요

이사야 59:1-21은 다양한 문학적 양식과 주제 때문에 난해한 본문 중
하나로 여겨진다. 이사야 59:1-8은 백성의 죄악에 대한 예언자적 고발
또는 비난(prophetic invective)을 담고 있다. 이어지는 이사야 59:9-15은
그들의 죄악에 대한 탄식을 전달하고 마지막 59:21은 전체 메시지의 요
약 및 결론으로 자리매김한다. 그러나 여기서 우리는 뚜렷한 기도의 신학
을 배울 수 있다.

　이 본문의 신학적·정경적 메시지를 제대로 이해하기 위해서는 차일
즈가 정확이 지적한 것처럼 이사야 56-59장 전체 메시지의 논리적 흐
름을 유심히 살피는 것이 중요하다.[1] 이사야 56장은 하나님의 구원이 가
까웠다고 선포하며 언약 백성에게 공의와 정의를 행하라고 권한다. 이때
구원은 믿음 가운데 하나님과 연합하며 공의와 정의를 행하는 자들에게

1　Childs, *Isaiah*, 485-86.

허락된다. 반면 이사야 57장은 하나님의 성산에 올라가 하나님을 예배하고 그의 기업을 상속하게 될 참된 언약 백성과 악을 행하는 죄인을 첨예하게 구별한다. 이때 이사야 57:14-21은 오직 삶에서 죄악의 장애물을 없애는 자들이 하나님의 구원을 누리게 될 것이라고 밝힌다. 이어지는 이사야 58장은 참된 경건을 실천하는 자와 그렇지 못한 자를 구별한다. 참된 경건은 언약 말씀의 근본정신과 가치에 따라 억압당하고 고난받는 자들을 돌보는 것이다. 그것을 실천하는 자들은 하나님의 임재와 구원을 누리게 된다.

계속해서 이사야 59장은 백성 가운데 만연한 범죄와 그 죄악의 근본 속성—하나님과 언약 백성의 관계를 단절하는 속성이다—을 밝힌다(사 59:2). 또한 이를 배경으로 의인의 중보기도와 그것의 영향력 및 결과—하나님의 나아오심과 일하심—가 상세하게 묘사된다. 이사야 59:15-21은 하나님이 통회하고 마음이 겸손한 자와 함께하시고 그들을 소생시키신다는 57:14-21의 성취를 보여준다. 즉 범죄함으로써 실패한 공동체는 의인의 중보기도를 통해 하나님의 회복과 구원을 경험하게 된다. 의인의 기도는 언약 공동체 가운데 하나님의 임재하심과 일하심을 가능하게 하는 힘이 있다. 이 본문은 다음과 같이 크게 네 부분으로 나뉜다.

① 백성의 범죄와 죄의 속성(사 59:1-8)
② 의인의 중보기도(사 59:9-15)
③ 하나님의 응답과 일하심(사 59:15-20)
④ 영원한 언약(사 59:21)

2. 중심 주제 및 적용

이 본문을 통해 우리는 죄악의 무서움과 기도의 능력을 배울 수 있다. 이 본문은 크게 네 가지 중요한 주제를 다룬다.

첫째, 범죄와 패역함으로써 실패한 언약 백성(사 59:1-8)

백성들의 죄악은 하나님과 그들 사이를 갈라놓았다(사 59:1-8). 앞서 이사야 58장은 공의와 정의를 실천함으로써 드러나는 참된 경건과 그것으로 인한 놀라운 구원과 축복에 관해 말했다. 하지만 이사야 59장에서 백성들은 여전히 죄악 가운데 있다. 이사야 59:3-4은 그들의 손에 피가 가득하고 삶은 죄악에 물들어 있으며 혀는 악독과 거짓을 말한다고 고발한다. 아울러 그들의 생각은 악으로 가득 차 있고 그들의 발은 악을 행하기에 빠르며 무죄한 피를 흘리기에 신속하기에 그들은 결코 평강의 길을 찾지 못한다(사 59:7-8). 한 걸음 더 나아가 그들이 저지른 죄악의 가장 큰 폐해는 그것이 하나님과 그들 사이를 갈라놓고 하나님의 얼굴을 가리어서 그들의 간구를 듣지 못하시게 한다는 것이다.

> 오직 너희 죄악이 너희와 너희 하나님 사이를 갈라놓았고 너희 죄가 그의 얼굴을 가리어서 너희에게서 듣지 않으시게 함이니라(사 59:2).

이처럼 범죄의 영향력은 매우 심각하다. 죄악으로 인해 하나님은 백성들을 구원하실 수 없고 그들의 기도를 들으실 수도 없다(사 59:1). 이것이 바로 그 당시 언약 백성이 이사야 40-55장에서 이미 약속된 하나님의 구원과 새 창조를 경험할 수 없는 이유다. 그들은 독사에 물린 사람이 머

지않아 죽게 되듯이 곧 죽을 운명이었다. 그들의 범죄와 패역함은 그들의
공동체를 무기력함과 어둠 가운데 가두어버렸다.

　　이 본문은 죄악의 심각한 결과와 영향력을 잘 보여준다. 우리가 죄를
범할 때 하나님과 우리의 관계는 단절된다. 하나님은 범죄한 백성의 기도
에 응답하실 수 없다. 그 결과 우리는 하나님의 구원을 경험하지 못할뿐
더러 인생의 여정에서 평강도 체험할 수 없게 된다. 그렇다면 영적 공동
체가 범죄와 무기력함 가운데 빠져 있을 때 의인들은 무엇을 할 수 있을
까? 이 질문에 대한 대답이 다음 단락에서 다루어진다.

둘째, 범죄한 공동체를 회복시키는 의인의 중보기도(사 59:9-15)

이사야 59:9-15은 공동체의 죄악과 영적 어두움을 탄식하는 의인의 애
끓는 중보기도를 조명한다. 구약성경에서 의로운 종들은 자기 문제의 해
결보다 공동체의 구원과 회복을 위해 간절히 기도하는 모습을 보인다(참
고. 출 32:9-14, 31-32; 에 4:4-17). 오늘 본문에 등장하는 의인도 곰과 비
둘기가 울부짖듯이 탄식하며 백성들 가운데 만연한 범죄와 영적 무기력
함을 고백한다(사 59:11). 이사야 59:12-14은 그의 중보기도를 잘 보여
준다.

　　[12]이는 우리의 허물이 주의 앞에 심히 많으며 우리의 죄가 우리를 쳐서 증언
하오니 이는 우리의 허물이 우리와 함께 있음이니라. 우리의 죄악을 우리가
아나이다. [13]우리가 야웨를 배반하고 속였으며 우리 하나님을 따르는 데에
서 돌이켜 포학과 패역을 말하며 거짓말을 마음에 잉태하여 낳으니 [14]정
의가 뒤로 물리침이 되고 공의가 멀리 섰으며 성실이 거리에 엎드러지고 정
직이 나타나지 못하는도다.

의인은 백성들이 저지른 죄악의 본질을 밝히고 그것을 회개하는 데 그 초점을 맞추며 기도한다. 그 죄악의 본질은 그들이 야웨를 배반하고 속였으며 하나님을 따르는 데서 돌이켜 포학과 패역을 행한 것이다(사 59:13). 그것은 공의와 정의가 무참히 짓밟힌 상태를 의미한다(사 59:14). 결국 죄악된 백성들은 스스로 다시 일어서고 회복할 힘이나 지혜가 전혀 없기에 의인은 탄식하며 기도한다. 그는 백성의 영적 실패와 부족함, 그리고 그들의 아픔과 좌절이 자신의 것인 양 체휼하는 모습을 보인다. 한 걸음 더 나아가 그는 그 백성을 향한 하나님의 크신 긍휼과 자비와 개입하심을 구하며 중보한다.

이사야 64:1-12은 59:9-15과 비슷한 의인의 탄식 기도를 보여준다. 이 탄식 기도는 시편에 여럿 기록된 전형적인 탄식시 형식을 띤다.[2] 그렇다면 일상의 기도와 달리 애통함 가운데 드리는 탄식 기도는 어떤 특별한 효과와 변화를 가져올까?

탄식 기도에는 크게 네 가지 특징적인 영적 효력이 있다. 첫째, 탄식 기도는 하나님의 백성이 지금 잘못된 길을 가고 있음을 애통이라는 감정을 통해 극적으로 알린다. 둘째, 중보자는 탄식의 형식을 빌려서 죄악이 얼마나 심각하고 무서운 것인지를 암암리에 알린다. 셋째, 의로운 종은 탄식을 통해 언약 백성이 죄악에 물든 삶을 되돌아보고 새롭게 될 기회를 제공한다. 넷째, 탄식이라는 간절함의 표현을 통해 의인은 하나님이 실패한 영적 공동체에 직접 개입하셔서 회복시켜주실 것을 간절히 구

---

2   일반적으로 시편의 탄식시는 ① 하나님을 부름, 하나님을 찾음(address: directly to God), ② 탄식의 상태와 탄식의 이유, 탄식을 일으키는 일과 사건에 관한 설명(lament proper), ③ 하나님의 개입과 도움에 대한 간구(petition proper and motivation), ④ 찬양에 대한 서약(vow of praise) 형식을 띤다. 히브리 시에서 탄식시는 아주 깊은 슬픔과 탄식을 드러내면서 하나님의 개입과 축복을 기원하는 장르다.

한다.

탄식의 기도는 하나님이 특별히 귀 기울여 들으시는 기도다. 이사야 57:15에 따르면 하나님은 겸손하고 통회하는 자의 심령과 그들의 기도에 머무신다. 그리고 그 기도에 응답하셔서 그들의 영을 소생시키고 구원에 이르게 하신다. 여기서 우리는 기도에 관한 심오한 영적 원리를 발견할 수 있다. 곧 기도는 언약 백성 가운데 하나님의 임재하심과 일하심, 그리고 그 결과로 인한 그들의 회복과 구원을 가능케 하는 영적 촉매제 역할을 한다는 것이다. 범죄는 하나님과 언약 백성의 관계를 단절시킨다. 하지만 의인의 기도는 그 관계를 다시 회복시킨다. 죄악은 공동체 가운데 하나님의 임재와 일하심과 축복을 가로막는다. 하지만 기도는 그것들을 회복시킨다.

다음 단락에서 더욱 상세히 다루겠지만 이사야 56-59장의 논리적 구조에 따르면 하나님은 이 의인의 기도를 들으시고 용사로 언약 백성 가운데 임하셔서 그들에게 공의와 정직과 구원을 허락하신다(사 59:16-21). 그러므로 의인의 중보기도는 영적 공동체가 하늘의 생명과 권능, 위로와 은혜를 회복하고 누리게 하는 신적 도구다. 그렇다면 우리의 기도는 어떠한가? 우리는 우리가 섬기는 공동체의 연약함이나 실패나 죄악을 품고 기도하는 중보자인가? 아니면 그것을 비방하며 비판만 하는 참소자인가?

셋째, 용사로 나아오시는 하나님(사 59:15-20)

이사야 59:16-21에서 의로운 종의 기도를 들으신 하나님은 이제 그들의 구속을 위해 헌신하신다. 그들을 도울 만한 중재자가 없음을 이상히 여기신 하나님은 친히 공의의 갑옷, 구원의 투구, 보복의 속옷, 열심의 겉

옷을 입으신 용사로서 백성들에게 나아오신다. 하나님은 먼저 죄악에서 떠난 의로운 자와 그렇지 못한 악한 자를 구분하신 후(사 59:20), 의를 행하기 위해 몸부림치는 종들에게는 공의와 구원을 허락하시고, 여전히 악을 행하는 자들에게는 철저한 심판을 내리신다.

구속 역사의 주권자이신 하나님은 전쟁에 능한 용사로서 존재론적 악과 악인을 처단하신다(참고. 사 63:1-6). 용사로 나아오시는 하나님의 모습은 이사야 40:9-11과 42:13에서도 이미 소개되었다. 그곳에서 하나님은 용사, 목자, 왕으로 소개되었지만 용사로서 어떻게 싸우시는지는 구체적으로 밝혀지지 않았다. 그러나 이제 용사로서 원수들과 싸우시고 그의 백성에게 구원과 공의를 전가하는 하나님의 모습이 구체적으로 드러나게 되었다. 하나님만이 우리의 유일한 구원자이시다. 공의와 구원은 전적으로 하나님의 은혜다. 하지만 우리가 잊지 말아야 할 점은 그것 역시 죄악을 떠나기 위해 몸부림치는 자에게 임하는 하나님의 은혜라는 사실이다. 죄악에서 떠난 자들이 하나님의 구원을 경험하게 된다.

> 여호와의 말씀이니라. 구속자가 시온에 임하며 야곱의 자손 가운데에서 죄과를 떠나는 자에게 임하리라(사 59:20).

넷째, 영원한 언약을 맺으리라(사 59:21)

하나님이 세우실 영원한 언약을 다루는 이사야 59:21은 이 장의 결론으로도 기능한다. 여기서 이사야 59장의 내용이 전체적으로 요약되고 앞으로 전개될 중심 주제로서 영원한 언약의 실체가 소개된다. 옛적에 세운 언약에 대한 신실함 때문에 하나님은 악인들에게 보복하시고 의인들에게는 공의와 구원을 허락하신다. 한 걸음 더 나아가 그 언약에 대한 변함없는 성실함(헤세드) 때문에 하나님은 그의 백성과 그 가운데 임한 구원 및 공의를 영원히 보존하실 것이다. 이때 하나님이 그것을 성취하시는 방식은 다름 아니라 종들에게 허락한 영과 말씀을 세대를 이어 영원히 전달하고 유지하는 것이다.

야웨의 말씀 곧 토라를 행하려는 의지와 그것을 도우시는 성령의 은혜를 통해서만 하나님의 백성은 구원과 위로 및 새 창조를 경험하고 유지할 수 있다. 여기서 이어지는 이사야 60-62장은 이 영원한 언약의 성취와 그것의 영광스러운 실체를 중점적으로 다룬다. 그러므로 이사야 56-62장에서 이사야 59:20-21은 시온의 운명이 어두움에서 빛과 영광으로 변화되는 전환점(turning point)이 된다고 할 수 있다.

제23장

시온 백성의 회복과 영광(사 60, 62장)

1. 본문의 개요

이사야 60, 61, 62장은 3개의 부분 그림이 정교한 하나의 그림으로 완성되는 3단 병풍과 같은 말씀이다. 이사야 60, 62장은 시온의 내외적 회복을 영광스럽게 묘사한다. 반면 중앙에 놓인 이사야 61장은 시온의 회복을 가능하게 하는 야웨의 영의 기름 부음, 종의 권능 있는 선포와 사역, 공의의 편만(遍滿)함을 기술한다. 이처럼 구조적으로 ABA′의 교차배열 (chiastic) 형태를 띠는 이사야 60-62장에서 그 중심은 61장에 있다고 할 수 있다.

베스터만에 따르면 이사야 60-62장은 시온 백성을 향한 순수하고 완벽한 "구원의 메시지"를 전달해준다. 그리고 그중에서 "메시지의 핵심"을 형성하는 이사야 61장은 과거 그들의 비참한 포로 생활과는 비교할 수 없는 영광스러운 지위와 사역과 미래를 선포한다.[1] 다시 말해 이사

---

1 Westermann, *Isaiah 40-66,* 296.

야 60-62장은 시온의 회복과 영광의 최절정을 보여준다. 먼저 이사야 60, 62장을 살펴본 후 다음 장에서 이사야 61장을 연구해보자. 이사야 60, 62장에서는 두 가지 중심 주제가 눈에 띈다.

① 시온의 외적 회복(사 60장)
② 시온의 내적 회복(사 62장)

2. 중심 주제 및 적용

첫째, 시온의 외적 변화와 회복(사 60장)

이사야 60장은 거시적인 관점에서 시온의 외적 회복―열방이 시온으로 나아옴(사 60:3-9), 재물의 유입과 번성(사 60:10-12), 성전과 성벽의 재건(사 60:10), 열방 가운데 존귀하게 됨, 영원한 아름다움과 기쁨이 됨(사 60:14-15), 슬픔이 끝남(사 60:20) 등으로 표현된다―을 묘사한다. 이사야 59:21과 연결되면서 60장은 전체적으로 다음과 같은 구조를 형성한다.

A. 영원한 언약의 약속: 구속자 하나님의 임재(사 59:21)
　B. 다가오는 빛과 영광의 시대에 대한 선포(사 60:1-3)
　　C. 열방의 부와 함께 회복됨(사 60:4-9)
　　　D. 열방 가운데 나타난 시온의 회복의 탁월함(사 60:10-14)
　　C′. 평화와 영광으로의 시온의 회복(사 60:15-18)
　B′. 빛과 영광의 시대(사 60:19-20)

A′. 언약의 약속: 백성, 땅, 축복(사 60:21-22)

이사야 60장은 시온의 외적 회복을 중점적으로 묘사한다. 이사야 59:20-21에서 제시된 "구속자가 시온에 나아옴", "영원한 언약의 회복" 이라는 주제는 이사야 60장에서 더욱 발전되어 다루어진다. 이는 이사야 60:21-22에 기록된 언약의 축복과 대칭을 이루면서 본문에 인클루지오(inclusio) 구조를 만들어준다. 이사야 60장은 하나님의 구원 행위를 직접 말하기보다 그것의 결과로 나타날 "시온의 종말론적 회복"과 "영광"을 서술한다.[2] 다시 말해 이사야 60장은 하나님의 나아오심으로 인한 시온의 영광스러운 회복과 그 결과를 보여준다. 이런 기술 방식은 야웨 하나님이 시온의 구원을 이루실 것에 대한 신적 계획을 공포하고, 장차 시온이 회복되고 변화될 것을 백성들에게 확신시키는 역할을 한다.[3]

앞서 이사야 56-59장은 하나님의 백성이 신적인 구원과 축복을 누리기 위해서는 경건한 삶, 즉 죄악을 떠나 공의와 정의를 행하는 삶을 살아야 한다고 강조했다. 그리고 그것은 죄악을 떠난 자들에게 임하는 놀라운 하나님의 임재와 일하심으로 가능하게 됨을 명시했다. 그러므로 이사야 60-62장에 나타난 시온의 영광스러운 회복과 구원은 모든 시온의 백성이 누리는 것이 아니라 오직 죄에서 돌이킨 자들(사 59:20), 즉 참된 야곱의 자손들이 누리게 될 축복이다.

이사야 60:1-3에서 빛은 근본적으로 하나님의 임재를 상징한다. 이

---

2   Jeffrey Shaochang Lu, "Called to Proclaim Covenantal Transformation: A Text-Linguistic Analysis of Isaiah 59:21-63:6" (Ph. D. diss.: Trinity International University, 1999), 125.

3   Ibid, 126.

빛은 이미 이사야 9장에서도 등장했다. "여호와가 네게 영원한 빛이 되며 네 하나님이 네 영광이 되리니"(사 60:19)라는 말씀은 이사야 59:20-21이 밝혔듯이 하나님이 시온에 임하시기 때문에 가능하다. 이사야 60:4-9은 그 빛을 본 이방 백성들이 시온으로 온갖 재물과 향품을 가져올 것이라고 말한다. 특별히 그들이 성산에 올라 이스라엘의 거룩하신 분에게 재물을 드리는 장면은 이방인과 시온 백성이 함께 드리는 성전 예배를 묘사한다. 다음으로 이사야 60:10-14은 회복된 시온 백성과 하나님과의 관계(사 60:10), 성벽 재건(사 60:10), 성전 재건(사 60:13), 시온의 영광과 존귀함(사 60:14)을 묘사한다. 끝으로 이사야 60:19-22은 시온에서 영원히 빛나는 야웨의 영광(사 60:19, 20)과 슬픔의 종말, 의롭게 변화되는 시온 백성을 그려준다.

둘째, 시온의 내적 변화와 영광(사 62장)

이사야 62장은 더욱 섬세하고 미시적인 관점에서 시온 백성의 내적 변화와 회복을 기술해준다. 이 장이 묘사하는 시온의 회복은 다음과 같이 크게 두 가지 관점에서 드러난다.

① 시온이 새 이름을 가지게 됨: 헵시바, 쁄라, 거룩한 백성, 야웨가 구속하신 자, 찾은 바 된 자, 버림받지 아니한 자(사 62:4-5, 12)
② 언약의 축복을 누림(사 62:7-8)

먼저 이사야 62장은 이스라엘의 회복과 영광을 "새 이름"의 모티프를 통해 강렬하게 묘사한다. 이 장에 나타나는 이름의 변화에 담긴 신학적·역사적 함의를 제대로 파악하기 위해서는 고대 사회에서 이름이 갖는 의미와 역할을 깊이 살펴보아야 한다. 고대 사회에서 이름은 어떤 의미를 지녔을까? 또 어떤 경우에 이름이 바뀌었을까?

고대 사회에서 이름은 단순히 어떤 대상을 지칭하는 "인식 표시"(identification mark) 이상의 기능을 했다. 다시 말해 고대 사회에서 이름은 한 개인의 가장 깊은 삶의 본질과 운명 혹은 사명을 드러내주는 것이었다. 예를 들어 아브라함의 이름은 "존귀한 아비"라는 뜻으로서 그가 장차 열국의 아비가 되리라는 사실을 예고해주는 것이었다. 또한 "오직 야웨가 우리를 구원하신다"라는 이름 뜻을 가진 "이사야"는 그의 삶과 저술을 통해 하나님의 구원을 드러내는 역할을 했다. 고대 사회에서 개인의 이름이 바뀌는 경우는 대략 세 가지로서 환경이나 상황이 급격히 바뀔 때(창 41:45; 왕하 23:34; 24:17; 단 1:7), 결혼했을 때(사 4:1), 하나님과 사람 사이에 언약의 관계가 세워지고 그것이 확정될 때(창 17:5, 15; 32:28; 35:10) 등이 있었다. 이는 모두 당사자의 삶과 운명에 큰 변화가 일어나는 상황을 전제로 한다.

이사야서에서 이름과 관련한 메시지는 크게 두 부분에 집중되어 있다. 먼저는 이사야 7:1-9:6이고(사 7:3, 14; 8:1, 3, 8, 10; 9:5), 다음은 60:1-62:12이다(사 60:14, 18; 61:3, 6; 62:4, 12). 특히 이사야 62:1-5은 이름의 변화를 통해 시온 백성과 그 땅의 변화와 회복을 극적으로 표현한다. 이사야 62:1-5에 나타난 이름의 변화를 도표로 나타내면 다음과 같다.

구분	의인화	땅(성곽)
옛 시대	아주바(עֲזוּבָה): 버려진 여인	셔마마(שְׁמָמָה): 황폐한 땅/성곽
새 시대	헵시바(חֶפְצִי־בָהּ): 나의 기쁨이 있는 여인	베울라(בְּעוּלָה): 결혼한 땅/성곽

시온의 이름 변화

이사야 62:2-5은 두 가지 잣대를 통해 시온이 맞이할 급격한 운명의 변화를 묘사한다. 먼저 시간의 변화를 축으로 시온의 운명이 극적으로 변화할 것을 보여준다. 옛 시대에 시온은 "아주바"였고 그 땅은 "셔마마", 즉 버림받고 황폐한 땅이었다. 하지만 새 시대에 시온은 "헵시바"가 되고 그 땅은 "베울라"(뿔라), 즉 풍성하게 열매 맺는 땅이 될 것이다.

다음으로 물리적 변화라는 관점에서 시온의 운명이 완전히 변화할 것을 보여준다. 예전에는 시온이 하나님께 버림받은 비참한 여인이었다면 새 시대의 시온은 하나님의 기쁨과 영광이 머무는 존귀한 왕비가 될 것이다. 또 옛 시대에는 시온성과 땅이 황폐했다면 새 시대의 시온성은 결혼한 여인처럼 많은 자손을 생산하는 성이 될 것이다. 옛 시대에 사용된 두 이름이 버림받은 시온의 상황과 그로 인한 슬픔이나 비참한 운명을 강조한다면, 새 시대를 대표하는 이름들은 언약 관계의 회복을 통해 시온이 하나님 앞에서 영광과 존귀함을 회복할 것을 말해준다. 이때 각 이름이 밝고 경쾌한 "아"음으로 끝나는 것은 이 운명의 변화가 즐겁고 유쾌한 일임을 청각적으로 표현해준다.

이사야 62:2-5은 시온 백성과 그 성의 회복된 영광을 묘사하는 데 집중한다. 이사야 62:2-4에 기록된 각 이름의 변화는 3절에서 시온이 하나님의 손에 높이 들린 "아름다운 관" 곧 "왕관"으로 표현되는 것과 직접 관련이 있다. 그렇다면 우리는 시온의 이름이 변화하고 그들이 하나님의 손에 높이 들린 왕관이 되는 것을 어떻게 이해해야 할까?

첫째, 시온이 여왕으로서 대관식을 하는 장면으로 이해할 수 있다. 일반적으로 고대에 대관식을 하는 왕은 새 이름과 왕관을 받았기 때문이다. 그러나 이 해석에 따르면 시온은 왕관을 받는 주체가 되는데, 본문에서 시온은 왕관을 받는 여인이 아니라 하나님의 손안에 들린 왕관 자체라는 점에서 문제가 생긴다.

둘째, 이사야 62:2-5이 "국왕의 결혼식"(royal wedding) 장면을 묘사하는 것으로 이해할 수 있다. 국왕이 왕비와 결혼을 할 때 왕비는 새 이름을 받게 된다. 또한 고대 사회에서 결혼식 날 신부는 신랑에게 왕관처럼 아름답고 영광스러운 존재로 여겨진다. 이는 고대 문헌들이 신부를 신랑이 쓰는 왕관으로 묘사하는 여러 장면에서 확인할 수 있다.[4] 그러므로 이 본문은 시온이 결혼 당사자로서 신랑이신 하나님의 기쁨과 영예를 한 몸에 받는 신부가 되고, 열방 가운데 신적 존귀함과 영광을 표출하는 새로운 공동체가 될 것을 암시한다. 한 걸음 더 나아가 영원한 언약의 체결과 함께 시온은 하나님의 머리에 씌워질 왕관과 같은 존재가 되어 만방에 하나님의 의와 구원을 증명할 것이다(사 61:7-8; 62:1). 이사야 62:1-5은 이사야서의 그 어떤 본문보다 시온성과 그 백성이 경험하게 될 극적 운명의 변화와 그 결과로 나타날 찬란한 영광과 회복 및 구원을 뚜렷하게 묘사해준다.

아울러 이사야 62:10-12에 나타난 새 이름들은 시온의 종말론적 위상을 잘 보여준다. 2개의 쌍으로 이루어진 이름들은 먼저 시온 백성이

---

4   T. David Andersen, "Renaming and Wedding Imagery in Isaiah 62," *Biblica* 67 (1986): 75-80.

"거룩한 자"와 "구속을 받은 자"가 될 것이라고 예고한다. 하나님의 백성은 거룩한 백성으로서 그들의 삶의 궁극적인 목적은 "거룩함"이 되어야 한다. 그 거룩함과 함께 그들은 "구속과 구원"의 은혜를 누리게 된다. 다음으로 시온성은 "찾은 바 된 성"과 "버림받지 아니한 성"이 된다. 그 성은 더 이상 "버림받은 성"이라고 불리지 않고 오히려 열방이 "찾아오고 칭송하는 성"이 된다.

지금까지 살펴본 대로 이사야 60, 62장은 장차 시온 백성이 누릴 회복과 구원과 영광을 묘사한다. 그들의 회복은 먼저 성전의 재건 및 예배의 회복과 관련된다(사 60장). 다음으로 이름의 변화들이 잘 표현하듯이 그들은 새로운 운명, 지위, 영광을 지닌 새 언약 공동체가 될 것이다. 이런 극적 변화와 회복에 관한 말씀들은 절망과 애통함 가운데 있던 시온 공동체에 더없이 큰 위로가 되었다. 그렇다면 시온 백성의 이런 놀라운 변화는 어떻게 이루어질 수 있을까? 다음 장에서 다룰 이사야 61장이 이 질문에 대한 해답을 제시해줄 것이다.

제24장

야웨의 영의 임재, 종의 선포/설교(사 61장)

1. 본문의 개요

이사야 60장과 62장에 나타난 시온의 영광스러운 회복은 이사야 61장에서 야웨의 영의 부음을 받은 종의 선포를 통해 성취된다. 이사야서를 통해 볼 때 하나님의 택함받은 메시아와 사역자는 모두 야웨의 영의 부어짐으로 사역을 시작한다(사 11:2-5; 42:1-4; 48:16; 61:1-3). 야웨의 영이 임할 때 그들은 신적 지혜, 총명, 모략, 재능, 지식, 야웨를 경외함을 덧입어 이 땅 위에 공의와 정의를 세워가게 된다. 궁극적으로 야웨의 영이 그들에게 임해야만 그들은 드디어 하나님 나라를 세우는 사역자로 설 수 있다.

특히 이사야 61장은 성령으로 부음을 받은 종이 하나님의 말씀을 선포하는 모습을 묘사한다. 그 선포의 목적은 아름다운 소식을 전하는 것이다. 거기에는 마음이 상한 자를 고치고 포로 된 자에게 자유를, 갇힌 자에게 놓임을 선사한다는 내용이 포함된다. 종의 선포는 야웨의 은혜의 해를 선언하고 모든 슬퍼하는 자들을 위로하는 것이다. 하나님의 영의 임재 가운데 행해지는 선포는 슬픔 가운데 있는 백성들에게 신적 위로, 구원, 기쁨, 영광을 창조하는 새 창조의 매개체가 된다. 결국 시온 백성은 "의의 나무"가 되어 열방 가운데 하나님의 의와 구원을 편만하게 할뿐더러 신적 영광과 기쁨을 누리는 영원한 언약의 수혜자가 된다(사 61:3). 이사야 61장은 크게 네 부분으로 나뉜다.

① 종의 권능 있는 선포와 시온 백성의 변화(사 61:1-3)
② 시온 백성의 계속되는 변화와 영광스러운 사역(사 61:4-7)
③ 야웨의 영원한 언약체결과 축복(사 61:8-9)
④ 종의 반응으로서 찬양과 기쁨(사 61:10-11)

2. 중심 주제 및 적용

첫째, 종의 선포는 새 창조를 가능하게 하는 신적 도구다(사 61:1)

이사야 61장에서 야웨의 영의 임재 가운데 종이 말씀을 선포할 때 시온 백성은 운명의 극적 변화와 위로를 경험하게 된다. 이사야 61:1-5은 그들이 장차 경험할 새로운 지위와 사역과 영광을 상세히 묘사한다. 그렇다면 과연 종의 선포는 어떤 신학적 기능을 하기에 이런 놀라운 변화를 가능하게 할까? 이 질문에 대답하기 위해서는 이사야 61장에 나타나는 선포와 창세기 1장에 기록된 하나님의 선포 사이에 존재하는 문학적·신학적 유사성(similarity)을 유심히 살펴야 한다. 이사야 61장과 창세기 1장은 다음과 같은 유사성을 보여준다.

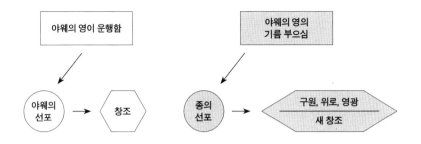

창세기 1장과 이사야 61장의 유사성

우리는 두 본문 사이에 있는 유사성을 세 가지 관점(언어적·주제적·결과론적 관점)에서 조금 더 상세하게 설명할 수 있다.

첫째, 이사야 61장에서 히브리어 동사 "카라"(קרא)는 야웨의 영의 임재와 함께 새 창조를 성취하는 선포를 의미한다. 다시 말해 "카라"는 새 창조의 뉘앙스를 강력하게 전달해준다. 히브리어 동사 "카라"는 상당히 포괄적인 의미들—"큰 소리로 부르다", "이름 짓다", "초청하다", "언급하다", "소환하다", "선포하다", "광고하다", "읽다" 등이다—을 내포한다.[1] 그런데 종커(Louis C. Jonker)에 따르면 예언서에서 "카라"는 예언자가 "하나님의 뜻을 선포하는 것을 가리키는 특징적인 용어(technical term)"로 자주 사용된다(사 40:2, 6, 58:1; 61:1-2; 렘 2:2; 3:12; 7:2; 11:6; 19:2; 20:8; 49:29; 욘 1:2; 3:2, 4; 슥 1:4, 14, 17).[2] 그리고 그들의 선포는 이스라엘 공동체 가운데 하나님의 계획과 뜻을 성취하는 하나님의 신적 도구로 기능한다.

---

1   Kindl Hossfeld, "קרא," *TDOT* 8: 109-35; Louis Jonker, "קרא," *NIDOTTE* 4: 971-74.

2   Jonker, "קרא," 972.

그런데 창세기 1장에서는 "카라"가 하나님이 태초에 창조된 가장 기본적인 사물들과 단위—하늘, 땅, 바다, 낮, 밤 등—에 "이름을 부여하신다"는 의미로 사용된다(창 1:5, 8, 10). 그러나 창세기 1장의 "카라"는 두 가지 이유에서 일상적으로 이름을 짓는 것이 아니라 하나님이 선포의 형식을 빌려 이름을 수여하시는 것으로 이해해야 한다. 먼저 구문론적으로 "카라"(창 1:5, 8, 10)는 창조를 위한 신적 선포와 명령을 말하는 "아마르"(אמר; 창 1:3, 6, 9) 동사와 함께 사용되었다(waw-consecutive imperfective verb). 이는 하나님이 이름을 수여하신 것이 선포와의 연속선에서 이루어졌음을 암시한다.

다음으로 의미론적으로 "카라" 동사는 "아마르" 동사와 평행 구조(parallel)를 이룬다. 여기서 야웨 하나님이 이름을 지으시는 일이 창조를 위한 선포와 유사한 형태 속에서 이루어졌음이 구조적으로 드러난다. 이런 의미에서 카수토(Umberto Cassuto)는 "어떤 사물의 이름을 짓는 것은 그것을 존재하게 하는 것이다"(To name a thing meant to bring it into being)라고 말하며 창세기 1장의 "아마르" 동사가 하나님의 창조를 성취하는 신적 선포의 행위임을 강조했다.[3]

이상의 논의를 바탕으로 우리는 이사야 61장에서 야웨의 영의 부음을 받은 종의 선포가 창세기 1장에서 태초의 창조를 가능케 한 하나님의 선포를 언어적으로 반영하고 있음을 알게 된다. 신적 창조 행위의 의미를 강력하게 함축한 "카라"는 이사야 61장에서 비슷한 뉘앙스를 효과적으로 전달해준다. 다시 말해 창세기 1장에서 신적 선포를 통해 태초의 창조를 성취하셨던 하나님은 구속사의 흐름 가운데 이제 이사야 61장에

---

3 Umberto Cassuto, *A Commentary on the Book of Genesis* (Jerusalem: Magnes Press, 1989), 26.

서 종의 선포를 통해 시온 백성과 만물의 새 창조를 계속해서 이루어가신다.

둘째, 태초의 창조 때에 수면 위에 운행하신 야웨의 신(창 1:2)은 이사야 61장에서 야웨의 종이 감당하는 선포 사역에 함께하신다. 태초에 강력한 생명력과 권능으로 모든 곳에 임재하셨던 성령은 하늘과 땅의 모든 만물에 생명의 기운을 공급하며 하나님이 부여하신 질서에 따라 최초의 창조를 완성하셨다. 생명을 허락하시는 성령의 임재 가운데 모든 만물은 야웨의 눈에 아름다운 창조물이 되었다(창 1:10, 12, 18, 21, 25, 31).

프리스크(Donald C. Frisk)에 따르면 "모든 만물을 창조하시고 창조된 공동체를 질서 가운데 조율하시는 강력한 힘이신 야웨의 영의 사역은 그의 광범위한 활동을 통해 보편적이고 우주적이며 종말론적인 사역을 감당하신다."[4] 여기서 우리가 무엇보다 눈여겨보아야 할 점은 선포된 말씀과 성령이 행하시는 사역의 신학적 연관성이다. 이에 관해 힐데브란트(Wilfred Hildebrandt)는 "강력하게 활동하시는 야웨의 영의 권능을 통해 태초에 야웨의 말씀은 그것의 성취를 이루게 되었다"고 통찰력 있게 주장했다.[5] 시편 33:6은 "여호와의 말씀으로 하늘이 지음이 되었으며 그 만상을 그의 입 기운으로 이루었도다"라고 노래한다. 여기서 "기운"은 다름 아닌 성령(רוח)을 의미한다. 그러므로 야웨의 영은 말씀과 함께 태초의 창조를 성취하는 데 결정적 역할을 감당했음을 알 수 있다.

태초의 창조를 성취하셨던 야웨의 영은 이제 이사야 61장에서 야웨

---

4   Donald C. Frisk, "The Holy Spirit in Creation and Redemption," *Covenant Quarterly 32* (1974): 3-15.

5   Wilfred Hildebrandt, *An Old Testament Theology of the Spirit of God* (Grand Rapids: Baker Academic, 1993), 37.

의 종과 함께하신다. 그의 선포된 말씀 위에 신적 임재와 권능을 부어줌으로써 야웨의 영은 그 선포가 단순한 인간의 말이 아니라 하나님의 신적 명령(Divine fiat)이 되도록 일하셨다. 창세기 1장에서 하나님의 창조의 말씀을 실행에 옮기셨던 야웨의 영은 이제 이사야 61장에서 종을 통해 선포된 말씀 또한 실행에 옮기시고, 성취하신다. 야웨의 영의 임재와 활동을 통해 시온 백성은 선포된 말씀이 그들 가운데 성취되고, 그 결과 그들이 새롭게 창조되는 놀라운 경험을 할 수 있었다.

셋째, 이사야 61장의 새 이름 모티프 또한 종에 의한 말씀의 선포가 새 창조를 위한 하나님의 신적 도구임을 암시한다. 종이 말씀을 선포할 때 시온 백성은 새로운 이름을 갖게 된다—의의 나무(사 61:3)와 야웨의 제사장(사 61:6). 이 이름들은 과거 그들의 어둡고 슬펐던 운명이 새롭고 영광스러운 운명으로 변화되었음을 잘 보여준다. 중요한 것은 이사야 61장에 나타난 "선포"와 "새 이름" 모티프의 병치가 창세기 1장에 묘사된 태초의 창조 본문에서도 동일한 패턴으로 나타난다는 점이다. 좀 더 구체적으로 창세기 1:3, 6, 9에 나타난 야웨의 신적 선포는 곧이어 창세기 1:5, 8, 10에 나타난 야웨의 이름 수여 모습과 연결되어 묘사된다. 이와 같은 구문론적·문학적 구조 속에서 창세기 1장의 새 이름 모티프는 태초의 창조 사역이 완성되었음을 암시할 뿐 아니라 이 창조의 과정에서 말씀의 선포가 결정적 역할을 감당했음을 알 수 있다.

이상의 논의를 바탕으로 이사야 61장에 나타난 새 이름 모티프는 창세기 1장에 기록된 태초의 창조를 잘 반영한다는 사실을 확인할 수 있다. 창세기 1장에서 태초의 창조가 완료되었다는 증표로서 이름을 주신 하나님은 이사야 61장에서도 시온 공동체에 새 이름들을 허락하신다. 여기서 선포의 결과로 그들이 새 이름을 가지게 되었다는 사실은 그것이 그들을 새롭게 하는 새 창조의 도구라는 의미다. 그러므로 골딩게

이가 말했듯이 "선포는 발표 행위를 만들고 이는 또 선포된 것이 실재하도록 역사한다. 즉 선포는 새 창조의 사건을 만드는 특징이 있다."[6]

우리는 이사야 61장과 창세기 1장에서 다음과 같은 언어적·주제적·신학적 유사성을 발견할 수 있다.

구분	창세기 1장	이사야 61장
동사	카라/아마르 (선포하다; 이름 짓다)	카라/아마르 (선포하다; 이름 짓다)
성령	수면 위에 운행함	종에게 부어짐
이름	하늘, 땅, 궁창	새 이름: 의의 나무, 헵시바, 뿔라
주체	하나님의 선포	종의 선포
결과	태초의 창조	새 창조

창세기 1장과 이사야 61장의 언어적·주제적·신학적 비교표

이사야 61장과 창세기 1장의 언어적·주제적 유사성은 야웨의 영의 부음을 받은 종(들)이 하나님의 창조의 대리인임을 보여준다. 야웨의 영의 임재 가운데 선포되는 하나님의 말씀은 개인과 공동체를 새롭게 창조하는 새 창조의 신적 매개체다. 그렇기에 부르심 받은 하나님의 종들은 삶 속에서 거룩함과 순결함으로 하나님과 동행할 뿐 아니라 성령의 충만함으로 하나님의 말씀을 올바로 선포하는 데 최선을 다해야 한다. 신앙 공동체의 리더인 목사, 장로, 권사, 안수 집사 등은 설교나 교육 시간뿐 아니라 어느 모임에서도 신실하게 말씀을 선포할 수 있어야 한다. 말씀이

6　Goldingay, *Isaiah 56-66*, 298. 원 문장은 다음과 같다. "proclamation constitutes an announcement...which also gives rise to that which is proclaimed; it has an [new creation] event–character." 나는 앞의 문장은 그대로 번역했고 마지막 한 문장은 변형하여 인용했다.

올바로 선포될 때 주의 백성은 내외적 회복뿐 아니라 운명의 변화를 경험하며 하나님이 성취하시는 새 창조를 만끽하게 될 것이다.

둘째, 말씀의 선포를 통해 시온 공동체는 신적 위로를 누린다(사 61:2-3)

이사야 61장에서 선포의 결과는 무엇인가? 주의 백성은 하나님의 말씀이 선포될 때 삶의 근본적인 변화와 함께 신적 위로를 경험하게 된다. 이사야 61:1-3에서 시온 백성은 "슬퍼하는 자"(אבל)로 묘사된다. "슬픈 자" 또는 "애통해하는 자"는 이사야 56-66장의 특징적인 용어다 (사 57:14-18; 60:20; 61:2-3; 66:10). 이사야 61:2-3은 이 용어를 3회나 사용하며 시온 백성의 절망적이고 암울한 상황을 잘 드러낸다. 쿨(Jane L. Koole)에 따르면 의미론적으로 이사야 61:1의 환란 당하는 수많은 사람—가난한 자, 마음이 상한 자, 포로 된 자, 갇힌 자 등이다—은 애통해하는 자(אבל)를 더욱 구체화하는 기능을 한다.[7] 따라서 애통이라는 감정은 그들의 상실, 절망, 갇힘, 상처받음, 불안함을 포괄적이면서도 효과적으로 표현한다고 할 수 있다.

그런데 이사야 61:1-3에서 말씀의 선포와 함께 그들의 애통함은 기쁨과 찬양으로 바뀌는 놀라운 변화가 일어난다. 3회나 사용되는 부사적 불변화사 "타하트"(תחת; 대신에)와 함께 이사야 61:3은 시온 백성이 경험할 변화를 구체적으로 묘사한다. 여기서 "재 → 화관", "슬픔 → 기쁨의 기름", "근심 → 찬송의 옷"이라는 잘 알려진 전환이 소개된다.

고대 이스라엘의 사회·문화적 정황 속에서 애통해하며 슬픔 가운데 있는 자들은 그의 겉옷을 찢고, 머리 장식을 벗으며 그의 머리에 재

---

7   Jane L. Koole, *Isaiah III. Volume III/Isaiah 56-66* (Leuven: Peeters, 2001), 274.

를 뿌렸다.[8] 하지만 이사야 61:3에 묘사된 시온 백성의 모습은 고대 사회에서 슬퍼하는 자가 가진 모습을 완전히 역전시키고 있다. 즉 슬퍼하던 언약 백성이 이제 재 대신에 아름다운 화관을, 애통함 대신 희락의 기름을, 근심과 희미한 영 대신 찬송의 옷을 입게 된다. 이는 운명이 슬픔에서 기쁨과 찬양으로 반전되는 위로의 상황을 고대인들의 전형적 표현방식(paradigmatic modal)으로 전달해준다. 말씀의 선포와 함께 시온 백성이 경험할 극적 운명의 변화와 위로를 보여주는 이사야 61:1-3은 궁극적으로 그들의 구원과 새 창조를 내포하고 있다.

셋째, 의의 나무가 되고, 야웨와 영원한 언약을 맺는 시온 백성(사 61:3-8)

그렇다면 시온 백성이 위로를 경험하게 되는 근본적인 이유와 근거는 무엇인가? 이는 어쩌면 그들의 슬픔이 변화되어 기쁨과 찬양을 누리게 되는 이유에 관한 질문일 수도 있다. 이사야 61장에서 그들은 크게 두 가지 큰 변화를 겪게 된다.

첫째, 시온 백성은 "의의 나무"가 된다. 이사야 56-66장에서 시온 백성의 죄악은 그 공동체 속에 의가 없음(사 57-59장)을 명백하게 드러낸다. 그들은 만연한 범죄와 부패로 인해 수직적으로 하나님과 깨어진 관계로 지내야 했다(사 59:1-8, 13-15; 64:5-7). 그리고 수평적으로도 다른 이들과의 관계가 파괴되어 악인들이 의인을 핍박하는 일이 횡행했다(사 56:9-12; 57:3-4). 끊이지 않는 죄악으로 인해 그들의 의로운 행위는 더러운 옷과 같이 변했고 그 결과 야웨는 그들 위에 심판을 경고하셨다(사

---

8 Roland De Vaux, *Ancient Israel: Its Life and Instructions* (Grand Rapids: Wm. B. Eerdmans Publishing Company, 1997), 59.

64:5-7).

이사야 59:9-15에서 의로운 종은 시온 공동체 속에 의가 없음으로 인해 슬퍼하며 애통해한다. 의의 부족과 오염은 하나님이 그들에게 심판을 내릴 수밖에 없는 근본적인 원인이 되었다. 조금 더 범위를 넓혀 이사야 1-39장에서 시온 백성은 불의한 행위와 죄악으로 인해 하나님의 무서운 심판 아래에 놓이게 되었다(사 1:21-25). 그런데 이런 정경적·신학적 맥락에서 이사야 61:3은 시온 백성이 드디어 "의의 나무"가 되고 공의를 실천하는 의로운 백성이 된다고 선언한다. 이는 과거에 그들을 향해 예고되었던 하나님의 진노와 심판이 반전된다는 의미다.

이제 시온 공동체는 장차 그들 속에 편만한 공의를 통해 예견되었던 진노와 심판을 피하고 하나님이 허락하시는 풍성한 영광과 구원을 누리게 된다. "시온은 정의로 구속함을 받고 그 돌아온 자들은 공의로 구속함을 받으리라"(사 1:27)는 이사야서의 대명제는 이사야 61장에서 드디어 종의 선포와 함께 성취된다. 이로써 구원과 회복의 메시지가 그 절정에 도달하는 것이다.

둘째, 시온 백성은 야웨와 영원한 언약(everlasting covenant)을 맺는다. 베스터만이 제대로 관찰했듯이 구약성경에서 야웨와 그 백성의 상호작용은 언약 관계를 통해 유지되고 발전한다. 언약의 구체적 기능은 "선행된 야웨의 신적 구원 행위"에 바탕을 둔 야웨와 이스라엘 백성의 관계를 더욱 확고히 유지하는 것이다.[9] 첫째 단락에서 야웨의 영에 힘입은 선포를 통해 시온에서 애통해하는 자들은 "의의 나무"로서의 새로운 정체성을 갖게 된다. 의를 행할 때 그들은 하나님이 세우신 언약 말씀의 기준에 합당한 백성이 된다. 더 나아가 둘째 단락에서 그들은 외적 환경—황폐

---

9   Westermann, *Isaiah 40-66*, 275-76.

했던 성읍이 재건되고, 무너진 곳을 다시 중건 됨—을 회복할 뿐 아니라 제사장으로 야웨께 봉사함으로써 내적인 새로운 신분을 얻게 된다. 물론 이런 변화들은 백성과의 언약을 지키려는 야웨의 계획과 신실하심에 기초한 것이다.

이런 점에서 골딩게이는 야웨가 이 언약을 "그들과 함께" 만드신 것이 아니라고 지적한다. 왜냐하면 "함께"는 상호적 계약을 의미하기 때문이다. 오히려 야웨는 그들을 "위해" 이 언약을 만드셨다. 이 언약은 주권자의 일방적인 신적 계약이다.[10] 따라서 이 단락에서 시온 백성이 하나님과 영원한 언약을 맺는 것은 하나님이 옛적에 다윗에게 허락하셨던 영광과 특권, 리더십과 지위를 이제 시온 백성에게도 허락하실 것을 천명하는 것이다(사 55:3-5). 이 놀라운 언약의 체결은 운명의 변화와 함께 시온 백성이 맞이할 구원과 위로를 바라보게 한다. 시온 백성은 의의 나무가 될 것이다. 하나님과 영원한 언약을 맺을 때 그들은 드디어 운명의 변화와 함께 하나님의 위로를 경험하게 된다.

넷째, 하나님의 위로를 성취하는 종(사 61:1-3, 9-11)

이사야 61장에서 성령의 부음을 받은 종은 공동체 가운데 하나님의 위로를 성취한다. 이사야 40:1-2은 주의 백성을 위로하라는 하나님의 명령을 전달해준다. 그렇다면 누가 그 명령을 성취하는가? 그것은 다름 아니라 하나님의 영의 부음을 받은 종이다. 하나님의 영을 받을 때 그는 드디어 하나님과 동역하고 하나님의 뜻을 이 땅 가운데 성취하는 하나님의 사역자가 된다. 하나님의 영을 받지 않은 자가 나서면 그곳에는 변화가

---

10   Goldingay, *Isaiah 56-66*, 314.

일어나지 않는다. 하지만 하나님의 영을 받은 자가 기도하고 선포하며 섬길 때 그 공동체는 하나님의 위로와 구원이 성취되는 것을 경험하게 된다.

이 말씀을 선포하는 종의 형상은 어떠할까? 하나님의 영으로 부음을 받아 말씀을 선포하는 이 종은 왕과 예언자와 제사장의 모습을 그 안에 담고 있다. 하나님의 영이 그의 위에 임했다는 것은 첫째, 그들이 왕적 자질과 권위를 가졌다는 의미다. 사울과 다윗, 그리고 이사야 11장에 등장하는 메시아는 공통적으로 하나님의 영으로 부음을 받은 후 그들의 사역을 감당한다. 그러므로 이 종이 하나님의 영으로 부음을 받았다는 것은 그가 왕적인 존재임을 내포한다. 둘째, 이 종이 영의 임재 가운데 하나님의 말씀을 선포하고 은혜의 해와 자유를 선포한다는 것은 그가 예언자의 전통 위에 서 있음을 보여준다. 셋째, 하나님의 성산에서 예배를 드리는 모습은 그 종이 제사장의 사역을 감당하고 있음을 말해준다(사 61:6).

이처럼 하나님의 영으로 부음을 받은 종에게는 왕과 예언자와 제사장의 권위와 사역이 내포되어 있다. 하나님의 종들은 하나님이 친히 택하여 세운 왕과 예언자와 제사장으로서 공동체를 섬기고 위로하는 영적 지도자이자 어른이라고 말할 수 있다.

제25장

새 하늘과 새 땅(사 65:17-66:24)

1. 본문의 개요

잘 알려진 대로 이사야 65:17-66:24은 이사야서의 대단원적 결론
(finale)에 해당한다.[1] 여기서 이사야서 메시지의 종말론적 목적과 목표인
새 하늘과 새 땅이 드러난다. 후크마(Anthony A. Hoekema)에 따르면 종말
론이란 "마지막 일들에 관한 가르침"을 뜻하는 것으로서 개인과 이 세상

---

[1] 우리는 앞 단락(사 59-62장)에 나타났던 주제들, 즉 의인의 중보기도(사 59:9-16: A),
용사이신 하나님의 승리(사 59:16-21: B), 시온의 영광스러운 회복(사 60-62장: C)이
사 63-66장에서 반복되는 것을 확인할 수 있다. 곧 사 63-66장은 ① 용사이신 하나님
의 승리(사 63:1-6: B′), ② 의인의 중보기도(사 63:15-64: A), ③ 새 하늘과 새 땅(사
65:16-66:24: C)을 중심 주제로 전개된다. 사 63:1-6에서 용사이신 하나님은 에돔,
즉 구속 역사의 성취를 방해하며 부정적이고 파괴적인 영향력을 행사하는 근원적이고
존재론적 악(ontological evil)을 처단하신다. 그리고 사 63:15 이하는 예전에 그들을 출
애굽시켰던 하나님의 권능, 임재하심, 긍휼을 간구하는 의인의 중보기도가 나타난다. 이
사야서는 의인의 간구가 하나님의 일하심과 무관하지 않다고 역설한다. 의인의 간구와
탄식을 들으신 이스라엘의 거룩하신 하나님은 드디어 사 65:17-66:24에서 새 하늘과
새 땅의 창조를 성취하신다(참조. 사 57:15).

이 장차 역사의 종말에 경험할 사건들을 다루는 것이다.[2]

이사야서의 마지막 부분에서 다루는 새 하늘과 새 땅은 시온 백성뿐 아니라 장차 모든 성도가 누릴 미래의 사건을 내포하기 때문에 종말론적 관점에서 접근하는 것은 당연하다. 새 하늘과 새 땅은 이사야 1장에서 소환된 하늘 및 땅과 대칭을 이루면서 하나님이 종말의 때에 완성하실 새 창조를 묘사한다. 이 종말론적 새 창조는 신실한 하나님의 백성이 장차 경험할 가장 영광스러운 종말론적 구원과 위로 및 새 질서를 보여준다. 이사야 65:17-66:24은 크게 네 단락으로 나뉜다.

① 새 하늘과 새 땅의 도래(사 65:17-25)
② 배교자들을 향한 심판(사 66:1-6)
③ 야웨의 종들의 위로(사 66:7-14)
④ 새 하늘과 새 땅의 완성(사 66:15-24)

2. 중심 주제 및 적용

이사야 65:17-66:24은 장차 주의 백성이 경험할 영광스러운 미래와 구원을 묘사한다. 하지만 이 본문이 많은 학자에게 해석학적 혼란과 어려움을 안겨준 것 역시 사실이다. 과연 새 하늘과 새 땅은 무엇을 말하는가? 새 하늘과 새 땅의 창조는 이 세상의 점진적 변화를 말하는가, 아니면 완전히 새로운 변형을 말하는가? 이사야서의 새 하늘과 새 땅은 요한계시

---

2   앤서니 후크마, 『개혁주의 종말론』, 류호준 옮김(서울: 기독교문서선교회, 2002), 11-25.

록의 그것과 어떤 신학적·해석학적 연관성을 가지고 있는가? 이런 질문들은 이사야를 연구하는 학자들과 신약학자들을 당혹스럽게 했다. 우리도 이런 질문들을 중심으로 이사야 65:17-66:24에 나타난 새 하늘과 새 땅의 신학적 의미를 살펴보자.

첫째, 새 하늘과 새 땅이란(사 65:17; 66:22)

이사야 65:17-66:24에 등장하는 새 하늘과 새 땅의 정체에 관하여 학자들은 다양한 해석을 제시했다. "새 하늘과 새 땅"이라는 문구는 성경에서 총 4회 등장하고(사 65:17; 66:23; 벧후 3:13; 계 21:1), 구약에서는 이사야 65-66장에만 2회 등장한다.

칼뱅(Jean Calvin)은 새 하늘과 새 땅의 변화에 관해 구체적으로 설명하지 않지만 이것은 "세계가 경이적으로 변화될 것을 약속하고 있는 것"이고, 또한 "교회의 완전한 회복"을 묘사하는 것이라고 해석했다.[3] 델리취(Keil F. Delitzsch)는 새 하늘과 새 땅의 시기를 그리스도의 재림을 통해서 이루어지는 심판 후의 세계와 관련시키는 것은 부당하며 그것은 의인과 악인이 함께 존재하고, 죽음이 완전히 파멸되지 않은 천년왕국의 시대라고 이해한다.[4] 반면 와츠(John D. W. Watts)는 이사야의 새 하늘과 새 땅이 천년왕국이라는 가설을 부인하며 이것은 단지 이스라엘 백성에게 내리는 하나님의 "새로운 질서"로 받아들인다.[5] 베스터만에게 이사

---

3 John Calvin, *Isaiah Vol. 2* (Grand Rapids: Wm. B. Eerdmans Publishing Co, 1953), 397-98.

4 Keil F. Delitzsch, *Isaiah Vol. 2* (Grand Rapids: Eerdmans, 1969), 492.

5 John D. W. Watts, *Isaiah 34-66*, *WBC 25* (Harper Collins Publishing: Zondervan Academic, 2018) 354.

야 65:17은 옛 하늘과 옛 땅이 파괴되고 그것들 대신에 새 하늘과 새 땅이 창조된다는 것이 아니라 "옛 하늘과 옛 땅"으로 표현된 세상이 기적적으로 새롭게 갱신되어야 함을 의미한다.[6] 반면 차일즈는 새 하늘과 새 땅은 하나님이 종말론적 시간에 완성하실 "새로운 세계 질서의 창조"를 보여주는 것이라고 주장한다.[7] 영은 예언자의 개념 안에는 시간과 영원, 신약 시대와 영원한 하늘이 날카롭게 구분되어 있지 않기 때문에, 새 하늘과 새 땅을 "초림에만 한정해서는 안 될 것이며 재림을 포함하여 영원한 상태에서의 그리스도의 모든 다스리심까지 포함해야 한다"라고 결론 짓는다.[8] 반면 덤브렐은 이사야서의 새 하늘과 새 땅을 마지막 종말에 하나님이 이스라엘 백성과 신약의 성도들에게 베풀어 줄 영원한 "하나님 나라"라고 해석한다.[9] 이상의 견해들이 알려 주듯이, 새 하늘과 새 땅이 성취되는 시기, 방식, 상태에 관해서는 아직도 일치된 의견이나 해석이 부재한 상태다. 사실 이사야 65-66장에 나타난 새 하늘과 새 땅의 신학적·상징적 의미에 대하여는 학자들의 수 만큼이나 다양한 해석들이 존재한다.

　　그렇다면 우리는 이 난해한 문제를 해결하기 위해 어떻게 이사야 65-66장을 해석해야 할까? 이 문제를 해결하기 위해 우리는 새 하늘과 새 땅을 포함하고 있는 이 본문의 전, 후 문맥과 정황을 먼저 살피고, 그 후 이 본문의 구조와 메시지를 살피도록 하겠다. 차준희는 구약 예언서에 언급된 종말론을 "예언적 종말론"(prophetic eschatology)라고 주장했다.

6　　Westermann, *Isaiah 40-66*, 408.

7　　Childs, *Isaiah*, 537.

8　　에드워드 영, 『이사야서 주석 III』, 장도선, 정일오 옮김(서울: CLC, 2008), 561-62.

9　　William Dumbrell, *Covenant and Creation* (Thomas Nelson Publishers, 1984), 302.

즉 예언서에 기록된 미래의 아름다운 세계의 희망과 새 창조는 이스라엘의 "역사적 과정" 가운데 그들의 "역사적 현실"로서 성취되었을 뿐 아니라 그것을 바탕으로 더욱 포괄적인 미래의 성취를 예견하고 있다고 설명한다.[10] 즉 예언자들이 전하는 종말론적 비전은 역사적 현실성에 바탕을 둔 미래적 예언의 성취를 서술한다는 것이다.[11] 그렇다면 우리는 이 본문이 새 하늘과 새 땅을 그들의 역사 속에서 어떻게 표현했는지 살피고, 이어 그것이 더욱 먼 종말론적 사건으로서 어떻게 예언되었는지 살피는 것이 타당하겠다.

먼저 이 본문의 앞뒤 정황을 살핌으로써 새 하늘과 새 땅이 당시 시온 백성의 상황 속에서 어떻게 성취되는지 살펴보자! 최만수는 "하나님의 심판과 회복"이라는 이사야서 전체 주제를 결론짓는 이사야 65-66장 안에서 이사야 65:17-25을 이해해야 한다고 주장한다.[12] 하나님의 새로운 창조물로서 이스라엘(예루살렘)의 회복된 모습을 묘사하는 이사야 65-66장은 이 본문을 해석하기 위한 적절한 배경을 제공하기 때문이다. 이사야 65-66장은 다음과 같은 5중 구조(A-B-C-B′-A′)로 구성된다.

A. 심판과 회복(사 65:1-7)
  B. 배교하는 종과 신실한 종(사 65:8-16)
    C. 새 하늘과 새 땅의 창조(사 65:17-25)

---

10 차준희, "구약종말 신앙의 기원, 발전과 현대적 교훈", 「기독교사상」 41호(2000), 67.

11 최광중, "이사야서의 새 하늘 새 땅과 하나님 나라: 이사야 65:17-25을 중심으로"(서울: 웨스트민스터신학대학원: 석사학위청구논문), 43.

12 최만수, "이사야 선지자의 비전으로서 새 하늘과 새 땅: 65:17-25을 1:2-9과 11:1-9과 더불어 읽기를 위한 시도", 「한국 개혁 신학」 22호(2007), 73.

B´. 악인과 의인(사 66:1-14)

A´. 심판과 회복(사 66:15-24)[13]

A-A´는 우상을 숭배하고 이웃을 향하여 패악을 행한 악인에 대한 심판과 구속 역사의 진행을 방해했던 존재론적 악에 대한 하나님의 심판을 보여준다. 또한 심판과 아울러 주의 백성이 누릴 영광스러운 회복과 구원을 강조한다. B-B´는 악인에 대한 하나님의 계속된 심판과 언약의 말씀을 따르는 신실한 종들에 대한 축복, 위로, 회복을 대조적으로 기술한다. 그런 후, "A-A´와 B-B´의 이중적 샌드위치 구조 속에서 65-66장의 핵심"을 이루는 C(65:17-25)는 "하나님의 심판과 회복의 결과이며 하나님을 배교하는 악인에게는 심판으로서 그리고 하나님의 신실한 종에게는 회복으로서 하나님의 새로운 창조가 이루어지고, 동시에 하나님 나라로서 새 예루살렘의 시대가 열릴 것을 선포한다."[14]

이사야 65:17-18은 의도적으로 "창조"(בּוֹרֵא)라는 단어를 분사형으로 두 번 반복해서 사용했다. 즉 이런 표현방식은 개역개정 성경의 "내가 새 하늘과 새 땅을 창조하였나니"란 문구가 전달하고 있는 "완성된 새 창조"의 뉘앙스보다 이스라엘의 거룩하신 하나님이 구속 역사 속에서 점진적으로 새 창조의 사역을 진행해가고 있음을 강하게 암시한다.

이사야 65:17에서 하나님이 성취하시는 새 창조는 이어지는 18절에서 예루살렘의 새 창조로 발전한다. 오성호가 정확히 지적했듯이 "[이사야] 65:17은 창조가 일어나야 한다는 사실을 보여주고, 65:18은 창조(물)가/이 무엇인지 말한다. 곧 예루살렘을 기쁨으로 만들고, 이스라엘을

---

13 Ibid, 74-75.

14 Ibid, 75.

즐거움으로 창조한다."[15] 하나님이 새롭게 창조하실 창조의 대상은 다름 아니라 예루살렘과 그 백성이다! 특별히 이사야 65:17-25은 창조주 하나님의 절대주권을 묘사하는 단락(사 65:17-23)과 하나님의 통치가 실현되는 단락(사 65:24-25)으로 구성된다.[16]

> A. 보라! 내가 새 하늘과 새 땅-새 예루살렘-을 창조하나니(사 65:17-19)
>> B. 그들이 수한이 길게 되고, 가옥을 건축하고, 각종 열매를 심고 먹음(사 65:20-23)
> A´. 내가 정말로 대답할 것이고, 기도에 응답할 것이다(사 65:24)
>> B´. 그들이 나의 성산에서 평화를 누릴 것이다(사 65:25)[17]

A는 절대적 주권자이신 하나님이 새 하늘과 새 땅, 즉 새 예루살렘을 창조하실 것을 선포한다면, B는 새 예루살렘에서 백성이 어떤 축복들을 누릴 것인가를 보여준다. A´는 하나님이 언약 백성의 기도에 응답하실 것을 밝힌다면, B´는 그들이 새 창조의 결과로서 하나님의 성산에서 우주적 평화와 질서(샬롬)를 누릴 것을 묘사한다. 이런 맥락에서 이사야 65:17-25의 새 하늘과 새 땅의 비전은 하늘과 땅을 창조하신 창조주 하나님이 그의 절대적 통치와 그것의 결과로서 온 세상 만물의 새로운 질서를 성취하실 것을 내포한다. 비슷한 관점에서 최만수는 "새 하늘과 새 땅의 비

---

15 오성호, 『56-66장을 중심으로 본 이사야서의 종말론 신학』(서울: 솔로몬, 2012), 318-19.

16 최만수, "이사야 선지자의 비전으로서 새 하늘과 새 땅", 75-76.

17 Ibid, 76. 나는 최만수의 구조 분석을 조금 더 발전시켜 제시했다.

전은 창조주 하나님의 신-왕적 통치와 하나님 나라(메시아 왕국)의 도래"
를 알리는 기능을 한다고 주장한다.[18] 이는 범죄와 심판의 위협 아래 있
었던 예루살렘이 기쁨과 즐거움이 가득한 새 예루살렘으로 새롭게 창조
된다는 의미다. 새 예루살렘에서 백성은 하나님과의 영원한 언약적 특혜
와 축복을 회복하고 그 열매를 먹게 될 것이다. 새 하늘과 새 땅의 신학적
함의에 관하여 황건영은 다음과 같이 논했다.

> 그때 하나님께서는 새 하늘과 새 땅(사 65:17)을 창조하시고 태초의 낙원
> 의 평화를 회복하실 것이다(사 65:17-25; 11:1; 겔 34:25; 호 2:18). 이
> 는 기존의 창조 질서가 무너질지라도 그 언약은 변하지 않을 것임을 말하며
> 현 질서를 넘는 **새로운 창조 질서**를 암시한다. 특히 이사야서의 문맥 속에
> 서 새로운 창조질서를 가리키는 "새 하늘과 새 땅"으로 창조를 포함한 **하나
> 님 나라를 회복**하는 언약이라 할 수 있다.[19]

이사야서는 새 하늘과 새 땅의 도래를 통해 하나님의 백성이 누릴 새로
운 사회적 질서와 평화를 강조하며 결론짓는다. 언약적 축복의 성취로 백
성들은 포도나무를 심어 그 열매를 따 먹고 그들이 건축한 집에서 평안
히 살게 될 것이다. 그곳에서 백성들은 영원히 즐거워하고, 다시는 우는
것이나 부르짖는 소리가 들리지 않을 것이다. 또한 그곳에서 언약 백성은
새 공동체를 이루며 그들의 자손들과 그들의 이름이 항상 있을 것이다
(사 66:22). 새 하늘과 새 땅은 적의 무시무시한 침략의 위협 아래 놓인 사

---

18   Ibid, 64.

19   황건영, "새 하늘과 새 땅-이사야를 중심으로", 「칼빈논단」 27호(2008), 440. 강조는
     덧붙임.

회가 아니라 하나님이 그들 가운데 새롭게 만들고, 종말의 때에 완성하실 하나님 통치, 보호, 안정감을 묘사하는 것이다.

그러나 새 하늘과 새 땅의 성취는 또한 종말론적 묵시 사상을 내포하고 있다. 이사야 65:25의 "이리와 어린 양이 함께 먹을 것이며 사자가 소처럼 짚을 먹을 것이며 뱀은 흙을 양식으로 삼을 것이니 나의 성산에서는 해함도 없겠고 상함도 없으리라"는 말씀은 장차 임할 하나님 나라에 미움, 적대감, 악함과 반목이 없을 것을 말한다. 이사야 66:24에 "그들이 나가서 내게 패역한 자들의 시체들을 볼 것이라 그 벌레가 죽지 아니하며 그 불이 꺼지지 아니하여 모든 혈육에게 가증함이 되리라"는 말씀 역시 비슷한 맥락에서 종말의 때에 성취될 "악의 소멸"을 상징한다. 당시의 역사적 현실을 초월하여 이 본문의 새 하늘과 새 땅은 우주적인 새 창조의 맥락 속에서 새 예루살렘의 자연 질서가 회복되고 하나님 나라의 통치가 영원히 실현되는 새로운 세상, 즉 새 에덴의 완성을 예언해준다.[20]

더 나아가 이는 이사야 11장에서 메시아의 사역을 통해 성취될 새 창조가 이제 이사야 65장의 새 하늘과 새 땅의 완성에서 성취되는 것임을 암시한다. 궁극적으로 새 예루살렘은 태초에 아담과 하와가 잃어버렸던 에덴의 회복과 새 창조를 암시하며 하나님의 다스림과 통치 아래 모든 동물, 인간, 온 우주가 서로 간의 반목과 악의를 버리고 종말의 새 질서와 평화를 누릴 것을 묘사한다. 그러므로 이사야서의 새 하늘과 새 땅은 새로운 질서의 창조가 일어날 것과 이전의 하늘과 땅과 비교할 수 없는 수준의 창조가 이루어질 것을 말한다. 그것은 비단 완전한 하나님 나라의 도래가 이뤄지고 난 뒤 그곳에서만 누리는 새 창조를 말하지는

---

20 최광중, 『이사야서의 새 하늘 새 땅과 하나님 나라』, 58.

않는다. 일차적으로는 바벨론에서 귀환할 이스라엘 백성이 새 하늘과 새 땅을 누렸다. 이제 이차적으로 이 땅에서 그리스도를 믿어 하나님의 자녀가 되는 자들은 그리스도 안에서 신적 축복과 풍성한 생명을 누릴 때 그것을 경험할 것이다. 최종적으로 신실한 언약 백성이 종말의 때에 도래할 하나님 나라에서 완성된 하나님의 통치, 질서, 평안을 누릴 때 궁극적으로 그들은 새 하늘과 새 땅을 경험할 것이다. 이런 새 창조는 구속 역사의 왕이신 하나님이 성취하실 궁극적인 승리이며 구원의 완성이다.

둘째, 이사야서의 새 하늘과 새 땅과 요한계시록의 그것과의 신학적·해석학적 연관성(사 65:17; 66:22; 계 21:1-8)

새 하늘과 새 땅을 묘사한 요한계시록 21:1-8을 보면 많은 주제와 내용이 이사야서와 연결된다는 점을 쉽게 알 수 있다.

① 눈물을 닦아주며 애통해하는 것이나 곡하는 것이 없을 것이다
   (사 61:1-3/계 21:4)
② 생명수 샘물을 목마른 자에게 값없이 주리라(사 55:1-3/계 21:6)
③ 이기는 자는 상속을 받으리라(사 57:13/계 21:7)
④ 새 하늘과 새 땅(사 65:17; 66:23/계 21:1)

즉 계시록의 저자인 요한은 요한계시록 21:1에서 새 하늘과 새 땅의 변형을 서술하면서 이사야 65:17-28과 그 외의 이사야서 말씀에 그 주제적·신학적 기원을 두고 있음이 분명하다.

사실 이사야서는 새 하늘과 새 땅의 창조가 어떤 방식으로 이루어질 것인가에 대해 구체적으로 말하지 않는다. 하지만 "새 하늘과 새 땅을 보

니 처음 하늘과 처음 땅이 없어졌고 바다도 다시 있지 않더라"고 말하는 요한계시록은 새 하늘과 새 땅의 도래가 창조세계의 일부에 해당하는 변화가 아니라 모든 이전 창조세계가 더는 기억되지 않는 온전한 새 창조임을 암시한다.[21] 이에 관해 키스트메이커(Simon J. Kistemaker)는 마치 그리스도의 육체가 부활하실 때에 변형되었던 것처럼 이전 하늘과 땅이 새롭게 새 하늘과 새 땅으로 완전히 변형되는 것이라고 설명한다.[22] 온 만물의 창조자이자 주권자이신 이스라엘의 거룩하신 하나님은 구속사를 통하여 새 하늘과 새 땅의 창조를 계속 성취해나가시고 결국에는 그의 절대적 주권과 권능으로 완전한 새 창조를 완성하실 것이다.

셋째, 오직 야웨만이 우리의 구원이시라(사 66:22-24)

새 하늘과 새 땅의 메시지는 역사 속에서 주의 나라의 임함을 사모했던 모든 백성에게 참된 위로와 소망을 주었다. 그들이 고난과 시련 가운데 인내하며 하나님 나라를 사모하고 현재의 고난과 아픔을 이기고 장차 소망할 수 있는 영적 가르침을 제공했다. 그리고 새 하늘과 새 땅의 메시지는 누가 진정한 역사의 왕이자 주권자이신지를 잘 보여준다. 구속 역사의 주권자는 모든 악을 처단하시고, 주의 백성을 영광스럽게 회복하시며 궁극적으로 새 하늘과 새 땅을 허락하시는 이스라엘의 거룩하신 하나님이시다.

---

21 Ibid, 31.

22 Simon J. Kistemaker, *New Testament Commentary: Revelation* (Michigan: Baker Books, 2001), 554-55.

교회의 거울과 나침반이 되기를 바라며

이사야서의 메시지와 주제들은 신약 시대뿐 아니라 그 이후로도 성경 해석 역사에 지대한 영향을 미쳐왔다. 차일즈에 따르면 "신약성경이 이사야서를 인용한 방식은 시대적 정황, 문학적 기법, 신학적 기능에 따라 매우 다양하다. 여기서 특정한 주제들—하나님의 종말론적 구원 약속의 성취, 메시아와 구원자와 주님이신 예수님의 정체성, 고난받는 종, 이스라엘의 완고함, 하나님의 공의, 이방인의 유입, 신적 화해와 회복, 하나님의 궁극적 승리—이 특별히 우세하게 드러난다."[1] 신약성경의 저자들은 이사야서를 통해 그들이 경험한 영적 변화와 부흥을 해석하는 동시에 그들이 장차 맞이할 종말론적 회복과 새 시대를 내다보았다.

유대교에서 가장 탁월한 위로의 메시지로 자리 잡은 것도 바로 이사야서였다.[2] 벤 시라(Ben Sira)에 따르면 "이사야는 시온에서 애통해하는

---

1 Brevard S. Childs, *The Struggle to Understand Isaiah as Christian Scripture* (Grand Rapids: William B. Eerdmans Publishing Company, 2004), 5.

2 John F. A. Sawyer, *Isaiah Through the Centuries: Wiley Blackwell Bible Commentaries*

자들을 위로하는 자로 기억되었다"(집회서 48:24). 또한 탈무드에 따르면 "에스겔의 위로가 농촌 필부의 것과 같다면 이사야의 위로는 마치 궁정 사신의 것과 같다"(b. Hagigah 14a).[3] 더 나아가 이사야는 "예언자라기보다 전도자(설교자)에 가깝다"(*non tam propheta quam evangelista*)라고 평가한 교부 히에로니무스는 자신의 저작 중 이사야서 주석에 가장 긴 분량을 할애했다.[4]

이처럼 성경 저자들과 그 이후 해석자들이 이사야서를 심도 있게 분석하고 중시한 이유는 무엇일까? 그것은 다름 아니라 이사야서가 다른 그 어떤 성경보다 더 풍성한 신학적 메시지와 주제들을 다루기 때문이다. 지금까지 이 책을 통해 살펴보았듯이 이사야서는 당대에 속한 하나님의 백성은 물론이고 그 이후 구속사에 등장한 모든 믿음의 사람에게 심오한 신학적 메시지 및 사상을 풍성하게 전달해주었다.[5]

그렇다면 한국교회는 이사야서를 어떻게 이해하며 가르치고 있을까? 조사 결과에 따르면 한국의 목회자들은 설교할 때 신약성경 중 마태복음(22.7%)을, 구약성경 중 창세기(29.1%)를 가장 많이 인용한다. 그다음으로 구약성경의 인용 비중을 살펴보면 시편(15.3%), 잠언(8.5%), 출애굽기(5.0%), 이사야서(4.4%)가 이어진다. 그 외에 예레미야서는 2.8%의 비율을 보였고 다른 예언서는 거의 인용되지 않는 것으로 나타났다.[6]

창세기와 모세 오경이 신앙 선조들의 믿음과 행적, 이스라엘의 탄생

(Hoboken: John Wiley & Sons Ltd., 2018), 4.

3 Sawyer, *Isaiah Through the Centuries*, 4.

4 Childs, *The Struggle to Understand Isaiah*, 92.

5 이사야서의 중심 메시지와 주제에 관해서는 이 책의 각 부 서론을 참고하라.

6 김대진, 변상욱, 옥성삼, 정재영, 조성돈 엮음, 『한국 기독교 분석 리포트: 2018 한국인의 종교생활과 의식조사』(서울: 도서출판 URD, 2018), 433.

및 성장을 다룬다면 예언서는 주로 신앙 공동체의 실패와 심판, 참된 윤리와 도덕, 구원과 새 창조를 주제로 한다. 예언자들은 옛 언약에 비추어 신앙 공동체의 영적 실패와 도덕적 범죄를 비판하면서 그들을 향한 하나님의 심판을 선포했다. 하지만 거기서 멈추지 않고 새 언약에 근거해 그들이 장차 경험할 회복과 위로와 새 창조를 예언한 것도 예언자들이었다.

구약성경의 이런 전체적인 흐름을 고려할 때 예언서, 특히 이사야서의 메시지는 신앙 공동체인 한국교회를 비추는 신학적 "거울"일 뿐 아니라 앞으로 나아갈 방향과 길을 제시하는 "나침반"이 될 수 있다. 그럼에도 신앙 공동체를 향한 너무나 귀중한 메시지를 담고 있는 예언서, 특히 이사야서가 한국교회의 목회 현장에서 자주 다루어지지 않는 현실은 참으로 안타깝다. 가끔 나는 한국교회에 이사야서를 포함한 예언서가 제대로 선포되었다면 사회 속에서 교회가 차지하는 위상이 지금과는 크게 달랐을 것으로 생각하게 된다. 그래서 나는 이사야서를 더 잘 이해하기 위한 다섯 가지 방법을 제안하며 거기에 도움이 되는 문헌들을 소개함으로써 이 책을 마무리하고자 한다.

첫째, 이사야서의 신학적 구조를 형성하는 주요한 기능을 하는 특정 본문들을 먼저 파악해야 한다. 멋진 단독주택이 있다고 생각해보자. 겉모습이 아무리 크고 멋져도 그 집의 뼈대를 이루는 기초와 기둥과 보가 튼튼하지 못하면 큰 문제가 생기고 말 것이다. 집 전체를 튼튼하게 유지하는 주요 구조부의 중요성은 아무리 강조해도 지나치지 않다. 그와 마찬가지로 이사야서 안에는 메시지의 전체적인 주제와 방향을 결정하는 주요 본문들이 있다. 구체적으로 이사야 1, 6, 11-12, 25, 28, 32-33, 35, 40, 48, 55, 56, 60-62, 66장은 이사야서의 메시지를 신학적으로 구조화하는 데 매우 중요한 기능을 한다. 이사야서에 접근할 때 우선적으로 이런 본문들이 감당하는 신학적·문학적 역할을 심도 있게 살핀다면 이사야서의 주요 메시지와 주제를 파악하는 데 큰 유익을 얻을 것이다.[7]

둘째, 이사야서에 나오는 "캐릭터"(등장인물)와 그 역할을 파악해야 한다. 이 책에서 나는 이사야서를 "새 창조를 향한 구속의 드라마"로 이해했다. 이 드라마 속에는 다양한 인물이 등장한다. 먼저 이스라엘의 거룩하신 분 야웨는 유다와 온 만물의 새 창조에 관한 열정이 넘치시는 분이다(사 9:7). 그는 죄를 범한 유다와 열방을 공의로 심판하신다. 하지만 곧 변함없는 자비와 인애(헤세드)를 바탕으로 남은 자를 구원하사 영광과 새 창조를 허락하실 것이다. 그분은 시온과 열방을 향한 구원과 새 창조의 원대한 계획을 품고 그것을 성취해가시는 구속 역사의 주권자이시다.

다음으로 메시아는 하나님의 뜻을 성취하는 사역자로 등장한다. 메시아는 이사야 1-39장에서는 왕으로서, 40-55장에서는 종으로서 이해된다. 당대의 불의한 아하스 왕과는 달리 메시아-왕은 야웨의 영이 부어주시는 신적 자질들—지혜와 총명, 모략과 재능, 지식과 야웨 경외함—을 통해 공의와 정의로 통치할 것이다. 이사야 40-55장에서 메시아-종은 불의한 이스라엘 백성과 대비된다. 야웨의 영의 도우심을 입어 메시아-종은 백성들의 죄 용서와 공의의 회복을 위한 대속 죽음을 감내한다. 메시아-왕과 메시아-종은 장차 오실 예수 그리스도의 생애와 사역, 그리고 대속의 죽음을 미리 보여준다.

또한 "남은 자들"은 하나님의 회복과 새 창조를 경험하는 하나님의 백성으로 등장한다. 죄를 범한 유다 백성은 하나님의 심판을 피하지 못

---

7 다음 자료들은 이사야서의 정경적 구조와 그 안에서 중요하게 기능하는 여러 본문을 이해하는 데 큰 도움을 준다. Childs, *Isaiah*; 존 오스왈트, 『이사야 I, II』, NICOT 구약 주석 시리즈(서울: 부흥과개혁사, 2016); 김창대, 『이사야서의 해석과 신학』(서울: 기독교문서선교회, 2019).

한다. 하지만 하나님의 뜻을 겸손히 따르고 야웨를 기다리는 남은 자들은 심판을 피할뿐더러 하나님의 구원과 회복의 새 창조를 경험하게 된다(사 30:15-22). 마치 밤나무와 상수리나무가 베임을 당해도 그 그루터기가 남는 것처럼 하나님을 음성을 듣고 인도함을 받는 자가 곧 "거룩한 씨"다(사 6:13). 악한 자와 남은 자의 대비는 이사야 56-66장에서 악한 종들과 의로운 종들의 갈등으로 묘사된다. 악한 종들은 하나님의 불 심판을 견디지 못하지만 의로운 종들은 새 하늘과 새 땅에서 하나님의 풍성한 위로를 경험할 것이다(사 66:7-14, 24). 한편 이사야서에는 "열방"도 등장하는데, 종말의 때에 열방은 언약 백성과 함께 시온에 모여 율법을 들으며 하나님의 백성으로 회복될 것이다(사 2:1-4; 44:5; 66:18-21).[8]

셋째, 이사야서의 중심 주제와 모티프들을 이해하고 그것들 간에 형성되는 유기적 관계를 파악해야 한다. 이사야서에는 다양한 신학적 주제와 모티프가 펼쳐진다. 예를 들면 거룩, 공의와 정의, 새 창조, 시온, 위로, 사역자, 남은 자, 열방 등이다. 이런 개념들의 신학적·주제적 의미뿐 아니라 그 사이에 형성되는 신학적 연관성까지 파악해야 이사야서를 더욱 깊이 이해할 수 있다. 특히 "공의"는 이사야서 전체의 메시지를 구조화하는 데 핵심적인 역할을 한다. 이사야 1-39장에서 야웨는 범죄한 이스라엘에 대한 심판을 통해 공의와 정의를 유지하신다(사 5:16). 아이히로트(Walter Eichrodt)는 하나님이 백성에 대한 심판을 통해 시행하는 공의를 가리켜 "심판적 공의"(punitive righteousness)라 정의했다.[9] 언약의 말씀을

---

8 Williamson과 Abernethy의 책은 이사야서의 등장인물과 그 역할을 이해하는 데 큰 도움을 준다. 다음 자료를 참고하라. Williamson, *Variations on a Theme*; Andrew T. Abernethy, *The Book of Isaiah and God's Kingdom* (Downers Grove: InterVarsity Press, 2016).

9 Walter Eichrodt, *Theology of the Old Testament*, vol. I (Lousiville: Westminster John Knox

신실하게 지키지 못하는 시온 백성을 향해 하나님은 심판을 선언하신다 (사 1:21-27; 5:1-7; 10:1-4). 이런 심판적 공의는 야웨가 백성을 다스리는 방식 중 하나임이 분명하다.

그러나 이사야 40-55장에서 하나님의 심판적 공의는 언약 백성을 향한 인자함과 구원의 공의로 발전한다. 하나님은 그들을 향해 영원히 진노하지 않으신다. 오히려 언약 관계 안에 내포된 변함없는 인자함과 자비를 드러내신다. 인간의 판단을 뛰어넘어 하나님이 구속사를 통해 펼치신 변함없는 언약적 인자함과 사랑이 바로 "헤세드"다(사 54:10).[10] 아이히로트는 이를 가리켜 변함없는 자비에 근거한 야웨의 "구원하는 공의"(saving righteousness)라 정의했다.[11] 심판적 공의와는 달리 연약하고 불쌍한 백성을 보존하고 회복시키는 이런 공의는 야웨가 행하시는 통치의 또 다른 특징을 보여준다. 야웨의 구원하는 공의는 야웨의 영을 받은 후 보냄을 받는 메시아-종의 대속적 고난과 죽음을 통해 그 절정에 도달한다(사 48:16; 53장). 이 종은 고난과 죽음을 통해 백성들을 의롭게 하고 구원한다. 이사야 40-55장의 구원하는 공의는 이사야 1-39장의 심판적 공의와 함께 언약 백성을 향한 야웨의 통치를 온전하게 세우는 두 기둥이다.

이사야 56-66장에서 야웨는 언약 백성이 공의와 정의를 실천하도록 격려하고 궁극적으로 그들이 신적 공의와 구원을 누리도록 인도하신다(사 56:1). 이사야 61장에서 시온 백성은 메시아의 선포를 통해 야웨

Press, 1961), 249.

10 Eichrodt는 헤세드란 "인간의 기준들을 넘어서는 변함없는 언약적 사랑"(the loving constancy of a covenant for surpassing human standards)이라고 정의한다(Eichrodt, *Theology of the Old Testament*, 238).

11 Eichrodt, *Theology of the Old Testament*, 248.

와 새롭게 언약을 체결할 뿐 아니라 삶 속에서 공의와 정의를 실천하는 의로운 백성이 된다. 이사야서가 말하는 공의와 정의에 기초한 이상적인 통치 구조 속에서 하나님은 메시아적 사역자들(왕, 종, 선포자)을 통해 그의 통치를 확립하신다. 곧 메시아적 사역자들을 통해 하나님은 불의한 왕과 백성들을 심판할 뿐 아니라 변함없는 자비로 그들을 구원하심으로써 의로운 통치와 다스림을 확립하신다.[12] 이처럼 공의는 이사야서 전체 메시지를 구성하고 그 흐름을 보여주는 중심 개념으로 기능한다.[13]

넷째, 이사야서의 역사적 배경을 파악해야 한다. 이사야서의 메시지는 주전 8세기의 유다 왕국 시대로부터 새 하늘과 새 땅이 펼쳐지는 종말론적 새 창조의 때까지를 역사적 배경으로 포괄한다. 또한 이사야 1-39장은 앗수르 제국 시대, 40-55장은 바벨론 포로 시대, 56-66장은 포로 귀환 시대를 배경으로 저술되었다고도 볼 수 있다. 예언자 이사야는 당대의 유다와 예루살렘을 향해 주어진 하나님의 계시를 전했을 뿐 아니라 이어지는 바벨론 포로 시대와 포로 귀환 시대, 더 나아가 새 하늘과 새 땅의 도래와 함께 완성될 종말론적 구원의 시대를 미리 내다보았다. 그렇기에 이사야서의 역사적 배경을 이해하는 것은 이사야서의 메시지

---

12 이 단락은 다음 논문을 요약한 것이다. 최윤갑, "이사야서에 나타난 여호와의 영이 행한 사역의 목적: 메시아 사역자 본문(사 11:1-5, 42:1-4, 61:1-3)을 중심으로", 「구약논집」 15호(2019), 136-74.

13 다음 자료들은 이사야서에 나타난 중심 주제들과 그것들의 신학적 연관성을 이해하는 데 도움을 준다. John Oswalt, *The Holy One of Israel: Studies in the Book of Isaiah* (Eugene: Cascade Books, 2014); Goldingay, *The Theology of the Book of Isaiah*; David G. Firth, H. G. M. Williamson, *Interpreting Isaiah: Issues and Approaches* (Downers Grove: IVP Academic, 2009); 김근주, 『이사야 특강: 예언자가 본 평화의 나라 새 하늘과 새 땅』(서울: IVP, 2017); 류호준, 『이사야서: 예언서의 왕자 I』(서울: 새물결플러스, 2016); 장세훈, 『한 권으로 읽는 이사야서』. 내가 출간 계획 중인 『키워드로 읽는 이사야서』(가제) 역시 이사야서의 주제를 깊이 이해하는 데 큰 도움을 줄 것이다.

를 심도 있게 해석하는 데 큰 도움이 된다. 특히 남유다 왕국과 열강 사이에 작용한 국제 역학을 이해한다면 이사야서를 더욱 입체적으로 해석할 수 있을 것이다.[14]

다섯째, 이사야서가 지향하는 공동체 중심성을 파악해야 한다. 이사야서를 비롯한 예언서는 기본적으로 언약 공동체에 임할 하나님의 임박한 심판과 그 이후에 성취될 구원 및 회복을 묘사하는 성경이다. 또한 창세기가 최초의 창조를 묘사한다면 예언서는 종말론적 새 창조를 기술한다. 예언서가 기대하는 새 창조는 언약 공동체와 열방과 온 만물의 완전한 회복 및 구원을 내포한다. 그래서 예언자들은 당대의 언약 공동체가 자행한 영적·도덕적·윤리적 범죄를 날카롭게 비판하며 그들의 타락상을 신랄하게 들추어냈다.

예언자들은 백성들 속에 만연한 거짓되고 형식화된 예배, 부도덕한 삶, 우상숭배, 경제적 탐욕과 속임수, 가난한 자들을 향한 포악과 억압, 거짓과 음란함 등이 하나님과의 언약 관계를 파괴하고 그분의 심판을 자초한다고 목소리를 높였다. 그들은 본성상 거룩하고 공의로우신 하나님이 그것을 견디기 힘들어하신다고 호소했다(사 1:10-17). 그들의 선포대로 참되게 회개하지 않는 자들은 하나님의 심판을 피할 수 없다. 반대로 죄에서 돌이키는 경건한 남은 자들은 하나님의 구원과 회복, 영광과 새 창조를 경험할 것이다(사 55:1-5; 59:20-21). 이처럼 예언서는 다윗과 솔로몬 시대 이후 명실상부하게 국가적 위상을 갖추게 된 이스라엘 공동체를 향한 하나님의 신탁을 전달하는 데 집중한다. 특히 이사야서는 신앙 공동

---

14 다음 자료는 이사야 당시의 시대 배경과 국제 관계를 이해하는 데 도움을 준다. Andrew T. Abernetty, Mark G. Brett, Tim Bulkeley, Tim Meadowcroft, *Isaiah and Imperial Context: The Book of Isaiah in the Times of Empire* (Eugene: Wipf & Stock Publishers, 2013).

체의 영적 실상과 실패를 드러내면서도 치유와 위로와 회복을 성취하시는 하나님의 열심과 행하심을 확신 속에서 선포한다. 그러므로 우리는 공동체 중심성을 염두에 두고 이사야서에 접근해야 올바른 해석에 이를 수 있다.[15]

나는 이 책이 이사야서에 나타나는 심오한 메시지와 신학적 주제들을 비추는 손전등 역할을 하기 바란다. 또한 이 책을 통해 이사야서가 이 땅의 교회에서 더 진지하고 친숙하게 다루어지기를 바란다. 그럴 때 이사야서는 교회의 실상을 보여주는 거울로, 또 교회가 장차 나아갈 길을 가르쳐주는 나침반으로 자리매김할 것이다.

---

15 이사야서에 나타나는 공동체 중심성에 관해서는 다음 자료들을 참고하라. 정중호, "강자와 약자가 더불어 살아가는 성경적 공동체: 이사야 11:6-9 해석을 중심으로", 「로고스경영연구」 13호(2015), 97-116; 배희숙, "이사야 56장 1-8절의 재건공동체", 「장신논단」 39호(2010), 11-34; 이사야, "구약의 사회적 약자와 법전의 사회윤리", 「기독교사회윤리」 18호(2009), 259-88.

참고 문헌

김근주.『이사야 특강: 예언자가 본 평화의 나라 새 하늘과 새 땅』. 서울: IVP, 2017.

김대진, 변상욱, 옥성삼, 정재영, 조성돈 엮음.『한국 기독교 분석 리포트: 2018 한국인의 종교생활과 의식조사』. 서울: 도서출판 URD, 2018.

김정우. "시편 42편에 대한 주해적 고찰".「신학지남」67호, 2000.

김창대.『이사야서의 해석과 신학』. 서울: 기독교문서선교회, 2019.

류호준.『이사야서: 예언서의 왕자 I』. 서울: 새물결플러스, 2016.

배희숙. "이사야 56장 1-8절의 재건공동체".「장신논단」39호, 2010: 11-34.

오성호.『이사야서의 종말론 신학: 56-66장을 중심으로 본』. 서울: 솔로몬, 2012.

이사야. "구약의 사회적 약자와 법전의 사회윤리".「기독교사회윤리」18호, 2009: 259-88.

이종근. "시리아-에브라임 전쟁과 디글랏 빌레셀 3세의 패권".「신학논단」61호, 2010: 83-113.

장세훈.『문맥에서 길을 찾다: 바른 구약 읽기』. 서울: 토브, 2018: 166-79.

_____.『한 권으로 읽는 이사야서』. 서울: 이레서원, 2015.

정중호. "강자와 약자가 더불어 살아가는 성경적 공동체: 이사야 11:6-9 해석을 중심으로".「로고스경영연구」13호, 2015: 97-116.

_____. "시온의 구원".『이사야 1: 어떻게 설교할 것인가』, 목회와신학 편집부 편집, 서울: 두란노 아카데미, 2008: 327-51.

차준희. "구약종말 신앙의 기원, 발전과 현대적 교훈".「기독교사상」41호, 2000: 57-71.

최광중. "이사야서의 새 하늘 새 땅과 하나님 나라: 이사야 65:17-25을 중심으로". 서울: 웨스트민스터신학대학원: 석사학위청구논문.

최만수. "이사야 선지자의 비전으로서 새 하늘과 새 땅: 65:17-25을 1:2-9과 11:1-9과 더불어 읽기를 위한 시도".「한국개혁신학」22호, 2007.

최윤갑. "이사야서에 나타난 여호와의 영이 행한 사역의 목적: 메시아 사역자 본문(사 11:1-5, 42:1-4, 1:1-3)을 중심으로".「구약논집」15호, 2019: 136-74.

하형록.『P31: 성경대로 비즈니스하기』. 서울: 도서출판 두란노, 2015.

한정건.『이사야의 메시아 예언1: 임마누엘의 메시아』. 서울: CLC, 2006.

황건영. "새 하늘과 새 땅-이사야를 중심으로".「칼빈논단」27호, 2008: 439-66.

누트, 라르손, 캐시 댈런.『Main Idea로 푸는 에스라, 느헤미야, 에스더』. 김진선 옮김. 서울: 디모데, 2008.

반게메렌, 빌렘.『예언서 연구』. 김의원, 이명철 옮김. 서울: 도서출판 엠마오, 1990.

브라이트, 존.『이스라엘 역사』. 박문재 옮김. 서울: 크리스천다이제스트, 1996.

소여, 존 F. A.『제5복음서』. 김근주 옮김. 서울: 크리스천다이제스트, 2003.

스위니, 마빈.『예언서』. 홍국평 옮김. 서울: 대한기독교서회, 2018.

영, 에드워드. 『이사야서 주석 III』. 장도선, 정일오 옮김. 서울: CLC, 2008.

오스왈트, 존. 『이사야 I, II』. NICOT 구약 주석 시리즈. 이용중 옮김. 서울: 부흥과개혁사, 2016.

____. 『이사야: NIV 적용 주석』. 장세훈, 김홍련 옮김. 서울: 솔로몬, 2015.

해리슨, 롤란드. 『구약서론(중)』. 류호준, 박철현 옮김. 서울: 크리스천다이제스트, 1994.

헤셀, 아브라함 J. 『예언자들』. 이현주 옮김. 서울: 삼인, 2017.

후크마, 앤서니. 『개혁주의 종말론』. 류호준 옮김. 서울: 대한문서선교회, 2002.

Abernethy, Andrew T. *The Book of Isaiah and God's Kingdom*. Downers Grove: InterVarsity Press, 2016.

Abernetty, Andrew T., Mark G. Brett, Tim Bulkeley, Tim Meadowcroft. *Isaiah and Imperial Context: The Book of Isaiah in the Times of Empire*. Eugene: Wipf & Stock Publishers, 2013.

Alt, A. "Jesaja 8, 23-9, 6. Befreiungsnacht und Krönungstag." *Kleine Schriften zur Geschichte des Volkes Israel*, II. Munich, 1953: 206-25.

Andersen, T. David. "Renaming and Wedding Imagery in Isaiah 62." *Biblica* 67(1986): 75-80.

Anderson, Bernhard W. "Exodus Typology in Second Isaiah." *Israel's Prophetic Heritage*. Eugene: Wipf & Stock Publication, 2010: 177-95.

Anderson, Gary A. *A Time to Mourn, A Time to Dance: The Expressionof Grief and Joy in Israelite Religion*. University Park, Pa: Pennsylvania State University Press, 1991.

Blenkinsopp, Joseph. *Isaiah 1-39: A New Translation with Introduction and Commentary*. New Heaven: Yale University Press, 2000.

____. *Isaiah 56-66*. New Haven & London: The Anchor Yale Bible, 2003.

Calvin, Jean. *Isaiah Vol. 2*. Grand Rapids: Wm. B. Eerdmans Publishing Co, 1953.

Carr, David M. "Reading Isaiah from Beginning(Isaiah 1) to End(Isaiah 65-66): Multiple Modern Possibilities." *New Visions of Isaiah*. ed. Roy F. Melugin, Marvin A. Sweeney, *JSOTSup* 214. Sheffield: Sheffield Academic Press, 1996: 188-218.

Cassuto, Umberto. *A Commentary on the Book of Genesis*. Jerusalem: Magnes Press, 1989.

Childs, B. S. *Introduction to the Old Testament as Scripture*. Minneapolis: Fortress Publisher, 2011.

____. *Isaiah*. Louisville: Westminster John Knox Press, 2001.

____. *The Struggle to Understand Isaiah as Christian Scripture*. Grand Rapids: William B. Eerdmans Publishing Company, 2004.

Clifford, Richard J. "Isaiah 55: Invitation to a Feast." *The Word of the Lord Shall Go Forth*. Fs D. N. Freedman, ed. C. L. Meyers, M. O'Connor. Winona Lake: Eisenbrauns, 1983: 27-35.

DeClaissé-Walford, N. "Righteousness in the OT." *NIDB* 4: 818-23.

Duhm, Bernhard. *Das Buch Jesaia: Übersetzt und Erklärt, 5. Auflage, Handkommentar zum Alten*

Testament, 3.1. Göttingen: Vandenhoeck & Ruprecht, 1892.

Dumbrell, William J. "The Purpose of the Book of Isaiah." *Tyndale Bulletin 36* (1985): 111-28.

_____. *Covenant and Creation.* Thomas Nelson Publishers, 1984.

Eichrodt, Walter. Theology of the Old Testament, vol. I. Louisville: Westminster John Knox Press, 1961.

Firth, David G., H. G. M. Williamson, *Interpreting Isaiah: Issues and Approaches.* Downers Grove: IVP Academic, 2009.

Frisk, Donald C. "The Holy Spirit in Creation and Redemption." *Covenant Quarterly 32* (1974): 3-15.

Goldingay, John. *Isaiah 56-66: A Critical and Exegetical Commentary.* London, Bloomsbury: T & T Clark, 2014.

_____. *The Theology of the Book of Isaiah.* Madison: IVP Academic, 2014.

Gossai, Hemchand. *Justice, Righteousness and the Social Critique of the Eighth-Century Prophets.* New York: Peter Lang Publishing, 1993.

Hildebrandt, Wilfred. *An Old Testament Theology of the Spirit of God.* Grand Rapids: Baker Academic, 1993.

House, Paul R. "Isaiah's Call and Its Context in Isaiah 1-6." *Criswell Theological Review 6* (1993): 207-22.

Keil, C. F., F. Delitzsch. *Isaiah Vol. 2.* Grand Rapids: Eerdmans, 1969.

Kistemaker, Simon J. *New Testament Commentary: Revelation.* Michigan: BakerBooks, 2001.

Koehler, Ludwig, Water Baumgartner. "עַם" *HALOT II.*

Koole, Jean L. *Isaiah III. Volume I/Isaiah 40-48.* Kampen: Peeters, 1997.

_____. *Isaiah III. Volume III/Isaiah 56-66.* Leuven: Peeters Publishers, 2001.

Levenson, Jon D. *Sinai & Zion: An Entry into the Jewish Bible.* New York: Harper & Row Papeback Publishing, 1985.

Liebreich, Leon J. "The Position of Chapter Six in the Book of Isaiah." *HUCA 25* (1954): 37-40.

Lu, Jeffrey Shaochang. "Called to Proclaim Covenantal Transformation: A Text-Linguistic Analysis of Isaiah 59:21-63:6." Ph. D. diss.: Trinity International University, 1999.

Melugin, Roy F. *The Formation of Isaiah 40-55, BZAW 141.* Berlin: DeGruyter, 1976.

Moyise, Steve, Maarten J. J. Menken. *Isaiah in the New Testament: The New Testament and the Scriptures of Israel.* New York: T & T Clark, 2005.

Muilenburg, James. *The Interpreter's Bible. Vol. V: Ecclesiastes, Song of Songs, Isaiah, Jeremiah.* Nashville: Abingdon Press, 1956.

Olyan, Samuel M. *Biblical Mourning: Ritual and Social Dimension.* Oxford University Press, 2004.

Oswalt, John. *The Book of Isaiah, Chapters 1-39.* Grand Rapids: Eerdmans, 1986.

_____. *The Holy One of Israel: Studies in the Book of Isaiah.* Eugene: Cascade Books, 2014.

Pao, David. *Acts and the Isaianic New Exodus.* Eugene: Wipf and Stock, 2016.

Pritchard, James B. *Ancient Near Eastern Texts relating to the Old Testament.* Princeton: Princeton University Press, 1969.

Rendtorff, Rolf. "The Composition of the Book of isaiah." *Canon and Theology: Overtures to an Old Testament Theology.* Minneapolis: Fortress, 1993: 146-69.

_____. *Canon and Theology: Overtures to an Old Testament Theology.* Minneapolis: Fortress Press, 1993.

Ross, Allen P. "שֵׁם," NIDOTTE.

Sawyer, John F. A. *Isaiah Through the Centuries: Wiley Blackwell Bible Commentaries.* Hoboken: John Wiley & Sons Ltd., 2018.

_____. *The Fifth Gospel: Isaiah in the History of Christianity.* New York: Cambridge University Press, 1996.

Seitz, Christopher R. "The Divine Council: Temporal Transition and New Prophecy in the Book of Isaiah." *JBL 109* (1990): 229-47.

_____. *Prophecy and Hermeneutics: Toward a New Introduction to the Prophets.* Ada: Baker Academic, 2007.

_____. *Word without End: The Old Testament as Abiding Theological Witness.* Grand Rapids: Eerdmans Publishing, 1997.

Sommer, Benjamin D. *A Prophet Reads Scripture: Allusion in Isaiah 40-66.* California: Stanford University Press, 1998.

Stuart, Douglas. *Exodus.* Nashville: B & H Publishing Group, 2006.

Swartley, Willard M. "The Relation of Justice/Righteousness to Shalom/Eirēnē." *Ex Auditu* 22 (2006): 29-53.

Sweeney, Marvin A. *Isaiah 1-39, Vol XVI of FOTL.* Grand Rapids: William B. Eerdmans Publishing Company, 1996.

_____. *Isaiah 1-4 and the Post-Exilic Understanding of the Isaianic Tradition.* Berlin: De Gruyter, 1988.

Tomasino, Anthony J. "Isaiah 1.1-2.4 and 63-66, and the Compositon of the Isaianic Corpus." *JSOT 18* (1993): 81-98.

VanGemeren, Willem A. "Window 8: New Exodus." *Lecture Note of Isaiah.* Trinity International University, 2013.

_____. *Interpreting the Prophetic BooksI.* Grand Rapids: Zondervan Academic, 2010.

Vaux, Roland De. *Ancient Israel: Its Life and Institutions.* Grand Rapids: Eerdmans, 1997.

Watts, John D. W. *Isaiah 34-66, WBC 25.* HarperCollins Publishing: Zondervan Academic, 2018.

Watts, Rikki. *Isaiah's New Exodus in Mark.* Michigan: Baker Academic, 2001.

Webb, Barry G. *Zion in Transformation: A literary Approach to Isaiah in Bible in Three Dimension.* Sheffield: Sheffield, 1990.

Weinfeld, Moshe. *Social Justice in Ancient Israeland in the Ancient Near East.* Minneapolis:

Fortress Press, 1995.

Westermann, Claus. *Isaiah 40-66*. Philadelphia: The Westminster Press, 1969.

Williamson, H. G. M. *The Book Called Isaiah: Deutero-Isaiah's Role in Composition and Redaction*. Oxford: Oxford University Press, 2005.

_____. *Variations on a Theme: King, Messiah and Servant in the Book of Isaiah*. Cumbria: Paternoster Press, 1998.

성령과 위로의 사역[1]

(사 61:1-4)

이사야 61:1-4은 성령의 권능으로 위로의 사역을 감당하는 "하나님의 종"에 관한 말씀을 우리에게 전해줍니다. 성령의 임재가 함께하는 종이 언약 공동체를 섬길 때 그곳에는 하나님의 위로와 회복이 임합니다. 그것은 새 창조가 이루어지는 모습입니다. 오늘날에도 목회자나 장로, 구역장 또는 공동체의 리더십이 하나님의 종으로서 성령의 임재 안에 있을 때 새 창조가 일어나고 그곳에 위로와 회복이 넘쳐나게 됩니다.

교회 공동체는 세상에 회복과 위로의 메시지를 전하는 위로의 공동체입니다. 하지만 오늘날 시대를 유심히 살펴보면 세상에 하나님의 위로와 소망을 전해주어야 할 교회가 오히려 더 하나님의 위로에 목말라 있음을 절감하게 됩니다. 지금 한국교회는 그 무엇보다 하나님의 위로가 필요합니다. 하나님의 위로를 풍성하게 경험하는 교회와 성도만이 다른

---

[1] 이 글은 고려신학대학원에서 가르쳤던 박영돈 교수의 은퇴 기념 설교집에 먼저 실렸음을 밝힌다. 다음 자료를 참고하라. 이성호 엮음, 『성령을 설교하다』(고려신학대학원, 2018), 77-86.

이웃과 세상을 위로하는 복된 공동체가 될 수 있습니다.

근본적으로 하나님의 백성이 "구원"을 받았다는 것은 하나님의 "위로"를 받았다는 말과 다르지 않습니다. 기독교 사역의 본질은 "위로"입니다. 그러나 정작 위로가 무엇인지 설명하려면 막막합니다. 또 실제로 슬픔과 아픔을 겪는 사람들을 위로하려고 해도 어떻게 해야 할지 잘 모르는 경우가 많습니다. 그렇다면 여러분, 우리 주위에 어려운 일을 겪고 있는 분들에게 전해줄 참된 위로는 무엇입니까? 우리는 어떻게 슬픔과 아픔 중에 있는 이웃을 위로해야 합니까? 위로의 근원은 무엇입니까?

이 시간에 우리는 이사야 61:1-4 말씀을 통해 주의 종이 감당해야 할 "위로"가 무엇인지 알아보고자 합니다. 위로의 근원이 무엇인지, 그리고 어떤 방식으로 위로의 사역을 감당해야 하는지 살펴보겠습니다. 이 말씀을 통해 우리 교회가 서로 위로하고 격려하는 풍성한 위로의 공동체가 되길 소망합니다. 더 나아가 한국교회가 참된 위로에 목말라 하는 세상에 하나님의 위로와 회복을 나누어주는 새 창조의 공동체가 되길 간절히 소망합니다.

먼저, 위로는 슬픔이 변하여 기쁨이 되는 것, 즉 "운명의 변화"를 의미합니다.

구약 시대의 사람들에게 위로는 무엇이었을까요? 이스라엘을 포함한 고대 근동 지역의 사람들에게 위로는 슬픔이나 두려움의 상황과 연관되는 것이었습니다. 창세기 37:35에 보면 요셉을 잃고 슬퍼하는 야곱이 나옵니다. 다른 아들들이 아버지를 위로하지만 그는 그 위로를 거절하고 계속 슬퍼합니다. 예레미야 31:13에서는 하나님이 미래에 있을 회복의 때에 유다 백성의 슬픔을 되돌려서 근심을 기쁨으로 바꿔주는 위로를 허락하겠다고 약속하십니다.

구약 시대의 이스라엘 사람들에게 위로는 남의 슬픔에 동참하는 것으로 이해되었습니다. 그리고 그 슬픔이 기쁨과 찬양으로 변화되는 것이 "위로"의 본질이었습니다. 그런 관점에서 이사야 61:1-4은 유다 백성의 슬픔이 기쁨과 찬양으로 변하는 종말론적 위로를 구체적으로 묘사해줍니다. 이사야 61:2, 3 말씀을 다 같이 보겠습니다.

> ²여호와의 은혜의 해와 우리 하나님의 보복의 날을 선포하여 모든 슬픈 자를 위로하되 ³무릇 시온에서 슬퍼하는 자에게 화관을 주어 그 재를 대신하며 기쁨의 기름으로 그 슬픔을 대신하며 찬송의 옷으로 그 근심을 대신하시고 그들이 의의 나무 곧 여호와께서 심으신 그 영광을 나타낼 자라 일컬음을 받게 하려 하심이라(사 61:2-3).

고대 이스라엘 사회에서 극심한 슬픔을 당한 자는 자기 옷을 찢고 재를 뒤집어쓴 채 큰 목소리로 울었습니다. 그런데 이 본문은 그와 반대의 모습을 보여줍니다. 슬퍼하는 자에게 재 대신 화관을, 슬픔 대신 기쁨의 기름을, 근심 대신 찬송의 옷을 입혀주겠다고 말씀하십니다. 이는 절망하는 언약 백성에게 하나님의 큰 위로가 임한 모습입니다. 슬퍼하고 아파하는 자들의 슬픔과 아픔의 근원이 완전히 사라지고 오히려 그 슬픔과 아픔의 상황이 기쁨과 찬송으로 반전되는 "진정한 위로"가 임한 것입니다.

이 당시 유다 백성은 포로로 잡혀갔던 바벨론에서 갓 해방되어 이스라엘 땅에 정착하기 시작했습니다. 그들은 큰 기대와 소망을 품고 고향 땅에 돌아왔지만(사 51:3; 55:1-5) 현실은 녹록지 않았습니다. 지도자들은 탐욕이 가득했을 뿐 아니라 영적으로 몰지각하여 백성들의 형편을 돌보지 않았습니다(사 56:9-12). 악인들은 손에 피를 묻혀가면서까지 의인들을 괴롭히고 악을 자행했습니다(사 57:1-2; 59:2). 겉으로 볼 때도 오래된 성읍들이 재건되지 않은 채 황폐한 상태로 버려져 있었습니다(사

61:4). 경건한 의인에게는 당시의 내외적인 모든 상황이 애통해하지 않을 수 없게 느껴졌습니다.

하지만 이런 답답한 상황에서도 주의 종은 언약 백성이 다시 슬퍼하지 않게 될 것이라고 선포합니다. 포로 상태에서 풀려나와 야웨의 은혜의 해를 경험하게 될 것이라고 목소리를 높입니다. 주의 종은 그들이 재와 근심 대신 기쁨과 찬양의 옷을 입고 즐거워할 날을 바라보고 백성들을 독려합니다. 이사야 61:3 말씀은 특별히 언약 백성이 "의의 나무"(tree of righteousness)로 일컬음을 받을 것이라고 강조합니다.

왜 이런 선포가 위로로 다가올까요? 이사야 1-39장을 살펴보면 언약 백성이 바벨론에 포로로 잡혀간 이유는 다른 데 있지 않다는 사실을 알게 됩니다. 그들 자신이 죄악을 행하고 불의했기 때문에 하나님의 심판을 받은 것이었습니다. 하지만 이제 그들은 더 이상 불의하지 않습니다. 오히려 그들은 하나님의 말씀에 순종하는 의로운 백성이 되었습니다. 그들은 이제 하나님의 진노가 아니라 하나님의 친절함과 인애하심을 누리는 축복의 백성으로 변화한 것입니다. 지도자로부터 어린아이에 이르기까지 모든 백성이 의를 실천하는 이스라엘은 이제 외적인 부요함과 함께 내적인 구원을 경험하게 될 것입니다. 근본적인 운명의 변화와 함께 그들에게 하나님의 위로가 임한 것입니다.

오늘날 너무나 많은 교회가 슬픔에 잠겨 있습니다. 또한 너무나 많은 성도가 애통해합니다. 이제 하나님이 한국교회와 성도를 새롭게 하셔서 삶 속에서 의를 실천하는 "의의 나무"로 변화시키시길 간절히 소망합니다. 우리는 그때를 소망하며 부단히 의를 실천하기 위해 몸부림치며 현재를 살아야 합니다. 그럴 때 한국교회는 근본적 변화와 함께 하나님의 위로를 경험하게 될 것입니다.

둘째, 위로의 사역은 "말씀의 선포"와 "섬김의 실천"을 통해 성취됩

니다.

그렇다면 주의 종은 어떻게 위로의 사역을 감당해야 할까요? 오늘 본문은 언약 백성의 위로를 위해 주의 종이 두 가지 사역을 감당해야 한다고 말씀합니다.

먼저 주의 종은 **말씀 선포**를 통해 언약 백성을 위로해야 합니다. 우리는 말로써 상대를 위로할 수 있습니다. 말을 잘하면 슬픔을 당한 자들이 위로를 받습니다. 다른 사람의 말을 통해 고민하는 문제가 해결되기도 합니다. 이사야 40:1-2은 말로써 실천할 수 있는 위로에 관해 말씀합니다. 다 함께 이사야 40:1-2을 살펴보겠습니다.

> [1] 너희의 하나님이 이르시되 "너희는 위로하라. 내 백성을 위로하라. [2] 너희는 예루살렘의 마음에 닿도록 말하며 그것에게 외치라. '그 노역의 때가 끝났고 그 죄악이 사함을 받았느니라. 그의 모든 죄로 말미암아 여호와의 손에서 벌을 배나 받았느니라' 할지니라" 하시니라(사 40:1-2).

하나님은 예루살렘 백성을 위로하기 위해 주의 종들에게 그들의 "마음에 닿도록" 말할 것을 당부하십니다. 여기서 "마음에 닿도록"으로 번역된 히브리어는 "알-레브"(עַל-לֵב)입니다. 알-레브는 원래 "마음 위"라는 뜻을 가지고 있습니다. 이 히브리어의 의미를 살리기 위해 영어 성경은 "친절하게"(kindly) 또는 "부드럽게"(tenderly) 말하는 것으로 번역했습니다. 즉 위로란 슬픔과 아픔을 당한 이들의 마음을 어루만지기 위해 친절하게 말하는 것입니다.

위로의 말은 사람의 "속마음"을 어루만지고 회복시키는 힘을 가지고 있습니다. 주의 종이 아픔과 슬픔에 놓인 성도에게, 구역 식구에게, 이웃에게 마음에 가닿도록 친절하게 말할 때 그들은 하나님의 위로와 회복을 경험하게 될 것입니다. 만약 가슴에 가닿는 말을 할 자신이 없는 분은 자신이 은혜받았던 성경 구절을 카드에 적어서 전달해주셔도 좋습니다. 그러면 그분들은 여러분들이 마음을 담아 전하는 그 말씀을 통해 하나님의 위로를 경험하게 될 것입니다.

이사야 61:1-2은 여기서 조금 더 나아가 주의 종이 특별히 하나님의 말씀과 계획을 선포함으로써 영적 공동체를 위로할 수 있다고 말씀합니다. 이사야 61:1-2 말씀을 함께 보겠습니다.

> [1]주 여호와의 영이 내게 내리셨으니 이는 여호와께서 내게 기름을 부으사 가난한 자에게 아름다운 소식을 전하게 하려 하심이라. 나를 보내사 마음이 상한 자를 고치며 포로 된 자에게 자유를, 갇힌 자에게 놓임을 선포하며 [2]여호와의 은혜의 해와 우리 하나님의 보응의 날을 선포하여 모든 슬픈 자를 위로하되(사 61:1-2).

이 말씀에서 반복해서 등장하는 단어는 "선포하다"라는 동사입니다. 선포의 내용은 언약 백성을 향한 하나님의 말씀과 계획입니다. 하나님의 종은 가난한 자에게 아름다운 소식을, 포로 된 자에게 자유와 해방을 선포합니다. 이는 야웨의 날 곧 희년의 선포를 묘사하고 있습니다.

여기서 놀라운 사실은 "선포한다"에 해당하는 히브리어 "카라"(קרא)가 창세기 1장에서는 창조 행위와 연결되어 사용된다는 것입니다. 성부 하나님은 태초에 성령의 운행하심 가운데 말씀 선포를 통하여 모든 만물을 창조하셨습니다. 말씀의 선포는 창조의 방법입니다. 그런데 이사야 61장에서는 주의 종이 성령의 기름 부으심 가운데 언약 백성에게 하나님의 말씀을 선포하고 있습니다. 이것이 무슨 의미일까요? 태초에 성부 하나님이 말씀 선포로 창조의 사역을 성취하셨다면 이제는 주의 종이 동일한 방식으로 새 창조의 사역을 이루어간다는 것입니다. 오늘날 주의 종으로 부름받은 사역자나 구역장, 신앙 공동체의 어른들과 리더십도 마찬가지입니다. 그들이 성령의 임재 가운데 말씀을 선포할 때 언약 공동체는 하나님의 새 창조와 신적인 위로를 경험하게 될 것입니다.

다음으로 주의 종은 **섬김의 실천**을 통해 하나님의 백성을 위로해야 합니다. 이사야 61:1-2에서 주의 종은 실제적인 섬김을 통해 위로의 사역을 감당합니다. 그는 가난한 자에게 말씀을 선포하고 마음이 상한 자를 고치며 위로합니다. 또한 하나님의 은혜의 해와 보복의 날을 선포하며 모든 슬픈 자에게 다가가서 그들의 마음을 어루만지고 격려합니다. 그는 언약 백성에게 화관을 씌우고 기쁨의 기름을 바르며 찬송의 옷을 입혀 그들이 의롭고 영광스러운 백성으로 거듭나도록 인도합니다. 이처럼 주의 종은 말씀의 선포뿐 아니라 실제적인 섬김과 헌신을 통해서도 언약 백성을 위로합니다.

우리도 마찬가지입니다. 우리도 실제적인 섬김과 사랑의 봉사를 통해 위로를 실천해야 합니다. 예를 들어 사랑하는 이를 잃어 갑작스러운 슬픔에 빠진 사람, 혹은 견디기 힘든 일을 당해 낙담한 사람이 있을 때 우리는 그에게 달려가서 함께 슬퍼하고 애통해하며 그 아픔을 함께 나누어야 합니다. 욥이 시험을 받아 몸에 병이 생기고 자녀들이 죽게 되었을 때 친구들은 그에게 달려와서 일주일간을 함께 보내며 위로의 마음을 전했습니다. 교회 공동체에서 누가 갑자기 돌아가시면 모든 성도님이 함께 가서 애통해하며 고인의 덕을 기리는 데 힘써야 합니다. 그렇게 사랑과 헌신으로 이웃의 슬픔과 아픔을 위로할 때 궁극적으로 그들이 경험하게 되는 것은 하나님의 위로입니다.

우리 교회가 그처럼 풍성한 위로의 공동체가 되길 주님의 이름으로 축원합니다. 말의 위로가 풍성하게 넘쳐나고 섬김과 헌신의 위로 역시 더욱 풍성해지기를 축원합니다. 세상에서 아픔과 상처와 애통함을 겪은 많은 영혼이 우리 교회를 통해 하나님의 위로를 경험하게 되길 주님의 이름으로 축원합니다. 우리 교회로부터 풍성한 위로가 흘러넘침으로써 우리 지역과 도시에 거하는 환란당한 자들이나 애통해하는 자들이 우리 주님의 풍성한 위로를 경험하게 되길 주님의 이름으로 축원합니다.

셋째, 위로의 사역은 성령을 받은 주의 종을 통해 성취됩니다.

그렇다면 과연 누가 이런 위로의 사역을 감당할 수 있다는 말입니까? 이사야 61:1은 하나님의 영을 받은 자, 즉 성령을 받은 주의 종이 위로의 사역을 감당하게 된다고 말씀합니다. 이사야 61:1을 다시 읽겠습니다.

> 주 여호와의 영이 내게 내리셨으니 이는 여호와께서 내게 기름을 부으사 가난한 자에게 아름다운 소식을 전하게 하려 하심이라. 나를 보내사 마음이 상한 자를 고치며 포로 된 자에게 자유를, 갇힌 자에게 놓임을 선포하며(사 61:1).

이 말씀은 위로의 사역이 성령의 기름 부으심과 함께 시작된다는 사실을 강조합니다. 위로의 사역은 하나님의 종에게 성령이 임하시고 그 성령이 하나님의 종을 도우실 때 비로소 시작될 수 있습니다. 구약성경을 살펴보면 성령은 창조의 영이자(창 1:2), 구속의 영이십니다(출 15:8). 성령은 태초에 성부 하나님의 창조 사역을 성취하셨을 뿐 아니라 이스라엘 역사 가운데서 출애굽을 비롯한 구속의 역사를 이루어내셨습니다. 더 나아가 성령은 지도자의 영이십니다(삿 15:14; 삼상 10:6-10; 16:13). 성령은 언약 공동체 가운데 사사나 예언자, 왕이나 지도자를 세워서 그들이 능력을 발휘해 언약 공동체를 섬기며 그 속에 하나님 나라를 세워가도록 도우셨습니다.

하지만 오늘 본문에서 성령은 위로의 영으로 나타나십니다. 성령의 기름 부음을 받은 종이 자유를 선포하고 은혜의 해를 선언할 때 그것은 하나님의 능력 있는 위로의 말씀이 됩니다. 또한 성령을 받은 하나님의 종이 슬픔이나 아픔을 당한 자들을 섬기고 봉사할 때 그들은 하나님이 주시는 위로를 경험하고 삶의 변화와 회복을 맛보게 됩니다. 이때 영적 공동체 안에 무너진 곳들이 재건되고 하나님 나라가 임하게 되는 것입니다.

누가복음에 따르면 예수님도 자신의 힘이 아니라 성령의 능력에 의지해 공생애 사역을 감당하셨습니다. 누가복음 4:16-19을 읽겠습니다.

> [16]예수께서 그 자라나신 곳 나사렛에 이르사 안식일에 늘 하시던 대로 회당에 들어가사 성경을 읽으려고 서시매 [17]선지자 이사야의 글을 드리거늘 책을 펴서 이렇게 기록된 데를 찾으시니 곧 [18]"주의 성령이 내게 임하셨으니 이는 가난한 자에게 복음을 전하게 하시려고 내게 기름을 부으시고 나를 보내사 포로 된 자에게 자유를, 눈먼 자에게 다시 보게 함을 전파하며 눌린 자를 자유롭게 하고 [19]주의 은혜의 해를 전파하게 하려 하심이라" 하였더라 (눅 4:16-19).

예수님은 이사야 61장에 기록된 성령 충만한 종의 사역이 자신을 통해 드디어 성취되었다고 선포하셨습니다. 특별히 예수님이 성령의 감동하심 가운데 종의 사역을 감당하실 때 그 땅의 백성은 하나님의 위로와 새 창조가 그들 속에 뚜렷이 임하는 것을 경험할 수 있었습니다.

그렇다면 오늘 이 세대에는 누가 우리 주님의 위로 사역을 이어받아 감당할 수 있을까요? 그것은 다름이 아니라 성령의 기름 부음을 받은 주의 종들입니다. 이사야서에 나오는 주의 종은 크게 세 가지로 나누어 볼 수 있습니다. 첫째, "이스라엘 백성 전체"가 하나님의 종입니다(사 41:8). 둘째, 하나님이 특별한 사역을 위해 세우신 한 사람의 "사역자"도 하나님의 종입니다(사 49:17; 50:4-9; 52:13-53:12). 셋째, 영적 공동체와 그 공동체의 구성원들 역시 하나님의 "종들"이라고 불립니다(사 56:6; 63:17; 65:13-14). 여기서 "종들의 공동체"는 신약의 교회 공동체와 연관 지어 생각할 수도 있습니다.

오늘 본문인 이사야 61장 말씀은 세 번째 종에 해당하는 영적 공동체의 지도자에게 임한 성령을 통해 시작되는 위로의 사역을 묘사하고 있습니다. 우리가 잘 알다시피 성령의 또 다른 이름은 그리스어로 "파라클레토스"(παράκλητος)입니다. 파라클레토스는 "위로자" 또는 "상담자"를 의미합니다. 성령이 충만하게 임할 때 그 종은 큰 권능을 받아 놀라운 능력을 행할 수도 있습니다. 하지만 성경은 능력 행함이 성령 충만함의 전부가 아님을 분명히 말씀합니다. 성령은 성령을 체험한 어떤 종을 더욱 높여 대단한 사역자로 만들기 위해서 임하시는 것이 아닙니다. 오히려 성령은 낮은 마음과 영적 민감함으로 애통해하는 자들을 더 잘 이해하고 위로하게 하려고 하나님의 종에게 임하십니다.

그러므로 성령을 더욱 충만하게 받는다는 것, 신앙이 더욱 성숙한다는 것은 탄식하며 애통해하는 주위의 사람들에게 더욱 민감하게 반응하며 그들에게 더 큰 "위로의 사람"이 되는 것을 의미합니다. 다시 말해 성령 충만한 사람은 다름이 아니라 슬퍼하고 낙심한 자를 사랑과 헌신으로 회복시킬 수 있는 위로의 사역자를 지칭합니다. 결국 성령의 임재를 통해 주어지는 모든 능력은 위로와 회복의 사역으로 열매 맺혀야 하는 것입니다.

고린도후서 1:6에서 사도 바울은 "우리가 환란당하는 것도 너희가 위로와 구원을 받게 하려는 것이요, 우리가 위로를 받는 것도 너희가 위로를 받게 하려는 것이니 이 위로가 너희 속에 역사하여 우리가 받은 것 같은 고난을 너희도 견디게 하느니라" 하고 말씀합니다. 우리가 주님께 받은 위로를 주위의 다른 성도와 이웃에게 나누어줄 때 그들은 아픔과 고난을 견디낼 뿐 아니라 더욱 성숙한 그리스도인으로 성장하게 될 것입니다. 그러므로 예수님처럼, 또한 수많은 주의 종들처럼 참된 성도는 풍성한 위로를 나누어주는 위로자가 되어야 하겠습니다. 교회에는 성령 충만한 위로자가 많이 필요합니다. 그런 위로자가 많으면 많을수록 교회는 더욱 건강하고 평안한 가운데 든든히 서갈 것입니다.

오늘날 신앙인의 가정에서 자녀들이 탈선하는 중요한 이유 중 하나는 그 집안에 참된 위로자가 없기 때문입니다. 아이들이 외로워하고 힘들어할 때 아버지와 어머니가, 아니면 할머니라도 그들을 안아주고 위로해준다면 아이들은 결국 큰 문제 없이 자라나게 될 것입니다. 하지만 집안에서 그 누구도 그런 위로자의 역할을 감당하지 않는다면 아이들은 위로자를 찾기 위해 집 밖으로 시선을 돌리고 말 것입니다.

교회도 마찬가지입니다. 교회에 위로자가 많으면 인생의 실패를 맛보고 슬픔을 당한 자들이 세상이 줄 수 없는 하늘의 위로를 교회에 와서 경험하게 될 것입니다. 그 위로를 통해 교회를 사랑하고 하나님을 사랑하게 될 것입니다. 그러므로 우리 교회의 모든 성도는 자신이 섬기는 구역 식구들과 삶 속에서 만나는 이웃들에게 풍성한 위로의 사역을 감당하기 위해 노력해야 하겠습니다. 그럴 때 우리 교회는 주님의 풍성한 생명과 위로로 세상을 치유하고 회복시키는 하나님 나라로 굳게 서가게 될 것입니다.

이사야서에 나타나는 위로 모티프의 신학적 형태[1]

The Theological Shape of the Comfort Motif in the Book of Isaiah

I. 들어가면서

이 글은 이사야서에 나타나는 위로 모티프의 신학적 형태를 조명하며 그 신학적 의미를 밝히는 데 목적이 있다. 이사야서에서 위로 모티프는 하나 님의 백성에게 허락될 종말론적 회복을 그려내는 "중심 모티프"(leitmotif) 역할을 한다(사 12:1-6; 40:1-11; 49; 51; 61-62; 66:7-14).

많은 학자가 이 주제에 관해 관심을 기울여왔다.[2] 하지만 위로 모티

---

1   이 논문은 먼저 「구약논집」 12집(2017), 164-86에 실렸다.

2   Childs, W. A. M. Beuken, Rendtorff, VanGemeren, Blenkinsopp 등을 들 수 있다. Childs 는 "이 동사[위로하다]의 피엘 형이 제2, 3이사야서에 빈번하게 등장하면서(사 49:13; 51:3, 12, 19; 52:9; 61:2; 66:13), 이사야서 후반부의 중심을 차지하는 신적 회복 을 드러내준다"고 지적했다(Childs, *Isaiah*, 297). 또한 다음 자료들을 확인하라. W. A. M. Beuken, "Servant and Herald of Good Tidings: Isaiah 61 as An Interpretation of Isaiah 40-55," *Book of Isaiah: Le Livre d'Isaie*, ed. Jacques Vermeylen (Louvain: Leuven University Press, 1989), 411–42; Rolf Rendtorff, "The Composition of the Book of Isaiah," *Canon and Theology: Overtures to an Old Testament Theology* (Philadelphia: Fortress Press, 1985), 150–51; Willem A. VanGemeren, "Isaiah," *An Expositional*

프에 관한 많은 관심과 연구에도 불구하고 주요 "위로 본문"—사 12:1-
6; 40:1-11; 49; 51; 61-62; 66:7-14—에 관한 학자들의 전반적인
해석은 상당히 편향적이고 미비하다. 또한 학자의 상당수가 이 본문들을
"구원"에 방점을 두고 해석해왔다. 그 결과 이사야서 안에서 위로 모티
프가 갖는 정경적·문학적·신학적 역할이 무엇인지 밝히는 과정에는 상
당한 제한과 왜곡이 있었다.

이 글에서 나는 주요 위로 본문(사 12:1-6, 40:1-11; 49; 61:1-11;
66:7-14)에 나타나는 위로 모티프의 신학적 형태를 조명하고 그것을 통
해 위로 모티프가 이사야서에서 일관성을 가지고 신학적 발전을 이루었
음을 증명하고자 한다. 이를 위해 나는 정경적 접근법, 문학적 접근법, 언
어학적 접근법을 포괄적으로 사용했다. 먼저 고대 사회에서 위로가 어
떻게 인식되었는지 살핀 후 이사야서의 주요 위로 본문을 차례로 살펴
보자.

II. 고대 사회의 위로

고대 사회의 사람들은 어떻게 위로를 인식하고 받아들였을까? 앤더슨
(Gary A. Anderson)과 올리언(Saul M. Olyan)은 고대 사회의 문화를 바탕으로
이사야서에 나타나는 위로에 관해 귀중한 연구 결과를 남겨놓았다.[3] 그

Introduction to the Old Testament: The Gospel Promised Beforehand, ed. Miles V. Van Pelt
(Wheaton: Crossway, Forthcoming), 321‑45; Joseph Blenkinsopp, *Isaiah 56-66*,
vol. 19B, 1st ed., The Anchor Yale Bible Commentaries (New Haven& London: Yale
University Press, 2003), 31.

3   Anderson, *A Time to Mourn, A Time to Dance*. Olyan은 신학적 모형과 원형 모델이라는

들은 특히 구약성경에 나타나는 위로와 애통의 긴밀한 관계를 연구했다.

앤더슨은 『통곡할 때, 춤출 때』(*A Time to Mourn, A Time to Dance*)를 통해 고대 이스라엘 사람들이 슬픔과 기쁨을 드러내는 데 사용한 의식적이고 실천적인 표현들을 연구했다. 이는 구약성경에서 기쁨과 슬픔이 위로와 연관하여 어떤 관계인지에 관해 소중한 관점을 제공한다. 더 나아가 그들은 이스라엘 백성의 삶에서 슬픔과 관련한 위로의 행동이 어떤 것인지 구체적으로 기술한다.

> 위로는 애통해하는 자가 맞닥뜨린 애통의 상황에 동참하고 공감하는 상징적인 행동을 의미하며 그 애통이 끝나도록 돕는 상황을 가리키는 뉘앙스로도 사용된다. 문법적으로 표현한다면 전자는 위로라는 동사의 과정(process)이라 할 수 있고, 후자는 위로라는 동사의 결과(result)라고 할 수 있다. 여기서 위로의 결과적인 모습은 슬픔이 변하여 기쁨이 되는 것임을 알게 된다.[4]

비슷한 관점에서 올리언은 고대 사회에서 위로자의 역할은 "애통의 상황을 종결시키는 위안과 도움"에 연관된다고 지적했다.[5] 이런 연구 결과는 애통해하는 시온 백성의 삶의 정황 속에서 구체적으로 형성된 위로 모티프를 그들의 사회적·영적·역사적 정황 속에서 연구하게 하는 데 지대한

용어로 그 틀을 정의했다. 이에 관해 다음 자료를 확인하라. Olyan, *Biblical Mourning*, 1.

4 Anderson, *A Time to Mourn, a Time to Dance*, 84‑5. Cf. Pham, *Mourning in the Ancient Near East and the Hebrew Bible*.

5 Olyan, *Biblical Mourning*, 61. Olyan은 성경의 애도 의식을 죽은 자에 대한 애도, 탄원의 애도, 재난의 때를 배경으로 하는 비(非)탄원의 애도, 피부병에 걸린 개인의 애도로 분류했다.

공헌을 했다.

　만약 이런 위로의 의미와 용례를 받아들인다면 우리는 이사야서의 위로 모티프를 연구할 때도 애통함이나 그것을 함축하는 상황 속에서 이해해야 하고, 위로를 받는 사람들의 삶의 정황을 살펴 어떤 극적인 변화가 그 삶에 있었는지 알아보아야 한다. 이사야서의 위로 모티프를 하나님의 백성이 실제 맞닥뜨린 삶의 정황 속에서 살핀다면 우리는 위로가 그들의 운명이 애통함에서 기쁨으로 변화하는 것과 그에 상응하는 극적인 변화들이 일어나는 것에 긴밀히 연결됨을 발견하게 될 것이다.

III. 이사야서에 나타나는 위로 모티프

이제 이사야 12:1-6, 40:1-11, 49장, 61:1-11, 66:7-14에 나타나는 위로 모티프를 차례로 조명해보자.

1. 이사야 12:1-6에 나타나는 위로 모티프

이사야 12:1-6은 일반적으로 시온에 거하는 하나님의 백성이 하나님의 구원과 위로를 찬양할 수 있도록 이끄는 "종말론적 찬양시"로 받아들여진다. 또한 이사야 12:1-6이 앞의 이사야 1-11장과 빈번히 공유하는 언어적·주제적 연결점들을 볼 때 우리는 이 시가 이사야 1-11장의 결론 역할을 한다는 사실을 알게 된다.[6]

6　사 12:1에서 다루는 야웨의 진노라는 주제는 주제적으로나 언어학적으로 사 5:25; 9:11[12], 16[17], 20[21]; 10:4, 5, 25과 연결된다. 또한 사 12:4에서 다루는 야

그렇다면 다른 주제들과의 관계 속에서 이사야 12:1-6은 어떻게 위로 모티프를 형성할까? 이사야 12:1-6에서 위로 모티프의 존재를 뚜렷이 드러내는 것은 다름이 아니라 반복해서 나타나는 기쁨과 찬양의 단어들—אודך(사 12:1), ששׂון(사 12:3), הודו(사 12:4), צהלי(사 12:6)—이다. 하나님의 백성이 경험하는 "두려움"과 야웨의 "화"로부터 "신뢰"와 "기쁨"으로 회복되는 이스라엘 백성의 극적인 운명의 변화는 그들이 궁극적으로 경험할 "위로"를 암시한다. 이런 극적인 변화는 시온에 임하신 야웨의 힘 있는 임재로 말미암아 가능해진다. 그러므로 우리는 이사야 12:1-6에서 적어도 위로 모티프의 중요한 두 가지 요소—① 화에서 구원으로 전환되는 운명, ② 이스라엘의 거룩하신 하나님의 임재—를 발견하게 된다.

첫째 요소를 자세히 살펴보자. 이사야 12:1-2의 의미론을 심도 있게 들여다보면 위로 모티프는 야웨의 화(사 12:1b)가 야웨의 구원(사 12:2a, 2d)으로 변화하는 중심에 서 있음을 알게 된다. 여기서는 특히 핵심 단어인 "구원"이 3회 반복되어 사용되면서 시온의 궁극적 운명이 야웨의 구원임을 독자들에게 분명히 각인시켜준다. 이사야 12:1-2의 의미론적인 변화를 시각화하면 다음과 같다.

웨 이름의 송축이라는 주제는 사 2:11, 17과 연결점을 가진다. 마지막으로 이스라엘의 거룩하신 분은 사 1:4; 5:19, 24; 10:20에 나타난다. 사 12장과 앞 장들 사이의 언어적·신학적 연결점에 관해 더 자세히 알아보려면 다음 자료들을 참고하라. Childs, *Isaiah*, 108; Hans Wildberger, *Isaiah 1-12* (Minneapolis: Augsburg Fortress Publishers, 1991), 499-508; H. G. M. Williamson, *The Book Called Isaiah: Deutero-Isaiah's Role in Composition and Redaction* (New York: Clarendon Press/Oxford University Press, 1994), 118-19.

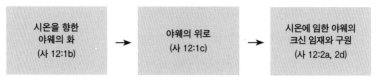

| 시온을 향한
야웨의 화
(사 12:1b) | → | 야웨의 위로
(사 12:1c) | → | 시온에 임한 야웨의
크신 임재와 구원
(사 12:2a, 2d) |

이사야 12:1-2에 나타나는 위로

이 표에 따르면 위로 모티프는 야웨의 화를 배경으로 한다. 그리고 야웨의 화는 야웨의 구원과 대칭을 이루어 결국에는 벅찬 기쁨과 찬양을 불러일으킨다(사 12:1, 3).

다음으로 둘째 요소를 살펴보자. 시온에 임한 이스라엘의 거룩하신 하나님의 임재로 말미암아 하나님의 백성은 기쁨과 찬양 가운데 위로를 경험할 수 있게 된다(사 12:6). "이스라엘의 거룩하신 하나님"은 이사야서의 중심 주제로서 하나님의 심판과 구원을 매개하는 중요한 역할을 한다. 또한 이 주제는 이사야서에서 하나님의 크고 놀라운 사역과 구원을 보여주는 기능을 한다(사 12:4, 5). 예를 들어 이사야 1-39장에서 "이스라엘의 거룩하신 분"이라는 호칭은 언약적 함의와 함께 신실하지 못한 이스라엘을 향한 하나님의 진노와 심판을 설명해준다(사 5:19, 24b; 30:11, 12; 31:1). 반면 이사야 12:1-6에서 이스라엘의 거룩하신 하나님은 능력 있는 용사로 묘사되어 시온의 적들과 싸워 백성에게 승리와 구원을 가져다주는 분으로 나타나신다(참고. 사 10:20; 20:19, 23). 이처럼 "이스라엘의 거룩한 분"은 능하신 행함과 깊은 연관성을 맺으며(사 12:4, 5) 야웨 하나님의 왕적 주권을 강조한다.[7] 따라서 하나님의 백성이 받을 위로를 확증하는 것은 다름 아니라 시온에 임하시는 이스라엘의 거룩하

---

7 Wildberger, *Isaiah 1-12*, 507. 또한 여기에는 출 15장에서 이스라엘을 애굽에서 구원하신 야웨의 강한 손과 권능을 연상하게 하는 주제적·언어적 암시가 있다.

신 하나님이다. 그리고 이는 궁극적으로 그들의 구원과 기쁨을 의미한다. 이사야 12:1-6의 논리적 흐름은 이스라엘 백성의 위로의 근본적인 근거가 다름 아닌 시온에 임하실 이스라엘의 거룩하신 하나님이심을 강조한다.

결론적으로 이사야 12:1-6은 위로 모티프의 두 가지 중요한 성격을 독자들에게 가르쳐준다.

① 위로는 시온의 운명이 화에서 기쁨으로 변화하는 것이다.
② 위로의 근거는 시온에 임한 이스라엘의 거룩하신 하나님이시다.

이사야 12:1-6에 나타나는 위로 모티프는 이사야서 전체에 녹아 있는 위로 모티프의 기본적인 패턴을 드러내 준다. 이사야 40, 49, 61, 66장은 이런 기본적인 신학적 모델 위에서 위로 모티프를 일관되게 계속 발전시켜나간다.

2. 이사야 40:1-11에 나타나는 위로 모티프

일반적으로 이사야 40:1-11은 이사야 40-55장의 "서론"으로 받아들여진다. 이사야 40:1-2을 구성하는 위로 모티프는 앞으로 전개될 40-55장에서 하나님이 자기 백성에게 행하실 위로가 중점적으로 다루어질 것을 암시한다. 다시 말해 이사야 40:1-11에 제시된 위로는 이후 40-66장에서 하나님이 당신의 택하신 대리자—종(들), 성령, 말씀—를 통해 자기 백성 가운데 성취하실 "새 일"을 나타낸다. 비록 이사야 40:1-11에서 뚜렷한 기쁨과 찬양의 단어들을 찾기 어렵다고 하더라도 "아름다운 소식을 전하는 자"의 등장은 하나님의 백성이 곧 기쁨을 전해주는 좋은 소식을 들을 것을 암시한다. 그리고 이는 그들 가운데 위로가 임한다는 말과 다르지 않다.

이사야 40:1-11에서 우리는 위로 모티프가 다음 세 가지 중요한 신학적 주제와 함께 발전하는 것을 볼 수 있다. 이 세 가지 주제들을 하나씩 차례로 살펴보자.

① 시온의 운명 변화(사 40:1-2)
② 언약 관계의 회복(사 40:1-2)
③ 야웨의 임하심(사 40:3-5, 9-11)

첫째, 이사야 40:1-2에서 드러나는 시온의 운명 변화는 하나님의 위로를 암시한다. 이사야 40:1-2은 시온의 운명이 극적으로 변화할 것에 관해 이야기한다.

¹"위로하라, 위로하라, 내 백성을!" 너의 하나님이 말씀하셨다.
²예루살렘의 마음에 가닿도록 말하며 그녀에게 선포하라.
즉 그들의 노역의 때가 끝났고 그들의 죄가 사함을 받았다.
또한 그녀의 죄에 대하여 야웨의 손에서 벌을 배나 받았느니라
(사 40:1-2, 사역).

여기서 앞의 두 줄(사 40:1-2b[위로하라-선포하라])은 하나님이 위로를 선포하시는 장면을 묘사하는 반면, 뒤의 두 줄(사 40:2c-2f[즉 그들의-받았느니라])은 하나님의 백성이 경험할 위로의 주된 원인(cause)인 시온의 극적인 변화를 묘사한다. 의미론적으로 이사야 40:1-2이 말하는 시온의 극적인 변화—"죄를 용서받음"과 "포로 생활이 끝남"—는 하나님의 백성

이 경험하게 될 운명의 극적인 변화를 상징한다. 다시 말해 그들의 죄가 용서받은 것은 시온에서 야웨의 화가 구원으로 변화되었음을 말해준다 (사 12:1-6).

이스라엘은 죄와 범죄로 야웨의 진노 아래 있었다(사 1:4-5). 백성은 율법을 어기고 계명을 범했으며 영원한 언약을 깨뜨림으로써 결국에는 하나님이 그들을 향하여 진노와 심판을 내리시게 하는 원인을 제공했다 (사 24:5). 이사야서 전체의 흐름을 생각할 때 그들의 범죄는 이스라엘을 하나님의 진노 아래 바벨론 포로가 되게 했음이 분명하다(사 39장). 반면 이사야 40:1-11에서 야웨 하나님이 그들의 범죄를 용서하셨다는 것은 그들의 운명에 회복과 새 일이 성취된다는 의미를 띤다. 다시 말해 이사야 40:1-11은 "하나님이 용서 가운데 당신의 백성에게 다시 다가가심을 말씀하고 모든 상황을 올바르게 하실 것을 암시한다. 이것이야말로 그들의 운명이 변화될 수 있는 근본적인 이유다."[8]

죄 용서와 함께 포로 생활이 종결되는 것 역시 하나님 백성이 맞을 극적인 운명의 변화를 보여준다. 이사야 40:2c에 등장하는 "체바아"(צבאה)는 "군 복무 또는 전쟁 등으로 인한 군사적 복역의 때"를 의미하기도 하지만 그와 동시에 "유다 백성이 바벨론에서 경험했던 어려움과 노역의 때"[9]를 나타내기도 한다. 그러므로 바벨론 포로 생활이라는 노역의 상황 가운데 있는 백성에게 그 포로 상태가 끝났다는 선포는 그들의 운명에 극적인 변화가 일어날 것을 암시하는 복된 소식이었음이 틀림

---

8 Claus Westermann, *Isaiah 40-66: A Commentary* (Philadelphia: Westminster John Knox Press, 1969), 36.

9 John Goldingay, David Payne, *Isaiah 40-55 Vol 1: A Critical and Exegetical Commentary* (London: T & T Clark, 2007), 70.

없다. 바스(Debra Moody Bass)가 설명하듯이 "여기서 '위로'라는 단어는 이스라엘 백성이 고통과 억압으로부터 놓임을 의미하고"[10] 이는 결국 그들의 죄 사함과 함께 누릴 영광스러운 미래를 가리킨다.

둘째, 이사야 40:1-11에서 야웨와 백성 사이에 언약의 관계가 회복되는 것 역시 시온의 위로를 암시한다. 이사야 40:1-2은 야웨가 위로하시는 대상이 "나의 백성"(עמי)이라고 말하며 그들은 곧 "예루살렘"(ירושלם)이라고 밝힌다. 또한 하늘의 법정에서 당신의 백성을 향해 위로를 선포하시는 하나님은 당신 자신을 "너희의 하나님"(אלהיכם)이라고 칭하신다. 쿨에 따르면 "이는 언약 관계의 실체를 강조하는" 표현으로서 구약성경의 곳곳에 기록된 하나님과 백성 간의 언약 형식을 반영한다(출 6:6; 레 26:12; 렘 7:23; 11:4; 31:33).[11] 또한 야웨 하나님이 자기 백성과 함께 언약 관계를 새롭게 회복하신다는 것은 그분이 곧 그들을 위해 중대한 일을 행하실 것을 암시한다. 이사야 40:10이 말하는 야웨의 강한 팔과 힘은 그가 자신의 대적을 무찌를 뿐 아니라 그의 강력한 힘으로 자기 백성을 바벨론 포로에서 구원하실 것을 암시한다. 더 나아가 그것은 이스라엘 백성이 시온에서 경험할 위로를 보여준다.

셋째, 이사야 40:9-11에 기록된 하나님의 출현은 40:1-11에서 시온이 경험하는 위로의 근간이 된다. 야웨의 출현은 야웨의 길을 예비하고 하나님의 대로를 평탄하게 하라고 말씀한 이사야 40:3에서 이미 예견되었다. 하지만 이 주제는 이사야 40:9-11에서 더욱 발전한다. 여기

---

10 Debra Moody Bass, *God Comforts Israel: The Audience and Message of Isaiah 40-55* (Lanham: University Press of America, 2006), 95.

11 Jane L. Koole, *Isaiah III, Volume I/Isaiah 40-48. Historical Commentary on the Old Testament* (Kampen: Peeters, 1997), 50.

서 야웨는 왕, 용사, 목자로 묘사된다. 먼저 야웨는 크신 권능으로 백성을 위해 대적과 싸우는 주권자 하나님으로 임하신다(사 40:10; 참고. 사 33:2; 59:15; 62:8). 야웨 하나님이 첫 번째 출애굽 사건에서 큰 능력과 힘으로 백성을 애굽의 포로 생활에서 구출하신 것처럼 새 출애굽 사건을 통해 당신의 백성을 바벨론에서 구출하신다는 것이다. 또 이사야 40:10이 말하는 용사-왕으로서의 하나님은 이어지는 11절에서 목자-왕의 모습으로 자연스럽게 발전한다. 목자-왕으로서 야웨는 백성을 모아 친히 집으로 인도하신다. 이처럼 이스라엘이 그들의 범죄를 용서받고 포로로 사로잡힌 바벨론에서 구원받게 되는 것은 하나님이 왕-용사-목자로서 당신의 큰 권능으로 백성을 위해 싸우시기에 가능한 일이다.

　　결론적으로 이사야 12:1-6이 야웨의 화에서 구원으로의 변화를 강조하며 위로 모티프를 기대하게 했다면, 이사야 40:1-11은 어떻게 이런 변화와 위로가 가능해지는지를 설명해준다고 할 수 있다. 즉 이사야 40:1-11에서 시온의 죄가 용서받고 그들의 포로 생활이 끝을 맺는 것은 이사야 12:1-6에 나타나는 위로가 구체적으로 성취되는 방식을 보여준다. 더 나아가 이사야 12:1-6에 등장한 이스라엘의 거룩하신 하나님은 이사야 40:1-11에서 왕-용사-목자로 발전한다. 위대한 왕-용사-목자의 출현은 야웨의 백성이 장차 종말에 임할 신적 위로를 기대하고 경험하게 하는 초석이 된다.

3. 이사야 49장에 나타나는 위로 모티프

일반적으로 이사야 49장은 40-55장의 뒷부분인 이사야 49-55장의 서론 역할을 한다고 알려졌다. 이사야 49장에서 우리는 중요한 위로 모티프의 주제 세 가지—① 종의 사역, ② 시온의 운명의 역전, ③ 이스라의 거룩하신 분의 사역—를 발견하게 된다.

첫째, 이사야 49장에서 시온의 위로를 촉진하는 자는 다름이 아니라 신실한 종이다. 이사야 49장은 이사야서가 그려내는 구속의 드라마에 "한 신실한 종"을 등장시킨다. 그리고 종말의 시대에 일어날 시온의 회복과 그 종의 사역을 위한 "하나님의 새로운 전략"을 보여준다.[12] 이전 시대에는 종의 사역이 성공적이지 않았지만 이제 그는 하나님의 백성을 향한 하나님의 뜻을 성취하게 된다. 여기서 우리는 위로의 시간이라는 개념이 구체적으로 발전하는 것을 볼 수 있다. 즉 이사야 12:1, 4에서 위로의 때는 어렴풋이 "그날에"라고 표현되지만 이사야 49:8에서 위로의 때는 구체적으로 "은혜의 때", "구원의 날"로 표현된다.

이사야 49:6에서 종의 사역은 세 가지 중요 항목—① 야곱 족속을 일으킴, ② 패역한 이스라엘을 돌이킴, ③ 열방의 빛이 됨—으로 표현된다. 그리고 이런 종의 사역들은 의미심장하게 이사야 49:8-12에 나타나는 새 출애굽 주제와 깊은 연관성—① 땅을 새롭게 함, ② 황폐한 땅을 기업으로 상속함, ③ 새 출애굽을 성취함—을 맺으며 발전해간다. 여기서 알 수 있듯이 이사야 49장의 문학적·신학적 정황 속에서 종의 선택과 그의 사역은 시온의 위로를 위한 가장 근본적인 토대를 이룬다.

둘째, 이사야 49장에서 시온의 운명이 반전되는 것은 위로 모티프를 증명해준다. 이사야 49:1-12이 종의 사역과 관련하여 하나님의 백성이 맞이할 회복을 그려낸다면 49:14-23은 같은 모습을 야웨의 사역을 통해 그들이 다시 영광을 회복하고 많은 인구를 생산하는 것으로 그려낸다. 시온의 온전한 회복과 관련해 그들의 운명이 극적으로 반전되었다는 사실이 놀라운 양상으로 드러나는 것이다. 과거에 시온은 자식을 낳지

---

12 Childs, *Isaiah*, 382.

못할 뿐 아니라 기존에 있던 자녀도 잃어버렸다(사 49:21). 하지만 미래에 시온은 자녀들이 돌아와 인구가 많아질 뿐 아니라 신부와 같이 영광스러운 면모를 가지게 될 것이다(사 49:17-21). 쿨이 말한 대로 "과거에는 하나님의 성이 황폐했지만 이제는 그 자녀들이 흠이 없을 뿐 아니라 장식까지 하기에 시온이 눈부신 면모를 가지게 된다."[13] 더욱이 성을 황폐하게 했던 대적은 모두 물러간다(사 49:17). 이때 열방으로부터 온 왕들과 왕비들은 시온의 자녀들을 양육할 뿐 아니라(사 49:23), 그들 앞에 몸을 굽혀 발의 먼지를 핥게 된다(사 49:23). 이는 시온의 영광을 극적으로 드러낸다. 마이어(Christle M. Maier)가 논평하듯이 "이 상황에서 49:22-23은 시온의 자녀가 다시 돌아온다는 약속과 함께 시온의 위로를 그려낸다."[14]

셋째, 이사야 49장에서 이스라엘의 거룩한 자가 임하는 것은 시온의 위로를 확정한다. 이사야 49:1-12에서 종의 사역이 성공을 거두게 되는 주된 이유는 이스라엘의 거룩하신 분이 그를 택정하여 도우시기 때문이다(사 49:7). 이사야 49:13에서 야웨는 긍휼하신 분으로서 환란 가운데 있는 당신의 백성을 위로하신다. 야웨는 어머니와 자녀의 관계에 빗대어 말씀하심으로써 백성을 향한 변함없는 극진한 사랑을 확정하신다. 또한 야웨는 포로로 사로잡힌 바벨론에서 백성을 구출하는 분으로서 야곱의 전능하신 자, 구원자, 능력의 용사로 자신을 계시하신다. 여기서 야웨의 이미지는 이사야 12, 40장보다 더욱 구체적으로 발전한다. 다시 말

---

13 J. L. Koole, *Isaiah III. Volume II/Isaiah 49-55. Historical Commentary on the Old Testament* (Kampen: Peeters, 1998), 49.

14 Christle M. Maier, "Zion's Body as a Site of God's Motherhood in Isaiah 66:7-14," *Daughter Zion: Her Portrait, Her Response*, ed. Mark J. Boda, Carol J. Dempsey, Le Ann Snow Flesher (Atlanta: Society of Biblical Literature, 2012), 232

해 이사야 49장은 이스라엘의 거룩한 자와 용사-왕의 주제를 확장해가면서 그분이 백성의 위로를 창조하는 유일한 분이심을 암시하는 것이다.

결론적으로 이사야 49장은 시온의 완전한 회복 및 종과 야웨의 사역이라는 관점에서 위로 모티프를 더욱 발전시킨다고 할 수 있다. 여기서 가장 눈에 띄는 발전은 다름이 아니라 위로를 백성 가운데 성취할 종의 등장이다. 앞서 이사야 12장은 하나님의 백성이 하나님의 화로부터 구원을 경험하게 되는 관점에서 위로를 기술한다. 반면 이사야 40장은 이스라엘 백성의 죄가 용서되고 그 포로 생활이 끝나는 관점에서 위로를 기록한다. 하지만 두 장은 모두 누구에 의해, 어떤 방식으로 위로가 성취되는지는 밝히지 않았었다. 따라서 종과 야웨를 시온의 위로를 성취하는 중심인물로 부각하는 이사야 49장은 위로 모티프에 아주 크게 이바지한다고 할 수 있다.

4. 이사야 61:1-11에 나타나는 위로

비평적인 관점에서 베스터만이 지적했듯이 이사야 60-62장은 순수한 "구원의 메시지"를 담고 있다. 그리고 이는 이사야 56-66장의 "핵심"을 이룬다.[15] 우리는 이사야 61장에서 하나님의 신으로 충만한 기름 부음을 받은 한 종이 백성에게 위로의 메시지를 선포하는 모습을 발견하게 된다.

그렇다면 이사야 61장은 어떻게 시온의 위로를 묘사하는가? 우리는 이사야서 61장의 문학적·신학적 정황 속에서 주제의 패턴(thematic configuration)을 살펴보고 그 이면에 있는 사회적·문학적 배경을 조사함

---

15 Westermann, *Isaiah 40-66*, 296.

으로써 이사야 61장이 어떻게 위로 모티프를 형성하는지 알 수 있다.

이사야 61장은 시온의 운명이 애통함에서 기쁨과 찬양으로 급격하게 변화되는 것을 통해 위로 모티프를 두드러지게 구체화한다. 잘 알려진 것처럼 "애통"(אבל)은 이사야 56-66장을 특징짓는 용어로서 이사야서의 마지막 부분에서 중요한 순간에만 등장하는 단어다(사 57:14-18; 60:20; 61:2-3; 66:10). 수사적 관점에서 이사야 61:2-3에서 3회 반복되는 "애통"은 시온에 거하는 하나님의 백성이 맞닥뜨린 영적·사회적 상황을 효과적으로 표현해준다. 의미론적으로 이사야 61:1에 등장하는 가난한 자, 마음이 상한 자, 사로잡힌 자, 감옥에 갇힌 자는 애통해하는 자라는 개념을 통해 효과적으로 대변된다.

하지만 이사야 61:3과 그 이후에 등장하는, 시온에서 애통해하는 자들은 극적으로 기쁨과 찬양을 담지한 하나님의 백성으로 변화한다. 이는 낙담한 이스라엘 백성이 위로의 상황에 이르렀음을 알려준다. 특히 이사야 61:3에서 반복해서 쓰이는 "대신하여"(תחת)라는 문구는 독특한 청각 효과를 만들어내면서 애통해하는 자들의 변화하는 운명에 귀를 기울이게 한다.

여기서 재 **대신** 화관을, 슬픔 **대신** 기쁨의 기름을, 낙심한 영 **대신** 찬양의 옷을 입게 되는 모습은 무엇을 의미할까? 히브리시의 전형적인 문학 기법으로서 "재"(אפר)의 자음이 변화된 것(פאר: 아름다운 화관)은 시온의 변화된 운명을 극적으로 보여준다. 고대 이스라엘 사회에서 애통해하는 사람들은 겉옷을 찢고 화관을 벗는 대신 머리에 재를 뿌렸다. 하지만 야웨의 신으로 기름 부음 받은 종은 시온의 애통해하는 자들에게 재 대신 아름다운 관을, 슬픔 대신 기쁨의 기름을, 낙심한 영 대신 찬송의 옷을 입혀준다. 기쁨과 즐거움의 모티프는 찬양이라는 주제와 함께 이사야 61장 전체에 퍼져 있다. 다시 말해 기쁨과 즐거움의 모티프는 시온의 운명이 극적으로 변했음을 말해줄 뿐 아니라 하나님의 백성 가운데 위로가 편만함을 암시해준다.

그렇다면 시온의 운명이 어떻게 이토록 놀랍게 변화할 수 있었을까? 우리는 이사야 61장에서 시온의 운명이 변화할 수 있는 근거를 하나님의 백성이 의의 나무가 될 것이라는 말씀(사 61:3)과 하나님과 백성 사이에 언약의 관계가 회복된다는 말씀(사 61:7-8)에서 찾을 수 있다. 앞서 이사야 59:9-15에서 시온의 백성은 의로움이 없는 상황을 보며 애통해했다. 더욱이 백성의 의가 부패한 이유로 하나님이 그들에게 징벌을 내리셨기에 그들은 애통 가운데 간곡한 회개의 기도를 올렸다(사 64:1-12). 이런 문학적·신학적 정황 가운데서 시온의 백성 가운데 의로움이 회복되고 그것이 편만하게 된 것은 그들로 하여금 환희에 찬 기쁨과 찬양을 하나님께 올려드리게 하는 극적인 변화 때문이다(사 61:10-11).

다른 한편으로 야웨 하나님이 주의 백성과 언약의 관계를 회복하는 것은 그들의 종말론적 영광을 암시하고, 이는 이사야 61장에 나타나는 종말론적 회복에서 가장 중요한 부분을 차지한다. 야웨는 그 언약에 근거해 당신의 백성을 손에 들린 아름다운 관, 영광스러운 왕관으로 존귀하게 회복시키실 것이다(사 62:3). 그리고 이런 놀라운 회복과 위로는 궁극적으로 하나님이 자기 백성을 이끌고 시온에 함께 들어오셔서 그들과 거할 때 성취된다(사 62:10-12).

이사야 12, 40장과 비교할 때 61장은 시온에 임할 미래의 영광에 초점을 맞춘다. 종말의 시간에 하나님의 백성이 누릴 위로가 무엇인지 구체화한다고 말할 수도 있다. 그들은 야웨의 언약 백성으로서 의의 나무가 될 뿐 아니라 야웨의 손에 높이 들린 영광스러운 왕관이 될 것이다. 그리고 하나님의 성령으로 기름 부음 받은 종은 이런 놀라운 하나님의 계획과 시온의 위로를 앞당기고 실현하기 위해 성령의 능력 가운데 그것을 선포한다(사 61:1-3). 그가 하나님의 위로와 회복을 선포할 때 하나님의 백성은 의의 나무로 새롭게 창조되고 새 언약의 축복을 누리면서 궁극적으로 하나님의 위로를 체험하게 된다.

5. 이사야 66:7-14에 나타나는 위로

일반적으로 앞의 65장과 함께 이사야 66장은 이사야 전체 말씀의 결론 역할을 담당하는 것으로 이해된다. 이사야 66장은 다음과 같이 세 부분으로 나뉜다.

> ① 거짓 예배에 대한 심판(사 66:1-6)
> ② 야웨의 종에 대한 신원과 위로(사 66:7-14)
> ③ 야웨의 출현과 결과: 새 하늘과 새 땅에 대한 종말론적 비전(사 66:15-24)[16]

이사야 66:1-6에 종들의 신원함이 나타난다면 이어지는 이사야 66:7-14은 시온의 위로와 영광에 관해 상세하게 기술한다. 우리는 이사야 66:7-14에서 중심이 되는 위로의 주제, 즉 시온의 운명이 애통함에서 기쁨으로 변화함을 확인할 수 있다. 이사야 66:10에 나타나는 애통의 모티프는 그들이 슬픔의 상황 가운데 어떻게 애통해하는지를 잘 보여준다. 하지만 이사야 66:10-14에서 기쁨과 즐거움의 주제가 반복되는 단어

---

16 Childs, Beuekn, Koole, Oswalt는 사 66장을 크게 세 부분으로 나눈다(사 66:1-6, 7-14, 15-24). 다음 자료를 확인하라. Childs, *Isaiah*, 539 - 42; Beuken, "Isaiah Chapters 65-66"; Koole, *Isaiah 56-66*, 468 - 531; Oswalt, *The Book of Isaiah: Chapters 40–66*, 663 - 93.

들을 통해 더욱 뚜렷이 나타난다(사 66:10, 11, 14). 이사야 66:10의 평행구를 통해 우리는 지금 시온에서 기뻐하도록 격려받는 자들이 다름 아니라 예전에 비참한 상황으로 인해 애통해하던 자들임을 알 수 있다.

그렇다면 무엇이 그들을 기뻐하게 하는가? 이사야 66:7-14에 따르면 시온에 자녀들이 넘쳐나는 상황은 그들이 기뻐할 만한 충분한 이유가 된다. 이사야 40-55장에서 시온은 어머니로 묘사된다(사 49:17-23; 50:1). 하지만 그녀는 자녀가 없어서 비통한 상황에 놓여 있다(사 51:17-20). 이제 이사야 66:7-9은 시온이 아들들을 생산하고 그 수가 증가한다고 말한다. 이는 시온의 운명이 얼마나 극적으로 변화되었는가를 잘 보여준다. 더 나아가 위로를 나누어주는 자로서 야웨는 "아이들을 위로하는 어머니 역할"을 감당하신다(사 66:11-14). 이사야 66:13은 핵심어인 "위로"(נחם)의 반복과 함께 야웨 하나님의 "위로하는 어머니" 역할을 아주 극적으로 묘사한다.

> 어머니가 자식을 위로함 같이 내가 너희를 위로할 것인즉 너희가 예루살렘에서 위로를 받으리니(사 66:13).

이는 자녀를 위로함으로써 어머니가 본질적인 역할을 하는 것처럼 야웨 하나님이 당신의 백성을 완벽하게 위로할 것을 암시한다.

결론적으로 시온이 누리는 충만한 위로와 함께 위로 모티프는 이사야 66:7-14에서 최고점에 이른다. 야웨의 극진한 보호 아래 시온은 흘러넘치는 위로를 경험하게 된다. 우드(A. Van Der Woude)가 지적한 대로 "어머니가 위로하듯이 시온은 야웨 하나님이 그와 함께하심을 발견한다. 시온이 그의 자녀들을 위로하는 동일한 방식으로 야웨 하나님이 그의 종들을 위로하실 것이다."[17] 이처럼 위로 모티프는 이사야 말씀 전체의 결론 부분에 해당하는 이사야 66:7-14에서 그것의 종말론적 풍요함을 보여줌으로써 최고점에 이른다.

IV. 나가면서

구약의 예언자는 오늘의 시대와 다른 사회적·문화적 배경 속에서 하나님의 말씀을 기록했다. 그렇기에 현대의 해석자들은 그 말씀을 최대한 올바로 해석하기 위해 그들이 살았던 시대와 문화와 문학을 이해해야 한다. 또한 예언서 자체에 접근할 때도 개별적인 말씀을 전체 정경 속에서 다른 말씀들과의 신학적인 연관성을 염두에 두고 심도 있게 해석하는 태도가 무엇보다 절실하게 필요하다. 한 말씀을 따로 떼어서 해석할 때 그 말씀이 가진 신학적·해석학적 깊이와 의도를 간과하는 실수를 범할 수 있기 때문이다.

우리는 지금까지 이사야서의 주요 본문을 중심으로 위로 모티프가 어떻게 발전하는지 살펴보았다. 위로 모티프는 이사야서를 관통하며 일관성 있게 발전해간다. 이사야 12장은 위로 모티프의 가장 중요한 두 가지 요소를 보여준다.

① 위로의 양태: 야웨의 화에서 구원으로의 반전
② 위로의 근원: 야웨 하나님의 임재

---

17 A. Van Der Woude, "The Comfort of Zion: Personification in Isaiah 40-66," *"Enlarge the Site of Your Tent": The City as Unifying Theme in Isaiah* (Leiden: Brill, 2011), 163.

이사야 40:1-11은 시온이 맞이할 죄 용서 및 포로 생활의 청산으로 드러나는 운명의 극적인 변화, 야웨 하나님의 임재, 그리고 시온과 하나님의 언약 관계를 보여준다. 이는 시온의 운명이 어떻게 극적으로 반전되는지를 구체화해준다. 이사야 49장은 종의 사역과 야웨의 사역을 더욱 구체적으로 보여줌으로써 시온에게 임하는 완전한 변화와 회복이 어떻게 성취될 것인지를 독자에게 알려준다. 반면 이사야 61장은 성령의 임재하심과 종의 선포를 통해 시온 백성 가운데 공의와 정의가 회복되고 영원한 언약이 성취됨으로써 시온이 영광스러운 운명과 위로를 경험할 것을 보여준다. 끝으로 이사야 66:7-14은 어머니가 자녀를 위로하듯이 야웨와 시온이 주의 종들을 풍성하게 위로할 것을 강조함으로써 결론에 도달한다. 그러므로 우리는 위로 모티프가 이사야서 전체를 통해 아주 일관적인 모습으로 형성되고 발전해간다고 말할 수 있다. 그리고 이사야서에서 이 위로 모티프는 궁극적으로 시온 백성이 누릴 종말론적인 회복과 구원의 양상을 극적인 모습으로 그려낸다고 할 수 있다.

참고 문헌

Anderson, Gary A. *A Time to Mourn, A Time to Dance: The Expression of Grief and Joy in Israelite Religion.* University Park, Pa: Pennsylvania State University Press, 1991.

Bass, Debra Moody. *God Comforts Israel: The Audience and Message of Isaiah 40-55.* Lanham: University Press of America, 2006.

Blenkinsopp, Joseph. *Isaiah 1-39: An New Translation with Introduction and Commentary,* AB 19. New York: Doubleday, 2000.

Calvin, John. *Commentary on the Book of the Prophet Isaiah,* trans. William Pringle. Grand Rapids, MI: Eerdmans, 1948.

Childs, Brevard S. *Introduction to the Old Testament as Scripture.* Philadelphia: Fortress, 1979.

____. *The Struggle to Understand Isaiah as Christian Scripture.* Grand Rapids, MI: Eerdmans,

2004.

_____. "Retrospective Reading of the Old Testament Prophets," *ZAW* 108 (1996): 362-77.

Evans, Craig A. "On the Unity and Parallel Structure of Isaiah," *VT* 38 (1988): 129-47.

Ezra, Abraham Ibn. "Shaddal," Shalom M. Paul, *Isaiah 40-66: Translation and Commentary*, ECC. Grand Rapids, MI: Eerdmans, 2012.

Frei, Hans W. *The Eclipse of Biblical Narrative: A Study in Eighteenth and Nineteenth Century Hermeneutics.* New Haven, CT: Yale University Press, 1974.

Goldingay, John, David Payne. *Isaiah40-55 Vol 1: A Critical and Exegetical Commentary.* London: T & T Clark. 2007.

Hamilton, James M. Jr. *What Is Biblical Theology: A Guide to the Bible's Story, Symbolism, and Patterns.* Wheaton: Crossway, 2014.

Koole, J. L. *Isaiah III, Volume I/Isaiah 40-48. Historical Commentary on the Old Testament.* Kampen: Peeters, 1997.

Melugin, Roy F. *New Visions of Isaiah*, ed. Roy F. Melugin, Marvin A. Sweeney, JSOTSup 214. Sheffield: Sheffield Academic Press, 1996.

Moyise, Steve, Maarten J. J. Menken eds. *Isaiah in the New Testament*, NTSI. London: T & T Clark, 2005.

Olyan, Saul M. *Biblical Mourning: Ritual and Social Dimensions.* Oxford: Oxford University Press, 2004.

Sawyer, John F. A. *The Fifth Gospel.* New York: Cambridge University Press, 1996.

Seitz, Christopher R. "Isaiah, Book of (Third Isaiah)," in *ABD*, 3:502-3.

Sweeney, Marvin A. *Tanak: A Theological and Critical Introduction to the Jewish Bible.* Minneapolis: Fortress, 2012.

Tomasino, Anthony J. "Isaiah 1:1-24 and 63-66, and the Composition of the Isaianic Corpus," *JSOT* 57 (1993).

VanGemeren, Willem A. "Our Missional God: Redemptive-Historical Preaching and the Missio Dei," in *Living Waters from Ancient Springs: Essays in Honor of Cornelis Van Dam*, ed. Jason Van Vliet. Eugene, OR: Pickwick, 2011.

Watts, Rikki E. "Isaiah in the New Testament," in *Interpreting Isaiah: Issues and Approaches*, ed. David G. Firth and H. G. M. Williamson. Downers Grove, IL: IVP Academic, 2009.

Westermann, Claus. *Isaiah 40-66: A Commentary.* Philadelphia: Westminster John Knox Press, 1969.

Young, Frances. "Typology," in *Crossing the Boundaries: Essays in Biblical Interpretation in Honour of Michael D. Goulder*, ed. Stanley E. Porter, Paul Joyce, David E. Orton, *BibInt* 8. Leiden: Brill, 1994.

구속사로 읽는 이사야

새 창조를 향한 구속의 드라마

Copyright ⓒ 최윤갑 2020

1쇄 발행 2020년 2월 7일
4쇄 발행 2023년 7월 7일

지은이 최윤갑
펴낸이 김요한
펴낸곳 새물결플러스

편 집 왕희광 정인철 노재현 이형일 나유영 노동래
디자인 황진주 김은경
마케팅 박성민 이원혁
총 무 김명화 이성순
영 상 최정호 곽상원
아카데미 차상희

홈페이지 www.holywaveplus.com
이메일 hwpbooks@hwpbooks.com
출판등록 2008년 8월 21일 제2008-24호
주 소 (우) 04114 서울시 마포구 신촌로28가길 29
전 화 02) 2652-3161
팩 스 02) 2652-3191

ISBN 979-11-6129-140-6 93230

책값은 뒤표지에 있습니다.